용기를 내어 당신이 생각하는 대로 살아야 합니다.
그렇지 않으면 머지않아 당신은 사는 대로 생각하게 될 것입니다.
– 폴 부르제(프랑스의 시인, 철학자)

Il faut vivre comme on pense,
sans quoi l' on finira par penser comme on a vêcu.
- Paul Bourget

DVD동영상 강의로 쉽게 배우는 친절한

# 가죽공예
# DIY

# 동영상 강의로 쉽게 배우는
# 친절한 가죽공예 DIY

Copyright ⓒ 2017 by 국영주, 안우석 & 터닝포인트

All rights reserved. First edition Printed 2012, Printed in Korea.

2012년 4월 25일 초판 1쇄 인쇄
2017년 12월 5일 초판 5쇄 발행

| | |
|---|---|
| 지은이 | 국영주, 안우석 |
| 펴낸이 | 정상석 |
| 펴낸 곳 | 터닝포인트 |
| 등록번호 | 2005. 2. 17 제6-738호 |
| 주소 | (03993) 서울시 마포구 동교로 27길 53 지남빌딩 308호 |
| 대표전화 | (02)332-7646 |
| 팩스 | (02)3142-7646 |
| 홈페이지 | www.diytp.com |
| ISBN | 978-89-94158-30-3 18630 |
| 정가 | 35,000원 |
| 기획및 교정 | 터닝포인트 정상석, 박현수 |
| 편집 | 앤미디어 |
| 표지 디자인 | 공종욱 |
| 일러스트레이터 | 홍수정 |
| 작품 사진 촬영 | 이성우(G1 스튜디오) |
| 과정 사진 촬영 | 김현진 |
| 스타일링 | 진은영 |
| 동영상 촬영 편집 | 어린이TV |
| 도움 주신 분 | 고영자 |
| 내용 문의 | www.diytp.com |

원고 집필 문의 : diamat@naver.com(터닝포인트는 삶에 긍정적 변화를 가져
오는 좋은 원고를 환영합니다)

DVD 동영상 강의로 쉽게 배우는 친절한

# 가죽공예 DIY

국영주, 안우석 지음

터닝
포인트

# 머리말

PREFACE

오랜 전부터 가죽공예 책을 쓰기 위해 작품을 만들기 시작했습니다. 어떤 작품을 만들어야 가죽공예를 배우려는 분들에게 도움이 될지 고민이 많았습니다. 한 동안은 여러 가지 아이디어를 내고 스케치만도 수차례를 반복했습니다. 문화센터와 학교, 연수원 등에서 강의를 하면서 독자들이 가죽공예에서 궁금해하는 내용이 무엇인지를 알 수 있었습니다. 긴 시간 끝에 책에 들어갈 작품들을 정리하고 나서 가죽을 사고 부재료들을 산 후 가죽공예를 배우고 가르치면서 익혔던 것들을 하나씩 하나씩 정리하여 작품을 만들기 시작하였습니다. 작품의 제작 시간만 무려 2년이 걸렸네요. 가죽공예를 하면 할수록 부족함을 느껴 그사이 일본도 여러 번 다녀왔고, 저 또한 많이 성장한 것 같습니다.

이 책은 처음으로 가죽공예를 시작하는 분들과 현장에서 가죽공예를 하고 있는 분들에게도 꼭 필요한 여러 가지 도구 사용법과 가죽의 재단 방법, 염색하고 무늬 넣는 방법, 바느질 기법, 마감법 등을 이 책의 제목처럼 아주 친절하게 소개하였습니다.

무려 62개 작품의 모든 제작 과정을 최대한 사진과 일러스트로 자세하게 보여드리기 위해 오랜 시간 동안 촬영을 했습니다. 책으로 최대한 자세하게 담으려 했지만 부족한 부분은 동영상 강의로 직접 보고 따라 할 수 있도록 동영상을 제작하는 과정도 만만치가 않더군요. DVD 2장에 담아낸 4시간 분량의 기본 기법 강의와 4시간 분량의 실전 작품 만들기 과정은 많은 도움이 될 거라 생각합니다. 또한 모든 작품의 실물본을 담아 작품을 제작할 때 좀 더 쉽고 빠르게 활용할 수 있도록 하였습니다.

아직도 더 알려드리고 싶은 것은 많지만 지면 관계로 더 이상 알려드리지 못한다는 것이 무척 아쉽습니다. 작품 제작에 도움을 주신 많은 분들과 여러 가지 많은 도움을 주신 일본 Kyoshin Elle社의 Kaichi Sugiyama씨께 감사한 마음을 전하고 싶습니다.

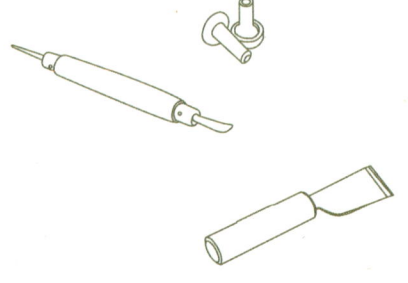

2012년 봄 국영주, 안우석

목차
CONTENTS

## PART 1

# 가죽공예 알아보기

## PART 2

# 🅓🅥🅓 가죽공예 기본 기법

## PART 3

DVD 처음 시작하는 가죽공예

## PART 4

한 시간이면 만들 수 있는 가죽 소품

## PART 5

나에게 선물하고 싶은 가죽 소품

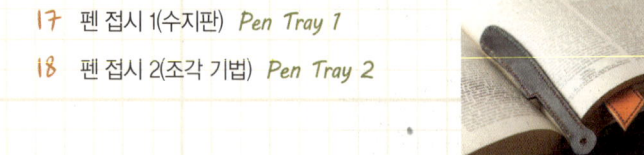

# PART 6

# 아이들을 위한 가죽공예 선물

# PART 7

# 특별한날 그와 그녀를 위한 가죽공예 선물

## PART 8

# 가죽공예로 꾸미는 인테리어 소품

## PART 9

# 도전하고 싶은 나만의 가죽 가방

01

02

Image 목차
CONTENTS

PART 3
처음 시작하는
가죽공예

03

04

05

06

## PART 4 한시간이면 만들 수 있는 가죽 소품

07

08

09

10

11

12

13

# Image 목차
## CONTENTS

## PART 5 나에게 선물하고 싶은 가죽 소품

# PART 6
아이들을 위한
가죽공예선물

38

39

40

41

42

PART 7

특별한날 그와 그녀를 위한 가죽공예 선물

43

44

45

46

47

48

49

50

# PART 8 가죽공예로 꾸미는 인테리어 소품

# PART 9
## 도전하고 싶은 나만의 가죽 가방

**DVD**

LEATHER

친절한 가죽 공예 DIY
# DVD 동영상 강의 200% 활용하기

이 책에는 두 장의 DVD가 담겨있습니다. 첫 장에는 가죽공예 기본 기법편이 담겨있고, 두 번째 장에는 가죽공예 실전 작품 만들기 강의가 담겨있습니다.

▶ ▶ ▶ **DVD 01** DVD 동영상 강의로 쉽게 배우는 친절한 가죽공예 DIY 가죽공예 기법

▶ ▶ ▶ **DVD 02** 동영상 강의로 쉽게 배우는 친절한 가죽공예 DIY 가죽공예 실전 작품 만들기

---

## 가죽공예 이야기, 초보자를 위한 가죽공예 기본 도구

가죽공예에 대한 소개와 초보자가 가죽공예를 하기 위해 꼭 필요한 기본 도구들을 소개합니다.

## 가죽공예 실전 작품 만들기

간단한 소품에서 가방까지 8시간 분량의 가죽공예 작품 실전 만들기 동영상 강의입니다.

---

### ❶ 가죽공예의 기본

가죽공예의 기본이 되는 형지 만들기 및 가죽의 재단 방법과 부속물 다는 방법을 배웁니다. 보고 싶은 강의를 선택해주세요.

### ❷ 바느질 기본 기법

가죽공예의 기본 바느질 방법을 배워봅니다. 보고 싶은 강의를 선택해주세요.

### ❸ 무늬 넣고 염색하기

가죽공예를 다양하게 해주는 다양한 무늬 넣은 방법과 가죽에 색을 입히는 염색 방법을 배워봅니다.

DVD 1장에 담을 수 있는 시간과 용량의 제약으로 실전 작품 만들기 동영상 강의는 화질을 낮추어 동영상을 제공합니다.

8개 작품의 동영상 강의 시간이 워낙 길다보니 불가피하게 화질을 다운시켜 수록할 수밖에 없었습니다. DVD에 수록된 동영상은 일반 TV영상 화질(SD급)이기 때문에 고화질(HD)로 볼 경우에는 화질이 좋지 않으니 참고하세요.

## 가죽공예의 기본

1. 형지 만들기
2. 가죽 재단하기
3. 피할하기
5. 리벳 달기
6. 그로멧 달기
7. 스냅 달기
8. 와이어스냅 달기

## 바느질 기본 기법

1. 바느질선 표시하기
2. 바느질 구멍 뚫기
3. 바느질 방법 1) 새들 스티치
4. 바느질 방법 2) 일자 바느질
5. 바느질 방법 3) X자 바느질
6. 남은 실의 마감법 3가지
7. 절단면 마감하기

## 무늬 넣고 염색하기

1. 수지판으로 무늬 넣기
2. 전사기법으로 무늬 넣기
3. 무늬막대로 무늬 넣기
4 가죽 염색 1) 유성 염색하기
5. 가죽 염새 2) 수성 염색하기
6. 가죽 염색 3) 라텍스 방염 기법
7. 가죽 염색 4) 마블 기법

## TV에서 부록 DVD 사용하는 방법

컴퓨터에서는 마우스를 이용하지만 TV에서는 리모컨을 이용해 메뉴를 선택할 수 있습니다.
부록 DVD를 TV용 DVD플레이어에 넣으면 왼쪽과 같은 창이 나타납니다. 리모컨의 방향 단추를
눌러 ENTER 버튼을 누르면 서브 메뉴로 이동합니다.

❶ **메뉴에서 동영상 선택** : ← → ↑ ↓ 로 원하는 영상을 선택하고 ENTER(또는 확인) 버튼을 누름
❷ **동영상을 보다가 메뉴로 가려면** : 메뉴 버튼을 누름
❸ **서브 메뉴에서 메인 메뉴로 가려면** : 서브 메뉴의 버튼을 선택한 후 ENTER(또는 확인) 버튼을 누름
❹ **DVD 실행 종료** : STOP 버튼을 누름

💬 **DVD 사용 시 주의사항**

**1.** PC에 DVD 플레이어가 설치되어 있지 않으면 부록으로 제공되는 DVD가 작동하지 않을 수도 있습니다. PC에서 DVD 플레이어가 정상적으로 실행되지 않을 경우에는 컴퓨터에 DVD 플레이어 소프트웨어가 설치되어 있는지 확인합니다. 만약 DVD 플레이어가 설치되어 있지 않다면 컴퓨터 구입 시 제공되는 설치 CD나 DVD로 PC용 DVD 플레이어를 설치해주세요.

**2.** TV에서 사용하는 DVD 플레이어의 기종에 따라 DVD가 정상적으로 작동하지 않을 수 있습니다.

**3.** DVD 플레이어 프로그램으로도 DVD를 전혀 읽지 못하거나, 부록 DVD를 사용하는 데 있어 문제가 있을 경우에는
www.diytp.com이나 '행복한 취미생활 DIY 카페(http://cafe.naver.com/diytp)'로 문의주시면 해결 방법을 알려드립니다.

# 친절한 가죽공예 DIY 200% 활용하기

❶ **만들 가죽 작품** : 이번 섹션에서 만들 가죽 작품의 완성 사진입니다.

❷ **DVD 동영상 강의** : 부록으로 제공되는 2장의 DVD에는 가죽공예 기본 기법과 실전 작품 만들기 강의가 담겨있습니다. 동영상 강의가 제공되는 기법이나 작품에만 이 표시가 되어있습니다. 부록 DVD는 컴퓨터의 DVD 플레이어를 이용해서 볼 수도 있고, TV에 연결된 DVD 플레이어를 통해서도 볼 수 있습니다.

❸ **예상 재료비, 완제품 예상가, 예상 제작시간, 난이도, 완성 크기**

• **예상 재료비** : 독자 분들이 작품을 만들 때 필요한 비용을 예측하기 쉽도록 가죽과 부재료의 예상 가격을 수록하였습니다. 이 가격은 말 그대로 예상 가격이므로 작품을 만들 때 참고 자료로 활용하세요.

• **완제품 예상가** : 완제품을 판매할 경우의 예상 가격입니다.

• **예상 제작 시간** : 작품은 만드는데 필요한 예상 시간입니다. 개인에 따라 차이가 있을 수 있으니 참고 자료로 활용하세요.

• **난이도** : 작품의 난이도를 별의 개수로 표시했습니다. 별의 개수가 많을수록 난이도가 높아집니다. ★★★★★

• **완성 크기** : 부록으로 제공된 실물본을 활용하여 만들었을 때 작품의 완성 크기입니다.

❹ **준비 재료, 준비 도구** : 해당 가죽 작품을 만들기 위해 필요한 재료와 도구들을 소개합니다.

**바느질에 필요한 실의 길이**

• **일자 바느질과 새들 스티치의 경우** – 바느질해야 하는 길이×3+20cm

• **X자 바느질의 경우** – 바느질해야 하는 길이×4.5+20cm

바느질에 필요한 실의 길이는 위의 기준으로 예상하는 길이를 제시했습니다. 여유분을 충분히 포함하여 제시하였으니 작업해보면서 작품에 필요한 길이를 계산해서 활용하세요.

**기본 도구** 송곳, 재단판, 가죽칼이나 커터칼, 자, 나무망치, 고무판, 디바이더, 다이아몬드 줄이나 사포 등은 기본 도구에 해당하여 별도로 표시하지 않았습니다.

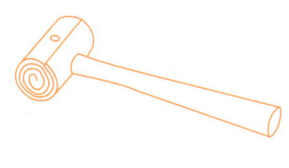

**옆면 마감하기**

**20** ⓐ와 ⓑ를 붙인 후 옆면이 차이가 나는 경우 경계면에 쇠자를 대고 커터칼로 옆면을 수직으로 반듯하게 잘라냅니다.

**21** 다이아몬드 줄을 가죽 옆면과 수직이 되도록 대고 절단면을 매끈하게 다듬어 주세요.

**22** 가죽 옆면에 면봉을 사용하여 옆면 마감제를 바르세요. 옆면 마감제는 코팅 역할을 하기 때문에 다이아몬드 줄로 다듬은 후 생기는 잔털을 매끄럽게 해줍니다.

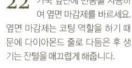

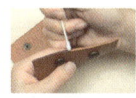

**23** 옆면 마감제를 바른 후 어느 정도 흡수되면 손가락이나 슬리커로 문질러서 매끄럽게 마감합니다.

**TIP**

옆면 마감제나 탑코트를 바릴 때 가죽 표면에 흘렀을 경우에는 어떻게 하나요?

옆면 마감제나 탑코트가 옆면이나 뒷면에 묻었을 경우에는 마르기 전에 즉시 물티슈로 닦아주세요. 마른 후에 닦으면 자국이 남아요.

**금속 코너 장식 달기**

**24** 금속 코너 장식을 달아주기 위해 각 모서리의 꼭짓점으로부터 가로, 세로 2mm 되는 곳을 커터칼로 잘라냅니다.

**25** 금속 코너 장식을 모서리에 끼우고 검지로 꼭짓점 부분을 눌러준 후 롱플라이어로 양 옆을 눌러서 고정합니다.

**26** 나머지 모서리에도 같은 방법으로 금속 코너 장식을 끼운 후 고정하세요.

**27** 바느질이 들어가지 않은 심플한 디자인의 브라운 키홀더가 완성되었습니다.

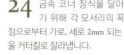
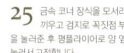

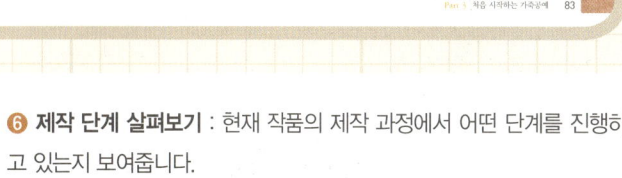

다른 색상이나 가죽을 이용해서 다양한 색상의 키홀더를 만들어보세요. 단지 가죽의 색이나 종류를 바꾸는 것만으로도 또다른 느낌의 키홀더가 완성돼요.

---

❺ **형지 제작 및 재단하기** : 새로운 가죽 작품을 만들기 전에 형지를 만드는 방법과 형지에 따라 가죽을 재단하는 방법을 소개합니다. 이 부분을 잘 이해하면 전체적인 작품의 구조를 쉽게 알 수 있습니다. 안내에 따라 형지를 만들고 재료를 준비하면 좀 더 쉽고 편하게 작품을 만들 수 있습니다. 형지 제작을 쉽게 할 수 있도록 부록에 실물본을 제공하고 있으니 활용하세요.

❻ **제작 단계 살펴보기** : 현재 작품의 제작 과정에서 어떤 단계를 진행하고 있는지 보여줍니다.

❼ **팁** : 제작 과정에서 경험한 작가만의 노하우와 정보를 소개합니다.

❽ **응용작품** : 본문에서 만든 작품을 응용하여 만들 수 있는 다양한 작품의 활용 방법을 소개합니다.

---

💬 **인터넷을 통한 지속적인 서비스 제공**

이 책과 관련하여 궁금한 내용은 터닝포인트의 홈페이지(www.diytp.com)나 네이버의 행복한 취미생활 DIY(http://cafe.naver.com/diytp) 카페, www.가죽쟁이.com으로 문의주시면 최선을 다해 답변해드리겠습니다.

**내가 만든 작품 자랑하기**

터닝포인트의 "행복한 취미생활 DIY(http://cafe.naver.com/diytp)" 카페의 게시판에 책을 보고 만든 작품이나 제작 과정의 에피소드, 또는 나만의 창작품 등을 올려주세요. 다른 독자 분들과 함께 정보도 공유하고 우수 회원을 뽑아 시상도 한답니다.

# 1

Leather craft

# 가죽공예 알아보기

## 01
### Leather craft

# 가죽공예는
# 어떤 공예인가요?

가죽공예는 가방, 지갑, 벨트에서부터 액세서리, 인테리어 소품 등과 같은 다양한 작품을 가죽을 이용하여 만드는 공예의 한 분야입니다. 이 책에서는 가방과 지갑, 액세서리와 인테리어 소품 같은 다양한 가죽 제품들의 제작 방법을 자세히 소개합니다. 가죽공예에 사용되는 가죽은 소가죽과 돼지가죽이 대표적으로 쓰입니다. 이 외에도 양가죽, 악어가죽, 타조가죽, 뱀가죽 등 매우 다양한 가죽들을 가죽공예에 활용할 수 있습니다.

**• 이탈리안식 가죽공예**
컬러링 베지터블 가죽과 크롬 가죽에 바느질과 마감을 해서 만드는 이탈리안식 가죽공예

가죽공예에서 작품을 만드는 방법은 크게 두 가지로 분류합니다. 염색된 컬러링 베지터블 가죽이나 크롬 가죽을 사용하여 바느질를 하고 마감하여 만드는 방법과 내추럴 베지터블 가죽을 사용하여 직접 자기가 무늬를 넣고 원하는 컬러도 직접 염색하는 방법이 있습니다. 전자를 이탈리안식이라고 칭하기도 합니다.

이 책에서는 다루기 쉽고 다른 가죽에 비해 비교적 저렴한 소가죽을 활용하여 직접 염색도 해보고, 염색된 컬러링 베즈터블 가죽을 이용해서 다양한 가죽 작품들을 만들어 보았습니다. 작가의 아이디어에 따라서 같은 디자인의 작품도 다양한 칼라로 표현이 가능합니다. 가죽공예를 배우면 가방, 지갑, 액세서리에서 생활소품에 이르기까지 다양한 나만의 작품을 내 손으로 직접 만들 수 있고, 잘 만든 제품은 고가에 판매할 수도 있습니다. 또한 직접 만든 제품에 이니셜과 날짜를 새겨 선물하면 의미 있는 선물로도 유용합니다.

•• **내추럴 베지터블 가죽을 사용한 가죽공예**

### 가죽의 역사

인류가 언제부터 가죽을 사용했는지 정확히는 알 수 없지만 발견된 유물 등을 통하여 원시시대에 거쳐 석기시대에도 가죽을 이용한 물건이 다양하게 사용되었음을 알 수 있습니다. 놀라운 것은 그 당시의 유물 등을 통하여 알려진 동물 가죽의 종류, 동물에서 가죽을 벗기는 방법, 가죽의 두께, 가죽의 겉면 처리 과정, 가죽의 용도 등이 현재 사용하고 있는 것과 매우 흡사하다고 합니다.

초기에는 동물을 사냥한 후 남은 가죽을 활용하여 의류, 그릇, 이불 등 생활과 관련된 물품들을 많이 만들어 사용했습니다. 또한 시간이 흘러 인류가 본격적으로 정착, 유목생활 등을 시작할 무렵에는 농업, 축산업, 어업 등과 관련하여 관련 도구들을 자급자족하기 시작하면서 가죽의 용도가 확장되어 가죽공예는 더욱 발전하였습니다. 오랜 전부터 가죽의 가공법이 발전되어 가죽에 연기를 이용하여 가죽이 썩지 않도록 하는 무두질법 등 다양한 가공법을 활용한 가죽 생필품이 만들어졌습니다. 가죽으로 만들어진 물품으로써는 의복, 신발, 허리띠, 북 등이 발견되기도 하였습니다.

# 한눈에 보는 가죽공예
## **제작 과정** 살펴보기

**1** **작품 구상이나 만들 작품 선택** 만들고 싶은 작품을 선택한 후 도안을 준비합니다. 직접 디자인을 할 경우는 만들고 싶은 가방이나 소품들을 그림으로 그려보고 치수를 계산하여 평면 도안을 그립니다.

**2** **형지 만들기**(42쪽 및 DVD 참고) 준비된 평면 도안을 이용하여 두꺼운 도화지나 플라스틱으로 형지를 만들어 준비합니다.

**3** **사용할 가죽 선택, 준비하기**
**3-a** 가죽 준비하여 재단하기(43쪽 및 DVD 참고) 미리 정한 가죽을 준비해서 형지를 이용해 가죽에 옮겨 그리고 재단합니다.

**컬러링 베지터블과 크롬 탄닝 가죽을 선택할 경우(이탈리안식)**

**내추럴 베지터블 가죽을 선택할 경우 (전통 통가죽)**

**3-b1** 가죽에 무늬 넣기 내추럴 베지터블 가죽을 사용할 경우 무늬를 넣는 방법입니다.

1. 전사기법으로 무늬 넣기(45쪽 및 DVD 참고)
전사펜과 트레팔지를 사용해서 무늬 넣기

2. 수지판으로 무늬 넣기(46쪽 및 DVD 참고)
수지판을 사용하여 무늬 넣기

3. 조각하기(47쪽 및 DVD 참고)
회전조각도와 무늬막대(툴)를 사용하여 입체적으로 무늬 넣기

**3-b2** 내추럴 베니터블 가죽에 염색하기 가죽 전용 유성 염색약과 가죽 전용 수성 염색약을 사용하여 염색하는 방법입니다.

1. 유성 염색하기(48쪽 및 DVD 참고)
가죽 전용 유성 염색약을 사용하여 염색합니다.

2. 수성 염색하기(49쪽 및 DVD 참고)
가죽 전용 수성 염색약을 사용하여 염색합니다.

3. 라텍스 방염 기법(50쪽 및 DVD 참고)
가죽 전용 수성 염색약과 라텍스를 사용하여 염색합니다.

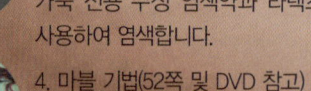
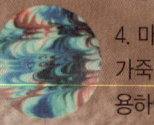
4. 마블 기법(52쪽 및 DVD 참고)
가죽 전용 수성 염색약과 CMC를 사용하여 염색합니다.

**4** **피할하기**
**(53쪽 및 DVD 참고)**
패디나 커터칼을 사용하여 피할하는 방법입니다.

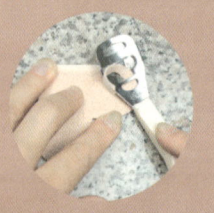

**5** **조립하기**
각 각의 작품을 만들 때 완성된 형태를 미리 볼 수 있는 과정입니다.

### 10 옆면 정리하고 마감하기(73쪽 및 DVD 참고)
옆면을 매끈하게 정리하고 마감합니다.

### 9 부속 철물 달기(68쪽 및 DVD참고)
리벳, 그로멧, 스냅, 와이어스냅 등 부속 철물을 달아봅니다.

### 8 바느질하기
여러 가지 바느질 중 한 가지를 선택해서 바느질을 합니다.

1. 바늘 1개를 사용한 일자 바느질(63쪽 및 DVD 참고)
바늘 한 개를 사용하여 ㄹ자 모양으로 왔다 갔다 하면서 일자 바느질을 합니다.

2. 새들 스티치(62쪽 및 DVD 참고)
바늘 두 개를 사용하여 두 개의 실이 일정한 규칙으로 교차하는 새들 스티치를 합니다.

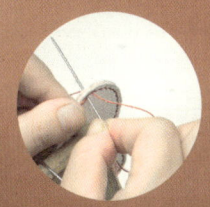

3. X자 바느질(65쪽 및 DVD 참고)
바늘 한 개를 사용하여 X자 모양의 바느질을 합니다.

### 6 바느질선 표시하기(56쪽 및 DVD 참고)
디바이더를 사용하여 바느질 간격을 조절하여 가죽에 선을 그어줍니다.

### 7 바느질 구멍 뚫기 (58쪽 및 DVD 참고)

1. 원펀치를 사용한 구멍 뚫기
1구 원형 펀치를 사용하여 바느질 구멍을 뚫어줍니다.

2. 치즐을 사용한 구멍 뚫기
치즐을 사용하여 바느질 구멍을 뚫어줍니다.

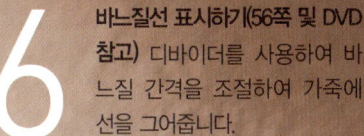

# 일반적으로 사용되는 **소가죽(우피) 세 가지**

## 1. 염색된 소가죽(컬러링 베지터블과 크롬 가죽 엠보싱 가죽)

염색되어 나오는 가죽은 재단하고 바로 바느질에 들어갈 수 있어서 작업 시간이 단축됩니다. 보통 염색을 직접 하지 않고 바느질만 하는 이탈리안식에 사용되는 가죽이라고도 합니다.

베지터블은 식물성 성분으로 가죽을 가공한 것이고 크롬은 광물성 성분으로 가공한 것입니다. 무늬가 있는 가죽들은 엠보싱이라 합니다.

1. 염색된 소가죽

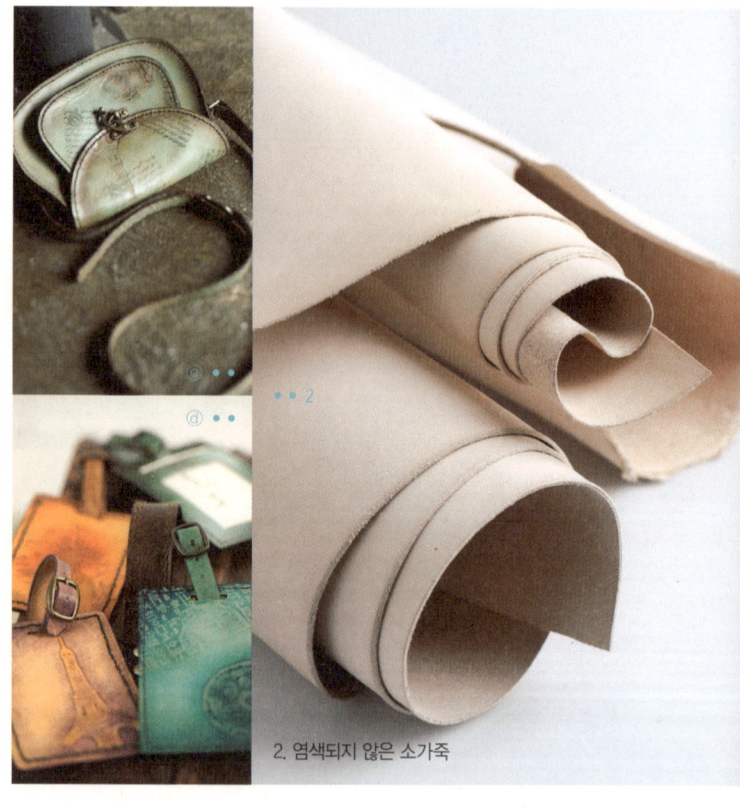

2. 염색되지 않은 소가죽

1 염색된 소가죽

ⓐ 오일 풀 업(Oil full up) 가죽을 이용해서 만든 가방

ⓑ 브라운 계열의 컬러링 베지터블 가죽과 흰색 엠보싱 가죽을 이용해서 만든 가방

ⓒ 내추럴 베지터블 가죽에 무늬를 넣고 염색하여 만든 미니백

ⓓ 내추럴 베지터블 가죽을 이용하여 무늬를 넣고 염색하여 만든 여행용 가방 이름표

2 가죽에 색을 입히지 않은 내추럴 베지터블 가죽

## 2. 염색되지 않은 소가죽(내추럴 베지터블)

일반적으로 '통가죽'이라고 하면 소의 원피에 식물성 탄닝을 한 가죽을 말합니다. 통가죽은 염색을 이용한 공예에 적합하기 때문에 통가죽공예에서 현재 가장 많이 쓰이는 가죽입니다. 염색되지 않은 소가죽으로 직접 염색을 해야 하는 번거로움이 있지만, 도화지에 그림을 그리듯 가죽 위에 자유자재로 표현할 수 있습니다. 또한 수지판이나 무늬막대를 사용하여 무늬를 넣을 수 있고, 불도장을 사용하여 무늬를 넣을 수도 있습니다.

# 친절한 가죽공예 책에서 사용한 **안감들**

1 돼지가죽(돈피)

다양한 색상의 돈피들

내추럴 베지터블 가죽에 염색된 색상에 맞추어 돈피를 안감으로 활용한 연필꽂이

## 1. 돼지가죽(돈피)

돼지의 가죽을 가공한 돈피는 특유의 은면(겉면을 말함) 모양(점 세 개가 삼각형 모양으로 찍혀있음)이 있고, 모공이 크고 거칩니다. 그러나 가죽이 부드러워 염색으로 여러 가지 색깔을 다양하게 낼 수 있으며 다른 가죽에 비해 상대적으로 가격이 저렴해서 안감으로 많이 사용됩니다. 돈피 대용으로 가격이 저렴한 비슷한 느낌의 인조세무드를 사용해도 좋습니다.

## 2. 안감

가방과 지갑 등 가죽 제품의 안감으로 활용되는 인조 섬유입니다. 올이 잘 풀리지 않아 가죽 제품에 사용하기 좋습니다.

## 3. 내피(Split, 상혁, 도꼬)

가죽의 두께를 원하는 두께로 만들기 위해 전체적으로 깎아내는 것을 피할이라 하고, 피할 하고 남은 소가죽의 뒷부분을 내피라고 합니다. 가죽의 안쪽에 덧대어서 안감 대신 사용하거나 보강제로 사용하기도 합니다.

2

2. 갈색 안감과 다크브라운 컬러링

오일 풀 업(oil full up) 가죽을 사용하여 만든 여자 장지갑에 갈색 안감을 사용함

3 내피

연필꽂이 안쪽에 내피를 덧대어 보강제로 활용한 예

**05**

Leather craflt

# 알아두면 좋은
# 가죽의 종류와
# 가공 및 보관법

## 1. 가공하지 않은 원피에 따른 분류

### • 스킨(Skin)

비교적 어린 동물의 가죽을 스킨이라고 합니다. 가죽공예에 가장 많이 쓰이는 소가죽 중에서는 송아지로 만든 가죽이 스킨에 해당됩니다. 스킨은 모공이 작아서 가죽의 표면이 부드럽고 가볍습니다.

### • 하이드(Hide)

다 자란 동물의 가죽을 하이드라고 합니다. 가죽공예에 제일 많이 쓰이는 소가죽 중에서 다 자란 수소와 암소의 가죽이 하이드에 해당됩니다. 하이드 가죽은 모공이 커서 스킨에 비해 가죽의 표면이 거칠고 무겁습니다.

## 2. 가죽의 단면에 따른 분류

### • 은면혁

동물의 가죽 중 털이 있는 부분을 가공하여 만든 가죽을 은면혁이라고 합니다. 가죽 표면이 부드러운 것이 특징이며, 가죽공예에 일반적으로 쓰입니다.

### • 상혁

은면혁 아래층에 있는 모근, 땀샘 등의 부분을 가공하여 만든 가죽을 말합니다. 가죽 표면이 거친 것이 특징이며 주로 가죽공예 작품의 외부에 노출되지 않는 심지나 안감 등에 사용됩니다.

## 3. 가공법에 의한 분류

동물에서 얻은 생가죽인 원피는 부패되기 쉽고 건조하는 도중에 굳어버리기 때문에 원래의 상태로는 사용할 수가 없습니다. 이러한 동물의 생가죽을 보존하기 위해서는 탄닝(Tanning: 무두질, 제혁이라고도 함)이라는 공정이 필요하고, 이러한 과정을 거쳐서 만들어진 것이 바로 우리가 사용하는 가죽입니다. 가죽은 탄닝을 하기 전에 수적(Soaking)−석회침(Liming)−제육(Fleshing: 가죽 뒷면의 필요없는 부분을 막 아내는 작업)이라는 과정을 거칩니다.

### • 탄닝(Tanning)

가죽이 부패되고 건조되는 것을 방지하기 위해 탄닝 용액이 들어있는 용기에 가죽을 넣어 탄닝 용액과 가죽의 단백질 섬유가 결합하는 과정을 '탄닝'이라고 합니다. 탄닝에는 광물성 탄닝과 식물성 탄닝 두 가지가 가장 많이 사용되는 방법입니다.

### • 광물성 탄닝

황산크롬(Chromium Sulfate) 중크롬산 나트륨, 크롬염 등의 화학적 방법을 이용한 탄닝 방법입니다. 크롬 탄닝은 1858년에 개발된 방법으로 현재 가장 보편적인 가공 방법이며, 대량 생산이 가능해 가장 대중적으로 사용됩니다.

• 식물성 탄닝(Vegetable tanning)

나무껍질, 열매, 잎 등 식물에서 얻어진 식물성 천연 추출물인 탄닝액을 이용하여 만드는 방법입니다. 탄닝의 방법 중 가장 오래된 방법으로 가죽공예에 사용되는 일명 '통가죽'이라고 불리는 가죽이 바로 이 식물성 탄닝을 이용한 가죽입니다.

• 탄닝 후 가공

가죽을 탄닝한 후에는 탈수, 건조(Sammiering, drying), 면도(Shaving, Trimming), 염색(Dyeing), 스테이킹(Staking) 연마, 스웨이딩(Buffing &Sueding), 코팅(Coating), 광택, 왁싱, 엠보싱, 워싱(Polishing, Waxing, Embossing &Washing) 등의 과정을 거쳐서 실제로 사용되는 가죽이 완성됩니다.

## 4. 좋은 가죽 고르는 법

가죽에 염색을 하기 위해서는 모공이 작고 가죽 표면이 부드러워야 염색이 균일하게 됩니다. 작품을 만들다 보면 표면에 흠집이 있는 가죽은 사용할 수 없어 버리는 경우가 많으므로 되도록 흠집이 없는 가죽을 택하는 것이 좋습니다.

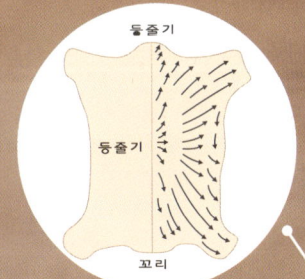

## 5. 가죽 보관 방법

가죽의 겉면이 바깥으로 오도록 하여 종이에 감싸고 말아 빛이 들어오지 않게 밀봉해야만 가죽의 원 상태를 오래 보존할 수 있습니다. 가죽을 빛에 오랜 시간 노출하면 색깔이 누렇게 변색하고 수분이 날아가 딱딱해집니다. 습기가 많은 곳에 보관하면 곰팡이가 쉽게 생기므로 통풍이 잘 되는 곳에 보관하는 것이 좋습니다.

## 6. 가죽 재단법

가죽을 재단할 때는 결을 따라 재단해주는 것이 좋습니다. 등줄기는 등줄기를 따라 중앙에서 바깥쪽으로 재단하고, 꼬리 부분은 세로 방향으로 재단합니다.

가죽에 물을 묻혀 가죽을 부드럽게 만든 후 무늬막대를 사용하여 꽃무늬를 조각한 작품

## 7. 가죽의 성질

• 흡수성 : 가죽은 수분을 흡수하면 부드럽게 되고 늘어나 표면적이 커지고, 건조하면 수분을 방출하여 수축하고 견고해집니다. 이러한 가죽의 흡수성을 이용하여 가죽에 물을 묻혀 부드러워진 가죽을 눌러 조각하거나 전사 기법을 이용하여 무늬를 넣을 수 있습니다.

• 가소성 : 가죽은 늘여주면 그대로 원형으로 돌아가지 않고 얼마쯤 늘어난 상태로 안정되는 성질이 있습니다. 이런 가소성을 이용하여 가죽의 모양을 변형시키고 변형된 모양을 유지시킬 수 있습니다.

펜접시의 모서리 부분에 물을 묻혀 부드럽게 된 가죽의 모양을 변형시킨 후 집게를 사용하여 모양을 고정시키고 드라이기로 건조하여 변형된 모양을 유지시킨 작품

# 06
Leather craft

## 가죽공예에
## 필요한 준비물

### 1. 가죽공예를 처음 시작하는 초보자를 위한 기본 도구

가죽공예를 시작할 때 초보자들에게 필요한 가장 기본적인 도구들에는 어떤 것들이 있는지 알아
보겠습니다.

**형지 만들기와 재단에 필요한 도구**

❶ 커팅매트

❷ 쇠자

❸ 가죽칼

**내추럴 배지터블 가죽에 무늬를 넣기 위해서
필요한 도구**

❹ 분무기

❺ 전사펜

❻ 트레팔지

**염색에 필요한 염색약**

❼ 가죽 전용 수성 염색약이나 가죽 전용유성 염색
약 중에서 택일

**바느질을 하기 위해서 필요한 도구**

❽ 디바이더

❾ 고무판

❿ 나무망치

⓫ 2날 치즐과 6날 치즐,

⓬ 실

⓭ 바느질용 왁스

⓮ 바늘

**옆면 마감을 하기 위한 옆면 마감제**

무늬를 넣거나 염색을 하는 않을 경우에는 염색약
과 분무기, 전사펜, 트레팔지는 없어도 됩니다.

⓯ 토코롤

⓰ 스펀지

⓱ 사포 또는 다이아몬드 줄

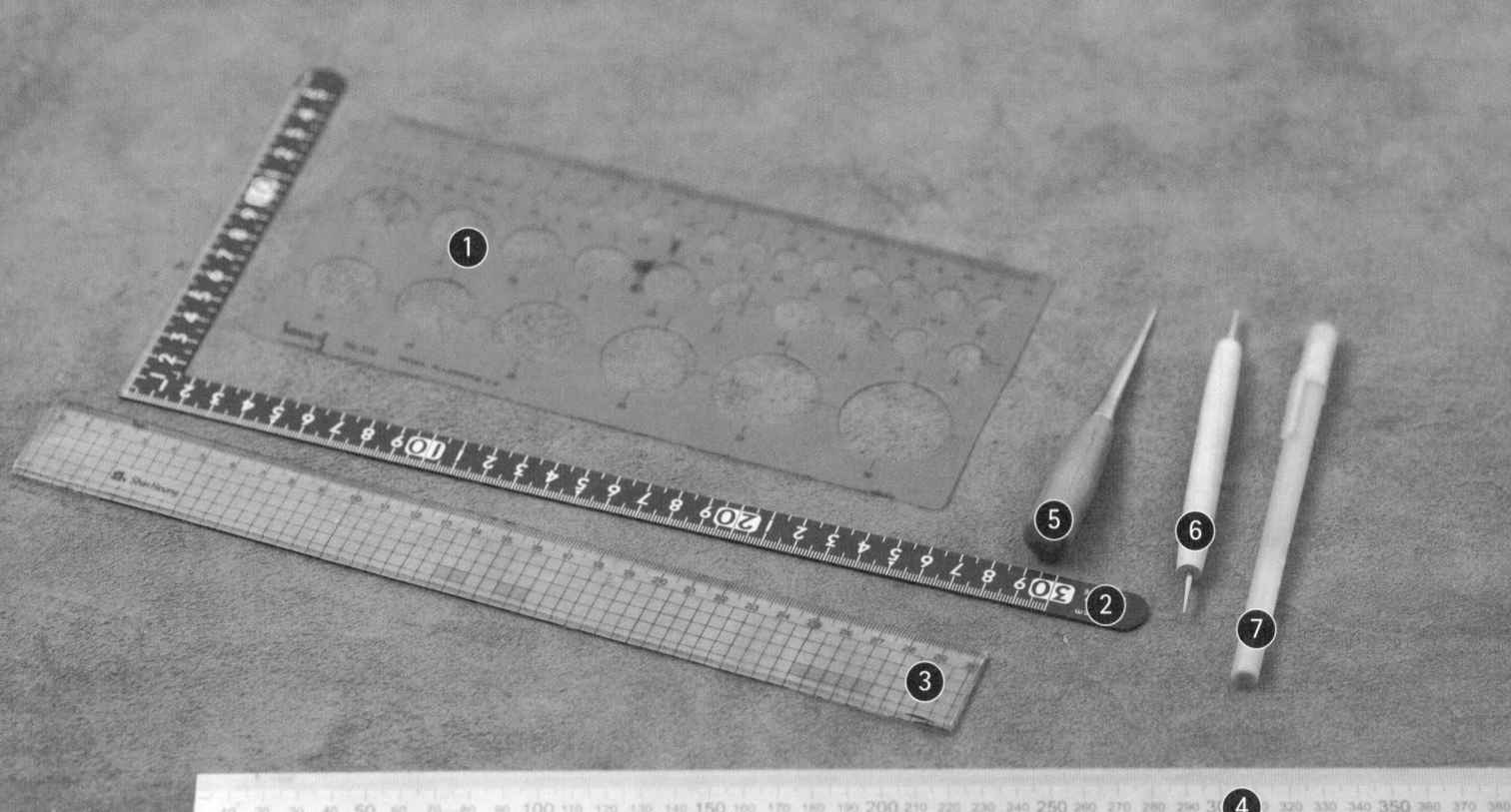

2. 도안 작업용
도구

❶ 운형자 : 도안에 원을 그릴 때 사용되기도 하며, 크기가 큰 펀치가 없을 때 송곳 등을 사용하여 원하는 크기의 원을 가죽 위에 그린 후 세밀용 칼로 잘라줍니다.

❷ 직각자(지시선 표시) : 직각 모양의 도안을 그리거나 형지를 만들 때 사용하며, 직각 모양의 가죽을 재단할 때 사용합니다. 가능하면 얇은 금속으로 된 직각자를 사용하는 것이 좋고, 직각 부분이 무디지 않은 것이 사용하기 좋습니다.

❸ 방안자 : 쇠자와 같은 용도로 사용하는 플라스틱 재질의 방안자입니다. 초보자의 경우 방안자를 대고 재단하면 가죽과 자가 함께 잘릴 수 있으므로 쇠자를 사용하는 것이 좋습니다.

❹ 쇠자 : 직선 모양의 도안을 그리거나 형지를 만들 때 사용하며, 직선 모양의 가죽을 재단할 때 사용합니다. 숙련된 사람은 자를 사용하지 않고도 가죽을 재단하지만, 초보자의 경우 자를 사용하는 것이 편리합니다.

❺ 송곳 : 끝이 날카로운 금속 재질로 되어있으며, 형지를 가죽에 옮길 때 사용합니다.

❻ 전사펜 : 끝이 날카롭지 않고 둥그렇게 되어 있어서 형지나 트레팔지의 그림을 가죽 위에 옮겨 그릴 때 가죽이 손상되거나 트레팔지가 찢길 위험이 적습니다. 비슷한 기능을 하는 제품으로는 철펜 등이 있습니다.

❼ 은펜 : 형지를 가죽에 옮길 때 주로 사용하며, 바느질 간격이나 중심선, 구멍 위치 등을 표시할 때도 사용합니다. 가능하면 심이 얇은 것을 사용하는 것이 좋습니다.

## 3. 재단용 도구

**❶ 커팅매트** : 가죽칼이나 커터칼을 사용하여 재단할 때 칼날을 보호하기 위하여 사용하는 매트입니다. 경우에 따라서는 매트에 그려져 있는 눈금을 사용하여 직각자 대용으로 사용할 수도 있습니다

**❷ 문진** : 도안 또는 형지를 만들거나 형지를 가죽에 옮길 때 도안이나 형지가 움직이지 않게 고정시켜줍니다. 또한 카빙(조각)할 때 가죽 위에 2~3개 올려놓고 작업하면 가죽이 뜨지 않아 작업하기 쉽습니다.

**❸ 가죽칼** : 가죽을 재단할 때 보편적으로 사용하는 칼로, 비교적 두꺼운 가죽을 재단할 때 사용하면 좋습니다. 사용 방법은 몸에서 먼 쪽에 칼날을 가죽 위에 대고, 몸쪽의 칼날은 약간 세워서 재단합니다.

**❹ 커터칼** : 주로 얇은 가죽이나 섬세한 부분을 재단할 때 사용하면 좋습니다.
직선 부분의 재단은 쇠자와 함께 사용하며, 곡선의 경우 여러 번 반복하여 사용하는 것이 좋습니다.

**❺ 가위** : 형지나 트레팔지, 얇은 가죽의 직선이나 곡선 부분을 재단할 때 사용합니다. 두꺼운 가죽은 가위로 재단하기가 힘들며, 재단한 단면이 일정하지 않은 경우가 있으므로 가죽칼이나 커터칼을 사용하는 것이 좋습니다.

**❻ 패디** : 가죽의 단면 두께를 얇게 깎아줄 때 사용하며, 이러한 작업을 '피할'이라고 합니다. 피할할 부분을 디바이더나 송곳, 은펜 등으로 표시한 후 패디를 이용하여 깎아줍니다. 비슷한 제품으로는 세이프티 베베러 등이 있습니다.

**❼ 세밀용 칼** : 좁은 부분이나 세밀한 부분을 자를 때 사용합니다.

❶ **본드 지우개** : 본드를 잘못 칠하거나 가죽과 가죽을 본드로 부착한 후 본드가 옆으로 새어 나왔을 때 본드 지우개를 사용하면 본드를 깔끔하게 제거할 수 있습니다. 본드 외에 이물질 등도 제거해주므로 마감면이 깨끗해집니다.

❷ **본드** : 가죽에 사용하는 본드는 일반적으로 공업용 접착제를 사용하는데, 시중에서 유통되는 노란색 액체의 본드를 주로 사용하면 됩니다. 본드 작업 시 본드주걱을 사용하면 깔끔하게 접착할 수 있습니다.

❸ **본드주걱** : 본드 사용 시 접착시킬 가죽에 골고루 얇게 바를 때 사용합니다. 본드를 얇게 바르고 어느 정도 지난 후 본드가 약간 꾸덕꾸덕하게 마르면 접착면을 서로 붙여줍니다.

❹ **접착용 롤러** : 본드를 칠한 후 접착용 롤러로 밀어주면 접착이 잘되며, 기포가 발생하는 것을 방지하여 접착력을 좋게 해줍니다. 접착용 롤러가 없을 경우에는 나무망치나 북폴더, 손가락을 사용해도 좋습니다.

❺ **나무망치** : 펀치나 치즐로 바느질용 구멍을 뚫거나 무늬막대(그림이나 문자, 숫자 등)로 가죽에 모양을 낼 때 타격용으로 사용합니다.

❻ **쇠망치** : 주로 수지판을 타격할 때 사용하는 망치로, 타격면이 작고 견고하여 수지판의 모양이 선명하게 나올 수 있게 합니다. 밑면이 약간 둥글거나 평평해야 좋습니다. 너무 세게 칠 경우 수지판의 수명을 단축시킬 수 있으므로 적당한 힘으로 타격해야 합니다.

❼ **가죽망치** : 나무망치에 비해 견고하며, 마모가 적어 오래 사용할 수 있습니다.

❽ **석판** : 무늬막대. 수지판 등을 타격할 때 가죽 밑에 깔고 사용함으로써 무늬와 모양이 선명하게 나오도록 해줍니다. 카빙 작업 시에도 같은 방법으로 사용하며, 석판은 가죽의 크기보다 커야 작업이 쉽습니다.

❾ **고무판** : 나무망치나 가죽망치로 펀치, 치즐 등을 타격할 때 가죽 밑에 깔고 사용함으로써 펀치와 치즐 등의 날이 상하지 않도록 합니다.

## 5. 바느질용 도구

❶ **치즐(목타)** : 바느질 구멍을 뚫을 때 사용하는 도구로, 가죽의 두께와 크기 등에 따라 종류(다이아몬드, 일자 등), 날(1날, 2날, 4날, 6날, 10날 등), 피치 간격(3mm, 4mm, 5mm, 6mm 등)이 다양하므로 적당한 치즐을 사용해야 합니다.

❷ **다이아몬드 송곳** : 바느질 구멍을 뚫는 도구입니다. 이미 뚫어진 구멍에 사용되기도 하며, 바느질의 마감 작업에서 사선으로 구멍을 뚫을 때도 사용합니다.

❸ **초실** : 질기고 튼튼한 아마의 섬유로 만든 실인 아마사에 왁스를 먹인 실로, 작품에 맞는 다양한 색상이 있습니다. 실의 굵기에 따라 3합, 4합, 6합 등으로 구분합니다.

❹ **나일론실** : 부드럽고 가벼우며 탄력이 좋습니다. 일반적으로 나일론실에는 왁스를 묻힌 후 사용합니다.

❺ **바느질용 왁스** : 나일론실의 올이 일어나거나 실에 때가 타는 것을 방지하기 위해 사용하는 왁스입니다. 나일론실을 왁스 위에 놓고 두세 번 잡아당겨서 사용합니다.

❻ **가죽용 바늘** : 가죽 전용 바늘은 일반 바늘과 달리 끝이 둥그렇게 되어있어 일반 바늘보다 손가락의 부상이 상대적으로 적습니다. 일반 바늘을 사포에 갈아서 끝을 둥그렇게 하여 사용해도 무방합니다.

❼ **스티칭 그루버** : 바느질 선의 홈을 파주는 도구로, 실이 홈 안에 들어가기 때문에 외부와의 마찰을 줄여줍니다. 스티칭 그루버 본체 밑이 직선인 경우에는 사용하기 편하지만, 둥근 경우에는 가죽이 밀릴 수 있으므로 유의하여 사용해야 합니다.

❽ **디바이더** : 바느질 선을 표시하거나 바느질 구멍의 간격을 표시할 때 사용합니다. 바느질 선이 직선일 경우에는 자와 송곳으로 대용할 수 있으나, 곡선일 경우에는 반드시 디바이더를 사용해야 합니다. 초보자는 바느질할 가죽의 높낮이가 클 경우에 바느질선 간격이 일정하도록 유의하여 사용해야 합니다.

❾ **포니(소잉 호스)** : 바느질할 때 가죽을 잡아주어 새들 스티치를 편하게 할 수 있으며, 작업 속도를 빠르게 하여 능률을 높여줍니다.

❶ CMC : 마블 기법으로 염색할 때 사용하는 흰색 가루입니다. CMC는 제품에 따라서 물에 타서 바로 사용하기도 하며 일정한 시간이 지난 뒤 사용하기도 합니다. CMC 용액은 가죽의 뒷면 마감제로 사용해도 좋습니다.

❷ 라텍스 : 천연고무로 만들어진 라텍스를 염색된 가죽 위에 칠한 후 말려주면 그 위에 어떤 칼라의 염색약을 덧칠해도 염색약이 묻지 않습니다. 초보자도 쉽게 여러 가지 모양을 낼 수 있습니다. 일반적으로 섬세하게 작업을 하지는 않지만, 섬세하게 표현할 경우에는 물을 타서 사용하기도 합니다.

❸ 분무기 : 염색을 좀 더 쉽게 하기 위해 뿌리는 베이스를 담거나 카빙 작업을 할 때 뿌리는 물을 담아 놓습니다. 유성 염색약은 알코올을, 수성염색약은 물을 희석제로 사용하여 원하는 색이 나오게 하여 사용합니다.

❹ 가죽 전용 수성 염료 : 내추럴 베지터블 가죽(생지) 위에 사용하는 염료로, 물을 희석제로 사용합니다. 수성 염료는 유성 염료와는 달리 물에 잘 번지기 때문에 반드시 마감제를 사용해야 합니다.

❺ 가죽 전용 유성 염료 : 내추럴 베지터블 가죽 생지 위에 사용하는 염료로, 알코올을 희석제로 사용합니다. 일반적으로 노랑은 1:20, 나머지 색은 1:10의 비율로 알코올과 섞어서 베이스로 사용하며, 유성 염료를 사용하면 마감제를 사용하지 않아도 무방합니다.

❻ 천(순면) : 수성 염색약으로 염색 작업을 할 때 천을 사용합니다. 천을 여러 번 문질러 사용하며, 광을 낼 때도 사용됩니다.

❼ 목장갑(손가락) : 유성 염색약으로 염색 작업을 할 때는 목장갑의 손가락 부분을 잘라서 사용합니다. 섬세한 부분의 경우에는 면봉을 넣어서 사용하기도 합니다.

❽ 붓 : 일반적으로 수성 염색약을 쓸 때 사용하는데, 이때 분무기나 붓, 천 등을 이용하여 함께 사용하기도 합니다. 사용 면적에 알맞는 너비의 붓을 사용합니다.

❾ 비닐장갑(손가락 부분만) : 유성 염색약을 사용할 때 목장갑 안에 넣어서 손가락에 염색약이 묻는 것을 방지합니다.

❿ 마커펜 : 가죽 위에 그림을 그리거나 체크무늬를 표현할 때 사용합니다. 마르면 번지지 않는 것이 특징입니다.

## 7. 마감용 도구

**북폴더** : 가죽을 성형하거나 뒷면 마감제를 가죽의 뒷면에 손으로 문지르고 나서 결 방향대로 밀어줄 때 사용합니다. 뒷면 마감제를 밀어줄 때는 유리판을 사용하면 더 좋습니다.

❶ **목장갑(손바닥 부분)** : 목장갑의 손가락 부분은 유성 염색약으로 염색할 때, 손바닥 부분은 가죽의 광을 낼 때 사용합니다. 가죽에 광을 낼 때는 보통 우드 블록을 사용하면 좋지만, 가격이 비싸므로 목장갑이나 천(면)을 사용해도 무방합니다.

❷ **엣지 베벨러** : 마감 작업을 하기 전에 가죽의 모서리를 깎아주는 공구입니다.

❸ **슬리커** : 가죽의 절단면에 옆면 및 뒷면 마감제를 바른 후 일정한 시간이 흐른 후 슬리커로 문질러주면 마감면이 깨끗하게 됩니다. 슬리커를 사용한 후 아크릴 수지계 절단면 마감제(일명 기리메)를 칠해주면 됩니다. 슬리커는 재질이나 모양에 따라 목제 슬리커, 콘 슬리커 등 다양한 제품이 있습니다.

❹ **옆면 및 뒷면 마감제** : 가죽의 절단면 및 뒷면(벨트 등)에 사용합니다. 가죽의 절단면을 사포 등으로 다듬어준 후 옆면 및 뒷면 마감제를 바르면 절단면이 깨끗해집니다. 건조시킨 후 같은 곳에 여러 번 반복하여 사용하면 절단면이 깨끗해집니다.

❺ **가죽용 수성 광약** : 일반적으로 수성 염료를 사용한 후 색이 번지는 것을 방지하기 위해 마감용으로 사용하며, 유광과 무광이 있습니다. 얇은 피막을 형성하여 더러워지거나 수분이 침투되는 것을 방지합니다.

❻ **아크릴 수지계 절단면 마감제(기리메)** : 가죽의 절단면을 마감할 때 스펀지나 면봉을 사용하여 가능한 얇게 여러 번 칠해줍니다. 칠할 때마다 충분히 건조될 때까지 기다린 후 반복하여 칠하면 마감면이 더욱 깔끔해집니다.

❼ **다이아몬드 줄** : 사포와 같은 용도로써 가죽의 절단된 마감 면을 깨끗하게 다듬어줄 때 사용합니다. 사포보다 시간은 단축되지만 너무 힘을 가하면 단면이 두꺼워지는 것이 단점입니다.

❽ **사포** : 옆면 마감제를 바르기 전에 가죽의 절단된 마감면을 깨끗하게 다듬어줄 때 사용합니다.

❾ **스펀지** : 가죽의 절단면에 마감제를 바를 때 사용하며, 한 번 사용한 후 세척하여 여러 번 사용할 수 있습니다. 비슷한 제품에는 에지 브러시가 있습니다. 또한, 카빙 작업을 할 때는 약간 큰 스펀지를 사용하여 물을 축인 후 가죽에 수분이 충분하게 흡수되도록 문질러줍니다.

❿ **면봉** : 비교적 얇은 면적의 가죽 절단면에 마감제를 바를 때 사용합니다. 또한 큐빅을 붙일 때 사용해도 좋으며, 유성 염색약으로 섬세한 부분을 염색할 때 사용하기도 합니다.

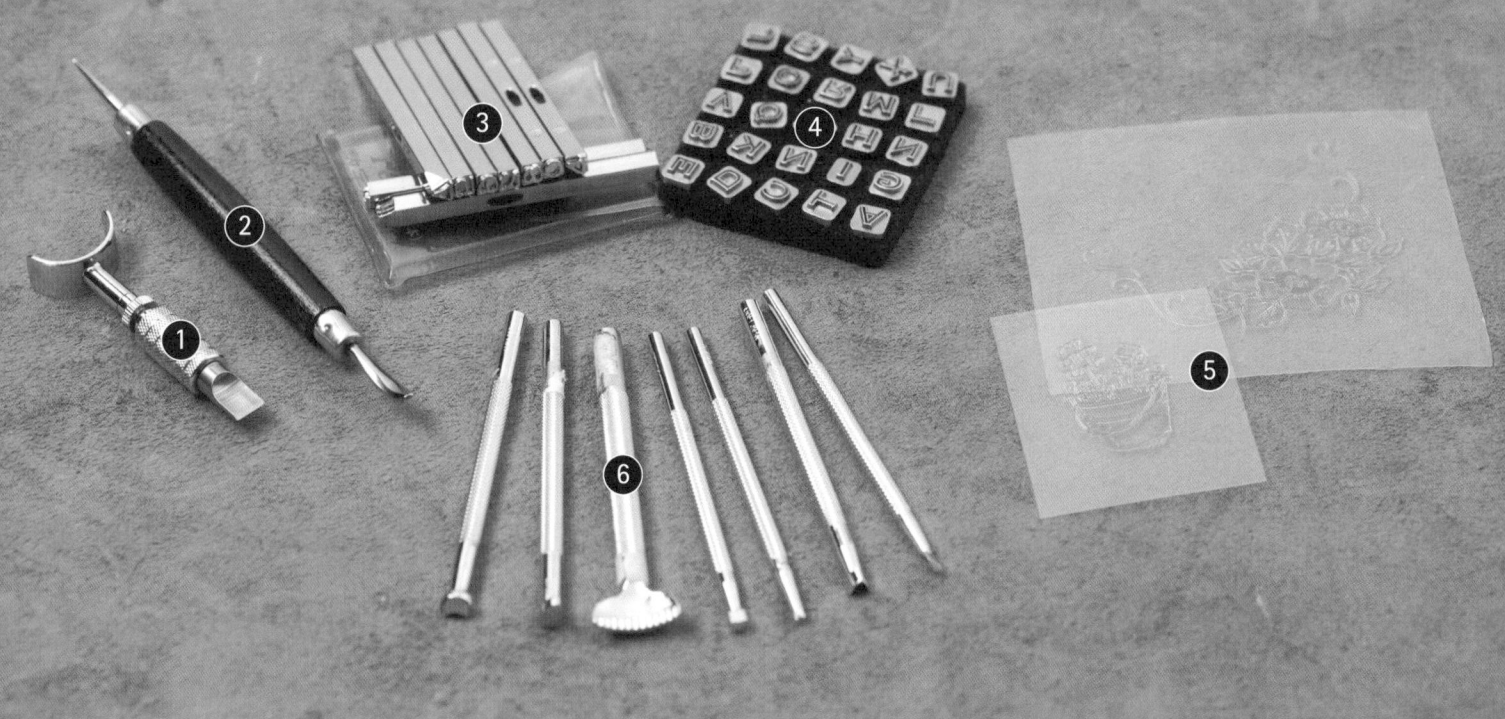

**8. 무늬 넣기 및 카빙용 기본 도구**

❶ **회전조각도** : 카빙 작업을 할 때 전사펜으로 옮겨 놓은 선을 선명하게 표시하기 위해 사용합니다. 또한 카빙 작업의 마지막 단계인 피니시 라인을 그릴 때 사용합니다.

❷ **모델러** : 풍경, 인물 등에 음영을 줄 때 사용합니다. 사진의 아래쪽이 모델러로 사용되고, 위쪽은 전사펜 용도로 사용됩니다.

❸ **숫자 각인** : 숫자를 볼록하게 만든 금속 재질로써, 가죽에 선명하게 숫자를 넣을 수 있습니다. 숫자 각인은 반드시 가죽 밑에 석판을 깔고 나무망치나 가죽망치를 사용해야 하며, 쇠망치는 사용하면 안 됩니다.

❹ **알파벳 각인** : 알파벳이 볼록하게 만든 금속 재질로, 원하는 알파벳을 세터에 끼워서 사용합니다. 알파벳 각인도 반드시 가죽 밑에 석판을 깔고 나무망치나 가죽망치를 사용해야 하며, 쇠망치를 사용하면 안 됩니다.

❺ **수지판** : 인쇄용 수지판을 가죽에 접목한 것으로, 다양한 그림이나 글씨 등을 볼록하게 하여 가죽에 선명하게 무늬를 넣을 수 있습니다. 수지판은 보통 쇠망치를 사용하며, 가죽 밑에는 반드시 석판을 깔고 작업해야 합니다.

❻ **기타 각인** : 여러 가지 무늬 등이 볼록하게 만든 금속 재질입니다. 무늬 각인도 반드시 가죽 밑에 석판을 깔고 나무망치나 가죽망치를 사용해야 하며, 쇠망치를 사용하면 안 됩니다.

## 여러 가지 카빙용 기본 각인

**1. 카무플라주(Camouflage)** : 꽃잎이나 잎사귀 등의 무늬를 표현할 때 사용하는 각인입니다.

**2. 피어 셰이더(Pear Shader)** : 움푹하게 들어가도록 하여 명암을 표현하고 모양에 입체감을 주는 각인입니다.

**3. 베벨러(Beveler)** : 회전조각도를 사용하여 선명하게 표시한 부분을 베벨러를 사용하여 모양이 뚜렷이 나타나게 합니다. 주로 튀어나오게 하고 싶은 부분의 바깥쪽에 눌러주어 부각시켜 보이도록 합니다.

**4. 베이너(Veiner)** : 꽃잎이나 잎사귀 등의 잎맥 무늬를 표현할 때 사용하는 각인입니다.

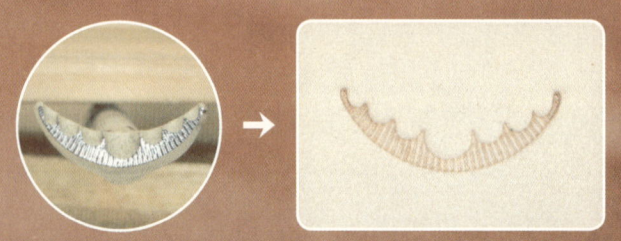

**5. 시더(Seeder)** : 꽃의 술 부분이나 열매, 소용돌이의 중심 부분 등에 사용하는 각인입니다.

**6. 물레 풋(Mules Foot)** : 줄기와 잎사귀 등의 갈라지는 부분, 선의 끊어지는 곳 등에 사용하는 각인입니다.

**7. 백그라운더(Backgrounder)** : 포인트가 되는 부분을 살리기 위해서 주변 배경을 눌러주는 각인입니다.

❶ O링 조립반지 : 손가락에 O링 조립반지를 끼고 평 플라이어로 O링을 열고 닫을 때 사용합니다.

❷ O링 : 핸드폰 고리 등과 가죽을 연결할 때 사용합니다. 조립반지와 평플라이어를 함께 사용하면 쉽게 고리를 여닫을 수 있습니다.

❸ 평플라이어 : 링이나 철사 등을 집거나 구부릴 때 사용합니다.

❹ 펀치 : 바느질용, 금속장식 등을 달기 위한 구멍을 뚫을 때 사용합니다. 사용하는 구멍에 맞는 펀치를 사용해야 하며, 크기는 0.7mm부터 다양하게 있습니다.

❺ 리벳(가시메) : 둥근 못 형태로 고정하는 금속물로, 암수 한 쌍으로 구성됩니다. 크기에 맞는 펀치를 사용하여 구멍을 뚫고 호수에 맞는 리벳 세터와 쇠판을 사용하여 부착합니다. 호수가 클수록 리벳의 크기도 큽니다.

❻ 리벳 세터와 쇠판 : 리벳을 부착할 때 사용하는 도구입니다. 리벳의 치수에 따라 리벳 세터와 쇠판의 치수가 다른데, 보통 5mm 또는 6mm 리벳 세터와 쇠판을 주로 사용합니다. 리벳 세터를 가시메 우찌라고도 합니다.

❼ 그로멧(아일렛) : 가죽에 뚫은 구멍의 마모를 막을 수 있도록 고정하는 둥근 형태의 금속물로, 암수 한 쌍으로 구성됩니다. 크기에 맞는 펀치를 사용하여 구멍을 뚫고 호수에 맞는 그로멧 세터와 쇠판을 사용하여 부착합니다. 호수가 클수록 그로멧의 크기도 큽니다.

❽ 그로멧 세터와 쇠판 : 그로멧(아일렛)을 부착할 때 사용하는 도구입니다. 그로멧의 치수에 따라 그로멧 세터와 쇠판의 치수도 다릅니다.

❾ 와이어스냅 : 스냅과 같이 잠금 장치로 사용하는 금속물로, 암수 각각 2개씩 모두 4개로 구성됩니다. 크기에 맞는 펀치를 사용하여 구멍을 뚫고 호수에 맞는 와이어스냅 세터와 쇠판을 사용하여 부착합니다. 호수가 클수록 와이어스냅의 크기도 큽니다.

❿ 와이어스냅 세터와 쇠판 : 와이어스냅을 부착할 때 사용하는 도구입니다. 와이어스냅의 치수에 따라 와이어스냅 세터와 쇠판의 치수가 다른데, 보통 13mm 또는 15mm 와이어스냅 세터와 쇠판을 주로 사용합니다.

⓫ 스냅 : 똑딱단추와 같이 잠금장치로 사용하는 금속물로 암수 각각 2개씩 모두 4개로 구성됩니다. 크기에 맞는 펀치를 사용하여 구멍을 뚫고 호수에 맞는 스냅 세터와 쇠판을 사용하여 부착합니다. 호수가 클수록 스냅의 크기도 큽니다.

⓬ 스냅 세터 : 스냅을 부착할 때 사용하는 도구입니다. 스냅의 치수에 따라 스냅 세터와 쇠판의 치수도 다릅니다. 와이어스냅의 쇠판과 같이 사용해도 됩니다.

**❶ 잠금장치** : 리벳이나 나사 등을 사용하여 부착하며 대부분 가죽에 구멍을 뚫어서 부착합니다.

**❷ 솔트레지** : 가죽 소품의 여밈 또는 장식용으로 부착하는 부속 철물입니다. 크기에 맞는 펀치를 사용하여 구멍을 뚫고 부착합니다.

**❸ 스탬프와 스탬프 잉크, 패브릭 전용 잉크나 유성 잉크** : 코팅이 되지 않는 가죽에 포인트를 줄 때 찍어주면 좋습니다.

**❹ 버클** : 허리띠에 버클로 사용되며, 가방의 연결끈, 잠금장치 대용으로도 사용합니다.

**❺ 연결 고리** : 주로 가방을 만들 때 연결링과 가방끈을 연결시켜주는 부속 철물입니다. 주로 갈고리 형태로 되어있습니다.

**❻ 연결링** : 주로 가방을 만들 때 가방과 가방끈을 연결시켜주는 부속 철물입니다. 모양에 따라 D링, O링, 사각링 등이 있습니다.

**❼ 열쇠고리** : 여러 개의 열쇠를 고리에 넣어 사용할 수 있는 부속 철물입니다.

**❽ 머니클립** : 머니클립 지갑 안에 부착하는 부속 철물입니다.

**❾ 지퍼 슬라이더** : 지퍼를 여닫는 부속으로, 지퍼의 굵기에 따라서 슬라이더 크기도 달라집니다.

**❿ 고정나사 A** : 가방과 끈을 연결하거나 고정할 때 쓰는 나사 모양의 암수로 이루어진 부속입니다.

**⓫ 기타 장식 철물** : 필통이나 지갑 등의 소품에 포인트로 사용되는 금속철물입니다.

**⓬ 콘초** : 가방이나 소품을 만들 때 포인트로 사용되는 액세서리로 리벳의 변형된 모양입니다.

2

Leather craft

# 가죽공예 기본 기법

# 형지 만들기 및 옮겨 그리기

가죽 위에 직접 도안을 그리다 보면 작은 실수나 흠집으로 인하여 아까운 가죽을 버리는 경우가 생깁니다. 이런 경우를 대비하여 가죽 공예에서는 가능하면 작품의 도안을 두꺼운 종이나 플라스틱 판에 옮긴 형지를 사용하는 것이 좋습니다.

 **TIP** 가죽공예 작업을 할 때에는 가능하면 손톱을 짧게 잘라주어 가죽 위에 손톱으로 인한 흠집이 나지 않게 하는 것이 좋습니다. 손톱으로 인한 흠집은 염색을 하면 반드시 나타나기 때문에 작품의 완성도를 떨어뜨립니다.

## 두꺼운 종이를 이용한 형지 만들기

얇은 종이의 도안을 가죽 위에 놓고 외곽선을 덧그리면 종이가 안쪽으로 밀려들어갈 수 있으므로, 두꺼운 종이에 붙여서 형지를 만든 후 사용하는 것이 좋습니다. 플라스틱 판으로 형지를 만들면 가격은 조금 비싸지만 두꺼운 종이보다 훨씬 더 오래 사용할 수 있습니다.

**1** 도안이 있는 얇은 종이에 풀칠을 한 후 두꺼운 종이에 도안을 붙입니다.

**2** 직선 부분은 쇠자를 대고 커터칼로 자릅니다. 이때, 사진처럼 도안의 안쪽에 자를 놓고 작업하면 커터칼이 실수로 미끄러지더라도 도안을 보호할 수 있습니다.

**3** 곡선 부분을 자를 때는 가능하면 가위를 사용하여 자릅니다.

**4** 도안의 모양대로 자른 두꺼운 종이 형지가 완성되었습니다.

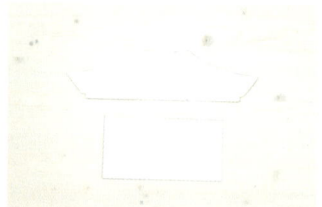

## 플라스틱 판을 이용한 형지 만들기

두꺼운 종이에 붙여 만든 형지도 3~4번 이상 사용하면 형지의 모양이 조금씩 변하여 나중에는 재사용이 불가능합니다. 그러므로 여러 번 반복하여 사용할 도안이라면 비교적 견고한 플라스틱 판을 사용하는 것이 좋습니다.

**1** 두꺼운 종이로 만든 형지를 플라스틱 판 위에 올려놓습니다.

**2** 형지가 움직이지 않게 문진을 올려놓고 유성펜으로 형지의 테두리를 따라 그립니다.(사진에서는 형지가 작아 편의상 문진 대신 쇠판을 사용했습니다).

**3** 플라스틱 판에 형지를 옮겨 그려준 모습입니다.

**4** 커터칼과 가위를 사용하여 종이 형지의 모양대로 잘라 만든 플라스틱 형지가 완성되었습니다.

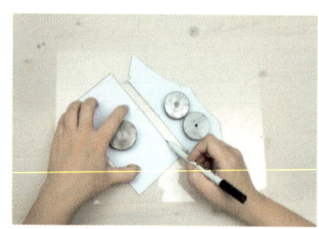
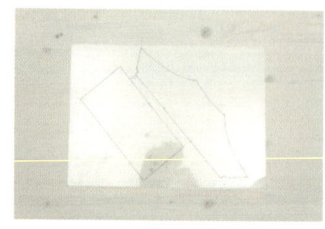
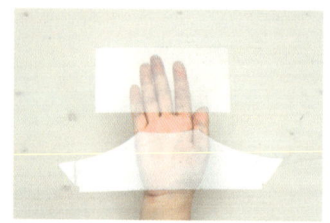

## 2 가죽 재단하기

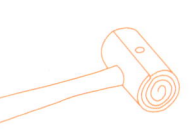

초보자의 경우 처음에는 가죽칼을 사용하는 것이 조금 어색하겠지만, 조금만 숙련되면 자를 사용하지 않아도 직선이나 곡선을 자유롭게 재단할 수 있습니다. 가죽을 재단할 때는 가죽칼을 사용하는 것이 좋지만, 얇은 가죽을 재단할 경우에는 커터칼이나 가위를 사용해도 됩니다.

## ✿ 가죽 위에 형지 옮겨 그리기

형지를 만들었으면 가죽 위에 옮겨 그립니다. 형지를 이용하면 가죽 위에 바로 그릴 경우에 발생할 수 있는 가죽의 손상을 방지할 수 있을 뿐만 아니라, 전체적으로 볼 때 잘려나가는 여분을 줄여 가죽의 소모량을 최소화 할 수 있습니다.

**1** 형지를 가죽 위에 올려놓고 형지가 들뜨지 않도록 문진이나 쇠판을 올려 고정합니다.

**2** 송곳을 30~60° 정도 기울인후 형지의 외곽선을 따라 덧그립니다.

**3** 가죽에 형지의 모양이 그대로 옮겨진 모습입니다.

### TIP

**은펜을 사용해도 괜찮나요?**

형지를 가죽에 옮길 때 은펜을 사용하기도 하는데, 베지터블 가죽의 경우에는 지우개로 잘 지워지지 않는 단점이 있습니다. 그렇지만 만약 가죽 위에 염색을 하는 경우라면 그리 큰 지장은 없습니다. 크롬 가죽의 경우에는 물티슈로 깨끗하게 잘 지워지기 때문에 은펜을 사용해도 무방합니다.

## ✿ 가죽칼 이용하기

가죽칼을 감싸 쥐고 몸에서 먼 쪽의 칼날을 가죽 위에 대고, 몸쪽의 칼날은 약간 뒤로 눕힌 후 몸쪽으로 당기면서 재단합니다. 이때 가죽과 칼날 앞부분의 각도는 90°가 되어야 절단면이 직각으로 재단됩니다.

**1** 직선 부분은 쇠자를 대고 자릅니다. (숙련자는 자를 사용하지 않고 자릅니다.)

**2** 가죽과 칼날이 수직이 되지 않으면 절단된 가죽의 단면 위쪽과 아래쪽이 차이가 날 수 있으니 살짝 기울여서 재단하세요.

**3** 곡선 부분은 숙련자가 아니라면 한 번에 재단하는 것보다 여러 번 반복하여 재단하는 것이 좋습니다.

**4** 가죽 안쪽의 선과 선이 만나는 부분은 가위로 자르면 마감이 매끄럽지 않으므로 가죽칼이나 커터칼을 사용하여 자르는 것이 좋습니다.

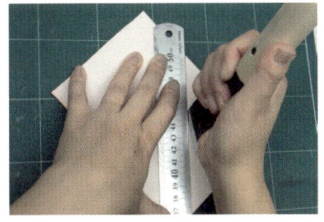

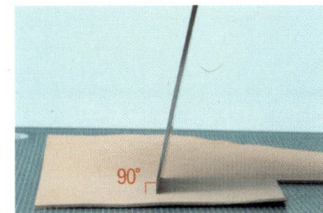

**5** 하트와 같은 모양을 재단할 때는 한 번에 자르지 말고 하트의 선과 선이 만나는 부분을 기준으로 양쪽 방향으로 시작해서 잘라주는 것이 좋습니다.

**6** 가죽칼을 사용하여 재단한 모습입니다.(직선 부분과 곡선 부분은 따로 재단했으므로 총 6번에 걸쳐서 재단했습니다).

**TIP** **가죽칼의 올바른 사용법**

가죽칼의 손잡이가 아닌 사선으로 약간 깎인 칼날 부분이 가죽과 수직이 되도록 살짝 기울여서 재단하세요.

## 🔸 커터칼과 가위 이용하기

얇은 가죽의 경우에는 커터칼과 가위를 사용하여 재단해도 됩니다. 가위는 절단면의 단면에 차이가 날 수 있으므로 가능하면 곡선 부분을 자를 때만 사용하고, 직선 부분은 쇠자와 커터칼을 이용하는 것이 좋습니다.

**1** 직선 부분은 쇠자를 대고 커터칼을 사용하여 자릅니다.

**2** 곡선 부분은 가위를 사용하여 재단합니다. 가죽 전용 가위를 사용하면 절단면 단면이 직각으로 잘 재단됩니다.

**TIP**

**가죽의 곡선 부분 재단 방법**

두꺼운 가죽의 곡선 부분은 가위를 사용하면 재단하기도 힘이 들고 절단면의 단면이 직각이 되기 힘들기 때문에 가죽칼을 사용하는 것이 좋습니다.

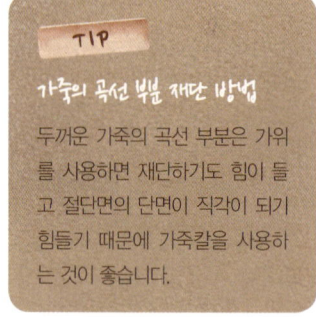

**3** 가죽 안쪽의 선과 선이 만나는 부분은 가위로 자르면 마감이 매끄럽지 않으므로 가죽칼이나 커터칼로 자르는 것이 좋습니다.

**4** 커터칼과 가위를 사용하여 직선과 곡선 부분을 재단해준 모습입니다.

# 내추럴 베지터블 가죽에 무늬 넣기

가죽 위에 분부기를 사용하여 물을 뿌리거나 스펀지로 물을 축인 후 가죽에 충분하게 수분이 공급된 후에 무늬를 넣어줍니다. 무늬를 넣는 방법에는 전사펜이나 수지판, 무늬막대 등이 있습니다. 물을 사용하여 무늬를 넣을 때는 내추럴 베지터블 가죽(생지)을 사용합니다.

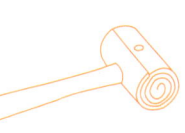

▶ DVD 전사 기법으로 무늬 넣기

## ♨ 트레팔지를 이용하여 전사펜으로 글씨와 그림 전사하기

무늬를 넣는 방법 중에서 가장 적은 비용으로 원하는 모든 무늬를 넣을 수 있는 방법입니다. 단점은 시간이 많이 걸리고, 무늬를 넣을 때 꾹꾹 눌러줘야 하기 때문에 오래 작업하면 손이 조금 아픕니다.

**1** 원하는 무늬의 도안과 도안을 옮겨 그릴 트레팔지를 준비합니다.

> **TIP**
>
> **도안을 옮겨 그릴 때는 트레팔지를 사용하세요.**
>
> 트레팔지가 트레이싱지보다 상대적으로 비싸기 때문에 트레이싱지로 사용해도 되는지 묻는 경우가 많은데, 트레이싱지는 물에 닿으면 쉽게 찢어져서 무늬를 옮기기가 어렵습니다.

**2** 도안 위에 트레팔지를 올려놓고 유성펜으로 도안에 있는 그림이나 글씨를 천천히 옮겨 그립니다. 연필을 사용해도 좋습니다.

> **TIP**
>
> **굵기가 가는 연필이나 유성펜을 사용하세요.**
>
> 유성펜이나 연필 등을 사용할 때 굵기가 가는 것을 사용하면 굵은 것을 사용했을 때보다 비교적 본래의 도안과 가깝게 옮겨 그릴 수 있습니다.

**3** 가죽에 무늬를 쉽게 넣을 수 있도록 분부기로 가죽이 약간 젖을 정도로 물을 뿌려준 후 물이 충분히 흡수될 때까지 기다립니다.

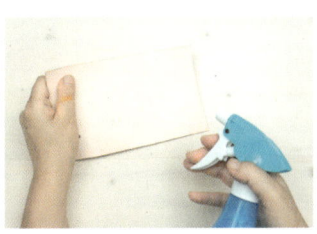

**4** 가죽 위에 도안을 옮겨 그린 트레팔지를 올려놓고 전사펜으로 도안을 따라 천천히 꾹꾹 눌러주면서 옮겨 그립니다.

**5** 다 옮겨졌으면 트레팔지를 치우고 가죽의 무늬를 확인합니다. 트레팔지에 옮긴 도안의 그림이나 글씨는 몇 차례 재사용이 가능합니다.

> **TIP**
>
> **무늬가 옮겨졌는지 확인하는 방법**
>
> 무늬가 다 옮겨졌는지 확인하기 위해서는 한쪽 끝을 손으로 눌러 고정하고 일부분만 들어서 확인합니다. 다 옮겨진 것을 확인하고 트레팔지를 치워주세요. 중간에 트레팔지를 이동하면 가죽 위에 옮겨진 선과 트레팔지 위의 선을 맞추기가 어렵습니다.

## 수지판으로 무늬 넣기

수지판으로 무늬를 넣으려면 수지판과 쇠망치(또는 나무망치), 석판이 있어야 한다는 단점이 있지만, 전사 기법에 비해 상대적으로 쉽고 빠르며 선명한 무늬를 넣을 수 있습니다. 보통 쇠망치를 사용하면 무늬가 좀 더 빠르게 잘 새겨지지만, 반대로 수지판의 수명은 단축되는 단점이 있습니다. 반면에 타격 면이 평평한 가죽망치나 나무망치를 사용하면 수지판의 수명은 길어지지만, 수지판이 작을 때는 사용하기가 매우 불편합니다.

**1** 무늬를 넣기 위해 분무기로 가죽이 약간 젖을 정도로 물을 뿌려준 후 물이 충분히 흡수될 때까지 기다립니다.

**2** 석판 위에 가죽을 올려놓고 그 위에 수지판을 올려놓습니다.

**3** 왼손으로 수지판을 고정시킨 후 쇠망치를 사용하여 수직으로 적당한 힘으로 타격하여 줍니다.

**4** 왼손으로 수지판의 한쪽을 고정시킨 후 쇠망치로 내리친 무늬가 잘 찍혔는지 확인해 봅니다.

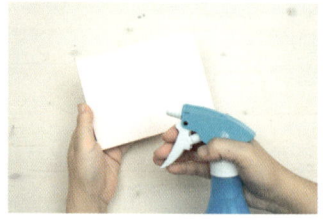   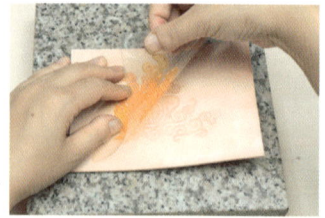

**5** 잘 찍히지 않았으면 다시 한 번 쇠망치로 타격하여 줍니다.

**6** 수지판을 치우고 가죽의 무늬를 확인합니다.

TIP

수지판의 경계면은 타격하지 마세요.

수지판의 경계면을 타격하면 수지판의 경계면 자국이 가죽 위에 남으므로 수지판 안쪽만 타격하세요.

## 무늬막대로 무늬 넣기(조각하기/카빙하기)

무늬막대는 다양한 종류의 모양이 있고 수명은 반영구적입니다. 무늬막대를 사용하여 가죽에 조각을 하는데 이것을 '카빙'(Carving)이라고 합니다. 보통 조각이라 하면 가죽을 잘라낸다고 생각하는데, 잘라내는 것이 아니라 무늬막대를 사용하여 가죽을 눌러서 가죽 위에 모양을 내는 것을 말합니다.

**1** 도안대로 형지를 만들어 가죽 위에 올려놓고 송곳으로 덧그린 후 커터칼이나 가죽칼로 재단합니다.

**2** 무늬를 넣기 위해 분무기로 가죽이 약간 젖을 정도로 물을 뿌려준 다음 도안을 옮긴 트레팔지를 가죽 위에 놓고 전사펜으로 꾹꾹 누르며 덧그립니다.

**3** 전사펜을 사용하여 도안을 옮긴 모습입니다.

**4** 회전조각도를 사용하여 가죽 위에 옮긴 도안을 따라 회전하면서 선명하게 선을 긋습니다.

**5** 무늬막대(베벨러)로 꽃의 테두리 부분을 그림에 표시한 방향에 라인을 따라 조각합니다.

**6** 베벨러로 조각을 완성한 모습입니다.

**TIP**

**회전조각도 잡는 방법**

사진처럼 엄지와 중지를 사용하여 대를 잡고 검지는 대의 위쪽에 올려줍니다. 가죽과 회전조각도의 날은 90°로 만납니다.

정면    측면

## 무늬막대로 무늬 넣기

**1** 무늬를 넣기 위해 분무기로 가죽이 약간 젖을 정도로 물을 뿌려준 후 물이 충분히 흡수될 때까지 기다립니다.

**2** 석판 위에 가죽을 올려놓고 찍고자 하는 모양의 무늬막대를 수직으로 세워서 놓습니다. 무늬막대는 반드시 석판 위에서 작업해야 선명하게 잘 찍힙니다.

**3** 나무망치나 가죽망치를 수직으로 적당한 힘으로 타격합니다. 쇠망치를 사용하면 무늬막대의 양쪽 끝이 상하기 때문에 절대 안 됩니다.

**4** 무늬막대를 사용하여 무늬를 찍어준 모습입니다.

 스펀지를 사용해도 됩니다.

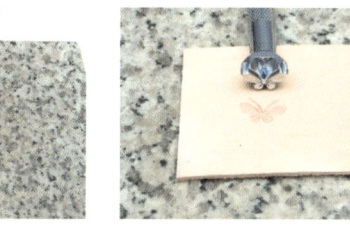

# 4 내추럴 베지터블 가죽에 염색하기

가죽에 염색을 해주면 원래 가죽과는 또다른 디자인을 표현할 수 있습니다. 가죽 전용 유성 염색약이나 가죽 전용 수성 염색약 등을 사용하면 가죽 위에 원하는 색상으로 손쉽게 염색할 수 있습니다. 일반적인 염색 외에 스탬프를 이용할 수도 있고 라텍스 기법이나 마블 기법 등을 이용하여 다양하게 염색할 수도 있습니다.

 **TIP** 젖은 가죽은 드라이어의 찬바람으로 말리는 것보다 자연 건조하는 것이 가죽을 좀 더 부드럽게 하지만 여기서는 시간 관계상 드라이어를 사용했습니다.

▶ DVD 유성 염색하기

## 유성 염색약으로 염색하기

분무기와 비닐장갑, 목장갑 등을 사용하여 간편하게 가죽을 염색할 수 있습니다. 일반적으로 베이스는 노랑 염색약은 1:20, 나머지 색의 염색약은 1:10의 비율로 알코올과 섞어서 사용합니다. (농도는 본인의 취향에 따라 조절하면 됩니다.)

**1** 베이스는 노랑 유성 염색약과 에탄올을 1:20의 비율로 분무기에 넣고 섞어준 후 가죽에 충분히 뿌려줍니다.

**2** 드라이어의 찬바람을 쐬어 완전히 말려줍니다. 가죽이 마르면 젖었을 때보다 색이 밝아집니다.

**3** 검지에 비닐장갑을 먼저 끼우고 그 위에 목장갑을 끼운 후 갈색 유성 염색약을 검지에 묻힌 후 가죽의 옆면을 염색합니다.

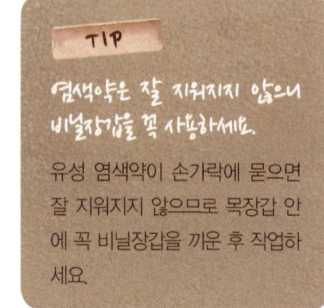

**TIP**

염색약은 잘 지워지지 않으니 비닐장갑을 꼭 사용하세요.

유성 염색약이 손가락에 묻으면 잘 지워지지 않으므로 목장갑 안에 꼭 비닐장갑을 끼운 후 작업하세요.

**4** 가죽 위에 덧칠하기 전에 먼저 갈색이 파스텔 톤이 될 때까지 종이에 문질러주세요. 파스텔 톤이 되지 않은 상태에서 염색을 하면 색이 뭉칩니다.

**5** 원하는 색이 나오면 가죽 위에 원을 그리면서 염색을 합니다.

**6** 원하는 색상이 나올 때까지 반복합니다.

**7** 유성 염색약을 이용하여 가죽에 염색을 해준 모습입니다.

개인의 취향에 따라서 응용해보는 작업이므로 필요할 때 적절히 활용하면 됩니다.

① 스탬프에 패브릭용 유성 잉크를 충분히 묻힙니다.

② 스탬프가 전체적으로 잘 찍히도록 꾹 눌러줍니다.

③ 스탬프를 찍은 후 모습입니다.

④ 염색과 스탬프 찍기가 끝나고, 스탬프 액이 완전히 건조되면 목장갑의 손바닥 면을 사용하여 염색된 부분에 광이 나도록 문질러줍니다.

▶ DVD 수성 염색하기

# 수성 염색하기

**1** 베이스는 보라색 수성 염색약과 물로 본인이 원하는 칼라가 나올 때까지 적당한 비율로 섞어 조금 넉넉히 만들어주고 솔이 부드러운 붓을 사용하여 동그라미를 그리면서 가죽 전체에 칠합니다.

TIP

가죽 전용 수성 염색약은 붓으로 칠해주는 것이 좋아요.

수성 염색약도 유성처럼 베이스를 만들어서 사용해도 되지만 분무기에 넣어 뿌리면 버리는 양이 많아지기 때문에 붓을 사용해서 칠해주는 것이 좋습니다.

**2** 두 번째 단계의 농도는 보라색 수성 염색약 원액을 뒤(50쪽)에 설명한 방법으로 접은 면천의 한쪽 끝에 묻혀서 종이에 파스텔 톤이 나오도록 문질러준 후 진하게 표현할 부분부터 염색합니다.

**3** 두 번째 단계의 염색이 끝난 후의 모습입니다.

**4** 세 번째 단계의 농도는 보라색 수성 염색약+검정색 수성 염색약을 섞어서 어두운 보라색을 만든 후 접어놓은 천에 묻혀서 종이에 파스텔 톤이 나오도록 문질러준 후 진하게 표현할 부분부터 염색합니다.

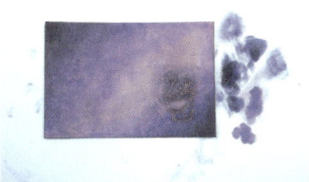

**5** 염색이 다 끝나면 면장갑의 손바닥을 사용하여 힘을 주어 문질러 광을 내줍니다. 수성 염색약은 물에 쉽게 번지기 때문에 수성 광약으로 꼭 마감을 해주셔야 합니다.

## 수성 염색에 사용할 천 접는 방법

8×8cm의 작은 천(면)을 접어서 끝을 단단하게 만들어 수성 염색을 할 때 사용합니다.

**1** 천을 사진의 지시선대로 2번 접어주세요.

**2** 1/4 로 줄어든 천을 지시선대로 반으로 접어주세요.

**3** 사전에 표시된 지시선대로 접어주세요.

  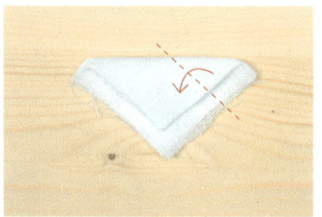

**4** 반대 편도 한 번 더 접어주세요.

**5** 사진처럼 반으로 접어주세요.

**6** 완성되었습니다.

 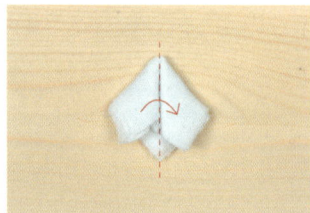 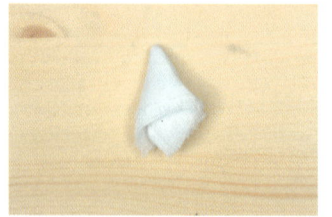

▶ DVD 라텍스 방염 기법

## 수성 염색 라텍스 기법

라텍스를 칠한 부분은 위에 덧칠한 염색약이 흡수되지 않아서 라텍스 아래에 있는 색을 그대로 유지시켜 줍니다. 라텍스 기법은 반드시 가죽 전용 수성 염색약을 사용해야 하고, 유성 염색약으로는 사용할 수 없습니다. 라텍스 기법은 염료가 침투하거나 묻는 것을 방지하기 때문에 방염 기법의 한 종류로 분류됩니다.

**1** 가죽 위에 다양한 색상의 수성 염색약을 사용하여 원하는 모양으로 염색하여 줍니다. 저는 평붓을 사용하여 무지개색으로 띠를 표현했습니다.

**2** 라텍스를 붓에 묻힌 후 원하는 위치에 그림을 그리듯이 라텍스를 칠합니다. 라텍스를 칠한 부분은 라텍스를 칠하기 전에 염색한 색이 그대로 보여집니다.

**3** 세밀하게 그리고 싶은 부분이 있으면 라텍스를 전사펜에 묻힌 후 원하는 그림과 글씨를 그려 넣습니다.

**TIP**

라텍스를 묻힌 붓은 사용 후 바로 씻어주세요.

라텍스를 묻힌 붓은 사용 후 바로 씻어주세요. 바로 씻지 않으면 라텍스가 뭉쳐서 붓을 다시 사용할 수 없습니다.

**TIP**

**라텍스 무늬를 다양하게 넣는 방법**

라텍스를 사용하여 무늬를 넣을 때는 종이박스나 플라스틱 등 여러 가지 도구를 사용하면 다양한 모양의 무늬를 낼 수 있습니다.

**4** 라텍스가 투명하게 마를 때까지 기다립니다. 라텍스가 젖은 상태에서 다음 단계인 수성 염색약을 바르면 라텍스 밑에 있는 색에도 염색약이 묻어나므로 충분히 건조시킨 후 후속 작업을 해야합니다.

**5** 큰 평붓을 사용하여 검정색 수성 염색약을 전체에 칠합니다.

**6** 가죽의 옆면에도 수성 염색약을 칠합니다.

**7** 염색약이 가죽에 다 흡수되면 염색한 가죽 위에 종이를 덮은 후 꾹 눌러주어 라텍스 위에 남아있는 염색약을 닦아냅니다. 염색약이 완전히 닦이면 드라이어의 찬바람을 쐬어 말려주세요.

**8** 검정 수성 염색약이 완전히 마르면 라텍스를 떼어냅니다.

**9** 검정 수성 염색약이 완전히 마르지 않으면 라텍스를 작업한 부분에 검정색이 묻어 지저분해 보입니다.

**10** 목장갑의 손바닥 부분을 뭉친 후에 마감제(수성 광약)를 충분히 묻혀 가죽에 충분히 흡수될 때까지 톡톡 두드려줍니다. 수성 염색약을 사용한 가죽은 물에 잘 번지므로 반드시 마감제를 발라야 합니다.

**TIP**

**수성 광약을 사용할 때 거품이 생길 경우**

거품이 생겨서 기포가 생기면 기포가 생긴 그대로 굳어버리기 때문에 천천히 헝겊으로 톡톡 두들겨 전체에 발라줍니다. 너무 많은 양의 광약을 사용하면 끈적거릴 수도 있으니 가급적 적당량만 사용합니다. 너무 많이 사용한 경우 아세톤으로 닦으면 되지만, 염색이 처음의 원상태로 돌아가지 않고 색이 약간 바래지므로 주의합니다.

# 마블 기법

마블 기법을 이용하면 가죽 전용 수성 염색약으로 비교적 현란한 무늬를 낼 수 있습니다. 이때 사용하는 CMC는 알칼리 섬유소에 모노 클로로아세트산나트륨을 섞어서 생긴 흰색 가루로, CMC와 물을 약 1:20의 비율로 섞은 용액을 48시간 이상 경과하여 덩어리가 없도록 걸쭉하게 만든 후 사용하면 됩니다.

**1** 쟁반에 48시간 이상 경과한 CMC 용액을 약 0.5~1cm 깊이로 붓고 파랑, 분홍, 청록색 등의 가죽 전용 수성 염색약을 군데군데 뿌려줍니다.

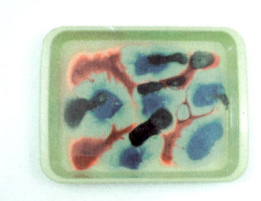

**2** 전사펜 3개를 한손으로 나란히 잡고 세로 방향으로 그어줍니다. 나무젓가락이나 빗 등의 다른 도구를 사용해도 좋습니다.

**3** 이번에는 가로 방향으로도 그어줍니다.

**4** 가죽의 겉면이 밑을 향하게 잡고 가운데 부분부터 용액에 올려놓은 후 염색약이 충분히 흡수되도록 5분 정도 기다립니다.

**5** 가죽을 들어서 가죽 위에 남아 있는 용액을 깨끗한 본드주걱이나 헤라로 걷어내고 흐르는 물에 재빨리 씻어줍니다.

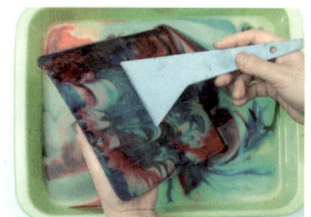

**6** 종이를 깔고 겉면을 밀착시켜 수분을 흡수시킵니다.

**7** 드라이어의 찬바람을 쐬어 말려주세요.

**8** 하루 정도 그늘에서 말린 후 목장갑을 사용하여 마감제(수성 광약)를 톡톡 두드리면서 발라줍니다.

# 5 피할하기

'피할'이란 가죽이 겹치는 부분이 두껍거나 모양새를 맞출 필요가 있는 경우 가죽의 단면을 깎아주는 것을 말합니다. 가죽이 여러 겹 겹치는 부분을 피할해주면 작품이 투박해 보이지 않고 미관상 깔끔하게 보입니다. 초보자의 경우 반드시 해야 하는 작업은 아니므로 일정한 두께로 피할하기 어려운 초보자의 경우 하지 않아도 됩니다. 피할을 하려면 사전에 많은 연습이 필요합니다.

**1** 피할할 곳을 표시하기 위해 피할하려는 가죽의 너비만큼 디바이더의 나사를 조절합니다.

**2** 디바이더의 바깥 날을 가죽의 외곽선에, 안쪽 날을 가죽의 뒷면 위에 대고 누르면서 선을 그어줍니다.

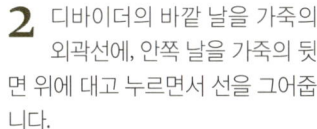

**TIP**

디바이더는 석판 위에서 사용하지 마세요.

석판 위에서 디바이더를 사용하면 날이 상할 수 있으므로 커팅매트(고무판) 위에서 작업하는 것이 좋습니다.

**3** 패디를 사용하여 피할할 가죽의 끝부분부터 피할합니다. 같은 용도로 사용되는 세이프티 베베러를 사용해도 됩니다.

**4** 피할할 선을 넘지 않도록 조심해서 피할합니다.

**5** 피할은 가능하면 피할된 가죽이 끊어지지 않아야 균일한 두께가 나옵니다.

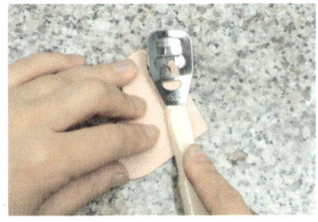

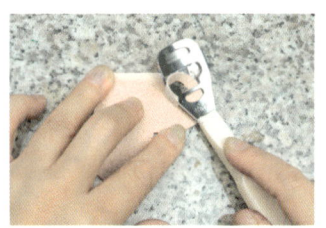

**TIP**

피할용 패디나 세이프티 베베러가 없는 경우

피할용 패디나 세이프티 베베러가 없는 경우에는 커터칼 등을 사용하여 피할해도 됩니다.

**6** 왼쪽은 피할하지 않은 가죽이고, 오른쪽은 테두리를 피할한 가죽입니다.

**7** 왼쪽은 피할하지 않은 가죽 2장을 붙인 단면이고, 오른쪽은 피할한 가죽 2장을 붙인 단면입니다. 가죽의 두께가 다른 것을 알 수 있습니다.

# 6 접착하기

가죽과 가죽을 붙이거나 혹은 가죽과 돈피를 붙일 때, 안감을 붙일 때는 본드를 이용하여 붙여줍니다. 가죽을 붙여줄 때는 반드시 접착되는 두 곳 모두에 본드를 바른 다음 어느 정도 지난 후 발라준 본드가 꾸덕꾸덕하게 마르면 서로 붙여주어야 단단하게 접착됩니다.

 **TIP** 깔끔하게 본드칠을 하려면 책상 등에 본드가 묻지 않도록 바닥에 신문지나 이면지 등을 깔고 작업하는 것이 좋습니다.

## 전면 본드 칠하기

가죽 전체에 본드를 칠하여 붙일 경우에 사용하는 방법입니다.

**1** 본드를 칠할 부분에 알맞은 양의 본드를 짜줍니다.

**2** 본드주걱으로 본드를 한쪽 방향으로 쭉 밀어서 최대한 얇게 펴서 발라줍니다.

**3** 접착할 두 곳 모두 같은 방법으로 본드를 발라줍니다.

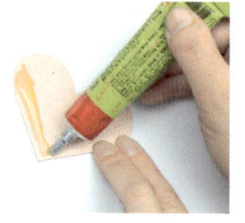

**4** 어느 정도 지난 후 본드를 바른 부분이 꾸덕꾸덕하게 마르면 서로 붙여줍니다.

**5** 롤러로 접착면을 밀어주면 기포가 발생하는 것을 방지하여 접착력이 좋아집니다.

**6** 롤러 대용으로 나무망치를 사용하여 접착면을 두드려주어도 좋습니다.

## 모서리 부분 본드 칠하기 1

외각에 본드를 바를 때 빠르고 간편하게 바를 수 있는 방법입니다.

**1** 본드를 본드 전용 통이나 작은 접시, 종지 등에 짠 후 본드주걱의 끝에 본드를 묻혀줍니다.

**2** 가죽의 외곽 부분을 접착할 때는 책상이나 석판의 모서리 부분에 대고

**3** 본드주걱을 가죽의 안쪽에서 모서리 쪽으로 밀어서 발라줍니다.

## 모서리 부분 본드 칠하기 2

바느질이 되는 모서리 부분에 튜브 본드를 직접 사용하여 본드를 바르는 방법입니다.

**1** 본드를 칠할 가죽의 안쪽 부분에 알맞은 양의 본드를 짜줍니다.

**2** 본드주걱을 사용하여 안쪽에서 모서리 쪽으로 본드를 최대한 얇게 펴서 발라줍니다.

**3** 어느 정도 지난 후 본드를 바른 부분이 꾸덕꾸덕하게 마르면 서로 붙여줍니다.

**4** 본드로 붙인 부분의 옆면이 차이가 나는 경우 커팅매트를 깔고 커터칼로 옆면을 반듯하게 잘라내세요.

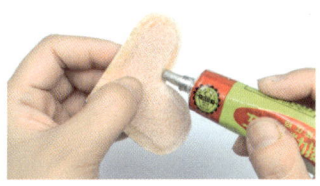 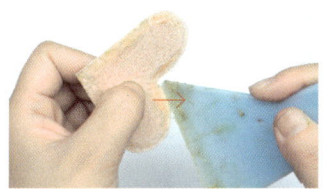  

## 본드 지우개 사용하기

가죽과 가죽을 붙인 후의 접합면 등에 본드가 튀어나오거나 가죽의 겉면 등에 본드가 묻어 손으로 잘 떼어지지 않을 때 본드 지우개를 사용하면 본드의 찌꺼기를 깔끔히 없앨 수 있습니다.

**1** 가죽에 불필요한 본드가 묻어 있는 경우가 종종 있습니다.

**2** 본드 지우개로 모서리 부분에 묻어있는 본드를 한쪽 방향으로 밀어준 후 본드 찌꺼기를 손으로 떼어줍니다.

**3** 겉면에 묻어있는 본드를 한쪽 방향으로 밀어준 후 떼어줍니다.

**4** 본드 지우개로 불필요한 본드를 깔끔하게 제거했습니다.

# 바느질 선과 간격 표시하기

가죽공예에서는 바느질을 깔끔하게 해주는 것이 중요합니다. 바느질을 하려면 먼저 일정한 간격의 바느질 선을 표시해야 합니다. 바느질 선은 주로 디바이더를 사용하는데, 직선으로 된 바느질 선을 표시할 경우에는 자와 은펜을 사용하기도 합니다.

## 디바이더로 바느질 선 표시하기

바느질 선이 모서리로부터 일정한 간격에 위치할 수 있도록 하는 작업입니다.

**1** 바느질 선을 표시할 너비만큼 디바이더의 너비를 조절합니다.

**2** 커팅매트를 깔고 바깥 날을 가죽의 외곽선에, 안쪽 날을 가죽 위에 대고 누르면서 선을 긋습니다.

**3** 모서리 부분은 끝까지 긋지 않습니다.

**4** 모서리 부분을 표시할 때는 가죽의 테두리를 따라 디바이더로 바느질 선을 모두 표시합니다.

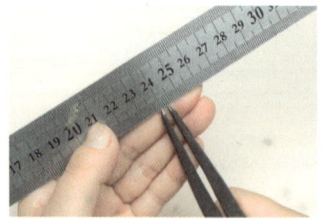   

---

**TIP**

**바느질 선을 표시하는 방법**

바느질 선이 직선인 경우에는 방안자를 바느질 선의 너비만큼 떨어진 곳에 대고 송곳으로 선을 그어도 됩니다. 바느질 선을 표시할 때 실제로 바느질이 들어갈 곳만 표시하여야 합니다. 간혹, 바느질선을 넘겨 바느질선을 표시한 후 염색을 하게 되면 불필요한 바느질 선이 반드시 나타나기 때문에 작품의 완성도를 떨어뜨립니다. 디바이더가 없을 경우에는 방안자와 송곳을 사용해도 됩니다. 단, 곡선 부분이 많은 경우는 컴퍼스에 송곳을 넣어 사용하고, 적은 경우에는 송곳으로 직접 표시합니다.

## 디바이더로 바느질 간격 표시하기

치즐을 사용하지 않고 펀치로 바느질 구멍을 뚫을 때 실의 땀 수와 간격을 일정하게 조절하는 방법입니다. 디바이더로 바느질할 구멍의 간격을 표시할 때는 시작하기 전에 전체 길이와 디바이더의 다리 간격을 계산한 후 작업해야 바느질 구멍이 일정하게 표시할 수 있습니다.

**1** 바느질 선 위에 디바이더를 바느질 간격의 너비만큼 조절한 후 모서리 끝부분에 약간의 힘을 주어 가죽 위에 바느질 구멍이 들어갈 간격을 표시합니다.

**2** 한 점을 겹쳐서 바느질 라인 위에 힘을 주어 눌러 줍니다.

**3** 반복하여 바느질 선 위에 표시합니다.

## 자와 은펜으로 바느질 간격 표시하기

디바이더를 사용한 것과 마찬가지로 자와 은펜을 사용하여 바느질 간격을 표시할 수 있습니다. 시작하기 전에 전체 길이와 바느질 구멍 간격을 계산한 후 작업하면 바느질 구멍을 일정하게 표시할 수 있습니다.

**1** 바느질 선 위에 자와 은펜을 사용하여 일정한 간격으로 점을 찍어 줍니다.

**2** 자와 은펜으로 일정한 간격으로 점을 찍은 모습입니다.

**TIP** 곡선 부분은 자를 대고 사용하기 불편하므로 눈 대중으로 일정한 간격을 유지하여 찍어도 됩니다.

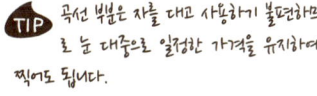

# 바느질 구멍 뚫기

바느질을 할 선과 간격을 표시한 후에는 펀치나 치즐을 사용하여 바느질 구멍을 뚫어줍니다. 바느질 구멍을 일정하게 잘 뚫어주면 바느질을 한결 쉽고 깔끔하게 할 수 있습니다. 펀치를 사용할 경우에는 먼저 바느질 선 위에 일정한 간격의 바느질 구멍도 표시해야 하지만, 치즐을 사용하면 바느질 선 위에 바로 구멍을 뚫을 수 있어 편리합니다.

 **TIP** 펀치로 구멍을 뚫을 경우 뒷모양이 깨끗하게 나오지 않습니다. 양면 모두 겉으로 보이는 경우는 치즐을 사용하여 구멍을 뚫는 것이 좋습니다.

## 펀치로 바느질 구멍 뚫기

바느질 선과 바느질 간격을 표시한 경우에는 1구 펀치를 사용하여 가죽 위에 바느질할 구멍을 뚫습니다.

**1** 고무판 위에 가죽을 올려놓고 사용할 규격의 펀치를 표시된 위치에 놓은 후 나무망치나 가죽망치를 사용하여 수직으로 내리칩니다.

**2** 펀치를 사용하여 구멍을 뚫은 모습입니다.

**3** 1구 펀치를 사용한 뒷면의 모습입니다. 앞면에 비해 지저분하므로 앞, 뒤면이 다 보이는 경우에는 사용하지 않는 것이 좋습니다.

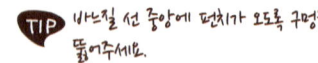 **TIP** 바느질 선 중앙에 펀치가 오도록 구멍을 뚫어주세요.

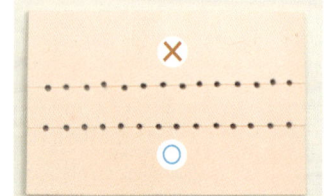

## 치즐로 직선과 직각, 곡선 부분 바느질 구멍 뚫기

치즐을 사용하여 바느질 구멍을 뚫으면 미리 바느질 땀(구멍)의 간격을 표시하지 않고도 바로 구멍을 뚫을 수 있어 아주 편리합니다. 보통 소품일 경우에는 3, 4mm 치즐을 사용하며, 가방과 같이 큰 작품의 경우에는 5, 6mm 이상의 치즐을 사용합니다.

**1** 직각 부분에 사진처럼 송곳을 사용하여 구멍을 뚫어줍니다.

**2** 4날 치즐을 사용하여 꾹 눌러서 간격을 표시합니다.

**3** 앞에서 표시된 곳에 송곳으로 뚫은 부분을 빼고 구멍을 뚫어줍니다.

**4** 나머지 직선 부분도 기존에 뚫은 구멍의 끝부분에 치즐의 한 날을 겹쳐서 넣고 4날 치즐을 사용하여 구멍을 뚫습니다.

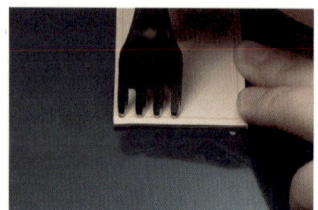
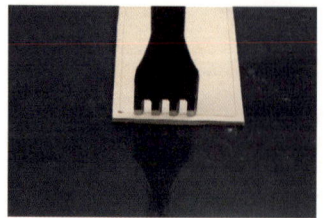
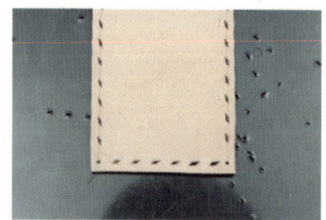

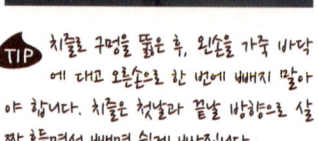 **TIP** 치즐로 구멍을 뚫은 후, 왼손을 가죽 바닥에 대고 오른손으로 한 번에 빼지 말아야 합니다. 치즐은 첫날과 끝날 방향으로 살짝 흔들면서 빼면 쉽게 빠집니다.

**5** 곡선 부분은 2날 치즐을 사용합니다.기존에 뚫은 구멍의 끝부분에 2날 치즐의 한 날을 겹쳐서 넣고 구멍을 뚫습니다.

**6** 계속해서 2날 치즐을 사용하여 바느질 구멍을 뚫으세요.

**7** 반드시 기존에 뚫어진 구멍 끝부분에 치즐의 한 날을 걸쳐서 구멍을 뚫어야 간격이 일정합니다.

## TIP

모서리는 X 모양이 나오지 않게 작업하세요.

모서리가 X자 모양으로 나오면 실이 가야하는 방향이 두 곳이 되기 때문에 작품의 완성도가 낮아집니다.

## 모서리 부분의 구멍 뚫기

직각 모서리에 직각으로 바느질 모양이 나오지 않고 사선으로 바느질 모양이 나오도록 구멍을 뚫는 방법입니다.

**1** 모서리 두 선의 중앙에 2날 치즐을 가죽 위에 올리고 자국이 남을 만큼 눌러줍니다.

**2** 꼭짓점으로부터 같은 위치에 자국을 내주어야 합니다.

**3** 자국을 낸 끝부분에 치즐의 한 날을 겹쳐서 올리고 구멍을 뚫습니다.

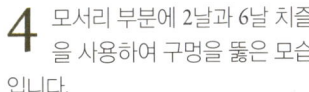

**4** 모서리 부분에 2날과 6날 치즐을 사용하여 구멍을 뚫은 모습입니다.

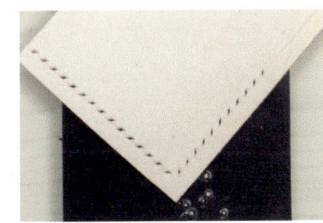

## 겹치는 부분의 구멍 뚫기

가죽을 접착하여 겹친 경우 두께가 다른 부분의 구멍을 뚫는 방법입니다.

**1** 가죽의 두께가 달라서 단의 차이
가 날 경우에는 두께를 같게 하기
위해서 임시로 가죽을 덧댄 후 아래
에 있는 가죽 끝에 치즐의 날을 붙여
서 구멍을 뚫어줍니다.

> **TIP**
>
> **치즐을 사용할 때 높이가 다른
> 경우**
>
> 치즐을 사용할 때 가죽과 가죽의
> 높이가 다르면 임시로 가죽을 넣
> 어 구멍을 뚫은 후 가죽을 치우면
> 됩니다.

**2** 겹치는 부분에 올바르게 구멍을
뚫어준 사진입니다.

**3** 겹치는 부분에 구멍을 잘못 뚫
어준 사진입니다. 아래 사진처
럼 위에 있는 가죽이 잘리면 안 됩니
다.

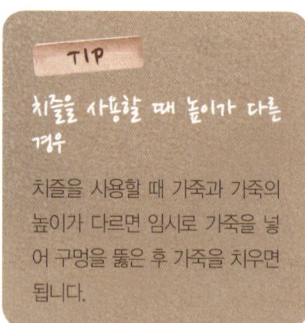

# 9 바느질하기

가죽에 바느질을 하는 방법은 크게 세 가지가 있습니다. 바늘 한 개를 사용하는 일자 바느질, 바늘 2개를 사용해서 하는 양손 바느질인 새들 스티치, 두 개의 갈라진 가죽을 붙일 때 사용하는 X자 바느질, 한 땀을 건너뛰는 바느질 등이 있습니다. 나일론실에 왁스를 칠하고, 바늘에 실은 끼우는 바느질 준비에서부터 각각의 바느질법과 마감 방법을 배워 보겠습니다.

## 바느질 준비하기

바느질을 하기 위해 실에 왁스를 먹이고 바늘에 실을 꿰는 방법을 알아봅니다.

### 나일론실에 왁스 칠하기

초실을 사용할 때는 왁스를 먹이지 않아도 되지만 나일론실이나 왁스를 먹이지 않은 실을 사용할 때 왁스를 먹이면 실의 올이 일어나는 것을 방지할 수 있으며, 실에 때가 타는 것을 어느 정도 방지해줍니다.

**1** 일자 바느질의 경우 나일론실을 둘레의 3배+20cm로 자른 실을 왁스 위에 놓고 두세번 잡아당깁니다.

**TIP**

**바느질할 실의 길이를 계산하는 방법**

가죽은 천과 달리 두께가 있기 때문에 실의 길이를 잡을 때 두께도 포함해야 하므로 일자 바느질의 경우는 둘레의 3배에 20cm를 더한 길이로 잡아줍니다.

**TIP** 나일론실에 초를 묻힌 후 손가락을 이용하여 전체적으로 쭉 잡아당겨줍니다. 나일론실에 초가 골고루 묻지 않고 엉켜있거나 너무 많이 묻어있을 경우 바느질하면서 초가 벗겨지는 것을 방지하기 위한 목적입니다. 비버로 MBT 실의 경우 왁스를 칠하지 않고 바로 사용할 수 있어 편리합니다.

### 바늘에 실 끼우기

바느질을 할 때 사용하는 방법으로, 이렇게 실을 끼우면 바느질하는 도중에 실이 바늘에서 빠지지 않아 작업의 능률이 좋습니다.

**2** 바늘귀에 실의 끝부분을 끼웁니다.

**3** 실의 길이가 바늘의 길이보다 약 3~7cm 정도 길게 실을 빼냅니다.

**4** 실의 끝부분 3cm 정도를 바늘에 두 바퀴 감은 후 감긴 실의 끝부분에 바늘을 꽂습니다.

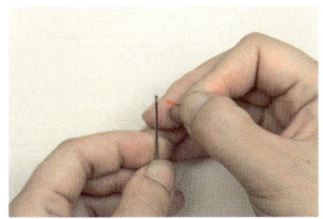

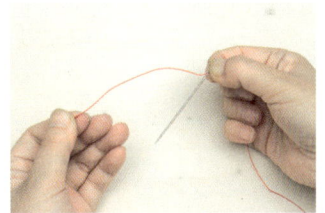

**5** 사진처럼 실의 끝부분에 바늘이 들어갔나요?

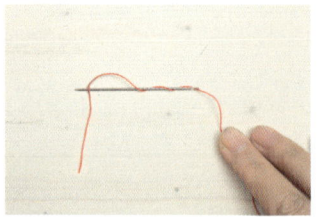

**6** 짧은 쪽 실의 끝을 잡고 바늘을 잡아당긴 후, 긴 쪽도 잡아당겨 줍니다.

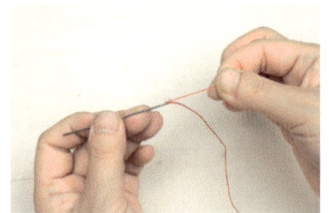

**7** 반대편 실의 끝부분에도 똑같이 바늘을 넣어줍니다.

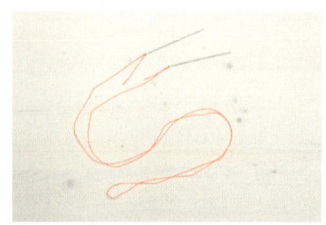

## 새들 스티치(양손 바느질)

바늘 두 개를 사용하여 양손 바느질을 하는 방법으로, 치즐로 구멍을 뚫었을 때 사용합니다.

**1** 바느질할 가죽과 실을 준비한 후 양쪽 실의 길이를 같게 만듭니다. 이때 실은 둘레의 3배+20cm 길이로 준비합니다.

**2** 포니에 겉면 가죽이 왼쪽으로 오도록 가죽을 끼웁니다. 몸쪽 방향으로 해서 왼쪽 바늘을 바느질 구멍으로 통과시키세요. 새들 스티치 바느질의 방향은 몸의 반대편에서 몸 쪽으로 향하게 합니다.

**3** 왼쪽에서 들어온 바늘을 오른손 으로 잡아당긴 후 실을 가죽의 오른쪽에 붙입니다.

**4** 오른손으로 오른쪽에 붙인 실을 왼손으로 바꿔 잡습니다.

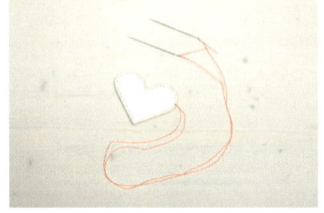

**5** 이때 왼손으로 실을 최대한 당 기면서 잡아야 오른쪽 바늘이 통과할 때 왼쪽의 실을 걸고 가지 않 습니다. 오른쪽 바늘을 왼쪽에서 들 어온 실의 뒤로 해서 같은 바느질 구 멍에 꽂습니다.

**6** 이때 바늘이 왼쪽에서 들어온 실보다 몸의 바깥쪽(실의 뒤쪽)에 있도록 넣어서 통과시키세요. 바느질을 할 때는 반드시 바늘이 실의 위로 올라오 게 해주세요. 실이 바늘 위로 올라오면 바느질의 모양이 예쁘지 않습니다.

**7** 양손으로 실을 잡아당깁니다. 이제 한 땀 바느질했네요.

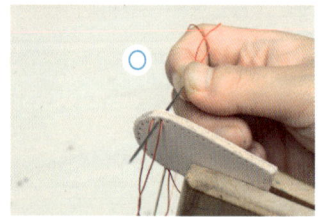

**8** 다시 시작해볼까요? 왼쪽 바늘을 몸쪽 바느질 구멍을 통과시켜 오른쪽으로 빼냅니다.

**9** 왼쪽에서 들어온 바늘을 오른손으로 잡아당기고 실을 가죽 오른쪽에 붙인 후 왼손으로 잡습니다.

**10** 오른쪽 바늘을 같은 바느질 구멍의 실보다 몸의 바깥쪽으로 꽂아서 왼쪽으로 통과시킵니다. 이 때 왼손으로 실을 최대한 당기면서 하는 것 잊지 마세요.

**11** 양손으로 실을 잡아당깁니다.

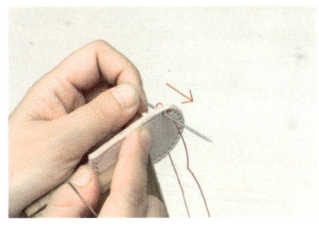
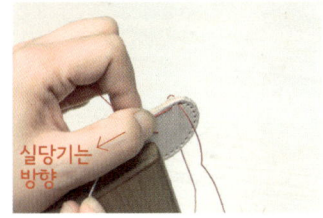
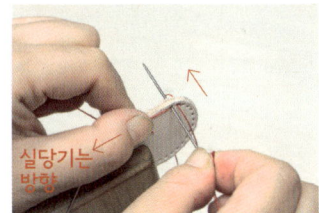

**12** 마지막 땀까지 양손 바느질을 합니다. 마지막 바느질 땀을 마감하는 방법은 67쪽을 참고하세요.

**13** 바느질하고 남은 실의 마무리는 66~67쪽을 참고하여 투명 본드나 라이터 등으로 마감하세요.

## 🔆 일자 바느질(한손 바느질)

1구 펀치로 구멍을 뚫은 후 바늘 한 개를 사용하여 바느질하는 방법입니다.

**1** 실의 끝부분에 바늘을 끼워 넣은 후 뒷면의 바느질 구멍에 통과시켜 앞면에 나오게 합니다. 이때 뒷면에는 5~7cm 정도 여유분을 남겨 놓습니다(실은 바느질할 둘레의 3배 +20cm로 준비합니다).

**2** 앞면에 있는 바늘을 오른쪽 앞면 바느질 구멍에 통과시켜 뒷면으로 나오게 합니다.

**3** 뒷면에 있는 바늘을 오른쪽 바느질 구멍에 통과시켜 앞면으로 나오게 합니다.

**4** 앞면에 있는 바늘을 오른쪽 앞면 바느질 구멍에 통과시켜 뒷면으로 나오게 합니다.

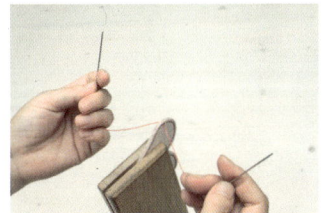

**5** 한 바퀴를 다 바느질한 후 비어 있는 나머지 부분을 더 바느질 합니다(사진은 뒷면의 사진입니다). 이렇게 한 바퀴만 돌아간 바느질을 '홈질'이라고 합니다.

**6** 실이 지나가지 않은 부분의 앞면에 있는 바늘을 왼쪽 앞면 바느질 구멍에 통과시켜 뒷면으로 나오게 합니다.

**7** 뒷면에 있는 바늘을 왼쪽 앞면 바느질 구멍에 통과시켜 앞면으로 나오게 합니다.

**8** 앞면에 있는 바늘을 왼쪽 앞면 바느질 구멍에 통과시켜 뒷면으로 나오게 합니다.

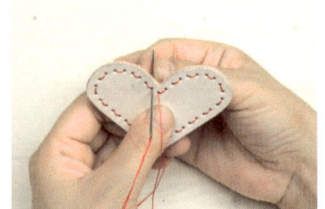

**9** 마지막 땀을 바느질하는 모습입니다.

**10** 마지막 땀을 바느질한 후 앞쪽에 있는 바늘을 뒤쪽으로 한번 더 바느질을 합니다.

**11** 두 실을 두 번 묶고 남은 실의 마무리는 66~67쪽을 참고하여 투명본드나 라이터 등으로 마감하세요.

## ⁑ 바늘 한 개로 X자 바느질하기

두 개의 갈라진 가죽을 붙이거나 X자 모양으로 포인트를 줄 때 사용하는 바느질 방법입니다.

**1** X자 바느질을 하기 위해선 바느질할 길이의 4.5배 +20cm의 실을 준비하고, 실의 끝부분에 바늘을 끼워 넣은 후 왼쪽 제일 아래쪽 뒷면의 바느질 구멍에 통과시켜 앞면에 나오게 합니다. 이때 뒷면에는 5~7cm 정도 여유분을 남겨놓습니다.

**2** 왼쪽 앞면에 있는 바늘을 오른쪽 밑에서 두 번째 바느질 구멍에 통과시켜 뒷면으로 나오게 합니다.

**3** 오른쪽 밑에서 두 번째 뒷면에 있는 바늘을 왼쪽 두 번째 바느질 구멍에 통과시켜 앞면으로 나오게 합니다.

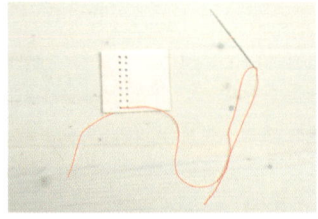

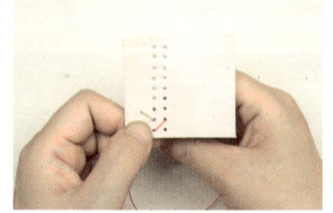

**4** 왼쪽 밑에서 두 번째 바느질 구멍을 통과한 바늘을 오른쪽 밑에서 세 번째 구멍에 통과시켜 뒷면으로 나오게 합니다.

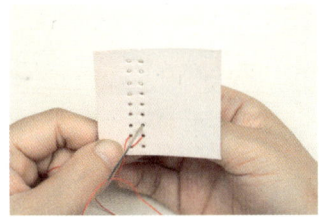

**5** 오른쪽 밑에서 세 번째 뒷면에 있는 바늘을 왼쪽 세 번째 바느질 구멍에 통과시켜 앞면으로 나오게 합니다.

**6** 아래에서 위까지 바느질을 한 후 뒷면의 모습입니다.

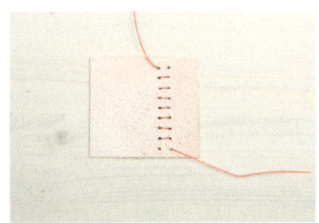

**7** 왼쪽 제일 위쪽 뒷면의 바느질 구멍에 통과시켜 앞면에 나오게 합니다.

**8** 왼쪽 앞면에 있는 바늘을 오른쪽 위에서 두 번째 바느질 구멍에 통과시켜 뒷면으로 나오게 합니다.

**9** 오른쪽 위에서 두 번째 뒷면에 있는 바늘을 왼쪽 위에서 두 번째 바느질 구멍에 통과시켜 앞면으로 나오게 합니다.

**10** 왼쪽 위에서 두 번째 바느질 구멍을 통과한 바늘을 오른쪽 위에서 세 번째 구멍에 통과시켜 뒷면으로 나오게 합니다.

**11** 바느질을 마친 후 앞면과 뒷면의 모습입니다.

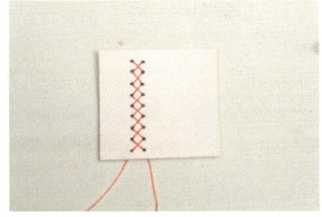

**12** 실의 마무리는 66~67쪽을 참고하여 투명 본드나 라이터 등으로 마감하세요.

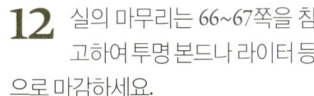
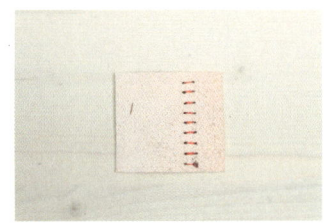

## 바느질 마감하기

바느질이 끝난 후 남은 실을 가지고 바느질이 풀리지 않게 하는 작업입니다. 바느질 마감하기는 뒷면 라이터 마감, 3땀 더 가서 본드 마감하기, X자 마감하기 등 3가지 방법이 있습니다. 이 3가지 방법 중에서 뒷면이 다른 가죽에 가려 겉에서 보이지 않을 때에는 보통 뒷면에서 라이터를 이용한 뒷면 라이터 마감을 합니다. 또한 작품 중에 앞, 뒤의 구분이 없고 모두 겉으로 나오는 경우는 3땀을 더 가서 투명본드 마감을 하거나 X자 마감을 합니다. 마감한 실이 앞이나 뒤에서 보이지 않게 하려면 X자 마감이 좋습니다.

### 뒷면 라이터 마감

바느질을 끝낸 후 남을 실을 가지고 바느질이 풀리지 않게 하는 작업으로, 보이는 면보다 보이지 않는 면에서 마감을 하면 보이는 면이 깔끔해 보입니다.

**1** 두 실을 한번 묶습니다.

**2** 두 실을 한번 더 묶습니다.

**3** 0.5cm 정도 남겨놓고 가위를 사용하여 실을 자릅니다.

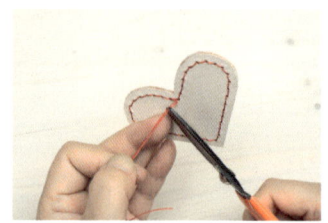

**4** 라이터를 사용하여 실이 묶여진 부분까지 불꽃이 타들어가게 합니다.

**5** 라이터의 아랫부분을 사용하여 꾹 눌러줍니다.

**6** 완성된 뒷면과 앞면의 모습입니다.

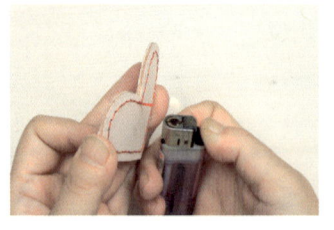
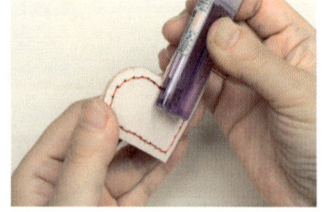

### 3땀 더 가서 본드 마감하기

바느질을 끝낸 후 남은 실을 가지고 바느질이 풀리지 않게 하는 작업의 한 방법으로, 이미 바느질한 곳을 안전하게 3땀을 더 바느질을 한 후 마감합니다.

**1** 마지막 땀까지 양손 바느질을 합니다.

**2** 한 바퀴를 다 바느질한 후 세 땀을 더 바느질합니다.

**3** 오른쪽에 있는 바늘을 왼쪽으로 한 번 더 바느질해 실이 모두 겉면이 아닌 안쪽으로 오도록 합니다.

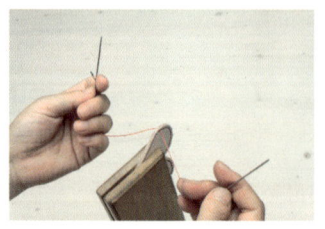
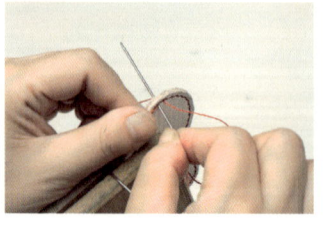

**4** 가위를 사용하여 2mm 정도 남겨놓고 실을 자릅니다.

**5** 실의 양쪽 끝에 투명본드를 바른 후 손가락이나 전사펜을 사용하여 한쪽 방향으로 눌러줍니다.

**6** 바느질을 완성한 후 투명본드로 마감한 모습입니다.

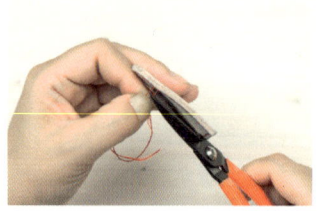

## X자 마감하기

바느질을 끝낸 후 남은 실을 가지고 바느질이 풀리지 않게 하는 작업의 한 방법으로, 매듭을 짓지 않고 실을 가죽 사이에 숨겨 비교적 깔끔하게 마감하는 방법입니다. 비교적 고난이도의 기술을 요합니다.

**1** 마지막 바느질 두 땀을 남겨두고 치즐 송곳으로 마지막 땀의 오른쪽에서 두 번째 땀의 왼쪽 방향으로 구멍을 뚫습니다.

 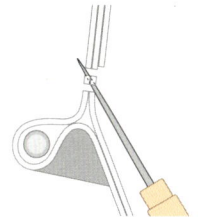

**2** 마지막 땀 왼쪽에서 오른쪽 방향으로도 구멍을 뚫습니다.

 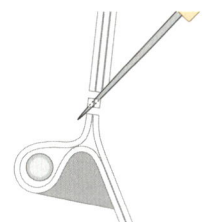

**3** 비어있는 두 땀을 양손 바느질을 하고 실의 양쪽 끝에 1cm 정도 투명본드를 발라줍니다.

**4** 마지막 땀에서 오른쪽 바늘을 사선으로 뚫어 놓은 구멍의 왼쪽으로 넣습니다.

 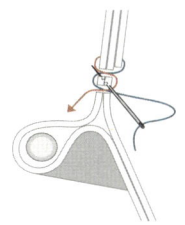

**5** 마지막 땀에서 왼쪽 바늘을 사선으로 뚫어 놓은 구멍의 오른쪽으로 넣습니다.

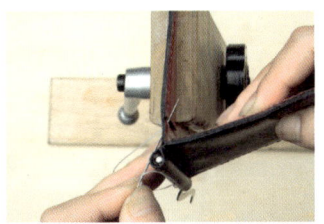 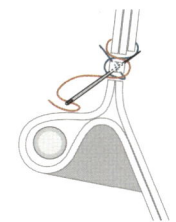

**6** 본드가 마르면 실을 잡아당겨서 가위로 최대한 짧게 잘라줍니다.

 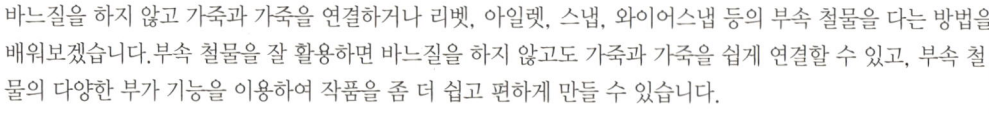 

# 리벳과 그로멧, 스냅, 와이어스냅 달기

바느질을 하지 않고 가죽과 가죽을 연결하거나 리벳, 아일렛, 스냅, 와이어스냅 등의 부속 철물을 다는 방법을 배워보겠습니다. 부속 철물을 잘 활용하면 바느질을 하지 않고도 가죽과 가죽을 쉽게 연결할 수 있고, 부속 철물의 다양한 부가 기능을 이용하여 작품을 좀 더 쉽고 편하게 만들 수 있습니다.

**TIP** 펀치로 구멍을 뚫을 때 주의하세요. 자국을 내지 않고 그냥 바로 구멍을 뚫을 경우 구멍이 한가운데에 오지 않고 틀어질 수가 있습니다.

## 리벳 달기

리벳은 둥근 못 형태의 금속물로, 가죽과 가죽을 연결하거나 다른 부속을 고정시킬 때 사용합니다.

**1** 리벳과 칫수가 같은 리벳 세터와 쇠판을 준비합니다.

**2** 리벳이 달릴 곳에 볼펜이나 은펜, 송곳 등으로 표시를 하고, 사진처럼 펀치가 가운데로 오도록 한번 눌러서 자국을 낸 후 고무판 위에서 표시된 부분을 리벳의 호수에 맞는 펀치를 사용하여 구멍을 뚫습니다.

**3** 가죽의 겉면에는 수놈 가시메를 뒷면에는 암놈 가시메를 준비합니다.

**4** 가죽의 겉면에서 뒷면으로 수놈 리벳을 넣어줍니다. (암놈과 숫놈의 위치는 바뀌어도 상관 없습니다.)

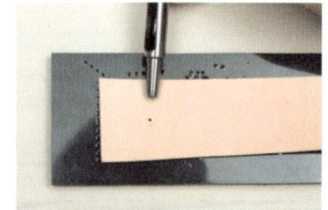
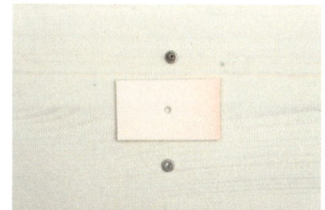

**5** 가죽의 뒷면에서 수놈 리벳에 암놈 리벳을 톡 하는 소리가 나도록 넣어 줍니다.

**6** 가죽의 뒷면이 아래로 향하도록 하여 리벳의 호수에 맞는 쇠판에 올려줍니다. 쇠판의 홈이 페인 부분에 암놈이 들어가야 합니다.

**7** 리벳 위에 리벳 호수에 맞는 리벳 세터를 수직으로 세워서 나무망치나 가죽망치로 수직으로 타격합니다. 이때 리벳과 리벳 세터 사이에 얇은 가죽을 넣고 타격하면 가죽에 자국이 남지 않습니다.

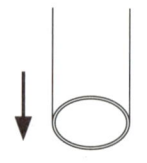

가죽 겉면

〈 리벳 다는 방법〉

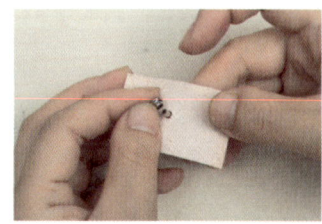

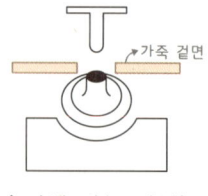

**8** 리벳을 달아준 가죽의 뒷면과 겉면의 모습입니다.

**9** 사진처럼 뒷면의 리벳이 평평하게 되도록 하려면 쇠판의 평평한 부분에 대고 다시 한 번 리벳 세터를 사용하여 타격하면 됩니다.

**TIP**

안쪽 가죽에 리벳 제대로 다는 방법

키홀더 부품이 들어가는 안쪽 가죽에 리벳이 사용될 경우에는 암놈 리벳이 평평해야 좋습니다.

## 그로멧(아일렛) 달기

그로멧은 리벳과 달리 가운데가 비어있는 부속 철물로, 가죽의 마모를 막아줄 필요가 있는 부분에 달아주면 좋습니다.

**1** 크로멧과 치수가 같은 그로멧 세터와 그로멧 쇠판을 준비합니다.

**2** 그로멧을 끼울 자리에 구멍을 뚫기 전에 그로멧의 내경과 맞는 펀치를 준비합니다. 잘 모르겠으면 사진처럼 펀치와 크기를 맞춰보면 됩니다.

**3** 그로멧을 끼울 곳을 송곳으로 표시하고, 펀치가 가운데로 오도록 한 번 눌러서 자국을 낸 후 고무판 위에서 표시된 부분을 펀치를 사용하여 구멍을 뚫습니다.

**TIP**

펀치로 구멍을 뚫을 때 주의하세요.

펀치로 자국을 내지 않고 그냥 바로 구멍을 뚫을 경우 구멍이 한가운데에 오지 않고 틀어질 수가 있습니다.

**4** 그로멧의 암수와 가죽을 준비합니다.

**5** 그로멧 호수에 맞는 그로멧 쇠판의 중앙에 그로멧 수놈을 올려줍니다.

**6** 그로멧 수놈에 가죽의 겉면이 아래를 향하도록 끼운 후 그로멧 암놈을 올려줍니다.

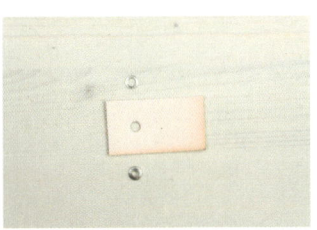

**7** 그로멧 구멍에 그로멧 호수에 맞는 그로멧 세터를 수직으로 세워서 나무망치나 가죽망치를 수직으로 타격합니다.

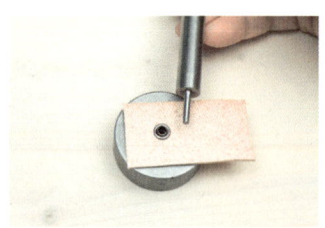

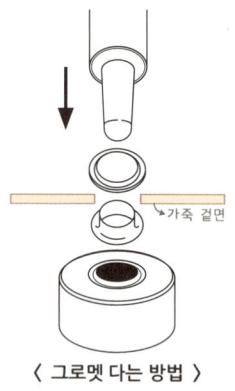

〈 그로멧 다는 방법 〉

**8** 수직으로 타격한 후의 모습입니다.

**9** 그로멧이 달린 후의 겉면 모습입니다.

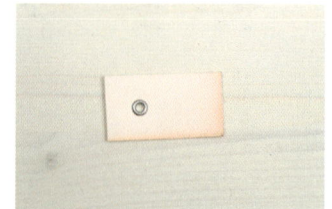

## 스냅 달기

가죽에 사용하는 단추 중에서 스냅은 와이어스냅에 비해 도구가 간편합니다. 보통 13m, 15mm를 사용하는데, 스냅의 디자인이 많지 않다는 것이 단점입니다.

**1** 15mm 스냅과 치수가 같은 스냅 세터와 쇠판을 준비합니다.

**2** 15mm 스냅의 암놈이 달릴 곳을 볼펜이나 송곳으로 표시하고, 4mm 펀치가 가운데로 오도록 한 번 눌러서 자국을 내줍니다. 스냅의 경우는 암놈과 수놈이 달릴 자리의 구멍 크기가 같습니다.

**3** 고무판 위에서 표시된 부분을 펀치를 사용하여 구멍을 뚫어줍니다. 사진처럼 짝을 맞추어서 스냅을 준비합니다.

**4** 사진과 같은 순서로 스냅을 넣어줍니다.

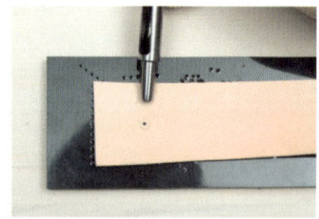

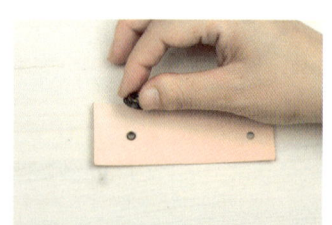

**5** 나무망치나 가죽망치를 사용하여 수직으로 타격합니다.

**6** 가죽의 겉면에 놓을 스냅을 준비합니다.

**7** 스냅의 겉부분을 아래에 놓고 가죽의 겉면이 아래로 가도록 넣은 후 나머지 부속을 올려줍니다.

**8** 15mm 쇠판 위에 스냅을 올려놓고 15mm 스냅 세터를 수직으로 세워서 나무망치나 가죽망치를 사용하여 수직으로 타격합니다.

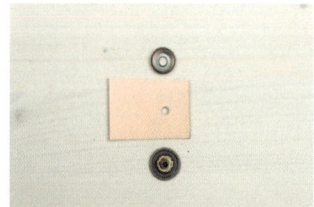

70

**9** 스냅이 달린 후의 모습입니다.

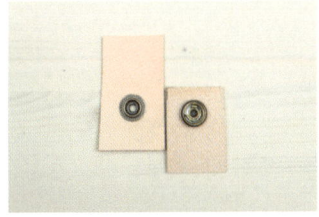

**10** 짝을 맞추어 단추를 닫은 후 의 모습입니다.

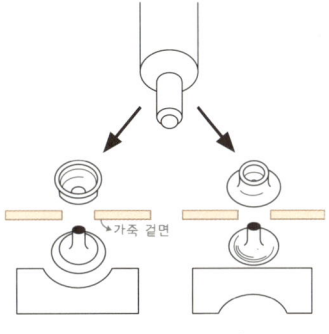

〈 스냅 다는 방법 〉

## 🔘 와이어스냅 달기

단추를 달 때 가장 많이 쓰이는 방법으로써 단추를 다는 방법과 도구가 스냅에 비해 번거롭지만, 단추의 크기와 디자인이 다양해서 좋습니다.

**1** 13mm 와이어스냅과 13mm 와이어스냅 세터와 쇠판을 준비합니다.

**2** 13mm 와이어스냅의 위쪽 부분이 달릴 자리를 볼펜이나 송곳으로 표시하고, 5mm 펀치가 가운데로 오도록 한번 눌러서 자국을 냅니다.

**3** 수놈(아래쪽)이 달릴 부분은 3mm 펀치를 사용하여 자국을 냅니다.

**4** 고무판 위에 가죽을 놓고 표시된 부분에 5mm 펀치를 올리고 나무망치나 가죽망치를 수직으로 타격하여 구멍을 뚫습니다.

**5** 나머지 한쪽도 3mm 펀치를 사용해서 구멍을 뚫습니다.

**6** 위쪽 부분의 와이어 스냅을 가죽의 겉면에서 보이도록 달아줄 것입니다.

**7** 13mm 쇠판의 홈이 파인 부분에 올려줍니다.

**8** 쇠판에 올려놓고 볼록하게 튀어나온 13mm 와이어스냅 세터를 준비해주세요.

**9** 준비한 13mm 와이어스냅 세터를 수직으로 세워서 나무망치나 가죽망치를 수직으로 타격합니다.

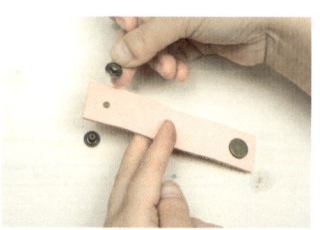

**10** 반대편에 와이어스냅을 오른쪽 그림과 같이 넣어 주세요.

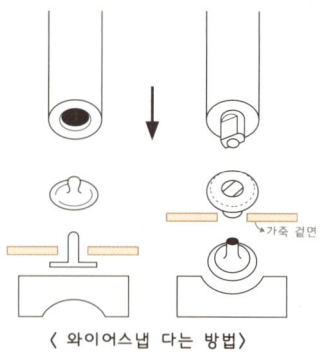

〈 와이어스냅 다는 방법 〉

**11** 쇠판의 평평한 부분 위에 올려놓고 앞의 사진처럼 순서를 지켜서 넣어줍니다.

**12** 오목하게 들어간 13mm 와이어스냅 세터를 수직으로 세워서 나무망치나 가죽망치를 수직으로 타격합니다.

**13** 암놈과 수놈을 모두 장착해준 후의 모습입니다.

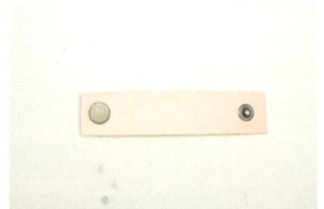

**14** 짝을 맞추어 단추를 닫은 후의 모습입니다.

| TIP 와이어스냅 달 때 필요한 펀치들 | | |
| --- | --- | --- |
| 와이어스냅 크기 | 위쪽( 겉면에서 보이는 부분) | 아래쪽(수놈) |
| 10mm 와이어스냅 | 4mm 펀치 | 2.5mm 펀치 |
| 13mm 와이어스냅 | 5mm 펀치 | 3.0mm 펀치 |
| 15mm 와이어스냅 | 6mm 펀치 | 4.5mm 펀치 |

# 옆면 및 뒷면 정리하기

완성된 작품의 마감을 어떻게 해주었느냐에 따라서 가죽의 완성도가 결정된다고 해도 과언이 아닙니다. 가죽의 뒷면 정리 및 마감은 염색을 하거나 조립을 하는 것 못지않게 아주 중요합니다. 엣지 베베러하기, 옆면 마감제 및 절단면 마감제 사용하기, 물광내기, 뒷면 마감하기 등을 배워봅니다.

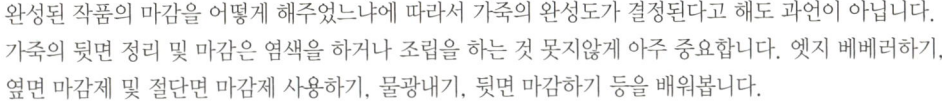

**TIP** 베지터블 가죽의 경우 마감제를 사용하지 않고 물광을 내는 것만으로도 깔끔한 옆면 마감을 할 수 있습니다.

## 엣지 베베러하기

가죽의 단면을 사선으로 깎아서 단면의 모양이 깔끔하게 나오도록 하는 과정입니다. 엣지 베베러가 없으면 작업을 하지 않아도 무방합니다.

**1** 일정한 힘과 각도를 유지하여 모서리를 깎습니다.

**2** 엣지 베베러로 작업한 것과 작업하지 않은 것을 비교한 모습입니다. 위의 가죽은 부드러운 곡선의 느낌이고 아래 가죽은 각이 살아있는 직선 느낌입니다.

## 옆면 마감제 및 절단면 마감제 사용하기

엣지 베베러를 사용하고 난 후 단면을 깔끔하게 하는 작업입니다.

**1** 엣지 베베러를 사용하여 일정한 힘과 각도를 유지하여 모서리를 깎아줍니다. 엣지 베베러 작업은 하지 않아도 괜찮습니다.

**2** 다이아몬드 줄을 사용하여 가죽과 수직으로 옆면을 매끈하게 갈아줍니다.

**3** 스펀지를 사용하여 옆면 마감제를 발라줍니다.

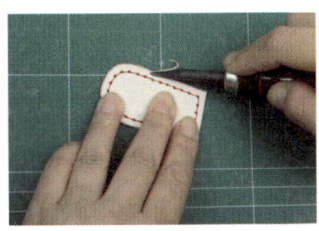

**4** 옆면 마감제가 마르면 슬리커로 옆면을 문질러줍니다. 건조시킨 후 같은 방법으로 여러 번 반복하여 사용하면 절단면이 깨끗해집니다.

**5** 스펀지를 사용하여 절단면 마감제를 3~5회 발라줍니다.

**6** 앞면이나 뒷면에 묻었을 경우에는 바로 물티슈 등을 사용하여 닦아줍니다.

**TIP**

**다이아몬드 줄 대신 고운 사포를 대용으로 사용해도 돼요.**

다이아몬드 줄 대신 고운 천 사포 (600방 이상)를 대용으로 사용해도 무방합니다. 사포를 둥글게 감아서 사용하면 사포가 단단해져 가죽의 절단면을 보다 매끄럽게 할 수 있습니다.

## 물광내기

염색약이 마르기 전 수분이 있는 상태에서 문질러 광을 내는 것을 '물광내기'라고 합니다. 물광내기는 염색약 이외의 약품을 사용하지 않고 옆면을 매끈하게 마무리하는 방법입니다. 단 물광은 베지터블 가죽에만 사용이 가능합니다.

**1** 다이아몬드 줄을 사용하여 가죽과 수직으로 옆면을 매끈하게 갈아줍니다.

**2** 검지에 비닐장갑을 끼우고 그 위에 목장갑을 끼운 후 원하는 색깔의 유성 염색약을 장갑에 묻힙니다.

**3** 가죽의 옆면에 염색약을 발라줍니다.

**4** 가죽의 옆면에 염색약을 발라준 모습입니다.

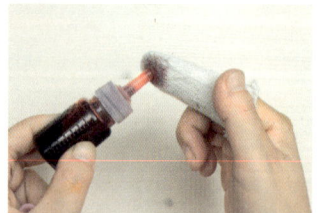
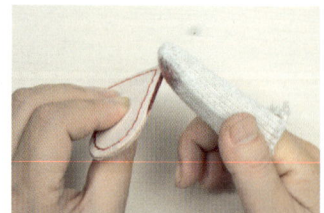

**5** 염색약이 마르기 전에 수분이 있는 상태에서 슬리커를 문질러 줍니다. 만약 염색약이 말랐다면 물을 묻히고 문질러도 무방합니다.

**6** 순서대로 옆면 마감제, 절단면 마감제(기리메), 물광내기 작업을 한 모습입니다.

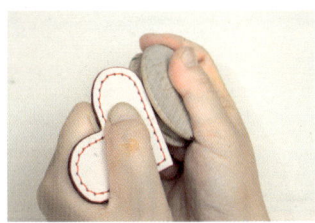 

## 뒷면 마감하기

가죽의 뒷면은 많이 사용할수록 모가 일어나서 지저분하고 떨어져 나갑니다. 이를 방지하기 위해 약품을 사용하여 뒷면을 매끈하게 마감하면 가죽의 뒷면이 깔끔해집니다.

**1** 검지와 중지를 사용하여 가죽의 뒷면에 뒷면 마감제를 골고루 바릅니다.

**2** 북폴더를 사용하여 적당한 힘을 주어 가죽의 결을 따라서 한 방향으로 밀어줍니다.

**TIP**

**북폴더 대신 유리판을 사용해도 돼요.**

가죽의 뒷면을 마감할 때 북폴더 대신 유리판을 사용하면 더 좋습니다.

**3** 뒷면 마감을 하기 전과 후를 비교한 모습입니다.

Leather **3** craft

# 처음 시작하는 가죽공예

# 이 브라운 키홀더

*Brown Key Holder*

DVD

# 브라운 키홀더

바느질 없이 만들 수 있는 간단한 키홀더입니다. 형지 만들기, 재단의 기본, 리벳과 와이어스냅, 금속 코너 장식 등 다양한 금속장식을 다는 방법을 배워봅니다.

□ 예상 재료비 12,000원  ■ 완제품 예상가 20,000원  ■ 예상 제작시간 1시간  ■ 난이도 ★☆☆☆☆  ■ 완성 크기 5×10cm

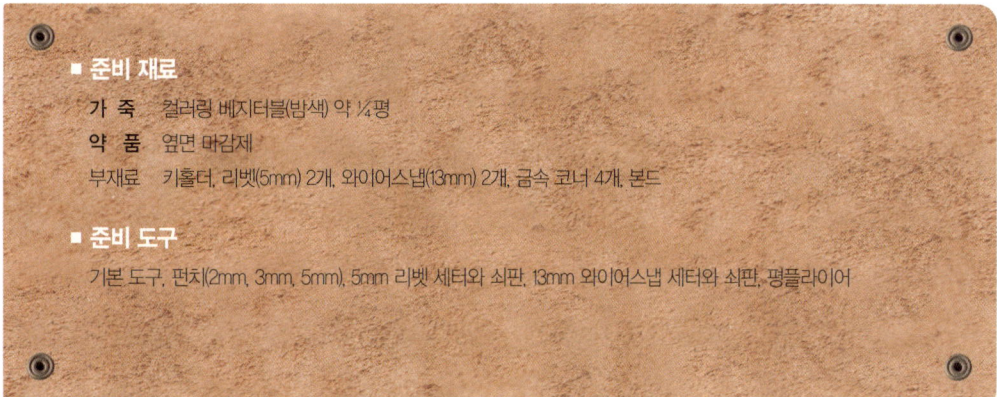

**■ 준비 재료**

가 죽　컬러링 베지터블(밤색) 약 ¼평
약 품　옆면 마감제
부재료　키홀더, 리벳(5mm) 2개, 와이어스냅(13mm) 2개, 금속 코너 4개, 본드

**■ 준비 도구**

기본 도구, 펀치(2mm, 3mm, 5mm), 5mm 리벳 세터와 쇠판, 13mm 와이어스냅 세터와 쇠판, 평플라이어

## 형지 제작 및 재단하기

ⓐ 겉면 가죽 : 16×10cm
ⓑ 키홀더 가죽 : 4×10cm

※ ⓐ, ⓑ는 부록의 실물본을 이용하여 형지를 만든 후 재단하세요.

※ ⓐ, ⓑ의 구멍 위치도 도안대로 그린 후 지정된 굵기의 펀치로 구멍을 뚫어주세요.

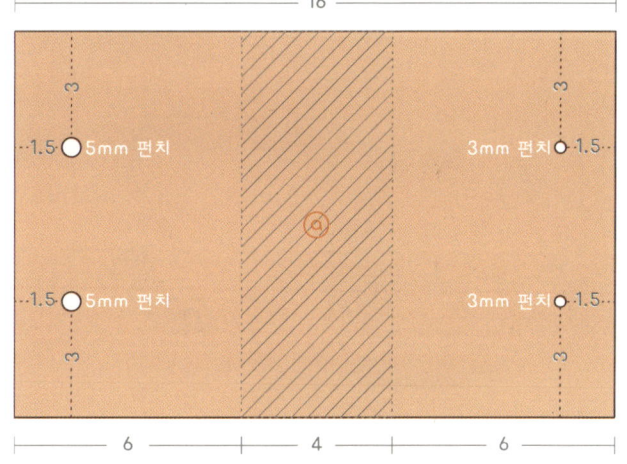

재단하기

**1** 실물본을 이용하여 도안대로 형지를 만들어 가죽 위에 올려놓고 송곳으로 형지 외곽선을 덧그려 자국을 남깁니다.

**2** 커팅매트 위에 가죽을 올려놓은 후 송곳으로 표시된 자국에 쇠자를 대고 커터칼로 재단합니다.

**3** 형지대로 재단한 겉면 가죽 ⓐ와 키홀더 가죽 ⓑ 입니다.

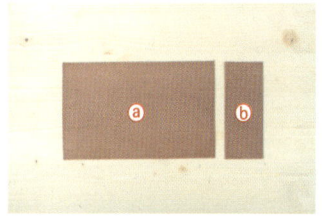

## 구멍 뚫기

**4** 고무판 위에 재단한 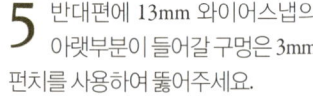를 올려놓고 13mm 와이어스냅의 윗부분이 들어갈 구멍을 실물본의 펀치 표시 위치를 참고하여 5mm 펀치로 뚫어줍니다.

**5** 반대편에 13mm 와이어스냅의 아랫부분이 들어갈 구멍은 3mm 펀치를 사용하여 뚫어주세요.

**6** 같은 방법으로 ⓑ에도 5mm 리벳이 들어갈 구멍을 2mm 펀치를 사용하여 뚫어줍니다.

## 키홀더와 리벳 달기

**7** ⓑ 가죽의 겉쪽 구멍에 5mm 리벳 키홀더를 올려놓고 그 위에 수놈 리벳을 올린 후 안쪽에 5mm 리벳 암놈을 끼운 후 툭 소리가 나도록 손으로 눌러줍니다.

**8** 키홀더와 5mm 암, 수 리벳을 끼운후 쇠판 위에 올려놓고 5mm 리벳 세터를 수직으로 세워서 나무망치로 타격하여 고정시킵니다.

**9** ⓑ의 옆면을 아래 21~23번처럼 다이아몬드 줄로 다듬고 옆면 마감제를 바른 후 어느 정도 흡수되면 슬리커로 문질러서 매끄럽게 마감합니다.(68쪽 리벳 달기 참고)

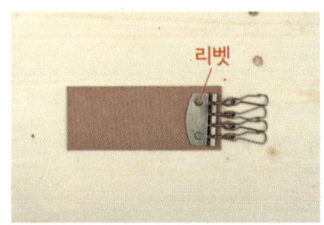

리벳

**TIP**

키홀더 부품이 구부러지면 어떻게 하나요?

키홀더 부품이 구부러진 경우에는 평플라이어를 사용하여 펴주면 됩니다.

## 와이어스냅 달고 조립하기

**10** ⓐ에 13mm 와이어스냅의 뚜껑 부분을 끼우고, 13mm 쇠판의 움푹 파인 부분 위에 올려놓은 후 13mm 와이어스냅 세터를 사용하여 달아줍니다.

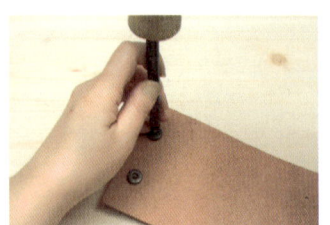

**11** 반대편 구멍에 13mm 와이어 스냅의 아랫부분을 끼우고, 쇠판의 평평한 부분 위에 올려놓은 후 13mm 와이어스냅 세터를 사용하여 달아주세요.

**12** 13mm 와이어스냅과 키홀더, 5mm 리벳을 고정해준 모습입니다.(71쪽 와이어스냅 달기참고)

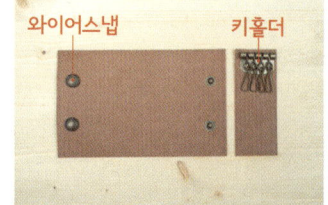

와이어스냅    키홀더

## 조립하기

**13** ⓐ의 안쪽에 중심을 은펜으로 표시합니다.

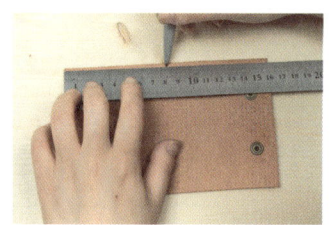

**14** 키홀더 가죽 ⓑ의 안쪽에도 은펜으로 중심을 표시하세요.

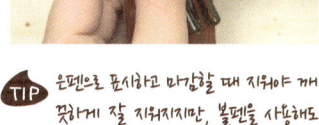

**TIP** 은펜으로 표시하고 마감할 때 지워야 깨끗하게 잘 지워지지만, 볼펜를 사용해도 무방합니다.

**15** ⓐ, ⓑ에 표시한 중심을 키홀더의 중심과 맞게 맞춥니다.

**16** 움직이지 않도록 잘 내려놓고 송곳으로 사진처럼 ⓑ의 양옆을 그려주세요.

**17** ⓑ의 안쪽에 본드주걱을 사용하여 본드를 최대한 얇게 바릅니다.

**18** ⓐ 안쪽에 표시된 접착 부분에도 본드주걱을 사용하여 본드를 얇게 발라주세요.

**19** 어느 정도 시간이 지난 후 본드를 바른 부분이 꾸덕꾸덕하게 마르면 중심을 확인하여 한쪽 끝부분부터 눌러주면서 붙여줍니다.

**TIP** 가죽공예를 처음 시작할 때 협지 만들기, 재단도 중요하지만 본드의 접착도 매우 중요합니다. 본드 접착를 잘못하면 작품이 틀어지거나 카드지갑 같은 작품의 경우는 카드가 들어가지 않을 수도 있습니다. 이번 부에서는 본드 칠하는 부분을 실물 도안에 표시했으니 본드를 칠할 때 참고하여 작품을 만들어보기 바랍니다.

## 옆면 마감하기

**20** ⓐ와 ⓑ를 붙인 후 옆면이 차이가 나는 경우 경계면에 쇠자를 대고 커터칼로 옆면을 수직으로 반듯하게 잘라냅니다.

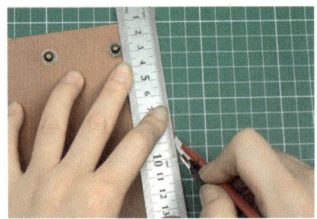

**21** 다이아몬드 줄을 가죽 옆면과 수직이 되도록 대고 절단면을 매끈하게 다듬어 주세요.

**22** 가죽 옆면에 면봉을 사용하여 옆면 마감제를 바르세요. 옆면 마감제는 코팅 역할을 하기 때문에 다이아몬드 줄로 다듬은 후 생기는 잔털을 매끄럽게 해줍니다.

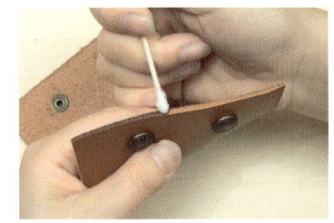

**23** 옆면 마감제를 바른 후 어느 정도 흡수되면 손가락이나 슬리커로 문질러서 매끄럽게 마감합니다.

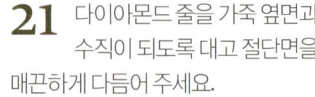

**TIP**

옆면 마감제나 절단면 마감제가 가죽에 묻었을 경우에는 어떻게 하죠?

옆면 마감제나 절단면 마감제가 앞면이나 뒷면에 묻었을 경우에는 마르기 전에 즉시 물티슈로 닦아주세요. 마른 후에 닦으면 자국이 남습니다.

## 금속 코너 장식 달기

**24** 금속 코너 장식을 달아주기 위해 각 모서리의 꼭짓점으로부터 가로, 세로 2mm 되는 곳을 커터칼로 잘라냅니다.

**25** 금속 코너 장식을 모서리에 끼우고 검지로 꼭짓점 부분을 눌러준 후 평플라이어로 양 옆을 눌러서 고정합니다.

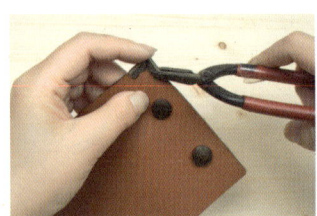

**26** 나머지 모서리에도 같은 방법으로 금속 코너 장식을 끼운 후 고정하세요.

**27** 바느질이 들어가지 않은 심플한 디자인의 브라운 키홀더가 완성되었습니다.

다른 색상의 가죽을 이용해서 다양한 색상의 키홀더를 만들어보세요.
단지 가죽의 색이나 종류를 바꾸는 것만으로도 또다른 느낌의 키홀더가 된답니다.

02 블루 자동차 키고리
*Blue Car Key Holder*

# 블루 자동차 키고리

무늬막대와 큐빅을 사용하여 나만의 자동차 키고리를 만들어 봅니다. 그로멧 다는 방법을 배울 수 있습니다.

□ 예상 재료비 3,000원  □ 완제품 예상가 15,000원  □ 예상 제작시간 1시간  □ 난이도 ★☆☆☆☆  □ 완성 크기 7×2.5cm

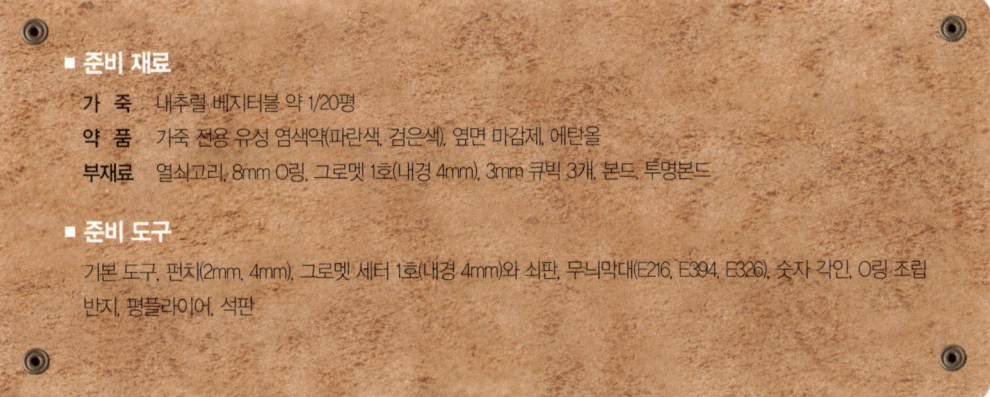

■ **준비 재료**

**가 죽** 내추럴 베지터블 약 1/20평

**약 품** 가죽 전용 유성 염색약(파란색, 검은색), 옆면 마감제, 에탄올

**부재료** 열쇠고리, 8mm O링, 그로멧 1호(내경 4mm), 3mm 큐빅 3개, 본드, 투명본드

■ **준비 도구**

기본 도구, 펀치(2mm, 4mm), 그로멧 세터 1호(내경 4mm)와 쇠판, 무늬막대(E216, E394, E326), 숫자 각인, O링 조립 반지, 평플라이어, 석판

## 형지 제작 및 재단하기

ⓐ 앞면 : 7×2.5cm

ⓑ 뒷면 : 7×2.5cm

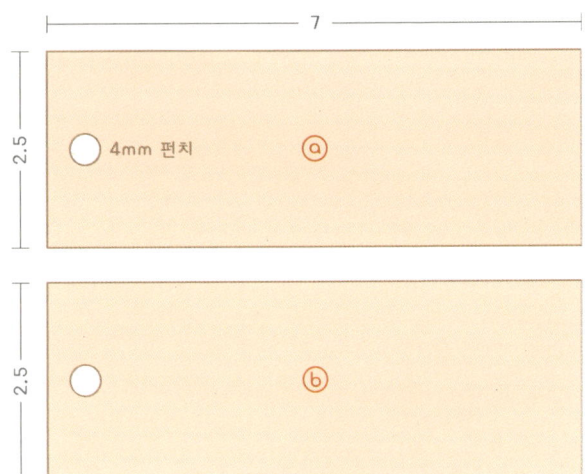

7

2.5

○ 4mm 펀치  ⓐ

2.5

ⓑ

---

**무늬 넣기**

**1** 실물본을 참고하여 도안대로 형지를 만들어 가죽 위에 덧그린 후 커팅매트 위에 놓고 쇠자와 커터칼로 재단합니다.

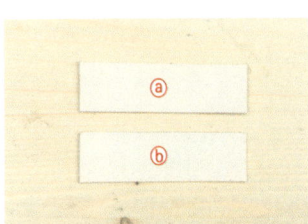

ⓐ

ⓑ

**2** ⓐ에 무늬를 넣기 위해 분무기로 약간 젖을 정도로 물을 뿌려줍니다. 가죽에 물을 뿌려주면 가죽이 연해져 무늬를 넣기가 쉬워져요.

**3** 석판 위에 앞면 가죽 **ⓐ**를 올려 놓고 테두리 5mm 정도에 무늬 막대(E326)를 나무망치로 수직으로 타격하여 무늬를 찍어줍니다.(47쪽 무늬막대로 무늬 넣기 참고)

**4** 숫자 각인은 처음과 끝의 숫자 를 먼저 찍고 숫자 사이의 간격 을 맞추어서 가운데에 두 개의 숫자 를 찍습니다.

**5** **ⓑ**도 무늬막대(E326, E261, E394) 를 이용해서 테두리와 가운데에 무늬를 찍어주세요.

**6** 가죽에 무늬와 숫자를 찍은 모 습입니다.

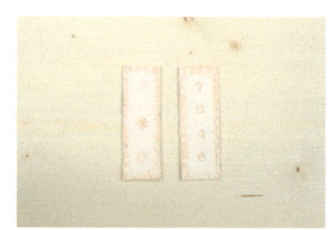

---

**TIP**

**나만의 자동차 번호와 문양을 표현 해보세요.**

자신의 자동차 번호 숫자와 좋아하는 문양의 무늬막대로 찍어주세요. 참고 로 이 작품에서는 숫자 각인과 일본 Craft社의 E326, E261, E394 각인을 사 용했습니다.

---

**염색하기**

**7** 베이스는 파란색 유성 염색약과 에탄올을 1:10의 비율로 섞어 분 무기에 넣은 후 가죽에 뿌려줍니다. 베이스를 뿌려주면 음각으로 무늬를 넣은 부분이 염색이 되고 염색 시간 을 단축해주는 역할을 합니다.

**8** 가죽이 마르면 젖었을 때보다 베이스의 색이 더 밝아지므로 충분히 뿌려주세요.

**9** 빨리 말리기 위해 드라이어의 찬바람을 쐬어 완전히 말려줍 니다. 마른 후에 색이 조금 밝아졌죠? 되도록이면 가죽은 자연 건조하는 것 이 가장 좋습니다.

**10** 염색약이 묻지 않도록 검지에 비닐장갑을 끼운 후 목장갑을 끼우고 파란색 유성 염색약을 묻혀줍니다.

**11** 옆면은 진하게 염색할 것이므로 염색약이 묻은 손가락을 그대로 문질러서 염색합니다.

**12** 가죽 앞면에 염색을 하기 전에 먼저 종이에 진한 파란색이 파스텔 톤이 될 때까지 문지르세요.

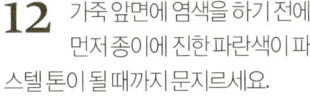

**TIP**

**염색약이 가죽의 앞면에 묻지 않도록 주의하세요.**

목장갑을 사용하여 가죽의 옆면 (잘려나간 부분 포함)을 염색하다가 실수로 앞면에 염색약이 묻지 않도록 조심합니다.

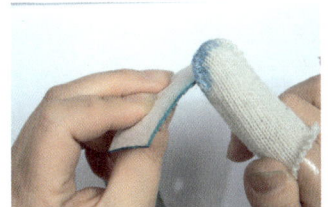

**13** 가죽 위에 원을 그리면서 원하는 색이 나올 때까지 염색합니다. 이렇게 파스텔 톤으로 반복해야 염색이 뭉치지 않습니다.

**14** 손가락의 목장갑을 바꿔 끼우고 검은색 유성 염색약을 묻힌 후 옆면을 진하게 염색합니다.

**15** 검은색 유성 염색약도 덧칠하기 전에 파스텔 톤이 되도록 종이에 문지릅니다.

**16** 가죽 위에 원을 그리면서 원하는 색이 나올 때까지 염색하세요.

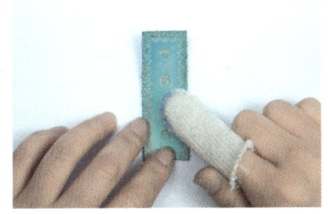

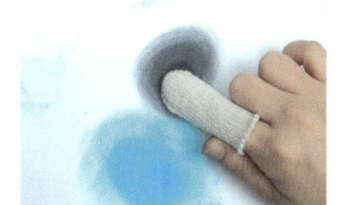

**17** 염색이 끝나면 목장갑의 손바닥 부분으로 염색된 부분에 광이 나도록 문지릅니다.

**TIP**

**그러데이션 효과를 주는 방법**

염색약의 반복 사용 횟수와 손가락의 힘을 조절하면 그러데이션 효과를 줄 수 있습니다.

큐빅 붙이기

**18** 고무판 위에 뒷면을 올려놓고 2mm 펀치를 사용하여 무늬의 중앙 부분에 구멍을 뚫어줍니다.

**19** 큐빅을 붙일 수 있도록 뚫린 구멍에 투명본드를 넘치지 않을 정도로 넣어줍니다.

**20** 면봉에 물을 묻혀서 3mm 큐빅을 붙인 후 구멍에 넣고 꾹 눌러줍니다. 면봉에 물을 묻히면 수분 때문에 큐빅이 잘 붙습니다.

## 조립하기

**21** 앞면과 뒷면에 본드주걱을 사용하여 본드를 얇게 펴서 바른 후 어느 정도 마르기를 기다립니다.

**22** 본드가 꾸덕꾸덕하게 마르면 끝부분부터 서서히 누르면서 붙입니다. 접착이 잘되면 가죽과 가죽 사이가 빈 공간이 없이 튼튼히 밀착됩니다.

## 옆면 정리하기

**23** 앞면과 뒷면이 튼튼하게 붙은 후 옆면이 일정하지 않을 경우 쇠자와 커터칼로 옆면을 깔끔하게 잘라내세요.

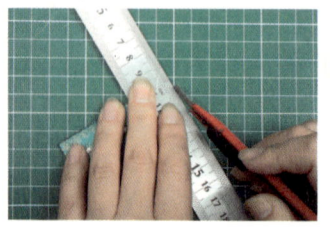

**24** 각각의 모서리는 날카롭지 않도록 약 2mm 정도 커터칼로 잘라냅니다.

**25** 가죽을 잘라낸 옆면과 모서리 부분은 다시 염색을 해야겠죠? 같은 염색약으로 다시 염색해 줍니다.

## 그로멧 달기

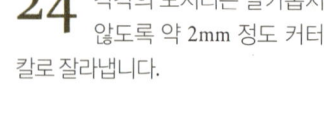

**26** 고무판 위에 가죽을 올려놓고 끝에서 5mm 떨어진 중앙에 4mm 펀치를 사용하여 구멍을 뚫어줍니다.

**27** 구멍 사이에 그로멧 1호를 끼우고 그로멧 세터 1호와 쇠판을 준비합니다.(69쪽 그로멧 달기 참고)

그로멧 1호
그로멧 세터 1호
그로멧 쇠판 1호

**28** 숫자가 찍힌 앞면을 밑으로 향하게 놓고 그로멧 세터 1호를 이용하여 그로멧 1호를 달아줍니다.

**29** 가죽의 마모를 막기 위해서 그로멧을 달아준 모습입니다.

**30** 면봉을 사용하여 옆면 마감제를 바른 후 어느 정도 흡수되면 슬리커로 문질러서 옆면을 매끄럽게 마감합니다.

 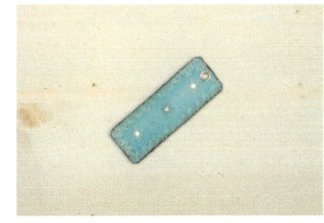 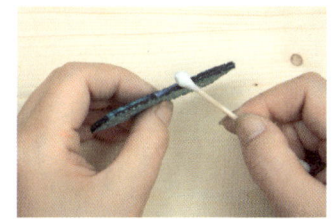

**키고리 달기**

**31** 조립반지에 지름 8mm의 O링을 꽂고 평플라이어를 몸쪽으로 비틀어서 벌려줍니다.

**32** O링에 가죽과 열쇠고리를 끼우고 평플라이어를 원래대로 비틀어서 닫아줍니다.

**33** 예쁘게 염색된 실용적인 자동차 키고리가 완성되었습니다.

  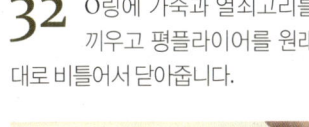

앞에서 배운 방법을 사용하여 하트, 별, 자동차 등 다양한 모양의 자동차 키고리에도 도전해보세요.

03 한글 동전지갑
*Korean Alphabet Coin Purse*

# 한글 동전지갑

한글 수지판을 사용하여 만든 작은 동전지갑입니다. 이 작품에서는 가죽의 모양을 변형시키는 성형 방법과 원펀치를 사용하여 일자 바느질하는 방법을 배울 수 있습니다.

□ 예상 재료비 12,000원  □ 완제품 예상가 30,000원  □ 예상 제작시간 2시간  □ 난이도 ★★☆☆☆  □ 완성 크기 11×7×1cm

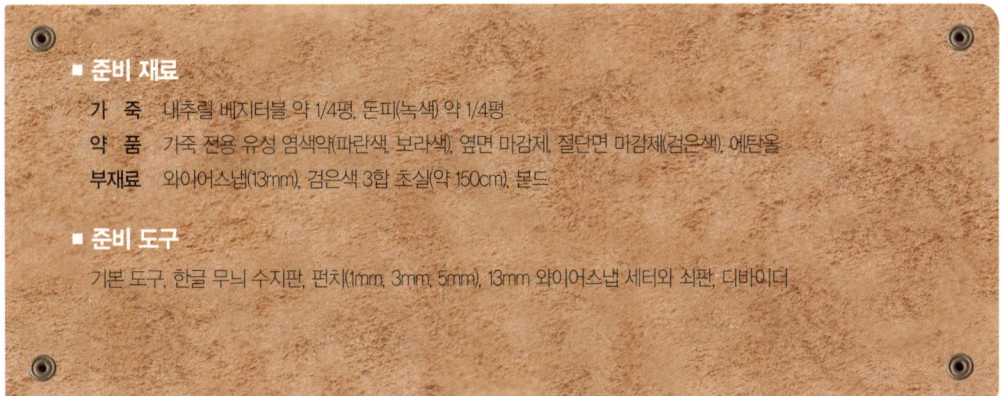

■ **준비 재료**

가 죽  내추럴 베지터블 약 1/4평, 돈피(녹색) 약 1/4평
약 품  가죽 전용 유성 염색약(파란색, 보라색), 염면 마감제, 절단면 마감제(검은색), 예탄올
부재료  와이어스냅(13mm), 검은색 3합 초실(약 150cm), 본드

■ **준비 도구**

기본 도구, 한글 무늬 수지판, 펀치(1mm, 3mm, 5mm), 13mm 와이어스냅 세터와 쇠판, 디바이더

## 형지 제작 및 재단하기

ⓐ 지갑 뒤쪽 가죽 : 실물본(약 11×11cm)
ⓑ 지갑 뒤쪽 돈피 : 실물본(약 12×12cm)
ⓒ 지갑 앞쪽 가죽 : 실물본(약 11×6.5cm)
ⓓ 지갑 앞쪽 돈피 : 실물본(약 12×7.5cm)
※ ⓑ, ⓓ의 돈피는 가죽과 붙인 후 재단할 것을 생각하여 가로 세로 각각 1cm 크게 재단하세요.
▨ – 본드 칠하는 부분

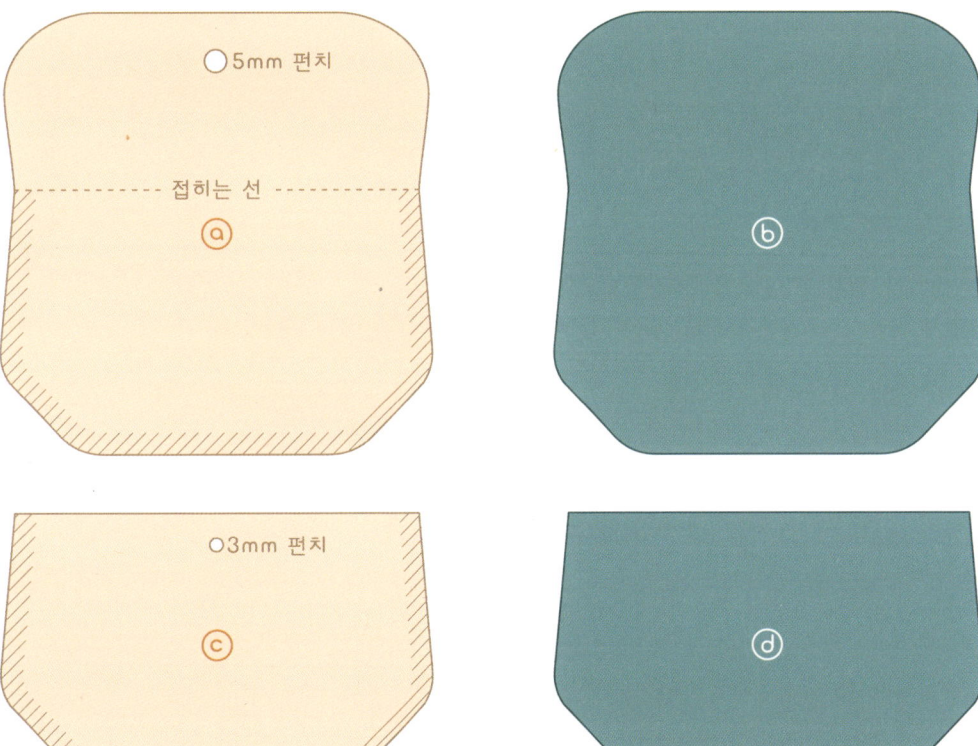

○5mm 펀치

접히는 선

ⓐ

ⓑ

○3mm 펀치

ⓒ

ⓓ

무늬 넣기

**1** 실물본의 형지를 만들어 가죽 위에 덧그린 후 커팅매트 위에 놓고 쇠자와 커터칼을 사용하여 재단합니다. 돈피는 가죽보다 가로 세로 각각 1cm 크게 재단합니다.

**2** 한글 무늬를 넣기 위해 분무기로 가죽이 약간 젖을 정도로 물을 뿌려줍니다. 물을 뿌려주면 가죽이 연해져서 무늬를 넣기가 쉬워진답니다.

**3** 석판 위에 뚜껑 겉면 가죽(ⓒ)과 수지판을 올려놓고 나무망치를 수직으로 타격하여 무늬를 찍어줍니다.

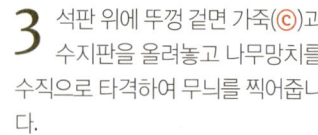

**4** 지갑 겉면 가죽(ⓐ)도 수지판을 올려놓고 나무망치를 수직으로 타격하여 무늬를 찍어주세요.

염색하기

**5** 베이스는 파란색 유성 염색약과 에탄올을 1:10의 비율로 섞어 분무기에 넣고 가죽에 충분히 뿌린 후 드라이어의 찬바람을 쐬어 말립니다.

**6** 검지에 비닐장갑과 목장갑을 끼우고 보라색 유성 염색약을 묻힌 후 옆면을 염색합니다.

**7** 가죽 위에 덧칠하기 전에 염색이 뭉치지 않도록 보라색 유성 염색약이 파스텔 톤이 될 때까지 여러 차례 반복해서 종이에 문지르세요.

**8** 가죽 위에 원을 그리면서 보라색으로 염색합니다. 파란색 유성 염색약도 먼저 종이에 문질러 파스텔 톤으로 만든 후 원하는 색상이 나올 때까지 염색하세요.

**9** 파란색과 보라색 유성 염색약을 반복해서 염색한 후 목장갑으로 염색된 부분에 광이 나도록 문지릅니다.

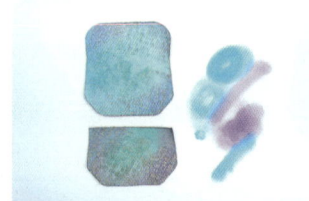

**돈피 붙이기**

**10** 염색한 ⓐ, ⓒ 뒷면과 ⓑ, ⓓ 뒷면에 본드주걱을 사용하여 본드를 얇게 바르고 어느 정도 기다립니다.

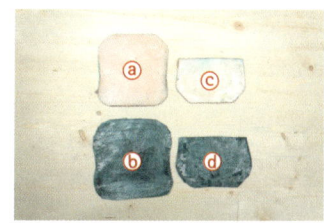

**11** 본드가 꾸덕꾸덕하게 마르면 ⓐ와 ⓑ를 뚜껑이 접히는 부분에 손을 대고 약 60° 각도로 돈피를 붙여줍니다.

**12** 지갑 앞쪽 가죽 ⓒ와 지갑 앞쪽 돈피 ⓓ를 붙인 후 가위로 ⓒ의 크기대로 돈피의 테두리를 잘라냅니다.

**13** 염색된 가죽과 돈피가 본드로 접착된 지갑 뒤쪽과 앞쪽의 겉면입니다.

**와이어스냅 달기**

**14** 앞쪽 겉면(ⓒ)에 형지를 대고 13mm 와이어스냅의 아랫부분(수놈)이 달릴 자리를 은펜으로 표시합니다.

**15** 고무판 위에 가죽을 올려놓고 표시된 부분을 3mm 펀치를 사용하여 구멍을 뚫어줍니다.

**16** 지갑 뒤쪽(ⓐ)도 13mm 와이어스냅의 윗부분(암놈)의 위치를 표시하고 5mm 펀치를 사용하여 구멍을 뚫어줍니다.

**조립하기**

**17** 지갑 안쪽 돈피와 뚜껑 안쪽 돈피가 접착될 테두리의 0.5cm 부분을 은펜으로 표시합니다.

**18** 표시한 테두리에 본드주걱을 사용하여 본드를 얇게 바른 후 중심을 맞춰서 붙여줍니다.

**19** 좀 더 잘 붙게 하려면 고무판 위에 올려놓고 접착 부분을 나무망치로 두드려주세요.

**20** 본드로 붙인 후 옆면이 일정 하지 않으면 커터칼로 옆면 을 깔끔하게 잘라냅니다.

**21** 가죽을 잘라낸 옆면은 다시 한번 염색을 해줍니다.

**바느질 선 표시하기**

**22** 디바이더를 0.4cm 간격으로 조절한 후 커팅매트 위에서 지갑 뒤쪽 겉면(ⓐ)의 테두리에 바느 질 선을 표시합니다.

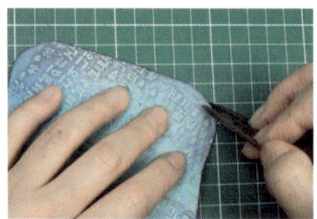

**23** 동전이 들어갈 지갑 앞쪽 겉 면(ⓒ)에도 디바이더를 사용 하여 0.4cm 간격의 바느질 선을 표시 합니다.

**24** 표시한 바느질 선을 따라 방 안자를 사용하여 은펜으로 0.5cm 간격의 점을 찍어줍니다.

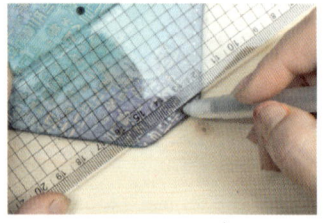

**25** 은펜으로 바느질 간격을 표 시한 모습입니다.

**TIP**

자를 대고 은펜으로 0.5cm 간 격의 점을 찍었는데 끝부분이 안 맞는다고요?

이럴 때는 끝부분에서 적당히 간 격을 조절하여 거의 티가 안 나게 조절하면 됩니다.

**바느질 구멍 뚫기**

**26** 가죽을 고무판 위에 올려놓 고 1mm 펀치를 수직으로 세 운 후 나무망치를 타격하여 바느질 구멍을 뚫어줍니다.

**27** 지갑 앞쪽 부분은 두 겹이므로 1mm 펀치를 수직으로 세운 후 좀 더 힘차게 나무망치를 타격하여 바느질 구멍을 뚫어줍니다.

## 바느질하기

**28** 약 150cm (둘레의 3배 +20cm)의 검은색 3합 초실을 바늘에 끼우고 ⓐ가 접히는 지점의 안쪽 면에서 겉면으로 바늘을 통과시킵니다.

**29** 테두리의 구멍 사이를 한 땀씩 홈질하듯이 통과하면서 한 바퀴를 바느질합니다.

**TIP** 바늘이 없는 실의 반대편은 마감을 하기 쉽게 약 5~10cm 정도 남겨두고 바느질을 합니다.

**30** 시작 지점으로 돌아오면 반대 방향으로 실이 빈 부분을 한 땀씩 메우면서 바느질해주세요.

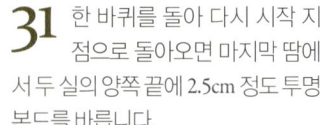

**31** 한 바퀴를 돌아 다시 시작 지점으로 돌아오면 마지막 땀에서 두 실의 양쪽 끝에 2.5cm 정도 투명본드를 바릅니다.

**32** 양쪽 실 모두 세 땀을 더 바느질합니다.

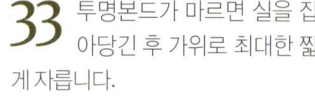

**33** 투명본드가 마르면 실을 잡아당긴 후 가위로 최대한 짧게 자릅니다.

## 와이어스냅 달기

**34** 뒤쪽 가죽의 뚜껑 안쪽에서 13mm 와이어스냅의 윗부분을 13mm 와이어스냅 세터와 13mm 쇠판을 사용하여 달아줍니다.

**35** 앞쪽 가죽의 위쪽에도 13mm 와이어스냅의 아랫부분을 13mm 와이어스냅 세터와 쇠판을 사용하여 달아줍니다.

## 옆면 마감하기

**36** 다이아몬드 줄을 가죽과 수직으로 대고 다듬어서 절단면을 매끈하게 마감합니다.

**37** 스펀지를 사용하여 옆면 마감제를 바른 후 어느 정도 흡수되면 슬리커로 문질러 옆면을 매끄럽게 마감합니다.

**38** 옆면 마감제가 마르면 스펀지를 사용하여 검은색 절단면 마감제를 3~5회 바릅니다.

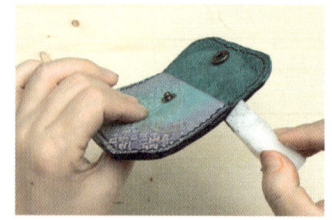

## 성형하기

**39** 마감제가 마르면 가죽을 늘여주기 위해 분무기를 사용하여 지갑의 안쪽에 물을 충분히 뿌려줍니다.

**40** 막대기나 두꺼운 펜을 이용하여 지갑의 앞쪽을 앞으로 잡아당기면서 가죽을 늘여줍니다.

**41** 늘여준 가죽을 고정하기 위해 지갑의 안쪽 끝부분에 신문지나 이면지를 구겨서 2cm 정도 채워넣어줍니다.

**42** 뚜껑이 꺾이는 부분 안쪽에 분무기를 사용하여 물을 충분히 뿌려준 후 뚜껑을 닫고 접힌 부분을 나무망치로 두두려줍니다.

**43** 빨리 말리기 위해 드라이어의 찬바람을 쐬어 가죽을 말립니다. 드라이어를 쓰는 것보다 가능하면 자연 건조하는 것이 좋습니다.

**TIP**

**물에 쉽게 변형되는 가죽의 특성을 활용한 성형**

가죽의 특징 중 하나는 물에 의해 쉽게 변형이 된다는 점입니다. 따라서 성형할 때 분무기를 사용하여 물을 뿌려주면 성형이 쉽게 됩니다. 성형이 완료되면 드라이어를 사용하여 충분히 건조시켜주면 변형이 마무리됩니다.

**44** 한국의 전통 느낌이 베어있는 예쁘게 염색된 동전지갑이 완성되었습니다.

# 04 브라운 카드지갑

Brown Card Wallet

## 브라운 카드지갑

브라운색 가죽으로 매트한 느낌의 카드지갑 만들기에 도전해보세요. 부속 철물을 달아 포인트를 주는 것은 어떨까요? 이 작품에서는 새들 스티치 방법을 배워봅니다.

□ 예상 재료비 12,000원 　□ 완제품 예상가 25,000원 　□ 예상 제작시간 1시간 30분 　□ 난이도 ★★☆☆☆ 　□ 완성 크기 8×10.5cm

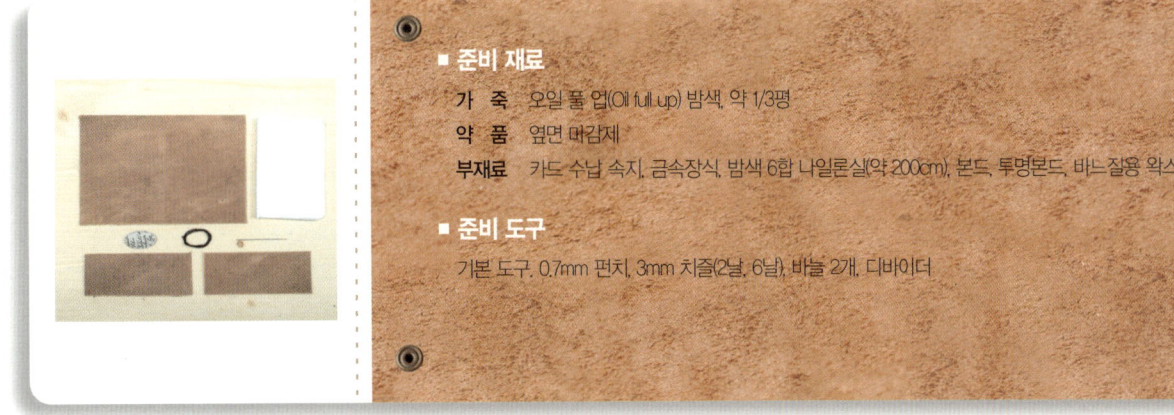

- **준비 재료**

　가　죽　오일 풀 업(Oil full up) 밤색, 약 1/3평
　약　품　옆면 마감제
　부재료　카드 수납 속지, 금속장식, 밤색 6합 나일론실(약 200cm), 본드, 투명본드, 바느질용 왁스

- **준비 도구**

　기본 도구, 0.7mm 펀치, 3mm 치즐(2날, 6날), 바늘 2개, 디바이더

**형지 제작 및 재단하기**

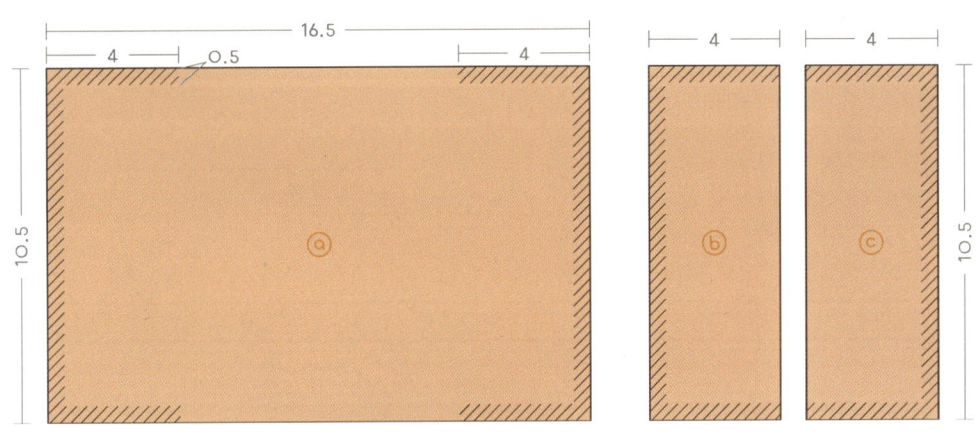

ⓐ 겉면 가죽 : 16×10.5cm　　ⓑ, ⓒ 양쪽 날개 : 4×10.5mm　　▨ – 본드 칠하는 부분

---

## 재단하고 금속 부속물 달기

**1** 가죽 위에 형지를 올려놓고 송곳으로 덧그려 도안을 옮긴 후 재단합니다(43쪽 재단하기 참고).

**2** 겉면 가죽 ⓐ 위에 금속장식을 달아줄 곳을 은펜으로 표시한 후 0.7mm 펀치를 사용하여 4개의 구멍을 뚫어줍니다.

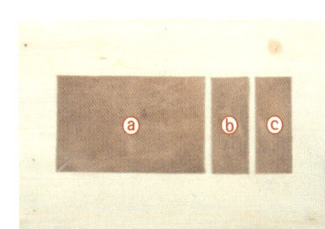

**3** 밤색 6합 나일론실 약 20cm에 왁스를 먹인 후 금속장식을 달아줍니다.

## 조립하기

**4** 접착면의 두께와 접착하지 않은 면의 두께가 같아지게 만들기 위해 ⓐ, ⓑ, ⓒ의 접착 부분을 커터칼이나 패디를 사용하여 피할합니다(53쪽 피할하기 참고).

**5** 겉면 가죽 ⓐ의 뒷면에 ⓑ, ⓒ의 양쪽 날개를 붙인 모습입니다.

**TIP**

**피할이란?**

피할이란 가죽의 두께를 얇게 만들기 위해 가죽을 깎아내는 것을 말합니다. 작품에 따라 여러 겹의 가죽이 겹쳐져 두꺼워지는 경우 피할을 통해 가죽의 두께를 조절할 수 있습니다. 물론, 피할은 하지 않아도 제품을 만드는데 무리는 없지만 피할을 해주면 제품의 완성도는 좀 더 높아집니다. 초보자의 경우는 어느 정도 연습하여 익숙해진 후 피할에 도전해보세요.

## 새들 스티치 바느질하기

**6** 디바이더를 0.4cm 간격으로 조절하여 테두리에 바느질 선을 표시하고 3mm 치즐(2, 6날)을 사용하여 바느질 구멍을 뚫어줍니다(58쪽 바느질 구멍 뚫기 참고).

**7** 포니에 가죽 겉면이 왼쪽 방향이 되도록 끼워넣고 왁스를 먹인 검은색 6합 나일론실 약 180cm(둘레 길이의 3배+20cm)를 바느질 구멍을 통과한 후 실의 길이를 같게 만듭니다.

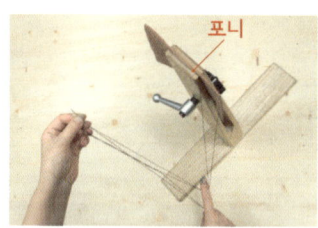

포니

**TIP**

**포니가 무엇인가요?**

포니는 가죽에 바느질을 할 때 가죽 제품을 고정시켜 바느질 하는 두 손을 편안하게 사용할 수 있도록 도와주는 도구입니다. 포니가 있으면 바느질이 편하긴 하지만 없더라도 무릎에 가죽 제품을 고정시켜 바느질을 하면 됩니다.
치즐과 만나는 부분인 겉면을 몸의 왼쪽 방향으로 향하게 하여 포니에 넣어줍니다.

**8** 왼쪽의 바늘을 바느질 구멍에 통과시켜 오른쪽으로 나오게 합니다. 바느질 진행 방향은 몸의 바깥쪽에서 안쪽으로 향해야 합니다.

바느질 방향

**9** 왼쪽에서 들어온 바늘을 오른손으로 잡고, 바늘의 끝부분을 포니 오른쪽에 붙여 왼손으로 최대한 당기면서 잡습니다. 이때 잘 당겨주어야 오른쪽 바늘이 통과하면서 왼손으로 당긴 실을 걸고 가지 않습니다.

실 당기는 방향

**10** 오른쪽 바늘을 왼쪽에서 들어온 같은 바느질 구멍의 실보다 몸의 바깥쪽으로 꽂아서 왼쪽으로 나오게 합니다.

**11** 양손으로 실을 잡아당깁니다. 포니의 자세한 사용 방법은 바느질방법 동영상 강의를 참고하세요.

**12** 계속해서 다음 바느질 구멍도 8~11번을 반복해서 새들 스티치합니다. 한 바퀴 돌아서 시작한 지점까지 새들 스티치를 합니다.(62쪽 새들 스티치 방법 참고)

**13** 마무리는 마지막 땀에서 오른쪽과 왼쪽 실의 양끝 2cm에 투명본드를 바른 후 몸의 안쪽으로 3땀을 더 바느질합니다. 그리고 투명본드가 마르면 실을 잡아당겨 가위로 최대한 짧게 잘라줍니다.

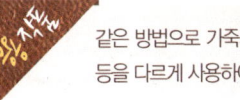
같은 방법으로 가죽의 색이나 모양, 금속장식, 금속 코너 장식, 실의 색깔 등을 다르게 사용하여 만들면 다른 느낌의 카드 지갑이 된답니다.

## 옆면 마감하여 완성하기

**14** 가죽의 옆면을 다이아몬드 줄로 다듬고 옆면 마감제를 바른 후 어느 정도 흡수되면 슬리커로 문질러서 매끄럽게 마감합니다(73쪽 옆면 및 뒷면 마감하기 참고).

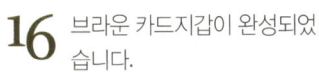

**15** 만들어진 카드 지갑 속에 카드 수납 속지를 넣어줍니다.

**16** 브라운 카드지갑이 완성되었습니다.

# 05 블랙 & 레드 머니클립

Black & Red Money Clip

# 블랙 & 레드 머니클립

블랙과 레드 가죽을 사용하여 현금과 카드를 수납할 수 있는 머니클립을 만들어 보았습니다. 이 작품에서는 머니클립 장식 다는 법을 배울 수 있습니다. 피할은 하지 않아도 상관없으나, 피할을 하면 가죽의 두께가 균일하게 작품이 나와서 완성도가 더 높아집니다.

□ 예상 재료비 20,000원　□ 완제품 예상가 50,000원　□ 예상 제작시간 3시간　□ 난이도 ★★★☆☆　□ 완성 크기 11.2×8cm

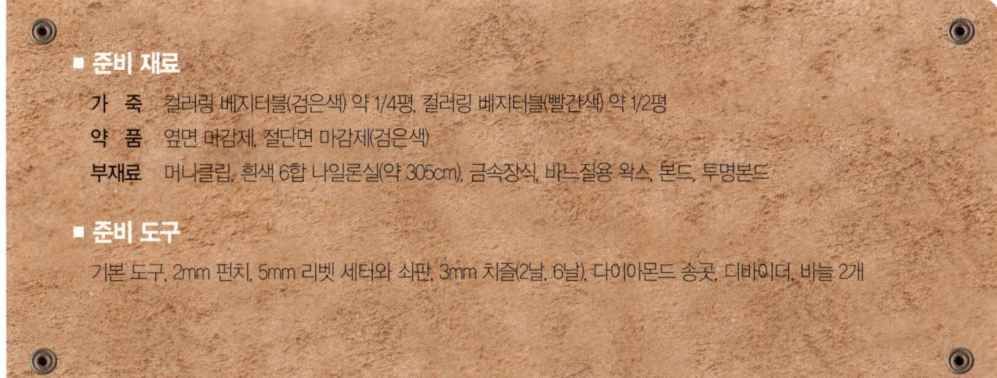

■ **준비 재료**

**가 죽**　컬러링 베지터블(검은색) 약 1/4평, 컬러링 베지터블(빨간색) 약 1/2평

**약 품**　옆면 마감제, 절단면 마감제(검은색)

**부재료**　머니클립, 흰색 6합 나일론실(약 305cm), 금속장식, 바느질용 왁스, 본드, 투명본드

■ **준비 도구**

기본 도구, 2mm 펀치, 5mm 리벳 세터와 쇠판, 3mm 치즐(2날, 6날), 다이아몬드 송곳, 디바이더, 바늘 2개

## 형지 제작 및 재단하기

ⓐ **겉면 가죽(검은색)** : 23×8cm

ⓑ **안면 가죽(빨간색)** : 21.5×8cm

ⓒ **오른쪽 카드 수납(빨간색)** : 실물본 (약 10×5.8cm)

ⓓ **오른쪽 카드 수납(빨간색)** : 실물본 (약 10×4.5cm)

ⓔ **왼쪽 지폐 수납(빨간색)** : 9×6cm

※ ⓒ와 ⓓ는 부록의 실물본을 옮겨서 재단하세요. ▨ - 본드 칠하는 부분

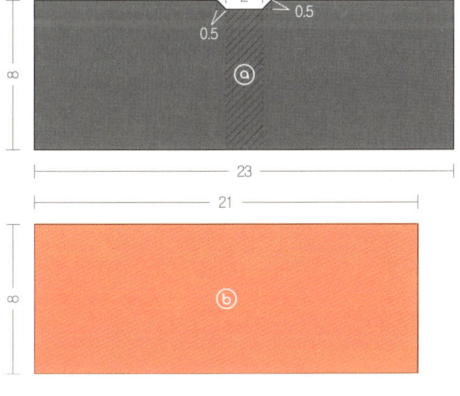

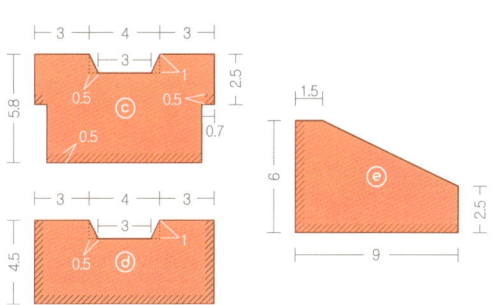

## 재단하여 조립하기

**1** 가죽 위에 형지를 올려놓고 송곳으로 덧그려 도안을 옮긴 후 재단합니다.

**2** ⓐ 뒷면의 중앙에 2cm 너비로 본드를 칠한 후 본드가 꾸덕꾸덕하게 마르면 머니클립을 붙여줍니다.

**3** 겉면 가죽 ⓐ를 반으로 접어서 붙인 후 머니클립의 끝에 송곳으로 바느질선을 표시합니다

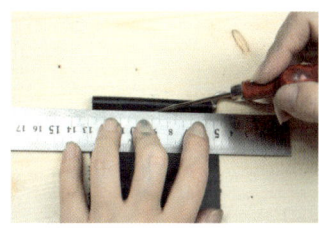

**4** 고무판 위에 가죽을 올려놓고 3mm 6날 치즐을 사용하여 바느질 구멍을 뚫어줍니다. 그리고 포니에 가죽을 끼워줍니다.

**5** 왁스를 칠한 흰색 6합 나일론실 약 45cm(길이의 3배+20cm)을 한쪽 바늘만 통과한 후 브라운 카드지갑 7번 과정(100쪽)처럼 실의 길이를 같게 만듭니다.

**6** 오른쪽 바늘을 왼쪽 바느질 구멍으로 두 바퀴 돌려서 넣어줍니다.

**7** 양손으로 실을 잡아당긴 후 포니를 180°돌려서 새들 스티치를 합니다.

**9** 바느질이 끝나면 6번 과정처럼 오른쪽 바늘을 왼쪽 바느질 구멍으로 두 바퀴 돌려서 넣은 후 양손으로 잡아당깁니다.

바느질 방향

**10** 바느질을 마감하기 위해 오른쪽과 왼쪽 실의 양쪽 끝 2cm에 투명본드를 발라줍니다.

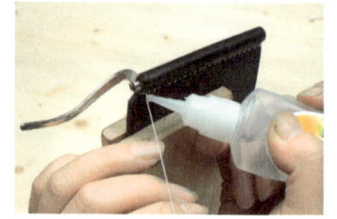

**11** 몸 반대 방향으로 세 땀을 더 바느질하고 투명본드가 마르면 실을 잡아당겨서 가위로 최대한 짧게 잘라줍니다.

**12** 머니클립 아래쪽 모서리에 2mm 펀치를 사용하여 구멍을 뚫고 금속장식을 끼웁니다.

**13** 쇠판 위에 자투리 가죽 3겹을 깔고 금속장식을 낀 지갑 안쪽에 5mm 리벳 세터를 사용하여 금속장식을 달아줍니다.

**14** 지폐와 카드가 들어가는 ⓒ, ⓓ, ⓔ의 윗면을 다이아몬드 줄로 다듬고 옆면 마감제를 바른 후 어느 정도 흡수되면 슬리커로 문질러서 매끄럽게 마감합니다.

### 조립하기

**15** 오른쪽 카드 수납에 쓸 ⓒ, ⓓ가 접착이 잘되도록 ⓒ의 접착 부분(0.5cm)을 커터칼로 긁어줍니다.

**16** ⓒ, ⓓ의 접착 부분에 본드주걱을 사용하여 본드를 얇게 바르고 어느 정도 마르면 서로 붙여줍니다.

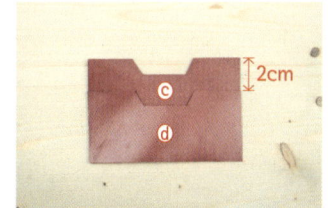

**17** 안면 가죽 ⓑ에 오른쪽 카드 수납 부분 ⓒ와 ⓓ, 왼쪽 지폐 수납 부분 ⓔ가 접착될 부분을 은펜으로 너비 0.4cm로 표시합니다.

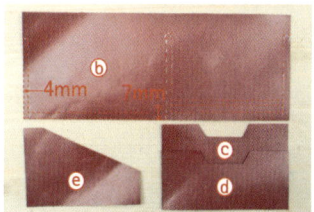

**18** 표시한 부분을 커터칼로 긁어준 다음, ⓒ와 ⓓ가 접착될 부분에 본드주걱을 사용하여 본드를 얇게 바르고 어느 정도 지난 후 서로 붙여줍니다.

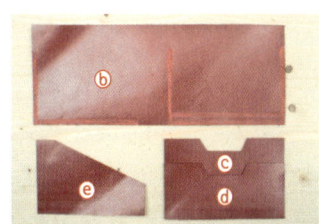

### 새들 스티치 바느질하기

**19** 디바이더를 0.3cm 간격으로 조절하여 카드 부분의 왼쪽 바느질 선을 표시합니다.

**20** 고무판 위에 가죽을 올려놓고 3mm 치즐(2날과 6날)을 사용하여 바느질 구멍을 뚫어줍니다. 그리고 포니에 가죽을 끼워 바느질을 준비합니다.

**21** 왁스를 먹인 흰색 6합 나일론실 약 40cm(바느질할 길이의 3배+20cm)를 바늘 두 개에 꿰어 새들 스티치한 후 실의 끝을 뒷면에서 라이터로 마감하세요.

### 조립하기

**22** 오른쪽 카드 수납 부분에 쓸 ⓒ, ⓓ를 바느질하여 붙여준 앞면의 모습입니다.

**23** ⓒ, ⓓ가 접착된 ⓑ의 뒷면과 머니클립을 달아놓은 ⓐ의 뒷면에 본드를 얇게 바르고 어느 정도 지난 후 서로 붙여줍니다.

**24** ⓔ의 뒷면과 ⓑ의 앞면에 ㄴ자 모양으로 본드를 얇게 바르고 어느 정도 지난 후 본드가 꾸덕꾸덕하게 마르면 서로 붙여줍니다.

**25** 머니클립이 접힐 수 있도록 ⓑ의 안쪽 중심을 ⓐ와 같은 모양으로 커터칼을 사용하여 V자로 잘라줍니다.

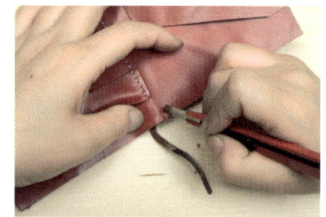

**26** 가죽을 커터칼로 정리하고, 디바이더를 0.4cm 간격으로 조절하여 ⓐ 앞면의 양쪽에 ㄷ자 모양으로 바느질 선을 표시합니다.

**27** 고무판 위에 가죽을 올려놓고 3mm 치즐(2, 6날)을 사용하여 바느질 구멍을 뚫어줍니다.

**28** 포니에 가죽을 끼운 후 왁스를 먹인 흰색 6합 나일론실 약 110cm(둘레의 3배+20cm)을 바느질 구멍으로 통과시킨 후 실의 길이를 같게 만듭니다.

**29** 머니클립의 겉면이 왼쪽을 향하게 놓고, 왼쪽의 바늘을 바느질 구멍에 통과시켜 오른쪽으로 나오게 합니다. 바느질은 몸의 바깥쪽에서 안쪽으로 진행합니다.

**30** 오른손으로 왼쪽에서 들어온 바늘을 잡고, 왼손으로 실을 포니 오른쪽에 붙여서 잡습니다. 왼손으로는 실을 최대한 당깁니다.

**31** 오른쪽 바늘을 왼쪽에서 들어온 같은 바느질 구멍으로 통과시켜 왼쪽으로 나오게 합니다.

**32** 사진처럼 바늘을 양손으로 각각 잡고 실을 잡아당깁니다.

**33** 계속해서 다음 바느질 구멍도 29~32번 과정을 반복해서 새들 스티치합니다. 바느질의 진행 방향은 몸의 안쪽을 향하게 합니다.

**34** 마지막 바느질 두 땀을 남겨두고 치즐 송곳으로 마지막 땀의 오른쪽에서 두 번째 땀의 왼쪽 방향으로 구멍을 뚫습니다.

**35** 마지막 두 땀을 사선으로 뚫어서 마감하면 바느질 마감이 겉으로 보이지 않아 마감이 깔끔하게 됩니다.

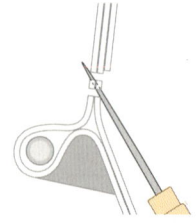

**36** 왼쪽에서 오른쪽 방향으로도 구멍을 뚫습니다

 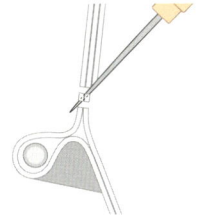

**37** 비어있는 두 땀을 새들 스티치하고 실의 양쪽 끝에 1cm 정도 투명본드를 발라줍니다.

**38** 마지막 땀에서 오른쪽 바늘을 사선으로 뚫어 놓은 구멍의 왼쪽으로 넣습니다.

 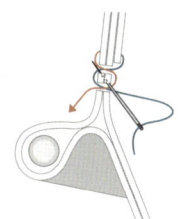

**39** 마지막 땀에서 왼쪽 바늘을 사선으로 뚫어 놓은 구멍의 오른쪽으로 넣습니다.

 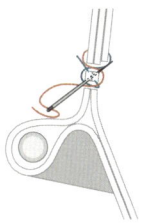

**40** 본드가 마르면 실을 잡아당겨서 가위로 최대한 짧게 잘라 줍니다.

**41** 반대편도 마찬가지로 왁스를 먹인 흰색 6합 나일론실 약 110cm(둘레의 3배+20cm)로 ㄷ자 모양으로 바느질하세요

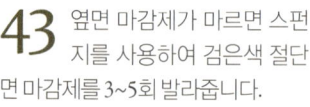

**42** 가죽의 옆면을 다이아몬드 줄로 다듬고 옆면 마감제를 바른 후 어느 정도 흡수되면 슬리커로 문질러서 매끄럽게 마감합니다.

**43** 옆면 마감제가 마르면 스펀지를 사용하여 검은색 절단면 마감제를 3~5회 발라줍니다.

**44** 요즘 유행하는 머니클립이 완성되었습니다. 카드 두 장과 지폐를 넣을 수 있어 편리합니다.

**옆면 마감하여 완성하기**

다른 색상의 가죽이나 부속 철물을 이용하여 다양한 키홀더를 만들어보세요.
단지 가죽의 색이나 무늬, 장식 등의 종류를 바꾸는 것만으로도 다른 느낌의 머니클립이 된답니다.

# 크로스 미네백

Cross Mini Bag

## 크로스 미니백

매트한 느낌의 미니백입니다. 끈의 길이를 마음대로 조절할 수 있고 뒷면에는 지퍼가 있는 주머니가 달려 있습니다. 이 작품을 통해 가방 제작의 기본을 배울 수 있습니다.

□ 예상 재료비 100,000원　　□ 완제품 예상가 300,000원　　□ 예상 제작시간 24시간　　□ 난이도 ★★★☆　　□ 완성 크기 26×8×21cm

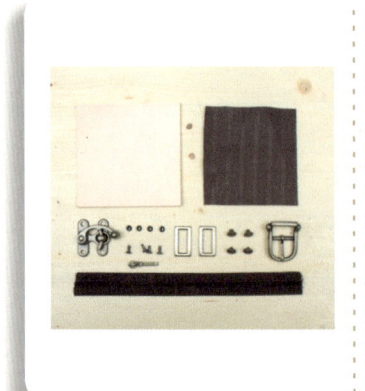

**■ 준비 재료**

**가 죽**　내추럴 베지터블 약 5평
**약 품**　가죽 전용 유성 염색약(파란색, 갈색, 밤색), 에탄올, 패브릭용 유성 잉크, 옆면 마감제, 절단면 마감제(갈색)
**부재료**　안감 약 1/4평, 장금장식, 6mm 리벳 4개, 사각링 2개, 고정나사 2개, 버클, 3호 지퍼(20cm)와 3호 슬라이더, 검은색 나일론실(120cm), 검은색 3합 초실(약 1,390cm), 스탬프, 본드

**■ 준비 도구**

기본 도구, 수지판, 펀치(1mm, 2mm, 2.5mm, 3mm, 4mm), 타원 펀치(3×19mm), 리벳 세터(6mm)와 쇠판, 디바이더

### 형지 제작 및 재단하기

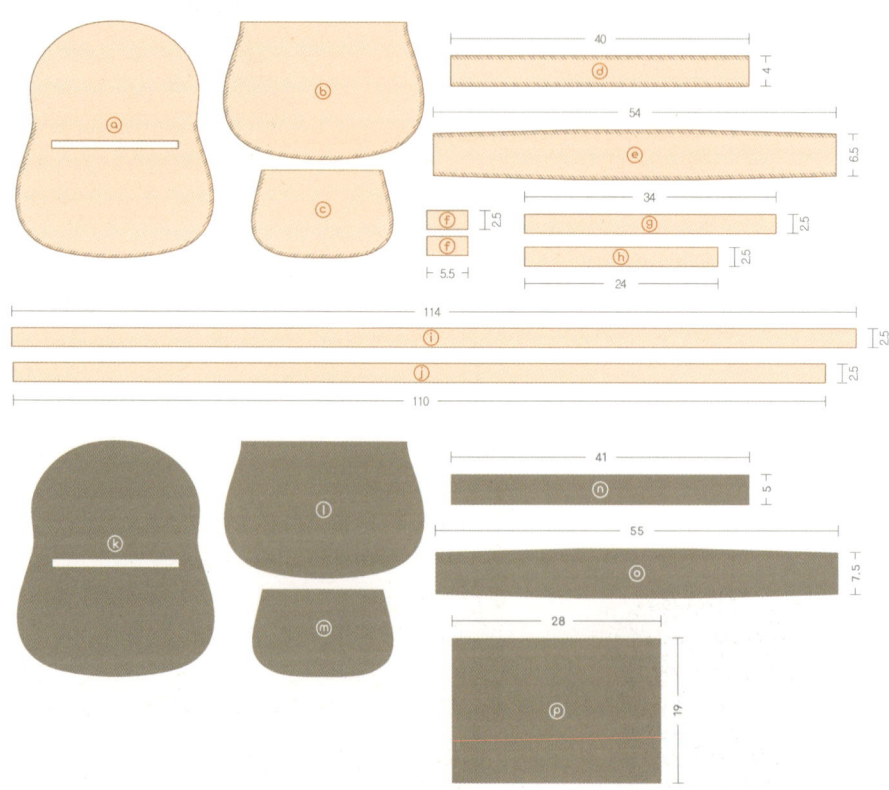

ⓐ 가방 뒤판 가죽 : 실물본(27×31cm)　　ⓑ 가방 앞판 가죽 : 실물본(27×18cm)　　ⓒ 주머니 앞면 가죽 : 실물본(19×11.5cm)
ⓓ 주머니 옆면 가죽 : 40×4cm　　ⓔ 가방 옆면 가죽 : 실물본(54×6.5cm)　　ⓕ 가방끈 연결 고리 : 2.5×5.5cm−2장
ⓖ 버클 가방끈 앞면 : 34×2.5cm　　ⓗ 버클 가방끈 뒷면 : 24×2.5cm　　ⓘ 긴 가방끈 앞면 : 2.5×114
ⓙ 긴 가방끈 뒷면 : 2.5×110　　ⓚ 가방 뒷판 안감 : 28×32cm　　ⓜ 주머니 앞면 안감 : 20×12.5cm
ⓝ 주머니 옆면 안감 : 41×5cm　　ⓞ 옆면 가죽 안감 : 55×7.5cm　　ⓟ 지퍼 주머니 안감 : 19×28cm
※ ⓐ~ⓔ는 부록의 실물본을 옮겨서 재단하세요.　　※ ⓚ~ⓞ의 안감은 가죽보다 조금 여유 있게 재단하세요.
※ 지퍼 주머니 안감은 19×28cm의 직사각형으로 재단합니다.

**1** 도안을 이용하여 형지를 만든 후 가죽 위에 형지를 올려놓고 송곳으로 덧그려 도안을 옮긴 후 재단합니다.

**2** ⓚ~ⓞ 의 안감은 가죽보다 조금 여유가 있게 재단합니다. 지퍼 주머니 안감은 19×28cm의 직사각형으로 재단합니다.

**3** 석판 위에 뚜껑 걸면 가죽 ⓐ, ⓒ 와 수지판을 올려놓고 쇠망치를 수직으로 타격하여 무늬를 찍어줍니다. 가죽 아래 석판을 깔고 찍어야 가죽에 무늬가 선명하게 찍힙니다.

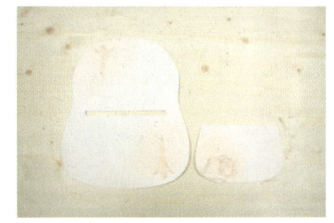

**4** 베이스로 파란색 유성 염색약과 에탄올을 1:10의 비율로 섞어 분무기에 넣고 재단한 모든 가죽(ⓐ~ⓙ)에 충분히 뿌린 후 드라이어의 찬바람을 쐬어 말립니다(사진은 ⓐ, ⓑ, ⓒ만 촬영한 것임).

**5** 갈색 유성 염색약을 종이에 문질러 파스텔 톤으로 만든 후 가방 뒤판 ⓐ, 가방 앞판 ⓑ, 주머니 앞면 ⓒ 위에 원을 그리면서 원하는 색상이 나올 때까지 염색합니다.

**6** 파란색 유성 염색약을 종이에 문질러 파스텔 톤으로 만든 후 ⓐ 위에 원을 그리면서 원하는 색이 나올 때까지 염색합니다. 나머지 ⓑ, ⓒ도 같은 방법으로 염색합니다. 염색이 끝나면 목장갑으로 염색된 부분에 광이 나도록 문지르세요.

**7** ⓓ~ⓙ에도 갈색 유성 염색약을 사용하여 5번 과정과 같은 방법으로 염색합니다.

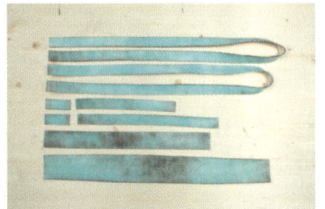

**8** 가죽에 무늬를 넣기 위해 사진과 같이 스탬프에 패브릭용 유성 잉크를 충분히 묻힌 후 ⓐ와 ⓒ 위에 전체적으로 잘 찍히도록 꾹 눌러줍니다.

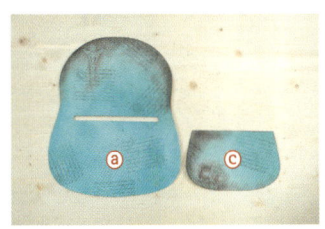

**9** 가죽 뒤판 ⓐ의 지퍼가 들어갈 구멍 옆면을 다이아몬드 줄로 다듬고 스펀지를 사용하여 옆면 마감제를 바른 후 어느 정도 흡수되면 손가락이나 북폴더로 문지릅니다. 그런 다음 스펀지를 사용하여 갈색 절단면 마감제를 3~5회 바릅니다.

**10** 가죽 뒤판에 들어갈 지퍼 주머니 안감 ⓟ의 가로(19cm) 부분의 위쪽을 1cm 접어줍니다. 이곳이 지퍼와 접착되는 부분입니다. (DVD 크로스 미니백 동영상 강의참고)

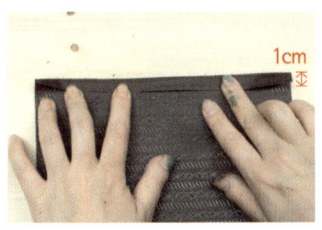

**11** 지퍼 안감의 세로(28cm) 부분을 사진처럼 뒤로 젖힌 후 1cm 접은 앞면이 2cm 아래에 오게 접습니다.

**12** 접은 지퍼 안감의 양쪽에 0.5cm 의 시접을 두고 검은색 나일론 실 약 60cm를 왼쪽과 오른쪽에 각각 사용하여 박음질하세요.

**13** 지퍼를 달기 위해 준비한 3호 지퍼(20cm)에 3호 슬라이더를 끼워서 채웁니다.

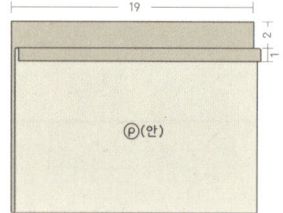

**14** 가죽과 지퍼에 본드를 바른 후 본드가 꾸덕꾸덕하게 어느 정도 마르면 가죽 뒤판의 구멍에 붙여줍니다.

**15** 사진처럼 지퍼의 아래쪽 1cm 와 10번 과정에서 접은 지퍼 안감의 1cm 부분에 본드를 얇게 바른 후 붙입니다. 2cm 긴 부분을 사진처럼 아래로 접어줍니다.

**16** 가방 뒤판의 구멍 주위에 디바이더로 0.4cm의 바느질 선을 표시하고 은펜으로 0.5cm 간격의 점을 찍습니다. 그런 다음 지퍼 아래쪽만 1mm 펀치로 구멍을 뚫고, 약 75cm(길이의 3배+20cm)의 검은색 3 합 초실을 바늘 한 개에 꿰어 지퍼 아랫부분만 일자 바느질합니다.

**17** 바느질한 뒷면의 실은 라이터 로 마감합니다.

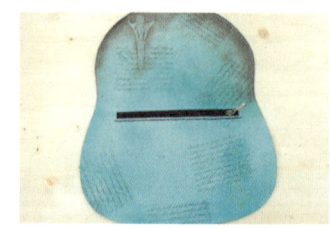
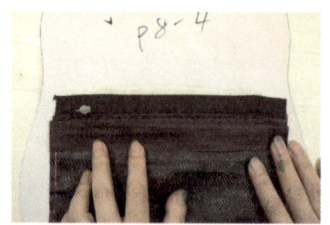

**18** 지퍼의 위쪽 시접과 지퍼 안 감의 위쪽 부분에 본드를 0.5cm 너비로 얇게 바른 후 붙입니다.

**19** 가방 뒤판의 지퍼 위쪽과 양 옆에 1mm 펀치로 구멍을 뚫고, 약 85cm(둘레의 3배+20cm)의 검은색 3합 초실을 바늘에 꿰어 지퍼의 남은 부분을 일자 바느질합니다.

**20** 바느질한 뒷면의 실은 라이 터로 마감합니다.

**21** 가방 뒤판 ⓐ의 뒷면과 뒤판 안감 ⓚ의 뒷면에 본드주걱으로 본드를 얇게 바르고 어느 정도 지난 후 붙입니다. 커팅매트 위에 붙인 가죽을 놓고 커터칼로 가죽의 경계선을 따라 안감을 잘라냅니다.

**22** 염색한 ⓑ, ⓒ, ⓓ의 뒷면과 안감 ⓛ, ⓜ, ⓝ 안쪽에 본드를 얇게 발라 붙인 후 남은 안감을 가죽의 경계선에 맞게 잘라냅니다.

## 주머니 조립하기

**23** 앞판 ⓑ의 위에서 3cm 떨어진 정중앙에 주머니 앞면 ⓒ을 올려놓고 주머니 ⓒ가 달릴 자리를 송곳으로 표시합니다.

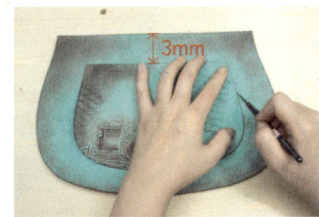

**24** 앞판 ⓑ에 접착이 잘되도록 표시한 선 안쪽에 0.4cm 너비만큼 커터칼로 긁어줍니다.

**TIP**

**가죽을 더 쉽게 잘 접착하는 방법**

가죽의 앞면을 접착할 때는 반드시 접착할 부분을 커터칼로 긁어준 후 접착을 해야 합니다. 커터칼로 긁어주지 않으면 가죽 위에서 본드가 밀려서 잘 접착되지 않습니다.

**25** 디바이더를 0.5cm 간격으로 조절하고 ⓒ의 둘레에 바느질선을 표시합니다.

**26** 표시한 바느질 선에 은펜으로 0.5cm 간격의 점을 찍고 1mm 펀치로 구멍을 뚫어줍니다. 약 70cm의 검은색 3합 초실로 주머니의 위쪽만 일자 바느질한 후 실은 뒷면에서 라이터 마감합니다.

**27** 주머니 옆면 ⓓ 뒤에 안감을 붙인 후 안감을 붙인 면에 은펜으로 0.6cm 너비의 접는 선을 그어줍니다.

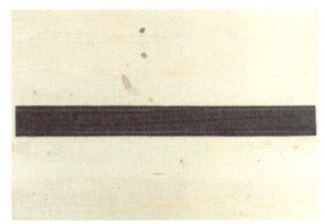

**28** 성형을 하기 위해 염색된 면의 접어질 부분에 가죽이 약간 젖을 정도로 분무기로 물을 뿌린 후 안감의 접는 선이 바깥을 향하도록 양쪽으로 접어줍니다.

**29** 주머니의 안감 ⓜ의 곡선 부분과 주머니 옆면 안감 ⓝ의 접힌 한쪽 면에 0.5cm 너비로 본드를 얇게 바른 후 서로 붙입니다.

**30** 주머니 옆면 ⓓ가 ⓒ의 둘레보다 길게 나온 부분은 커팅매트를 깔고 커터칼로 깔끔하게 잘라냅니다.

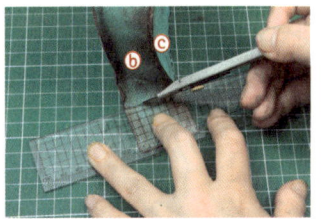

**31** 주머니의 양옆과 아래 부분에 은펜으로 0.5cm 간격의 점을 찍고 1mm 펀치로 구멍을 뚫고 약 140cm의 검은색 3합 초실로 주머니의 남은 부분을 일자 바느질한 후 실은 뒷면에서 라이터로 마감합니다.

**TIP** 가죽은 수분을 흡수하면 쉽게 늘어나거나 변형이 되며, 성형할 때 북돋대나, 자, 나무망치, 고무망치 등을 사용하면 보다 쉽게 원하는 모양으로 변형할 수 있습니다.

**32** ⓓ의 옆면을 다이아몬드 줄로 다듬고 옆면 마감제를 바른 후 어느 정도 흡수되면 슬리커로 문질러서 매끄럽게 마감합니다. 스펀지를 사용하여 갈색 절단면 마감제를 3~5회 바르세요.

**33** 24번 과정에서 긁어놓은 앞판 ⓑ와 주머니 옆면의 나머지 한쪽 면에 0.5cm 너비로 본드를 얇게 바른 후 서로 붙입니다. 그리고 디바이더로 0.5cm 너비의 바느질 선을 표시하여 은펜으로 0.5cm 간격의 점을 찍고 1mm 펀치로 구멍을 뚫습니다.

**34** 약 140cm(둘레의 3배+ 20cm)의 검은색 3합 초실로 주머니 옆면을 일자 바느질한 후 남은 실은 ⓑ의 뒷면에서 라이터로 마감합니다.

**35** 앞판 ⓑ의 둘레에 디바이더를 0.5cm 간격으로 조절하여 바느질 선을 표시합니다.

**36** 염색된 가방 옆면 ⓔ의 뒷면과 옆면 가죽 안감 ⓞ의 뒷면에 본드를 얇게 바르고 어느 정도 지나 본드가 마른 후 서로 붙여줍니다.

**37** 옆면의 안감을 붙인 면에 은펜으로 0.6cm 간격의 접는 선을 그리고, 성형을 하기 위해 염색된 면에 분무기로 물을 뿌린 후 접는 선이 바깥을 향하도록 접습니다. 이때 성형이 잘 되지 않으면 나무망치로 두드리며 접으세요.

**38** 앞판 ⓑ의 뒷면과 가방 옆면 ⓔ의 중심을 은펜으로 표시합니다.

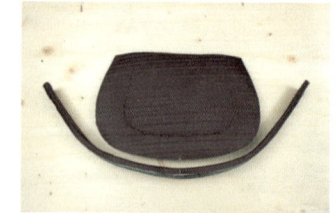

**39** 앞판 ⓑ의 뒷면 곡선 부분과 테두리와 가방 옆면 ⓔ의 접힌 부분에 본드를 0.5cm 너비로 얇게 바르고 어느 정도 지난 후 표시한 중심을 맞추어 붙입니다.

**40** 이때 가방 옆면 ⓔ가 남는 경우 커팅매트를 깔고 커터칼로 깔끔하게 잘라냅니다. 중심에서부터 옆면을 붙일 경우 양쪽 끝이 남을 수 있습니다.

**41** 앞판 ⓑ의 둘레를 은펜으로 0.5cm 간격의 점을 찍은 후 1mm 펀치를 사용하여 구멍을 뚫습니다.

**42** 앞판 ⓑ의 둘레를 약 180cm(둘레의 3배+20cm)의 검은색 3합 초실로 일자 바느질한 후 남은 실은 ⓑ의 뒷면에서 실을 라이터로 마감합니다.

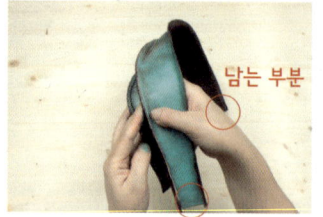

담는 부분

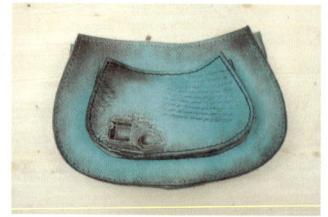

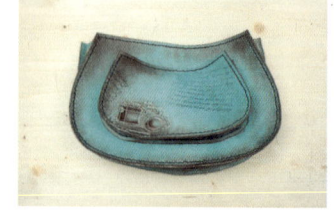

**43** 가방 뒤판 ⓐ의 둘레에 디바이더로 0.5cm 간격의 바느질선을 표시하고, 가방 뒤판 ⓐ와 옆면 ⓔ의 중심을 표시한 후 본드를 바르고 서로 붙입니다.

**44** 가방 뒤판에 은펜으로 0.5cm 간격의 점을 찍고 1mm 펀치로 구멍을 뚫은 후 약 310cm의 검은색 3합 초실로 일자 바느질한 후 남은 실은 투명본드로 마감합니다.

**가방끈 조립하기**

**45** 연결 고리 ⓕ의 위쪽 꼭짓점을 커터칼로 둥그렇게 자릅니다.

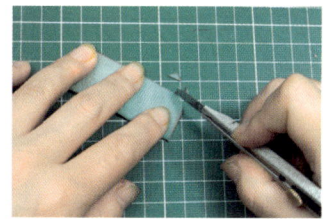

**46** 둥그렇게 잘라준 모습입니다. 연결 고리가 깔끔해졌죠.

**47** 연결 고리의 아래쪽의 직선 부분은 커터칼로 0.7cm 너비만큼 피합니다

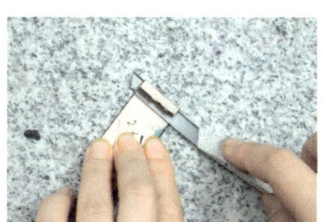

**48** 연결 고리의 뒷면을 밤색 유성 염색약으로 염색하고 옆면에 옆면 마감제를 발라 매끄럽게 마감한 후 갈색 절단면 마감제를 3~5회 발라줍니다.

**49** 그림에 표시된 곳에 본드를 칠합니다.

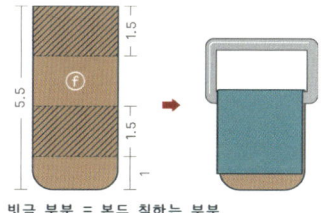

빗금 부분 = 본드 칠하는 부분

**50** 연결 고리 ⓕ에 사각링을 끼워서 접은 후 붙여줍니다.

**51** 버클 가방끈 ⓖ의 뒷면 양쪽 끝을 1cm 너비만큼 패디로 피할한 후 밤색 유성 염색약으로 5cm 정도 염색합니다.

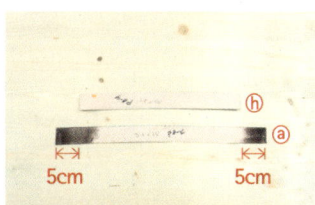

**52** 버클 가방끈 ⓖ의 한 쪽 끝에 방안자를 1cm 폭으로 놓습니다.

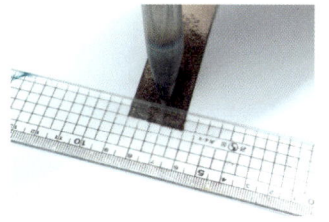

**53** 방안자를 치운 후 정중앙에 3×19mm 타원 펀치로 구멍을 뚫어줍니다.

**54** 버클 가방끈 ⑨의 구멍에 버클장식을 끼워서 접습니다.

**55** ⑨의 나머지 한쪽에 그림에 표시한 것처럼 본드를 칠합니다.

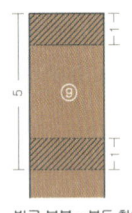

빗금 부분 = 본드 칠하는 부분

**56** 본드를 칠한 ⑨ 사이에 사각링을 끼운 후 붙입니다.

**57** 버클을 끼운 가방끈 ⑨와 가방끈 뒷면 ⓗ가 1cm 겹쳐지도록 하여 본드를 얇게 발라 서로 붙입니다.

**58** 긴 가방끈 ⓘ의 한 쪽 끝을 1cm 너비로 피할한 후 밤색 유성 염색약으로 5cm 정도 염색하고 그림에 표시한 것처럼 본드를 칠합니다.

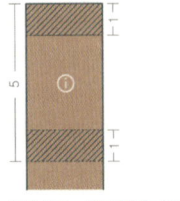

빗금 부분 = 본드 칠하는 부분

**59** 본드로 칠한 긴 가방끈 ⓘ 사이에 사각링을 끼우고 붙여줍니다.

**60** 사각링을 끼운 ⓘ와 ⓙ가 1cm 겹쳐지게 해서 본드를 얇게 바르고 서로 붙입니다. 이때 접착이 잘되도록 나무망치로 두드려주면 좋습니다.

**61** 가방끈의 안쪽에 디바이더로 0.5cm 너비의 바느질 선을 표시한 후 은펜으로 0.5cm 간격의 점을 찍고 1mm 펀치로 구멍을 뚫습니다. 그런 다음 짧은 끈은 약 100cm로, 긴 끈은 약 360cm의 검은색 3합 초실로 한 바퀴만 돌아서 홈질한 후 투명본드로 마감합니다.

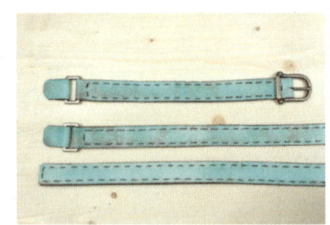

**62** 긴 가방끈의 중앙에 은펜으로 3cm 간격의 점을 찍은 후 4mm 펀치를 사용하여 구멍을 뚫습니다.

조립하여
완성하기

**63** 가방 옆면을 다이아몬드 줄로 다듬고 옆면 마감제를 바른 후 어느 정도 흡수되면 슬리커로 문질러서 매끄럽게 마감합니다. 옆면 마감제가 마르면 갈색 절단면 마감제를 3~5회 바르세요.

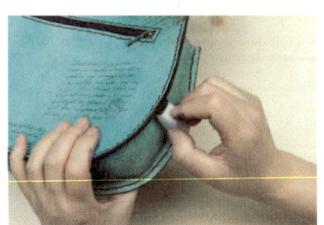

**64** 가방끈의 옆면도 다이아몬드 줄로 다듬고 옆면 마감제를 바른 후 어느 정도 흡수되면 슬리커로 문질러 매끄럽게 마감합니다. 옆면 마감제가 마르면 갈색 절단면 마감제를 3~5회 발라줍니다.

116

**65** 가방 옆면에서 5cm 떨어진 정중앙에 은펜으로 가방끈이 달릴 자리를 표시합니다.

**66** 가방 옆면 ⓓ는 2mm 펀치로, 연결 고리 ⓕ는 3mm 펀치로 구멍을 뚫은 후 드라이버로 고정 나사를 끼워 가방 본체와 버클 가방끈을 연결합니다.

**67** 반대쪽 옆면도 같은 방법으로 긴 가방끈을 연결한 후 고정 나사를 끼워 가방 본체와 버클 가방끈을 연결합니다.

**68** 가방 뒤판을 앞쪽으로 접은 후 앞판과 만나는 지점에 장금장식을 놓고 리벳 세터와 쇠판을 사용하여 6mm 리벳으로 고정시킵니다.(잠금장치 다는 법 DVD 동영상 강의 참고)

 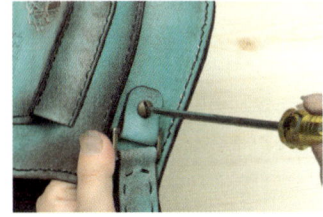  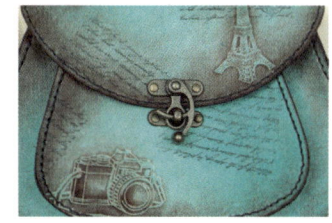

**69** 미니백이 완성되었습니다.

미니백과 같은 방법으로 가방의 모양이나 디자인을 바꿔보거나 크기를 조정해 만들면 또 다른 느낌의 가방을 만들 수 있답니다.

**TIP**

**장금 장식을 고정하는 방법**

장금장식을 고정하는 방법은 256쪽의 '성장앨범'을 참고하세요.

Leather 4 craft

# 한 시간이면 만들 수 있는 가죽 소품

# 구름 핸드폰줄

전사 기법을 사용하여 만든 구름 핸드폰줄입니다. 절단면 마감제의 색이 없을 경우는 여러 가지 색상을 섞어서 만들어 사용해도 좋습니다. 이 작품에서는 가죽에 그림을 그려 넣는 전사 기법을 배워봅니다.

□ 예상 재료비 4,000원　□ 완제품 예상가 10,000원　□ 예상 제작시간 1시간　□ 난이도 ★☆☆☆☆　□ 완성 크기 10×2.5cm

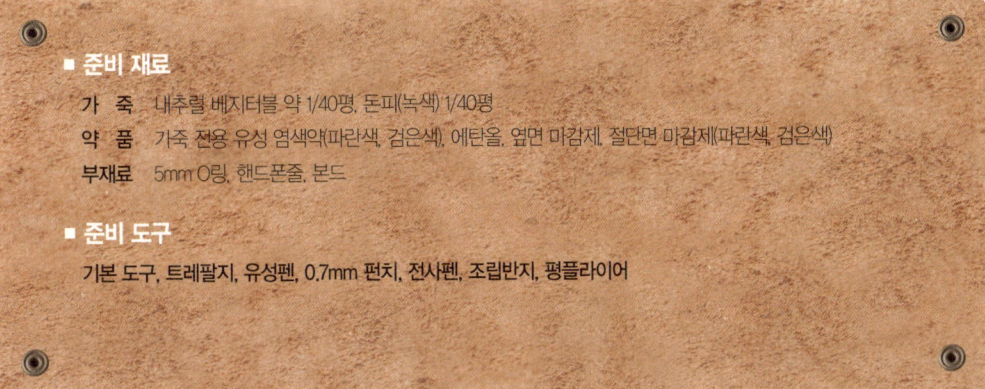

■ **준비 재료**
가　죽　내추럴 베지터블 약 1/40평, 돈피(녹색) 1/40평
약　품　가죽 전용 유성 염색약(파란색, 검은색), 에탄올, 옆면 마감제, 절단면 마감제(파란색, 검은색)
부재료　5mm O링, 핸드폰줄, 본드

■ **준비 도구**
기본 도구, 트레팔지, 유성펜, 0.7mm 펀치, 전사펜, 조립반지, 펑플라이어

## 형지 제작 및 재단하기

ⓐ 앞면 가죽 : 6.0×4.0cm
ⓑ 뒷면 돈피 : 6.0×4.0cm
※ ⓐ의 구름 무늬는 부록의 실물본을 전사하여 넣으세요.

## 무늬 넣기

**1** 실물본의 도안대로 형지를 만들어 송곳을 사용하여 가죽 ⓐ 위에 덧그린 후 커팅매트 위에 놓고 쇠자와 커터칼을 사용하여 재단합니다.

**2** 가죽에 넣을 구름 도안 위에 트레팔지를 놓고 유성펜으로 옮겨 그립니다. 연필을 사용해도 무방합니다.

**3** 무늬를 넣기 위해 분무기로 가죽 ⓐ가 약간 젖을 정도로 물을 뿌려 줍니다.

**4** 트레팔지를 가죽 위에 놓고 전사펜으로 도안의 무늬를 따라 꾹꾹 누르며 덧그립니다.

**TIP**

전사펜 대신 다 쓴 볼펜을 사용해도 좋아요!

전사 기법을 사용할 때 전사펜 대신 다 쓰고 남은 0.7mm~1.0mm 볼펜을 사용해도 무방합니다. 특히 글씨를 옮길 때는 글자의 시작과 끝부분이 상당히 예쁘게 나옵니다.

**5** 트레팔지를 치우고 가죽 위의 무늬 자국이 제대로 그려졌는지 확인하세요.

**TIP**

전사펜으로 직접 가죽에 그림을 그리거나 글씨를 쓰는 것은 안돼요!

전사펜으로 그림이나 글씨를 옮긴 후 수정하거나 추가할 부분이 생길 경우, 절대로 가죽에 직접 전사펜을 사용하여 수정하면 안 됩니다. 젖은 가죽은 상당히 예민하므로 전사펜을 가죽에 대면 가죽이 손상될 수 있습니다.

## 염색하고 돈피 붙이기

**6** 베이스는 파란색 유성 염색약과 에탄올을 1:10의 비율로 분무기에 넣고 섞어준 후 가죽에 충분히 뿌립니다.

**7** 원하는 색으로 염색이 되면 드라이어의 찬바람을 쐬어 말립니다. 염색약이 마르면 젖었을 때보다 색이 밝아집니다.

**8** 검지에 비닐장갑과 목장갑을 끼우고 파란색 유성 염색약을 종이에 문질러 원하는 파스텔 톤이 나오면 구름 부분에 원을 그리면서 염색합니다.

**9** 검은색 유성 염색약도 종이에 문질러 파스텔 톤으로 만듭니다. 구름의 테두리 부분에 원을 그리면서 염색한 후 목장갑으로 염색된 부분에 광이 나도록 문지르세요.

**10** 염색한 가죽의 뒷면과 돈피 ⓑ의 뒷면에 본드주걱으로 본드를 얇게 바르고 어느 정도 지난 후 서로 붙여줍니다.

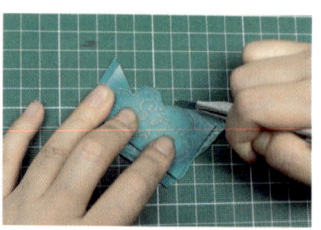

**11** 붙인 가죽을 커팅매트 위에 놓고 커터칼로 경계선을 따라 잘라냅니다.

## 옆면 마감하고 핸드폰 고리 달기

**12** 경계선을 따라서 잘린 가죽의 옆면을 다이아몬드 줄로 가죽과 수직으로 대고 절단면을 갈아서 매끈하게 다듬어줍니다.(73쪽 참고)

**13** 스펀지를 사용하여 옆면 마감제를 바릅니다. 옆면 마감제는 코팅 역할을 하기 때문에 다이아몬드 줄로 간 후 생기는 잔털을 매끄럽게 해줍니다.

**14** 남색 절단면 마감제를 만들기 위해서 파란색과 검은색 절단면 마감제를 면봉으로 3:1 비율로 섞어주세요.

**15** 원하는 남색이 되도록 잘 섞어 절단면 마감제를 만듭니다.

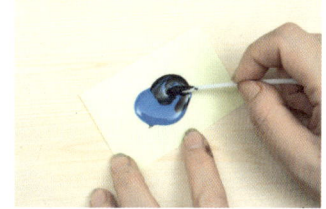
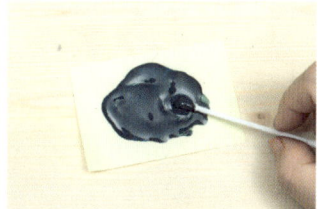

**16** 옆면 마감제가 마르면 스펀지를 사용하여 남색 절단면 마감제를 3~5회 바릅니다.

**17** 고무판 위에 가죽을 놓고 경계선에서 0.3cm 들어간 부분에 0.7mm 펀치를 사용하여 구멍을 뚫습니다.

**18** O링 조립반지에 5mm O링을 꽂고 평플라이어를 몸쪽으로 비틀어서 벌립니다.

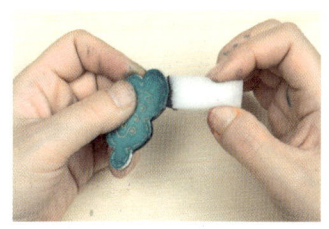

**19** 5mm O링에 가죽과 핸드폰줄을 끼우고 평플라이어를 원래대로 비틀어서 5mm O링을 닫아줍니다.

**20** 예쁘게 염색된 구름 핸드폰 고리가 완성되었습니다.

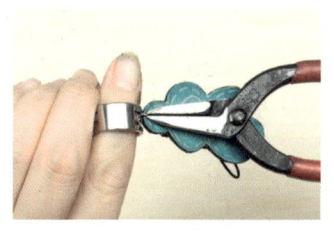

전사 기법을 사용하여 다양한 나만의 핸드폰줄을 만들어보세요.

# 08 당근 핸드폰줄
## Carrot Mobil Phone Charm

# 당근 핸드폰줄

귀여운 당근으로 핸드폰줄을 만들어볼까요? 이 작품에서는 수지판 사용법을 배워봅니다. 수지판이 없으면 야채나 과일 등을 응용해서 전사 기법(46쪽 수지판으로 무늬 넣기 참고)으로 핸드폰줄을 만들어도 좋습니다.

□ 예상 재료비 4,000원　□ 완제품 예상가 10,000원　□ 예상 제작시간 1시간　□ 난이도 ★☆☆☆☆　□ 완성 크기 12×2.5cm

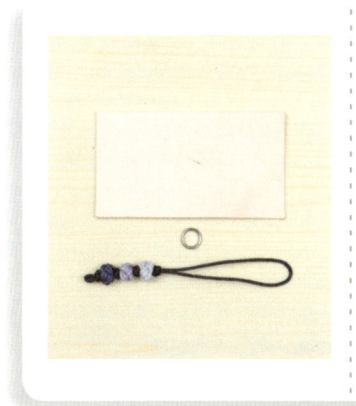

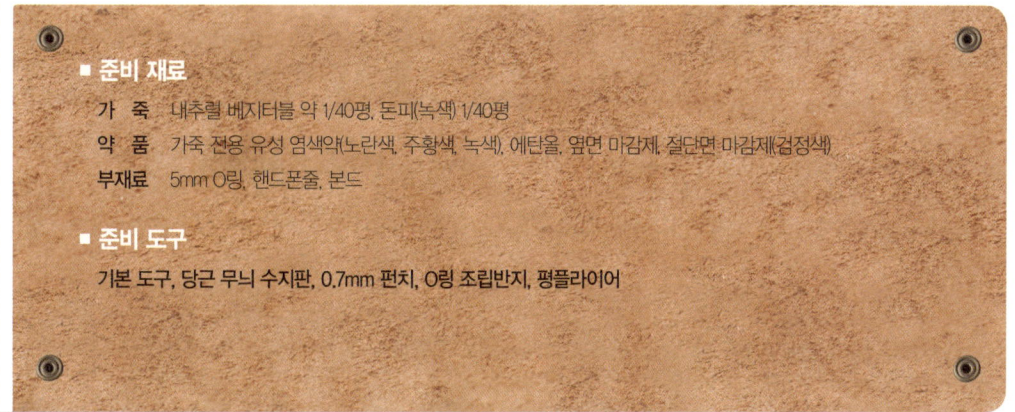

■ 준비 재료

가　죽　내추럴 베지터블 약 1/40평, 돈피(녹색) 1/40평
약　품　가죽 전용 유성 염색액(노란색, 주황색, 녹색), 에탄올, 옆면 마감제, 절단면 마감제(검정색)
부재료　5mm O링, 핸드폰줄, 본드

■ 준비 도구

기본 도구, 당근 무늬 수지판, 0.7mm 펀치, O링 조립반지, 평플라이어

## 형지 제작 및 재단하기

ⓐ 앞면 가죽 : 6.5×3.0cm
ⓑ 뒷면 돈피 : 6.5×3.0cm
※ ⓐ의 당근 무늬는 부록의 실물본을 전사하여 넣으세요.

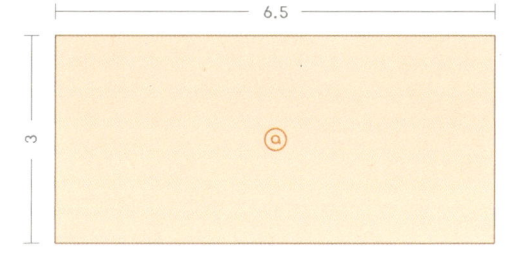

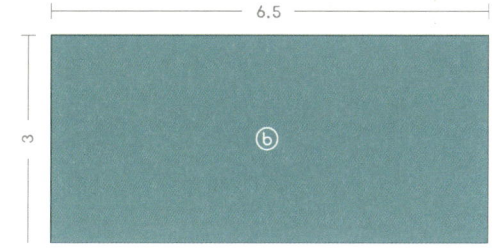

## 무늬 넣기

**1** 도안대로 형지를 만들어 송곳을 이용해 가죽 위에 덧그린 후 커팅 매트 위에 놓고 쇠자와 커터칼을 사용하여 재단합니다.

**2** 무늬를 넣기 위해 분무기로 가죽이 약간 젖을 정도로 물을 뿌려줍니다.

**3** 석판 위에 앞면 가죽 ⓐ와 수지판을 올려놓고 쇠망치를 수직으로 타격하여 무늬를 찍어줍니다.

**TIP** 수지판이 없는 경우에는 부록의 도안을 이용하여 45쪽의 전사 기법으로 만들어 보세요.

## 염색하기

**4** 베이스는 노란색 유성 염색약과 에탄올을 1:20의 비율로 섞어 분무기에 넣고 가죽에 충분히 뿌립니다.

**5** 원하는 색으로 염색이 되면 드라이어의 찬바람을 쐬어 말립니다. 염색약은 마르면 젖은 상태보다 색이 밝아집니다.

**6** 검지에 비닐장갑과 목장갑을 끼우고 주황색 유성 염색약을 종이에 문질러 파스텔 톤으로 만든 후 당근 부분에 원을 그리면서 염색합니다.(48쪽 유성 염색약으로 염색하기 참고)

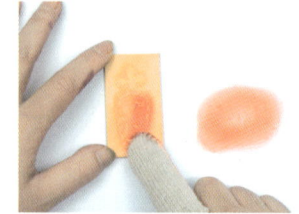

**7** 손가락에 목장갑을 바꿔 끼우고 녹색 유성 염색약을 묻힌 후 종이에 문질러 파스텔 톤으로 만듭니다. 원하는 색상이 나올 때까지 염색한 후 염색이 끝나면 목장갑의 손바닥으로 염색된 부분에 광이 나도록 문지르세요.

## 돈피 붙이기

**8** 염색한 가죽 뒷면과 돈피 ⓑ의 뒷면에 본드주걱으로 본드를 얇게 바르고 어느 정도 마르면 서로 붙여줍니다.

**9** 커팅매트 위에 돈피를 붙인 가죽을 놓고 커터칼로 무늬의 경계선을 따라 잘라냅니다.

## 옆면 마감하기

**10** 다이아몬드 줄을 가죽과 수직으로 대고 다듬어서 절단면을 매끈하게 마감합니다.

**11** 스펀지를 사용하여 옆면 마감제를 바른 후 어느 정도 흡수되면 슬리커로 문질러 옆면을 매끄럽게 마감합니다.

**12** 옆면 마감제가 마르면 스펀지를 사용하여 검은색 절단면 마감제를 3~5회 바릅니다.

## 핸드폰 고리 연결하기

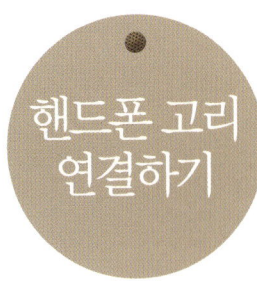

**13** 고무판 위에 가죽을 올려놓고 경계선에서 0.3cm 들어간 부분에 0.7mm 펀치로 구멍을 뚫어줍니다.

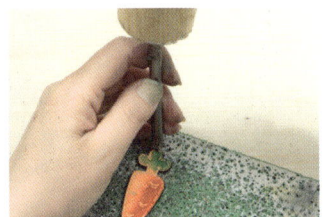

**14** O링 조립반지에 5mm O링을 꽂고 평플라이어를 몸쪽으로 비틀어서 벌린 후 가죽과 핸드폰줄을 끼웁니다.

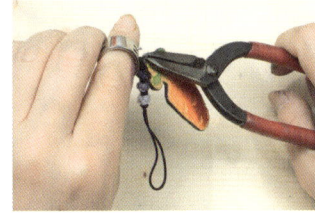

**15** 평플라이어를 원래대로 비틀어서 5mm O링을 닫아줍니다.

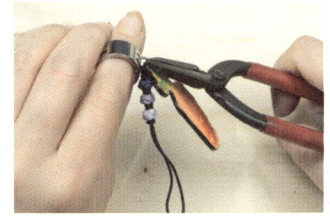

**16** 예쁘게 염색된 당근 핸드폰 고리가 완성되었습니다.

**응용작품**

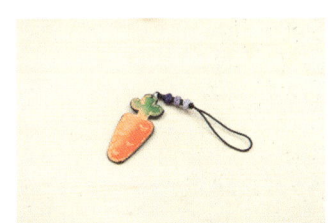

당근 핸드폰줄을 만든 것과 같은 방법으로 다양한 디자인의 핸드폰줄을 만들어보세요.
사진에서 선인장 핸드폰 고리에 사용한 베이스는 노란색입니다.

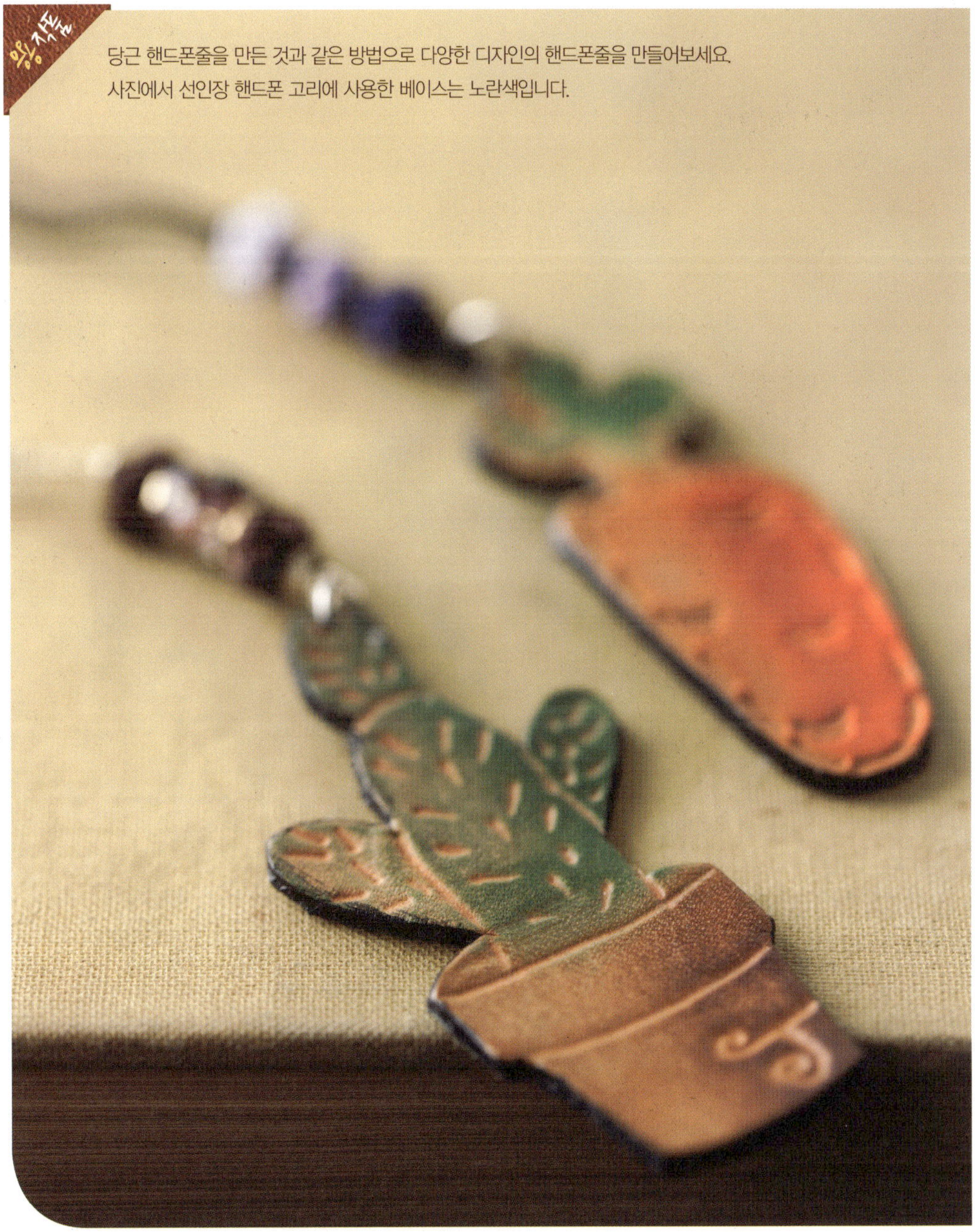

# 영문 열쇠고리

영문 열쇠고리는 베이스를 뿌리지 않고 염색해 보았습니다. 이 작품에서는 부속 철물과 스탬프 사용하는 방법을 익혀보세요.

□ 예상 재료비 5,000원  □ 완제품 예상가 10,000원  □ 예상 제작시간 1시간  □ 난이도 ★☆☆☆☆  □ 완성 크기 10×3cm

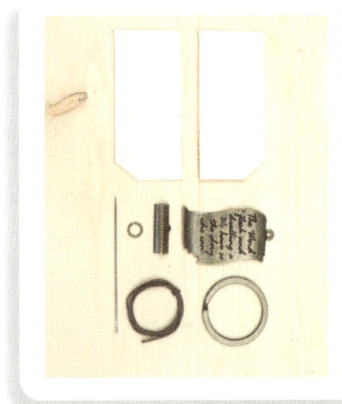

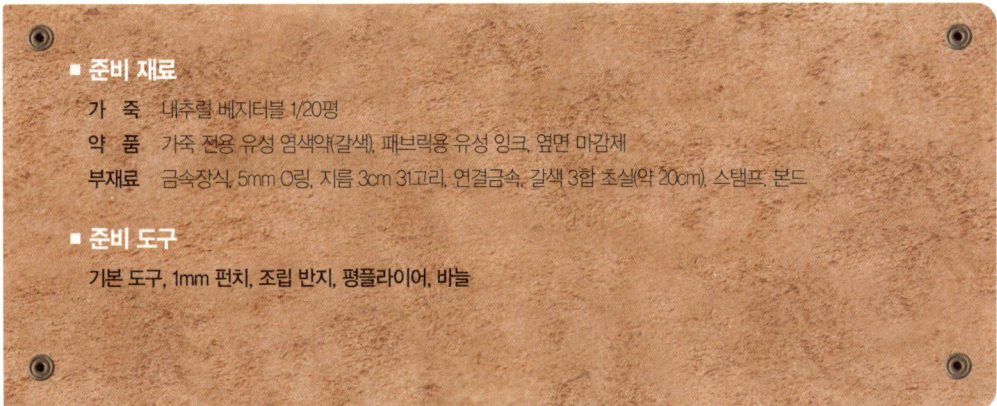

### ■ 준비 재료
**가 죽** 내추럴 베지터블 1/20평
**약 품** 가죽 전용 유성 염색약(갈색), 패브릭용 유성 잉크, 옆면 마감제
**부재료** 금속장식, 5mm O링, 지름 3cm 3T고리, 연결금속, 갈색 3합 조실(약 20cm), 스탬프, 본드

### ■ 준비 도구
기본 도구, 1mm 펀치, 조립 반지, 평플라이어, 바늘

## 형지 제작 및 재단하기

ⓐ 앞면 가죽 : 6.5×3cm
ⓑ 뒷면 가죽 : 6.5×3cm
※ 앞면과 뒷면은 서로 위아래가 대칭되므로 형지를 한 장만 만들어서 대칭되게 재단하세요.

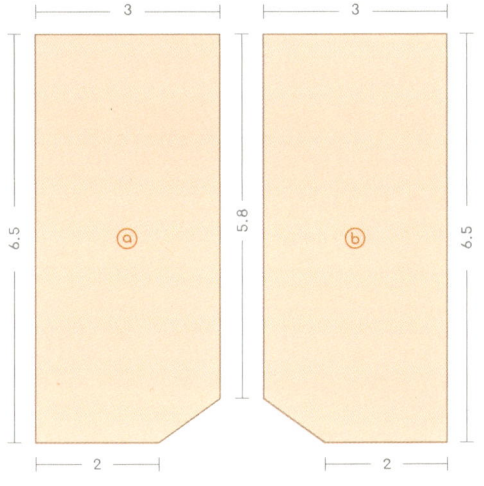

---

## 염색하기

**1** 실물본을 사용하여 도안대로 형지를 만들어 가죽 위에 대칭이 되게 2장을 덧그린 후 커팅매트 위에 놓고 재단합니다

**2** 검지에 비닐장갑과 목장갑을 끼우고 갈색 유성 염색약을 묻힌 후 옆면은 진하게 염색할 것이므로 염색약이 묻은 손가락을 그대로 문질러서 염색합니다.

**3** 갈색 유성 염색약을 종이에 문질러 파스텔 톤으로 만든 후 ⓐ와 ⓑ에 원을 그리면서 원하는 색상이 나올 때까지 반복하여 염색합니다.

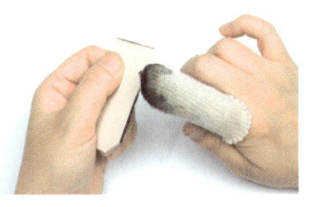

**4** 염색이 끝나면 목장갑의 바닥 부분을 이용하여 염색된 부분에 광이 나도록 문지르세요.

부속 철물 달고 스팸프 찍기

**5** 앞면 ⓐ 가죽 위에 금속장식을 놓고 은펜으로 금속장식의 구멍과 위쪽에 표시합니다.

**6** 고무판 위에 앞면 가죽 ⓐ를 놓고 은펜으로 표시된 위치에 1mm 펀치를 사용하여 표시하고 두 곳 모두 구멍을 뚫습니다.

**7** 스탬프에 패브릭용 유성 잉크를 충분히 묻힌 후 전체적으로 잘 찍히도록 꾹 눌러줍니다.

**8** 헝겊을 사용하여 스탬프에 남은 잉크를 닦아줍니다.

금속장식 바느질하기

**9** 바늘에 약 20cm의 갈색 3합 초 실을 꿰고 실의 끝부분을 5cm 만 남긴 후 위쪽 구멍의 뒷면에서 앞면으로 통과시킵니다.

**10** 앞면으로 나온 바늘에 금속장식을 끼우고 아래쪽 구멍으로 통과시킵니다.

**11** 다시 한 번 위쪽과 아래쪽 구멍을 통과시킨 후 뒷면에서 실의 양쪽 끝을 묶습니다.

**12** 실의 양쪽 끝 0.5cm만 남기고 자른 후 라이터로 실이 묶여진 부분까지 불꽃이 타들어가게 합니다.

**13** 라이터의 아랫부분으로 꾹 눌러서 실의 매듭을 깔끔하게 마감합니다.

## 본드 칠하고 옆면 마감하기

**14** ⓐ와 ⓑ가죽의 뒷면에 각각 본드주걱으로 본드를 얇게 바르고 어느 정도 지나 본드가 꾸덕꾸덕하게 마르면 서로 붙입니다.

**15** 앞면 ⓐ와 뒷면 ⓑ를 붙인 후 옆면이 일정하지 않으면 커터 칼로 옆면을 깔끔하게 잘라내세요.

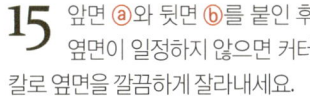

**16** 옆면으로 본드가 튀어나온 경우에는 본드 지우개를 한쪽 방향으로 밀어서 본드 찌꺼기를 제거하세요.

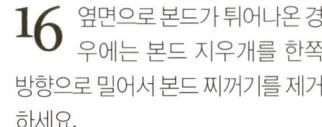

**17** 다이아몬드 줄을 가죽과 수직으로 대고 절단면을 매끈하게 다듬어 줍니다.

**18** 검지에 비닐장갑과 목장갑을 끼우고 갈색 염색약을 묻혀서 다시 한번 옆면을 염색합니다.

**19** 스펀지를 사용하여 옆면 마감제를 바르고 어느 정도 흡수되면 슬리커를 사용하여 문질러주어 광을 내줍니다.

**20** 가죽 위쪽에 연결 부속 철물을 끼우고 평플라이어로 집어줍니다.

**21** O링 조립반지와 평플라이어로 5mm O링을 벌린 후 지름 3cm의 키고리에 끼웁니다.

**22** 연결 부속 철물의 고리에 5mm O링이 들어가지 않으면 송곳으로 구멍을 넓혀주세요.

**23** 연결 부속 철물에 키고리를 끼운 5mm O링을 넣고 O링 조립반지의 홈에 끼운 후 평플라이어를 비틀어서 닫아줍니다.

**24** 세련된 모양의 영문 열쇠고리가 완성되었습니다.

영문열쇠고리와 같은 방법으로 가죽의 색이나 모양, 금속장식을 다르게 사용하여 다른 느낌의
열쇠고리를 만들어보세요.

# 방패 열쇠고리

남자들이 선호하는 깔끔하고 심플한 분위기의 열쇠고리로, 방패 금속장식을 붙였습니다.

□ 예상 재료비 8,000원　□ 완제품 예상가 15,000원　□ 예상 제작시간 30분　□ 난이도 ★☆☆☆☆　□ 완성 크기 3×1.6cm

■ 준비 재료
가 죽　타조 무늬(검은색) 1/30평
약 품　옆면 마감제, 절단면 마감제(검은색)
부재료　열쇠고리, O링, 방패 금속장식, 본드

■ 준비 도구
기본 도구, 5호 리벳 세터와 쇠판, 은펜, 펀치(1mm, 2mm), 드라이버

## 형지 제작 및 재단하기

13
1.5
3.5
● 2mm 펀치

ⓐ 앞면 가죽 : 13×1.5cm

## 재단하여 금속장식 달기

**1** 도안대로 형지를 만들어 가죽 위에 덧그린 후 커팅매트 위에 놓고 쇠자와 커터칼로 재단합니다.

**2** 끝에서 3.5cm 떨어진 곳을 은펜으로 표시합니다.

3.5mm

**3** 고무판 위에 가죽을 놓고 은펜으로 표시한 곳을 2mm 펀치를 사용하여 구멍을 뚫습니다.

**4** 앞면에 방패 금속장식을 끼웁니다.

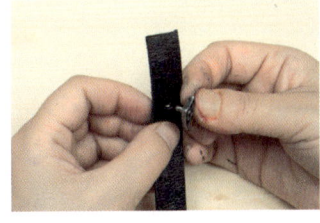

**5** 뒷면에 방패 금속장식의 암나사를 끼웁니다.

**6** 금속장식 보호를 위해 5mm 쇠판의 평평한 부분 위에 돈피를 4겹 깔고 5mm 리벳 세터를 나무망치로 타격합니다.

**7** 방패 모양의 금속장식을 달아준 모습입니다.

**8** 양쪽 끝부분의 1cm에 본드주걱으로 본드를 얇게 바르고 어느 정도 기다립니다.

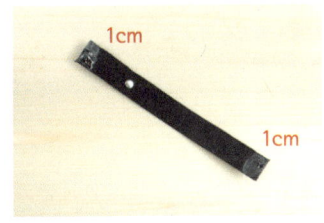

**9** 본드를 바른 부분이 꾸덕꾸덕하게 마르면 서로 붙여줍니다.

**10** 옆면을 다이아몬드 줄로 다듬고 옆면 마감제를 바른 후 어느 정도 흡수되면 슬리커로 문질러서 매끄럽게 마감하고 검은색 절단면 마감제를 3~5회 바르세요.

같은 방법으로 금속장식이나 가죽의 컬러를 바꾸어 다른 열쇠고리를 만들어 보세요.

**키고리 달기**

**11** 나사가 들어갈 곳을 은펜으로 표시한 후 고무판 위에 가죽을 올려놓고 1mm 펀치로 구멍을 뚫습니다.

**12** 가죽에 열쇠고리를 끼워 넣고 드라이버로 나사를 조입니다.

**13** 심플하면서도 멋이 있는 방패 열쇠고리가 완성되었습니다.

11 하트 모양 열쇠고리

*Heart Key Holder*

# 하트 모양 열쇠고리

DVD

하트 모양의 쿠션 열쇠고리를 만들어볼까요? 이 작품에서는 X자 바느질을 배울 수 있습니다.

□ 예상 재료비 5,000원   □ 완제품 예상가 12,000원   □ 예상 제작시간 2시간   □ 난이도 ★★★☆☆   □ 완성 크기 7×5cm

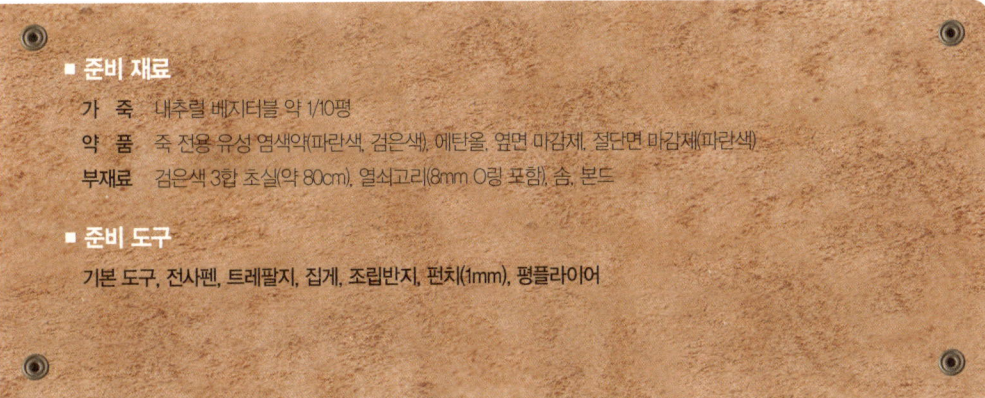

■ **준비 재료**
가 죽　내추럴 베지터블 약 1/10평
약 품　죽 전용 유성 염색약(파란색, 검은색), 에탄올, 옆면 마감제, 절단면 마감제(파란색)
부재료　검은색 3합 초실(약 80cm), 열쇠고리(8mm O링 포함), 솜, 본드

■ **준비 도구**
기본 도구, 전사펜, 트레팔지, 집게, 조립반지, 펀치(1mm), 평플라이어

## 형지 제작 및 재단하기

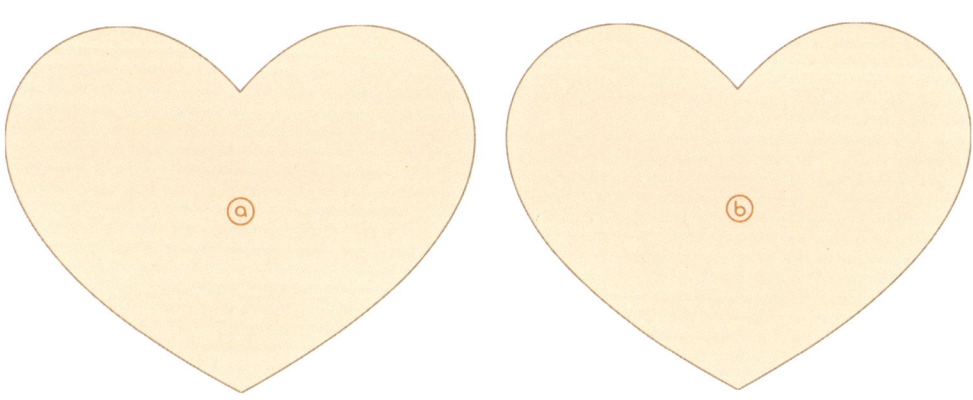

ⓐ 하트 앞면 가죽 : 실물본(약 7×5cm)　　ⓑ 하트 뒷면 가죽 : 실물본(약 7×5cm)
※ ⓐ, ⓑ는 부록의 실물본을 이용하여 형지를 만든 후 재단하세요.

## 무늬 넣고 염색하기

**TIP** 전사펜을 사용하여 무늬를 넣을 때는 반드시 가죽의 외각에서 0.5~1.0cm 이상 띄어서 무늬를 넣어야 합니다. 그렇지 않으면 염색한 후 바느질 라인과 겹쳐서 원하는 무늬가 나오지 않을 수 있습니다.

**1** 실물본을 이용하여 도안대로 형지를 만들어 가죽 위에 올려놓고 송곳으로 덧그린 후 2장 재단합니다.

**2** 무늬를 넣기 위해 분무기로 가죽이 약간 젖을 정도로 물을 뿌려준 다음 도안을 옮긴 트레팔지를 가죽 위에 놓고 전사펜으로 꾹꾹 누르며 덧그립니다.

**3** 베이스는 파란색 유성 염색약과 에탄올을 1:10의 비율로 섞어 분무기에 넣고 가죽에 충분히 뿌린 후 드라이어의 찬바람을 쐬어 말립니다.

**4** 염색이 뭉치지 않도록 파란색 유성 염색약을 종이에 문질러 파스텔 톤으로 만든 후 가죽 위에 원을 그리면서 염색합니다.

**5** 검은색 유성 염색약도 종이에 문질러 파스텔 톤으로 만듭니다. 원하는 색이 나올 때까지 반복하여 염색한 후 끝나면 목장갑으로 염색된 부분에 광이 나도록 문지르세요.

**6** 도안처럼 창구멍 2cm 부분만 빼고 양면에 0.5cm 너비로 본드를 칠합니다.

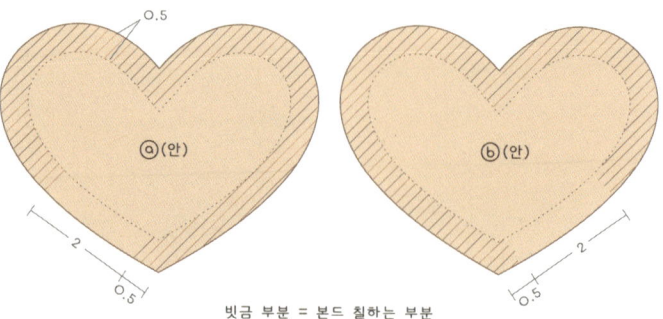

빗금 부분 = 본드 칠하는 부분

**7** 본드가 꾸덕꾸덕해지면 서로 붙여준 후 파란색 절단면 마감제를 3~5회 바르세요.

바느질과 성형하기

**8** 디바이더로 0.3cm 너비의 바느질 선을 표시하고 은펜으로 0.5cm 간격의 점을 찍은 후 1mm 펀치로 구멍을 뚫습니다. 그런 다음 약 80cm의 검은색 3합 초실을 바늘 한 개에 꿰고 뒤에서 앞으로 통과하여 오른쪽 방향으로 바느질합니다

**9** 본드로 붙이지 않은 2cm는 바느질하지 말고, 오른쪽 방향의 바느질이 끝나면 다시 뒤에서 앞으로 통과하여 왼쪽 방향으로 바느질하세요.(65쪽 X자 바느질 참고)

**TIP** 바느질 매듭을 쉽게 하기 위해서 5cm 정도 남겨두고 바느질을 시작하는 것이 좋습니다.

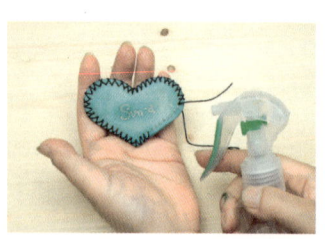

2cm 창구멍

실 길이 5cm

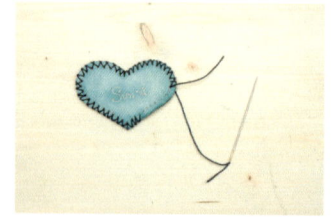

**10** 가죽을 성형하기 위해서 분무기를 사용하여 가죽이 약간 젖을 정도로 물을 뿌려줍니다.

**11** 볼펜을 가죽 안쪽에 넣은 후 앞뒤로 눌러서 가죽을 늘려주세요.

**12** 가위나 막대기 등을 사용하여 2cm의 본드를 붙이지 않은 창구멍으로 솜을 넣어줍니다.

**13** 솜이 튀어나오지 않도록 창구멍에 본드를 붙인 후 굳을 때까지 집게로 3분 정도 집어줍니다.

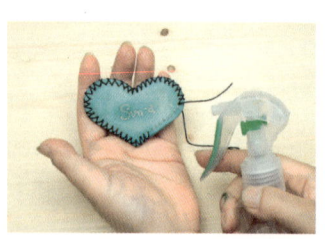

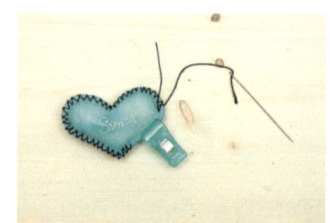

**14** 바느질하지 않은 부분을 마저 바느질하고, 남은 실은 뒷면에서 투명본드로 마감합니다.

**연결 고리 달아 완성하기**

**15** 8mm O링을 끼우기 위해 바느질한 곳의 한 땀을 송곳을 사용하여 넓혀줍니다.

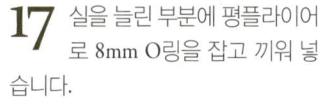

**16** O링 조립반지에 열쇠고리에 달린 지름 8mm의 O링을 꽂고 평플라이어를 몸쪽으로 비틀어서 벌려줍니다.

**17** 실을 늘린 부분에 평플라이어로 8mm O링을 잡고 끼워 넣습니다.

바느질을 하지 않고 하트 모양의 가죽에 염색을 한 후 큐빅과 스탬프를 사용하여 하트 핸드폰 고리를 만들어보는 것은 어떨까요?

**18** O링 조립반지에 8mm O링을 끼우고 평플라이어를 원래대로 비틀어서 O링을 닫습니다.

**19** 하트 열쇠고리가 완성되었습니다. 똑같은 모양으로 다른 색의 하트 쿠션을 하나 더 만들어 커플 핸드폰 고리로 사용해도 좋아요.

## 12 와당 키홀더

*Wadang Key Holder*

# 와당 키홀더

전통적인 와당 모양의 수지판을 스탬프 대신 사용하여 찍어 보았습니다. 갖고 있는 수지판을 스탬프 대용으로 사용해보는 것도 좋을 것 같습니다. 이 작품에서는 수지판을 이용한 스탬프 사용법 및 새들 스티치 바느질을 구체적으로 배워봅니다.

□ 예상 재료비 6,000원  □ 완제품 예상가 29,000원  □ 예상 제작시간 1시간  □ 난이도 ★★☆☆☆  □ 완성 크기 4×7cm

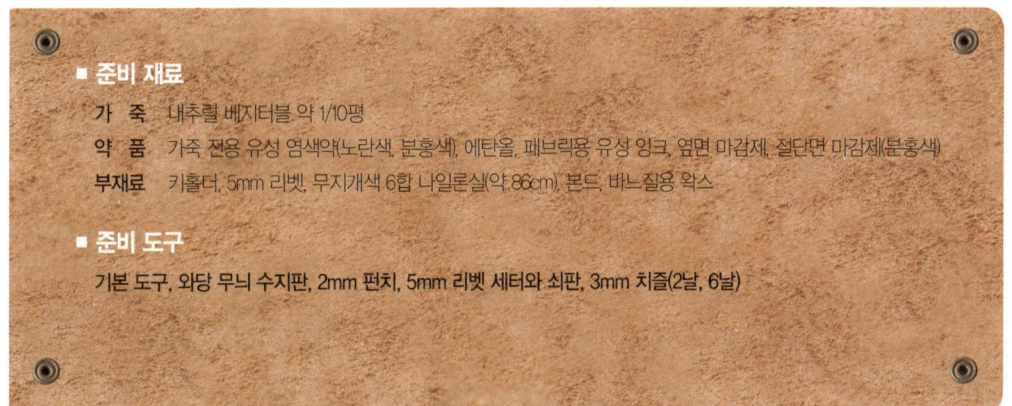

■ 준비 재료
  **가　죽**　내추럴 베지터블 약 1/10평
  **약　품**　가죽 전용 유성 염색약(노란색, 분홍색), 에탄올, 패브릭용 유성 잉크, 옆면 마감제, 절단면 마감제(분홍색)
  **부재료**　키홀더, 5mm 리벳, 무지개색 6합 나일론실(약 86cm), 본드, 바느질용 왁스

■ 준비 도구
  기본 도구, 와당 무늬 수지판, 2mm 펀치, 5mm 리벳 세터와 쇠판, 3mm 치즐(2날, 6날)

## 형지 제작 및 재단하기

ⓐ 앞판 가죽 : 4×7cm
ⓑ 뒤판 가죽 : 4×7cm

※ ⓐ의 와당 무늬 대신 스탬프나 다른 수지판을 사용해도 됩니다.

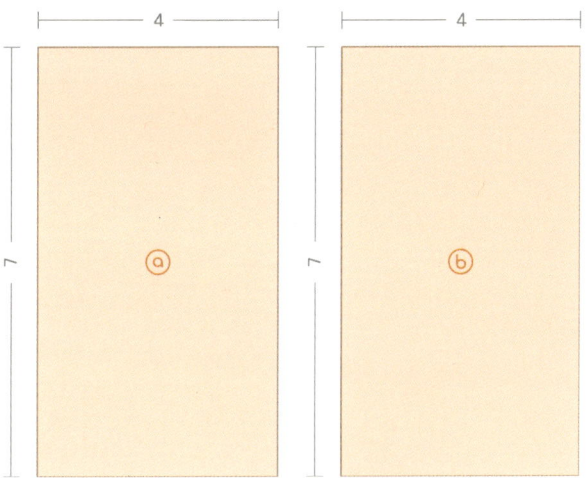

---

## 염색하기

**1** 도안대로 형지를 만들어 가죽 위에 송곳을 이용하여 덧그린 후 커팅매트 위에 놓고 쇠자와 커터칼을 사용하여 재단합니다.

**2** 베이스는 노란색 유성 염색약과 에탄올을 1:20의 비율로 섞어 분무기에 넣고 가죽에 충분히 뿌린 후 드라이어의 찬바람을 쐬어 말립니다.

**3** 검지에 비닐장갑과 목장갑을 끼우고 분홍색 유성 염색약을 묻힌 후 옆면을 진하게 염색합니다.

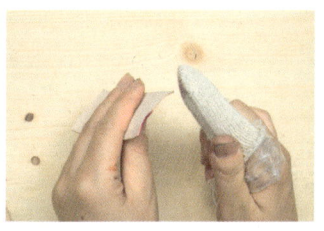

**4** 분홍색 유성 염색약을 종이에 문질러 파스텔 톤으로 만든 후 가죽 위에 원을 그리면서 원하는 색이 나올 때까지 염색합니다.

**5** 염색이 끝나면 목장갑의 손바닥 부분으로 염색된 부분에 광이 나도록 문지릅니다.

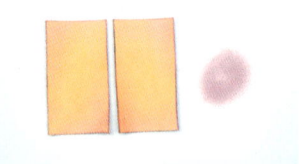

수지판을 사용하여 무늬 찍기

**6** 수지판에 패브릭용 유성 잉크를 충분히 묻힙니다.

**7** 수지판이 가죽에 전체적으로 잘 찍히도록 꾹 눌러줍니다.

**8** 앞면은 진하게, 뒷면은 연하게 찍어주세요.

구멍 뚫기

**9** 가죽 위에 키홀더 부품을 끝에서 0.5cm 아래에 올려놓고 은펜으로 리벳 구멍을 뚫을 위치를 표시합니다.

**10** 고무판 위에 가죽을 놓고 은펜으로 표시된 위치에 2mm 펀치를 사용하여 구멍을 뚫어줍니다.

부속물 달기

**11** 앞면의 키홀더가 들어갈 자리에 5mm 리벳 수놈이 겉으로 오게 끼웁니다.

**12** 리벳 암놈이 속으로 가게 끼우고 툭 소리가 나도록 눌러줍니다.

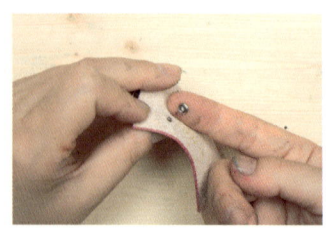

**13** 5mm 쇠판의 음각 부분 위에 리벳을 끼운 가죽을 놓고 리벳 암놈 위에 키홀더의 구부러짐과 흠집을 방지하기 위해 짜투리 가죽을 올려놓습니다

**14** 5mm 리벳 암놈 위치에 5mm 리벳 세터를 수직으로 세워 놓고 나무망치를 수직으로 타격하여 고정합니다.

**15** 키홀더를 부착한 앞판 가죽 ⓐ와 뒷판 가죽 ⓑ의 뒷면에 본드주걱으로 본드를 얇게 바르고 어느 후에 본드가 꾸덕꾸덕하게 마르면 서로 붙입니다.

**16** 앞면 ⓐ와 뒷면 ⓑ가 붙은 후 옆면이 일정하지 않으면 커터칼로 옆면을 깔끔하게 잘라내세요.

# 바느질하기

**17** 디바이더를 0.4cm 너비로 조절한 후 앞판의 테두리에 바느질 선을 표시합니다.

**18** 고무판 위에 가죽을 놓고 3mm 치즐(2, 6날)과 송곳, 나무망치를 사용하여 바느질 구멍을 뚫어줍니다. 치즐은 반드시 작품이 완성되었을 때 보이는 앞면에서 작업하세요.(58쪽 직각 부분 구멍 뚫기 참고)

**TIP**

**모서리는 구멍을 겹쳐서 내면 안돼요**

모서리가 만나는 부분은 겹치게 구멍을 내면 안 됩니다. 60쪽의 겹치는 부분의 구멍 뚫기와 같이 겹치지 않도록 구멍을 뚫어주세요. 모서리가 X자 모양으로 나오면 실이 가야하는 방향이 2군데이기 때문에 좋지 않습니다.

**19** 바느질에 필요한 약 86cm(둘레의 3배+20cm)의 무지개색 6합 나일론실에 왁스를 칠한 후 바늘 귀에 꿰고 실의 끝부분 3cm 정도를 바늘에 두 바퀴 감습니다.

**20** 바늘에 감긴 실의 끝부분 중간에 바늘을 꽂습니다(62쪽 새들 스티치 참고).

**21** 짧은 쪽 실의 끝을 잡고 바늘을 잡아당깁니다. 바늘 두 개로 새들 스티치를 할 것이므로 반대편 실의 끝부분도 같은 방법으로 바늘을 꽂아주세요.

**22** 포니에 키홀더의 앞면이 왼쪽으로 향하게 끼우고 바늘을 통과시킨 후 한 손으로 바늘 두 개를 잡아서 실의 길이를 같게 만듭니다.

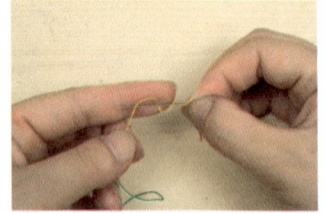

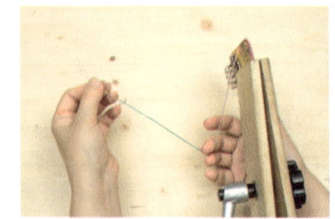

**23** 왼쪽 바늘을 아래 바느질 구멍의 오른쪽으로 빼내서 오른손으로 잡고, 실을 가죽의 오른쪽에 붙인 후 왼손으로 잡습니다.

**24** 오른쪽 바늘을 같은 왼쪽에서 들어온 같은 바느질 구멍의 실보다 몸의 바깥쪽으로 통과시킵니다.

**25** 양손으로 실을 잡아당기다 계속해서 몸쪽 방향으로 한 바퀴 돌며 새들 스티치하세요.

**26** 마지막 세 땀을 남겨두고 치즐 송곳으로 뒤에서 두 번째 땀의 오른쪽에서 뒤에서 세 번째 땀의 왼쪽으로 구멍을 뚫습니다.

바느질 방향

바느질 방향

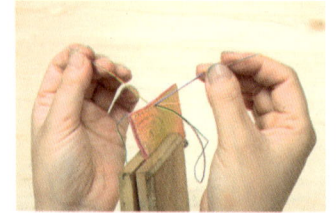

**27** 반대편에도 뒤에서 두 번째 땀의 왼쪽에서 뒤에서 세 번째 오른쪽으로 구멍을 뚫습니다.(67쪽 X자 마감하기 참고)

**28** 마지막 남은 세 땀을 새들 스티치합니다.

**29** 실의 양쪽 끝 1cm 정도에 투명본드를 바릅니다.

**30** 몸 앞으로 한 땀을 바느질하고 사선으로 뚫어 놓은 구멍의 오른쪽에서 왼쪽으로 넣습니다.

**31** 뚫어 놓은 구멍의 왼쪽에서 오른쪽으로 넣습니다.

**32** 본드가 마르면 실을 잡아당긴 후 가위로 최대한 짧게 자릅니다.

옆면
마감하기

**33** 가죽의 옆면에 다이아몬드 줄을 수직으로 대고 갈아서 절단면을 매끄럽게 만듭니다.

**34** 스펀지를 사용하여 옆면 마감제를 바릅니다.

**35** 옆면 마감제를 바른 후 어느 정도 흡수되면 슬리커를 문질러서 옆면을 매끄럽게 마감합니다.

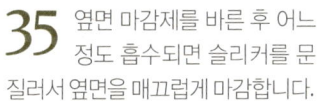

슬리커

**36** 옆면 마감제가 마르면 스펀지를 사용하여 분홍색 절단면 마감제를 3~5회 바릅니다.

**37** 예쁘게 염색한 후 스탬프 대용으로 전통무늬 수지판을 사용하여 찍어준 와당 키홀더가 완성되었습니다.

와당 키홀더와 같은 방법을 사용하여 다양한 색상과 무늬의 키홀더에도 도전해보세요.

# 주차 중 표지판

Contact Info

# 주차 중 표지판

전사 기법을 활용한 주차 중 표지판입니다. 자신의 취향에 맞게 나만의 글씨체를 써보는 것도 좋을 것 같습니다.

□ 예상 재료비 10,000원  □ 완제품 예상가 20,000원  □ 예상 제작시간 1시간 30분  □ 난이도 ★☆☆☆☆  □ 완성 크기 18×10cm

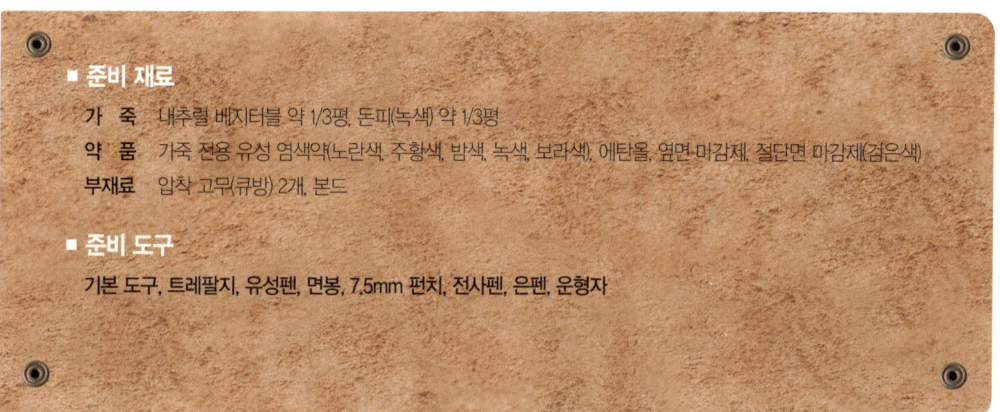

■ **준비 재료**

**가 죽** 내추럴 베지터블 약 1/3평, 돈피(녹색) 약 1/3평

**약 품** 가죽 전용 유성 염색약(노란색, 주황색, 밤색, 녹색, 보라색), 에탄올, 염면 마감제, 절단면 마감제(검은색)

**부재료** 압착 고무(큐방) 2개, 본드

■ **준비 도구**

기본 도구, 트레팔지, 유성펜, 면봉, 7.5mm 펀치, 전사펜, 은펜, 운형자

## 형지 제작 및 재단하기

ⓐ 앞면 가죽 : 실물본(약 19×11cm)
ⓑ 뒷면 돈피 : 실물본(약 19×11cm)

※ ⓐ, ⓑ는 부록의 실물본을 이용하여 형지를 만든 후 재단하세요.

※ ⓐ의 꽃무늬는 부록의 실물본을 전사하여 넣으세요.

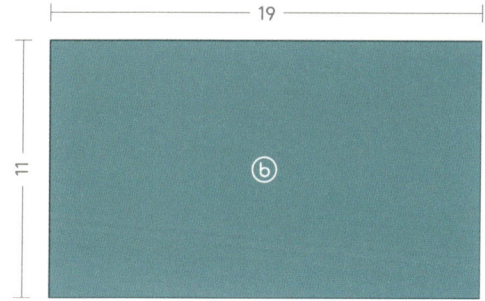

ⓐ

19

11

ⓑ

19

11

**무늬 넣고 염색하기**

**1** 도안대로 형지를 만들어 가죽 위에 송곳을 이용하여 덧그린 후 커팅매트 위에 놓고 쇠자와 커터칼로 재단합니다.

**2** 무늬를 넣기 위해 분무기로 가죽이 약간 젖을 정도로 물을 뿌려줍니다. 그런 다음 도안을 옮긴 트레팔지를 가죽 위에 놓고 전사펜으로 꾹꾹 누르며 덧그립니다.

**3** 트레팔지를 치우고 가죽 위에 무늬 자국을 확인합니다.

**4** 베이스는 노란색 유성 염색약과 에탄올을 1:20의 비율로 섞어 분무기에 넣고 가죽에 충분히 뿌립니다.

**5** 원하는 색으로 염색이 되면 드라이어의 찬바람을 쐬어 말립니다.

**6** 좁은 면을 염색하기 위해 장갑 안에 비닐장갑과 면봉을 넣습니다.

**7** 주황색 유성 염색약을 종이에 문질러 파스텔 톤으로 만든 후 꽃잎을 염색합니다.

**8** 다른 장갑으로 바꾸어 면봉을 넣고 녹색 유성 염색약을 종이에 문질러 파스텔 톤으로 만든 후 잎을 염색합니다.

**9** 같은 방법으로 다른 장갑으로 바꾸어 면봉을 넣고 밤색 유성 염색약을 종이에 문질러 파스텔 톤으로 만든 후 꽃술을 염색합니다.

**10** 검지에 비닐장갑과 목장갑을 끼우고 보라색 유성 염색약을 종이에 문질러 파스텔 톤으로 만든 후 테두리 부분에 원을 그리면서 염색합니다.

**11** 염색이 끝나면 목장갑의 바닥 부분으로 염색된 부분에 광이 나도록 문지른 후 은펜으로 꽃의 외곽선을 그립니다.

### 돈피 붙이기

**12** 염색한 가죽 ⓐ의 뒷면과 ⓑ의 뒷면에 본드주걱으로 본드를 얇게 바르고 어느 정도 지난 후 서로 붙여줍니다.

**13** 커팅매트 위에 붙인 가죽을 놓고 커터칼로 경계선을 따라 잘라냅니다.

**14** 경계선을 깔끔하게 마무리한 모습입니다.

**옆면 마감하기**

**15** 옆면을 다이아몬드 줄로 다듬고 옆면 마감제를 바른 후 어느 정도 흡수되면 슬리커로 문질러서 매끄럽게 마감합니다.

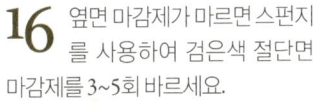

**16** 옆면 마감제가 마르면 스펀지를 사용하여 검은색 절단면 마감제를 3~5회 바르세요.

**압착 고무 달기**

**17** 압착 고무(큐방)를 끼울 가죽의 양쪽 자리에 지름 7.5mm의 원을 볼펜으로 그립니다.

**18** 고무판 위에 가죽을 올려놓고 7.5mm 펀치를 사용하여 구멍을 뚫습니다.

**19** 가죽의 앞쪽 구멍에 압착 고무를 돌려가면서 끼웁니다.

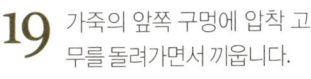

**20** 예쁘게 염색된 주차 중 표지판이 완성되었습니다.

같은 전사기법을 사용하여 자동차, 구름 등 다양한 모양의 잠시 주차 중 표지판도 도전해보세요.

# 5

Leather craft

**PART 5**

# 나에게 선물하고
# 싶은 가죽소품

# 14 카드 & 명함지갑

Credit Card & Business Card Wallet

# 카드 & 명함지갑

지갑의 속을 2단으로 나누어서 명함과 카드를 동시에 수납할 수 있는 카드 & 명함지갑을 만들어 보겠습니다.

□ 예상 재료비 12,000원  □ 완제품 예상가 24,000원  □ 예상 제작시간 2시간  □ 난이도 ★★☆☆☆  □ 완성 크기 10.6×7cm

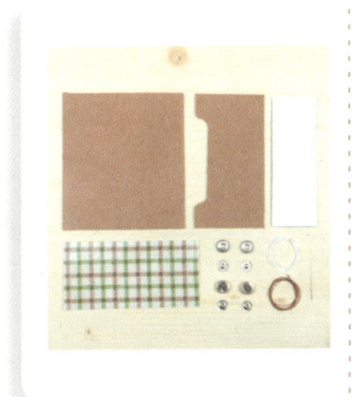

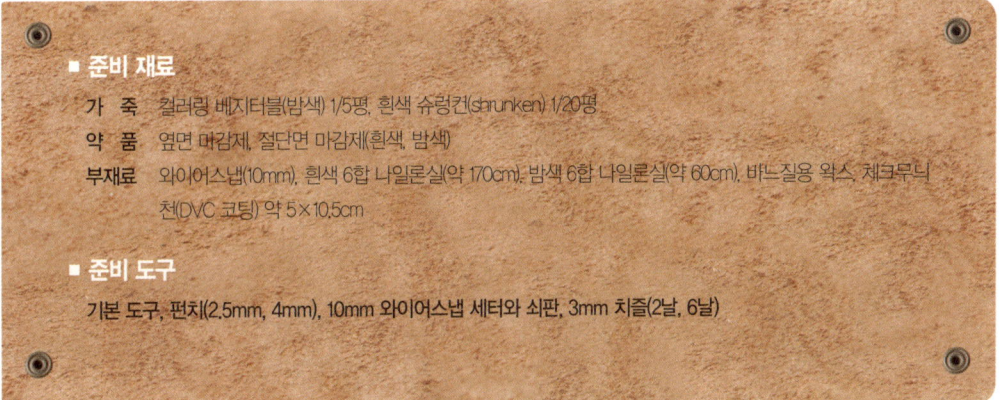

■ **준비 재료**

가 죽   컬러링 베지터블(밤색) 1/5평, 흰색 슈렁컨(shrunken) 1/20평

약 품   옆면 마감제, 절단면 마감제(흰색, 밤색)

부재료   와이어스냅(10mm), 흰색 6합 나일론실(약 170cm), 밤색 6합 나일론실(약 60cm), 바느질용 왁스, 체크무늬 천(DVC 코팅) 약 5×10.5cm

■ **준비 도구**

기본 도구, 펀치(2.5mm, 4mm), 10mm 와이어스냅 세터와 쇠판, 3mm 치즐(2날, 6날)

---

## 형지 제작 및 재단하기

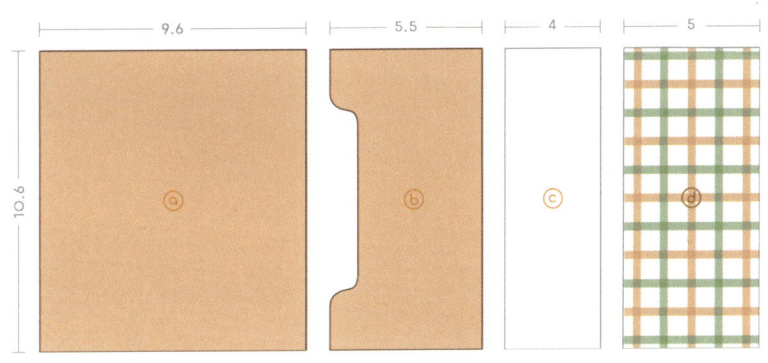

ⓐ 겉면 가죽 : 9.6×10.6cm  ⓑ 앞면 가죽 : 실물본(약 10.6×5cm)
ⓒ 뚜껑 가죽 : 3.5×10.6cm  ⓓ 속지 : 5×10.6cm  ※ ⓑ는 부록의 실물본을 이용하여 형지를 만든 후 재단하세요.

---

## 조립하고 바느질하기

**1** 실물본을 사용하여 도안대로 형지를 만들어 가죽과 체크무늬 천 위에 놓고 형지에 표시된 선을 따라 송곳으로 덧그린 후 재단합니다.

**2** 겉면 가죽 ⓐ의 뒷면과 뚜껑 가죽 ⓒ 뒷면의 표시된 부분을 0.4cm 너비로커터칼이나 패디를 사용하여 피합니다. ⓐ와 ⓒ가 만나는 부분의 옆면을 다이아몬드 줄로 다듬고 옆면 마감제와 슬리커로 매끄럽게 마감합니다.

**3** ⓐ와 ⓒ를 0.5cm 겹쳐 본드로 붙이고 디바이더로 0.3cm 너비의 바느질 선을 표시한 후 3mm 치즐(2, 6날)로 구멍을 뚫어 왁스를 먹인 약 60cm의 흰색 6합 나일론실로 새들 스티치한 후 남은 실은 투명본드로 마감합니다(62쪽 참고).

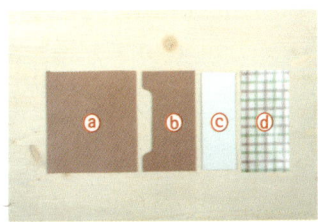

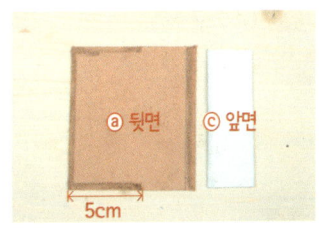

**4** ⓒ의 곡면은 사진을 참조하여 곡선으로 잘라줍니다.

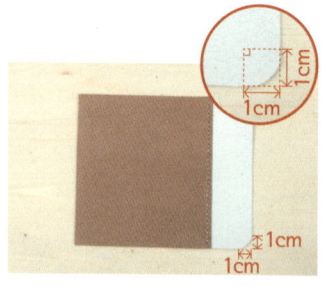

**5** ⓓ 속지의 위쪽은 1cm를 남기고 양옆 0.5cm를 잘라냅니다.

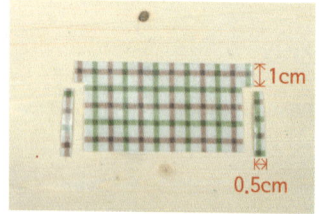

**6** ⓐ의 뒷면과 ⓓ의 뒷면에 본드를 0.5cm 너비로 얇게 바르고 어느 정도 지난 후 서로 붙여줍니다.

**7** ⓑ의 위쪽 옆면을 다이아몬드 줄로 다듬고 옆면 마감제를 바른 후 어느 정도 흡수되면 슬리커로 문질러서 매끄럽게 마감하고 ⓐ와 ⓑ의 뒷면 접착 부분에 본드를 얇게 바르고 서로 붙여주세요.

**8** 바느질한 ⓐ와 ⓒ의 겉면 테두리에 디바이더로 0.3cm 너비의 바느질 선을 표시한 후 3mm 치즐(2, 6날)로 구멍을 뚫고 왁스를 먹인 약 110cm(둘레의 3배+20cm)의 흰색 6합 나일론실로 ⓐ의 테두리에 새들 스티치합니다.

**9** 남은 실은 투명본드로 마감하고 ⓒ의 테두리도 왁스를 먹인 약 60cm(둘레의 3배+20cm)의 밤색 6합 나일론실로 새들 스티치한 후 남은 실은 투명본드로 마감합니다.

와이어스냅 달기

**10** 10mm 와이어스냅의 윗부분 위치를 은펜으로 표시하고 고무판 위에 놓은 후 4mm 펀치로 구멍을 뚫습니다.

**11** 지갑의 뚜껑을 접은 후 10mm 와이어스냅의 아랫부분 위치를 은펜으로 표시합니다.

**12** 지갑 안쪽에는 일반적으로 고무판이 들어가지 않으므로 얇은 고무판이나 사용하지 않는 가죽을 2~3장 정도 겹쳐서 밑에 깔아준 후 2.5mm 펀치로 구멍을 뚫습니다.

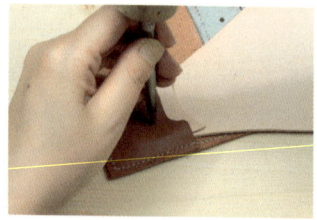

**13** 구멍에 10mm 와이어스냅을 끼우고 10mm 와이어스냅 세터와 쇠판을 사용하여 10mm 와이어스냅을 답니다.

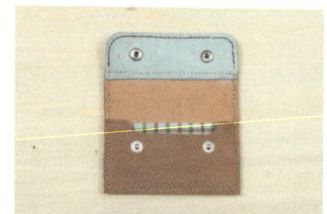

**14** 옆면을 다이아몬드 줄로 다듬고 옆면 마감제를 바른 후 어느 정도 흡수되면 슬리커로 문질러서 매끄럽게 마감합니다. 옆면 마감제가 마르면 흰색 가죽에는 흰색 절단면 마감제를, 밤색 가죽에는 밤색 절단면 마감제를 3~5회 바릅니다.

**15** 얇고 실용적으로 사용할 수 있는 예쁜 카드&명함 지갑이 완성되었습니다.

응용작품

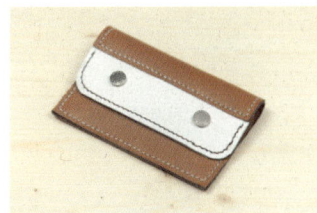

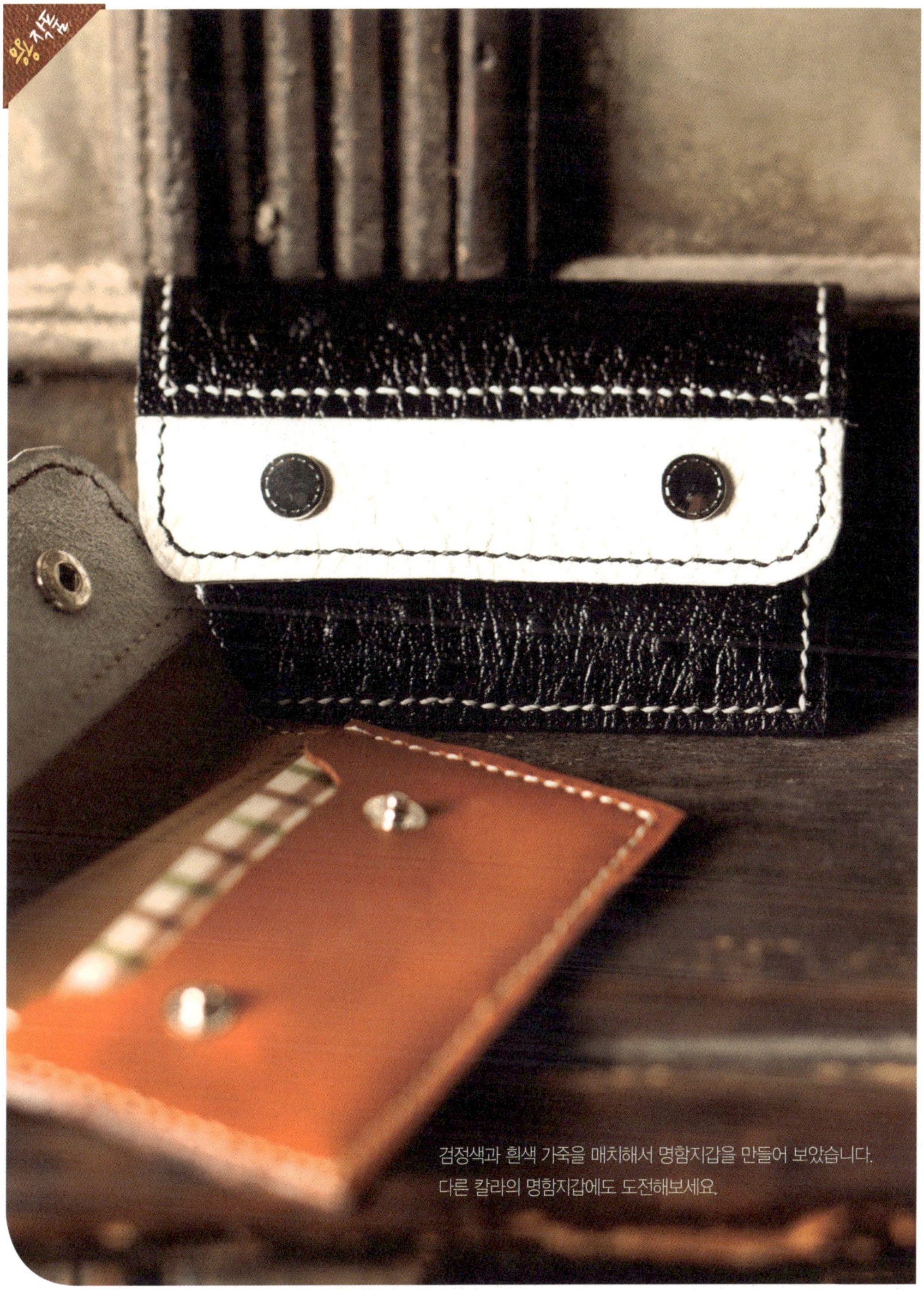

검정색과 흰색 가죽을 매치해서 명함지갑을 만들어 보았습니다.
다른 칼라의 명함지갑에도 도전해보세요.

**15** 심플 카드 & 동전지갑

Simple Card & Coin Purse

# 체크무늬 카드지갑

# 심플 카드 & 동전 지갑

간단하게 카드와 동전을 넣을 수 있는 지갑입니다. 지폐도 몇 장 넣을 수 있어 외출 시 간편하게 가지고 다니기가 좋습니다.

□ 예상 재료비 8,000원  □ 완제품 예상가 20,000원  □ 예상 제작시간 2시간  □ 난이도 ★★☆☆☆  □ 완성 크기 13×7cm

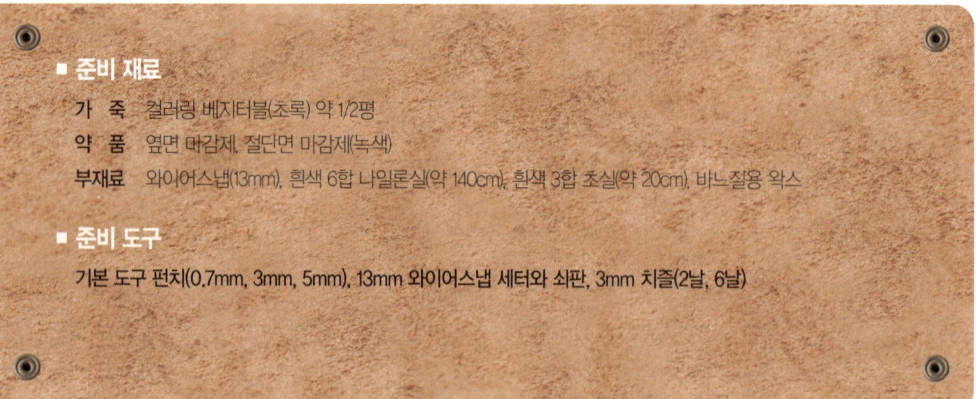

**■ 준비 재료**

가 죽  컬러링 베지터블(초록) 약 1/2평
약 품  옆면 마감제, 절단면 마감제(녹색)
부재료  와이어스냅(13mm), 흰색 6합 나일론실(약 140cm), 흰색 3합 초실(약 20cm), 바느질용 왁스

**■ 준비 도구**

기본 도구, 펀치(0.7mm, 3mm, 5mm), 13mm 와이어스냅 세터와 쇠판, 3mm 치즐(2날, 6날)

### 형지 제작 및 재단하기

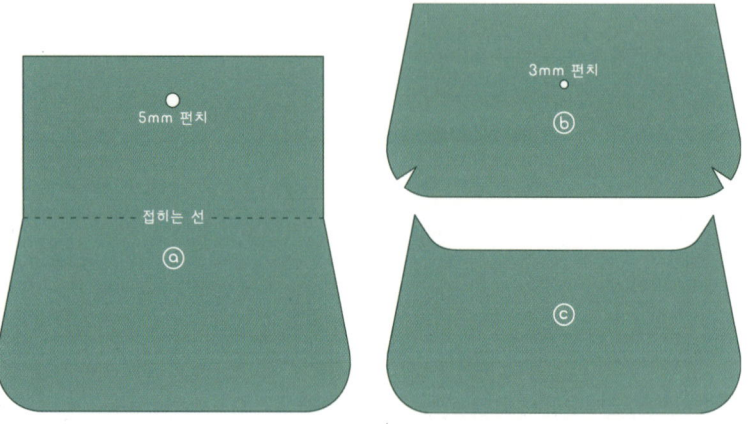

5mm 펀치
접히는 선
ⓐ
3mm 펀치
ⓑ
ⓒ

ⓐ 지갑 겉면 : 실물본(약 13×12.5cm)    ⓑ 앞쪽 동전지갑 : 실물본(약 13×7cm)
ⓒ 뒤쪽 카드지갑 : 실물본(약 13×7cm)    ※ ⓐ~ⓒ는 부록의 실물본을 이용하여 형지를 만든 후 재단하세요.

---

## 피할 및 조립하기

**1** 실물본을 이용하여 도안대로 형지를 만들어 가죽 위에 놓고 송곳으로 덧그린 후 재단합니다.

**2** 가죽끼리 겹치는 부분의 0.7cm 정도를 커터칼이나 패디를 사용하여 피할합니다(53쪽 피할하기 참고).

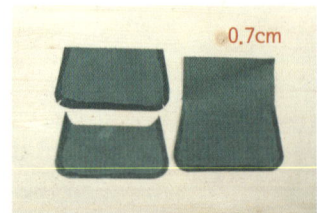

0.7cm

**TIP**

초보자는 피할을 하지 않아도 돼요!

가죽을 일정한 두께로 깎아내기 어려운 초보자는 피할을 하지 않고 넘어가도 됩니다. 피할을 하다 실수하면 작품을 망칠 수도 있으므로 연습을 많이 한 후 잘 할 수 있을 때 하는 것이 좋아요.

**3** ⓒ의 윗부분에 디바이더로 0.3cm 너비의 바느질 선을 표시하고, 은펜으로 0.5cm 간격의 점을 찍어줍니다. 그리고 0.7mm 펀치로 구멍을 뚫어 약 20cm의 흰색 3합 초실로 바느질(홈질)한 후 남은 실은 뒷면에서 투명본드로 마감합니다.

**4** ⓑ와 ⓒ의 위쪽 옆면을 다이아몬드 줄로 다듬고 옆면 마감제를 바른 후 어느 정도 흡수되면 슬리커로 문질러서 매끄럽게 마감합니다. 옆면 마감제가 마르면 녹색 절단면 마감제를 3~5회 바르세요.

**5** 지갑 겉면 ⓐ의 앞면과 뒷쪽 카드지갑 ⓒ 뒷면의 접착 부분을 커터칼로 긁은 후 본드를 얇게 바릅니다.

**6** 어느 정도 지나서 본드를 바른 부분이 꾸덕꾸덕하게 마르면 테두리에 맞게 붙여주세요.

**7** ⓐ 뒷면과 ⓑ 뒷면의 접착 부분에 본드를 얇게 바릅니다. 이 작품에서는 피했지만 가죽의 뒷면이기 때문에 피하지 않거나 긁어내지 않아도 잘 붙습니다.

**8** 어느 정도 지나서 본드를 바른 부분이 꾸덕꾸덕하게 마르면 테두리에 맞게 붙여주세요.

**바느질 및 완성하기**

**9** 둘레에 0.3cm 너비의 바느질 선을 표시하고, 3mm 치즐(2, 6날)로 구멍을 뚫습니다. 그런 다음 왁스를 먹인 약 140cm의 흰색 6합 나일론 실로 새들 스티치한 후 남은 실은 투명본드로 마감합니다.

**10** 고무판 위에서 ⓐ는 5mm 펀치로, ⓑ는 3mm 펀치로 구멍을 뚫은 후 13mm 와이어스냅 세터와 쇠판을 사용하여 13mm 와이어스냅을 달아줍니다

**11** 옆면을 다이아몬드 줄로 다듬고 옆면 마감제를 바른 후 어느 정도 흡수되면 슬리커로 문질러서 매끄럽게 마감합니다. 옆면 마감제가 마르면 녹색 절단면 마감제를 3~5회 바르세요.

**12** 몇 장의 카드와 동전을 넣을 수 있는 동전지갑이 완성되었습니다.

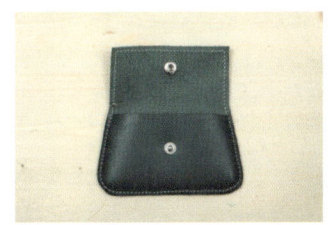
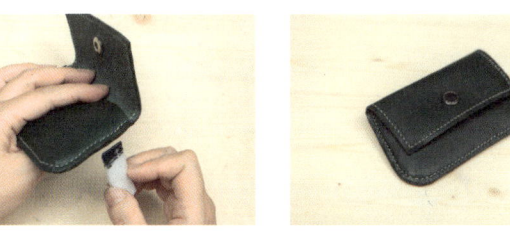

**TIP** ⓑ에 구멍을 뚫을 때는 고무판이 들어가지 않으므로 쓰다 남은 가죽을 밑에 넣고 뚫어주세요.

같은 방법으로 흰색 가죽으로 동전지갑을 만들어 커플 지갑으로 사용하면 어떨까요?

# 체크무늬 카드지갑

마커펜을 사용하여 팬시 느낌의 카드지갑을 만들어보았습니다. 다양한 컬러를 사용하여 아이들이 좋아합니다.

□ 예상 재료비 12,000원  □ 완제품 예상가 30,000원  □ 예상 제작시간 2시간  □ 난이도 ★★★☆☆  □ 완성 크기 8×10.5cm

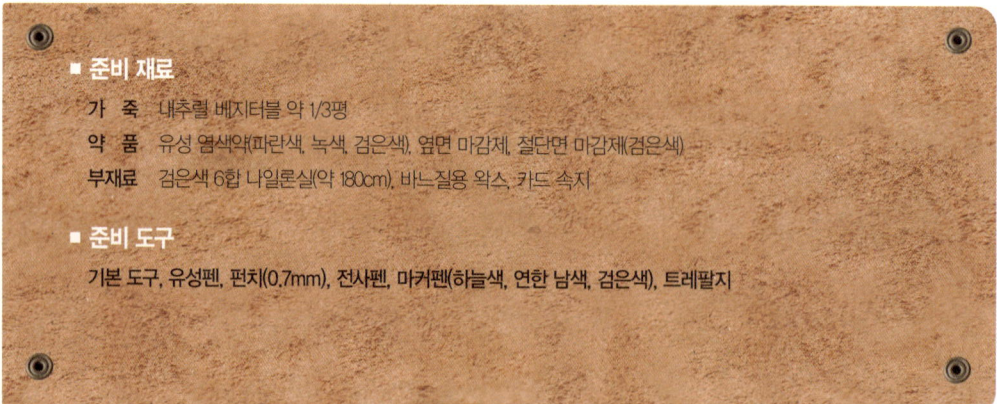

■ **준비 재료**
- 가 죽  내추럴 베지터블 약 1/3평
- 약 품  유성 염색약(파란색, 녹색, 검은색), 옆면 마감제, 절단면 마감제(검은색)
- 부재료  검은색 6합 나일론실(약 180cm), 바느질용 왁스, 카드 속지

■ **준비 도구**
- 기본 도구, 유성펜, 펀치(0.7mm), 전사펜, 마커펜(하늘색, 연한 남색, 검은색), 트레팔지

## 형지 제작 및 재단하기

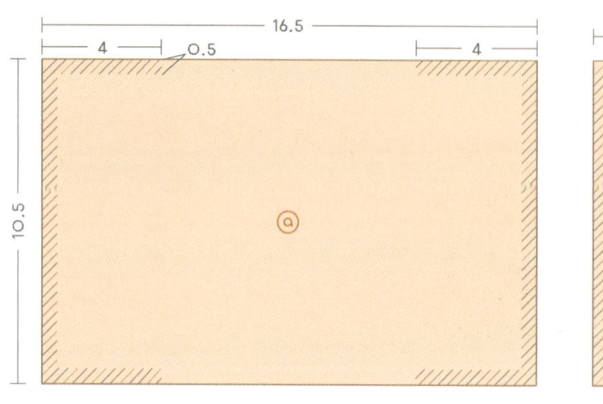

ⓐ 지갑 겉면 : 16.5×10.5cm  ⓑ 왼쪽 지갑 날개 : 4×10.5cm
ⓒ 오른쪽 지갑 날개 : 4×10.5cm  ※ ⓐ의 고양이 무늬는 부록의 실물본을 전사하여 넣으세요.  ▨ – 본드 칠하는 부분
※ 브라운 카드지갑의 형지를 그대로 사용하세요.

## 무늬 넣고 염색하기

**1** 도안대로 형지를 만들어 가죽 위에 놓고 표시된 선을 따라 송곳으로 덧그린 후 재단합니다.

**2** 가죽에 넣을 도안 위에 트레팔지를 올려 놓고 유성펜으로 그림을 옮겨 그립니다.

**3** 무늬를 넣기 위해 분무기로 가죽이 약간 젖을 정도로 물을 뿌려준 후 도안을 옮긴 트레팔지를 ⓐ 위에 놓고 전사펜으로 도안을 따라 꾹꾹 누르며 덧그립니다.

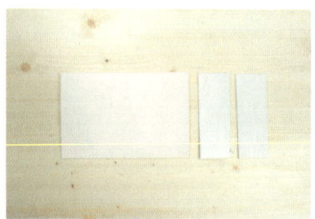

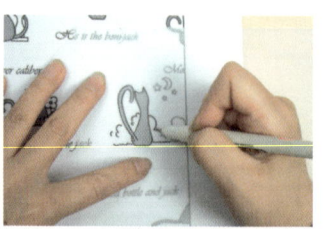

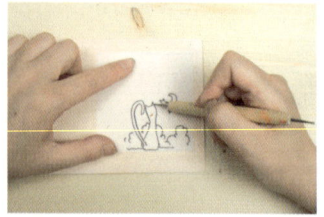

**4** 베이스는 파란색 유성 염색약 과 에탄올을 1:10의 비율로 섞 어 분무기에 넣고 가죽에 충분히 뿌 린 후 드라이어의 찬바람을 쐬어 말 립니다.

**5** 가죽 위에 방안자를 대고 밝은 하늘색과 진한 남색 마커펜의 두꺼운 부분(BROAD)으로 무늬 부 분을 피해 1cm 간격으로 대각선으로 선을 긋습니다.

**TIP**

마커펜을 번지지 않게 그리려면

자의 경사가 있는 부분을 가죽에 대고 마커펜을 그려야 가죽에 마 커펜 자국이 번지지 않습니다

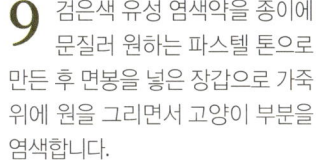

**6** 검지에 비닐장갑과 목장갑을 끼우고 파란색 유성 염색약을 묻힌 후 옆면을 진하게 염색합니다.

**7** 염색이 뭉치지 않도록 파란색 유성 염색약을 종이에 문질러 파스텔 톤으로 만든 후 가죽 위에 원 을 그리면서 염색합니다.

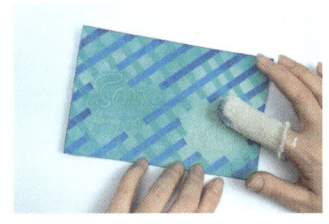

**8** 좁은 면을 염색하기 위해 장갑 안에 비닐장갑과 면봉을 넣습 니다.

**9** 검은색 유성 염색약을 종이에 문질러 원하는 파스텔 톤으로 만든 후 면봉을 넣은 장갑으로 가죽 위에 원을 그리면서 고양이 부분을 염색합니다.

**10** 녹색 유성 염색약도 종이에 문질러 파스텔 톤으로 만든 후 잎을 염색합니다. 염색이 끝나면 목장갑으로 염색된 부분에 광이 나도 록 문지르세요.

**11** 가는 검은색 마커펜으로 선과 선 사이에 3mm 간격으로 점선 을 긋습니다.

**12** ⓑ, ⓒ의 지갑 날개도 같은 방 법으로 염색하고 선을 그어 주 세요.

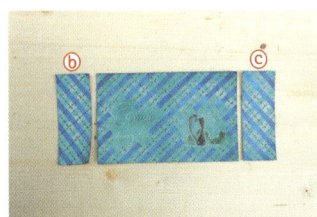

**조립하고 바느질하기**

**13** ⓐ의 뒷면과 ⓑ, ⓒ의 뒷면이 접착될 부분에 0.5cm 너비로 본드를 얇게 바릅니다.

**14** 어느 정도 지난 후 본드를 바른 부분이 꾸덕꾸덕하게 마르면 서로 붙여줍니다.

**15** ⓐ의 뒷면에 ⓑ, ⓒ의 양쪽 날개를 붙인 모습입니다.

**16** 디바이더를 0.4cm 너비로 조절한 후 바느질 선을 표시합니다.

**17** 자를 대고 은펜으로 0.5cm 간격의 점을 찍습니다.

**18** 고무판 위에 가죽을 올려놓고 0.7mm 펀치를 사용하여 은펜이 표시된 부분에 구멍을 뚫어줍니다.

**19** 바느질을 하기 위해 펀칭 해준 모습입니다.

**20** 검은색 6합 나일론실을 약 180cm(둘레의 3배+20cm)로 자른 후 왁스를 3~5회 정도 반복하여 먹입니다.

**21** 날개가 붙은 부분의 바로 옆 안쪽에서 바깥쪽으로 구멍을 한 칸씩 위아래로 통과하면서 바느질 합니다.

**22** 시작 부분으로 한 바퀴 돌아오면 실이 빈 부분을 메우면서 다시 한 바퀴를 바느질합니다.

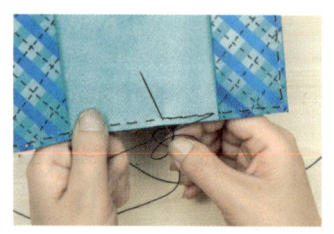

**23** 바느질이 끝나면 실을 튼튼히 두번 매듭을 지은 후 0.5cm 정도 남기고 가위로 자릅니다.

**24** ⓐ의 뒷면에서 라이터를 사용하여 묶여진 실을 태웁니다. 이때 가죽이 손상되지 않도록 불꽃 위에 아무것도 없도록 하세요.

**25** 실이 어느 정도 타면 라이터의 끝부분으로 꾹 눌러줍니다.

**26** 옆면을 다이아몬드 줄로 다
듬고 옆면 마감제를 바른 후
어느 정도 흡수되면 슬리커로 문질러
서 매끄럽게 마감합니다. 옆면 마감
제가 마르면 검은색 절단면 마감제를
3~5회 바르세요.

**27** 날개 안쪽에 카드 속지를 넣
어줍니다.

**28** 전사 기법과 마커펜을 사용
하여 예쁘게 만든 체크무늬
카드지갑이 완성되었습니다.

같은 방법 또는 수지판 등을 사용하여 다양한 색상과
모양의 체크무늬 카드지갑에도 도전해보세요.

# 17 펜 접시 1(수지판)

Pen Tray 1

# 펜 접시 1 (수지판)

전통 무늬의 수지판을 이용하여 펜 접시를 만들어봤습니다. 이 작품에서는 물을 사용하여 가죽의 각을 잡는 성형을 배워봅니다.

□ 예상 재료비 12,000원  □ 완제품 예상가 28,000원  □ 예상 제작시간 1시간  □ 난이도 ★☆☆☆☆  □ 완성 크기 25×15cm

■ **준비 재료**
가 죽  내추럴 베지터블 통가죽 1/2평, 보라색 돈피 1/2평
약 품  가죽 전용 유성 염색약(보라색, 검은색), 에탄올, 옆면 마감제, 절단면 마감제(보라색)

■ **준비 도구**
기본 도구, 수지판, 고정용 집게

## 형지 제작 및 재단하기

ⓐ 윗면 가죽 : 25×15cm
ⓑ 밑면 돈피 : 26×16cm
※ 형지를 만들지 않고 은펜으로 직사각형의 꼭짓점을 표시한 후 재단해도 됩니다.
※ 돈피는 가죽과 붙인 후 재단할 것을 생각하여 가로 세로 각각 1cm 크게 재단하세요.

25
15
ⓐ

26
16
ⓑ

## 무늬 넣기

**1** 실물 도안을 사용하여 형지를 만든 후 가죽에 옮겨 재단합니다. 돈피는 가죽보다 가로 세로 각각 **1cm** 크게 재단하세요.

**2** 무늬를 넣기 위해 분무기로 가죽이 약간 젖을 정도로 물을 뿌려줍니다. 그런 다음 석판 위에 가죽을 놓고 수지판을 나무망치로 타격하여 무늬를 넣습니다.

**TIP** 석판 위에서 수지판을 타격해야 무늬가 선명하게 잘 찍힙니다.

**3** 수지판을 치우고 가죽의 무늬 자국을 확인합니다.

## 염색하기

**4** 베이스는 보라색 유성 염색약 과 에탄올을 1:10의 비율로 섞어 분무기에 넣고 가죽에 충분히 뿌린 후 드라이어의 찬바람을 쐬어 말립니다.

**5** 검지에 비닐장갑과 목장갑을 끼우고 보라색 유성 염색약을 종이에 문질러 파스텔 톤으로 만든 후 가죽 위에 원을 그리면서 염색합니다. 파스텔 톤으로 만들지 않으면 염색이 뭉칩니다.

**6** 검은색 유성 염색약도 종이에 문질러 파스텔 톤으로 만든 후 원하는 색이 나올 때까지 반복하여 염색합니다. 염색이 끝나면 목장갑의 손바닥으로 염색된 부분에 광이 나도록 문질러줍니다.

## 돈피 붙이고 성형하기

**7** 염색한 가죽의 뒷면과 돈피의 뒷면에 본드주걱으로 본드를 얇게 바르고 어느 정도 지난 후 서로 붙입니다. 그런 다음 커팅매트 위에 붙인 가죽을 놓고 커터칼로 가죽의 경계선을 따라 돈피를 잘라냅니다.

**8** 돈피를 잘라낸 후 성형을 하기 위해 분무기로 각을 잡을 돈피 부분에 약간 젖을 정도로 물을 뿌립니다.

**9** 자를 대고 테두리의 2.5cm 정도를 90°로 접어줍니다.

**TIP**

**자를 이동하면 성형이 쉬워요.**

자를 대고 가죽을 180°로 접은 후 북폴더로 밀어주거나 망치로 두드려주면 성형이 쉽습니다.

**10** 엄지와 검지로 꼭짓점의 각을 잡습니다.

**11** 각이 잡힌 꼭짓점을 집게로 고정시킨 후 드라이어의 찬바람을 쐬어 말립니다.

## 옆면 마감하여 완성하기

**12** 옆면을 다이아몬드 줄로 다듬고 옆면 마감제를 바른 후 어느 정도 흡수되면 슬리커로 문질러서 매끄럽게 마감합니다.

**13** 옆면 마감제가 마르면 스펀지를 사용하여 보라색 절단면 마감제를 3~5회 바릅니다.

**14** 예쁘게 염색된 전통 느낌이 베어있는 펜 접시가 완성되었습니다.

응용작품

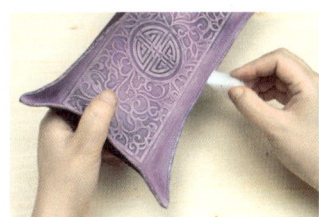

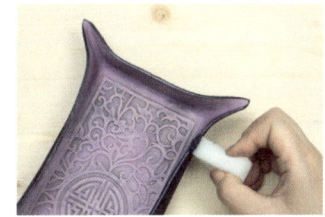

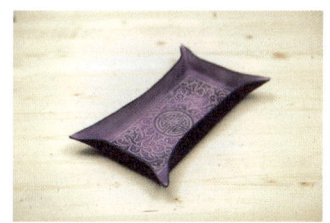

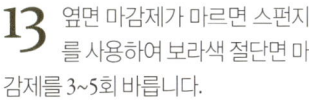

같은 방법을 이용하여 다양한 색상의 펜 접시에도 도전해보세요.
새들 스티치를 사용하여 포인트를 주는 것은 어떨까요?

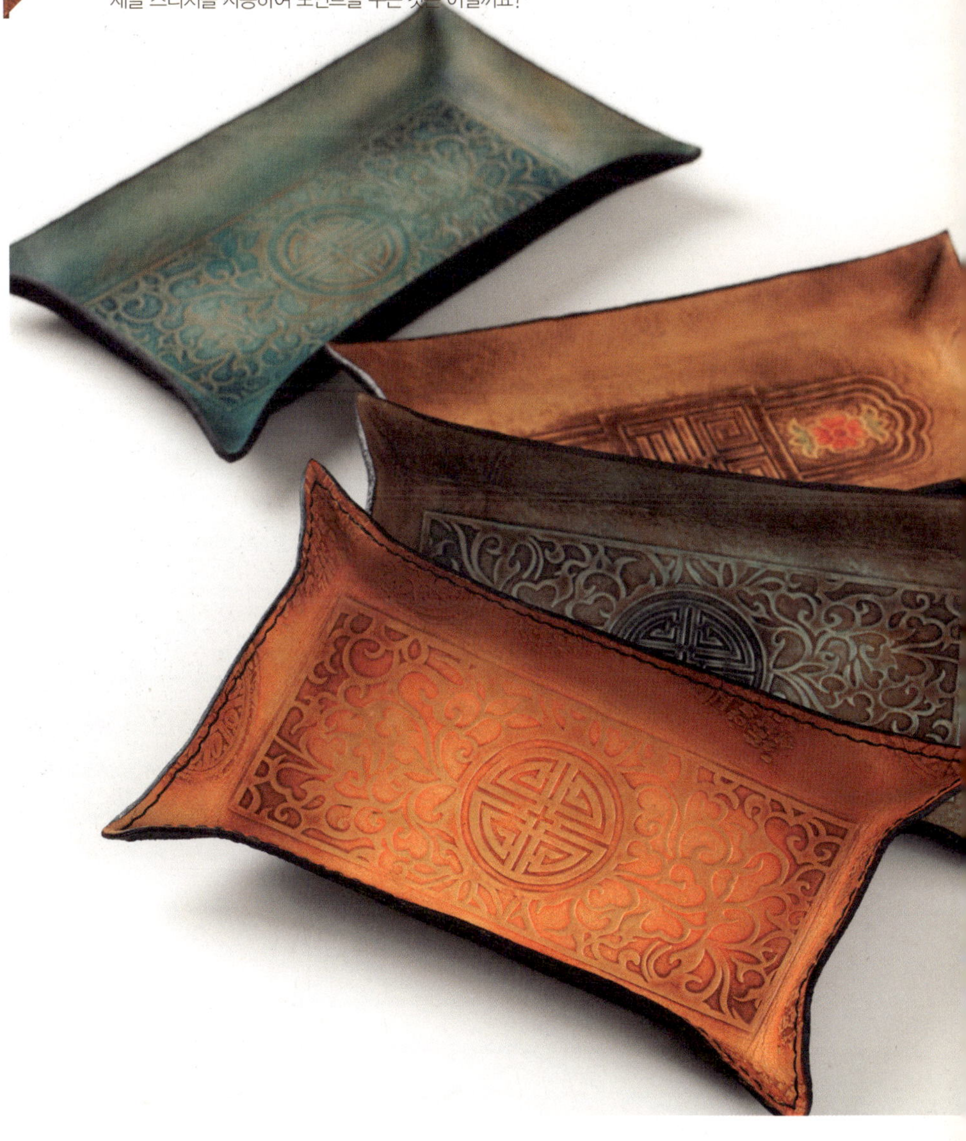

# 펜 접시 2(조각 기법)
## Pen Tray 2

# 펜 접시 2 (조각 기법)

전통 문양의 펜 접시를 직접 조각하여 만들어보는 것은 어떨까요? 작업 시간은 좀 걸리지만 완성한 후에는 더 애착이 가는 펜 접시입니다.

□ 예상 재료비 10,000원　□ 완제품 예상가 40,000원　□ 예상 제작시간 6시간　□ 난이도 ★★★☆☆　□ 완성 크기 20×9cm

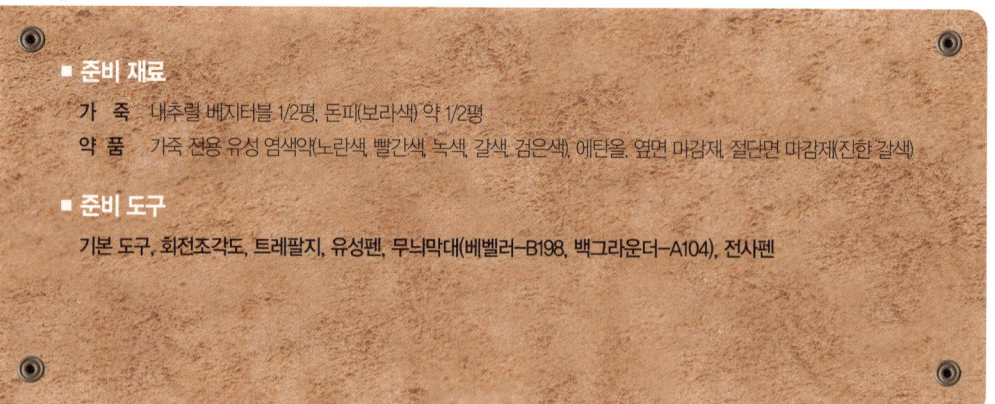

■ **준비 재료**

가 죽　내추럴 베지터블 1/2평, 돈피(보라색) 약 1/2평

약 품　가죽 전용 유성 염색약(노란색, 빨간색, 녹색, 갈색, 검은색), 에타올, 옆면 마감제, 절단면 마감제(진한 갈색)

■ **준비 도구**

기본 도구, 회전조각도, 트레팔지, 유성펜, 무늬막대(베벨러-B198, 백그라운더-A104), 전사펜

## 형지 제작 및 재단하기

ⓐ 윗면 가죽 : 20×9cm

ⓑ 옆면 좌우 가죽 : 11×2.5cm 2장

ⓒ 옆면 상하 가죽 : 20×2.5cm 2장

ⓓ 밑면 돈피 : 26×17cm

※ ⓓ 돈피는 ⓐ, ⓑ, ⓒ 가죽을 한꺼번에 붙인 후 재단할 것을 생각하여 여유 있게 재단합니다.

※ ⓐ의 무늬는 부록으로 제공하지 않습니다.

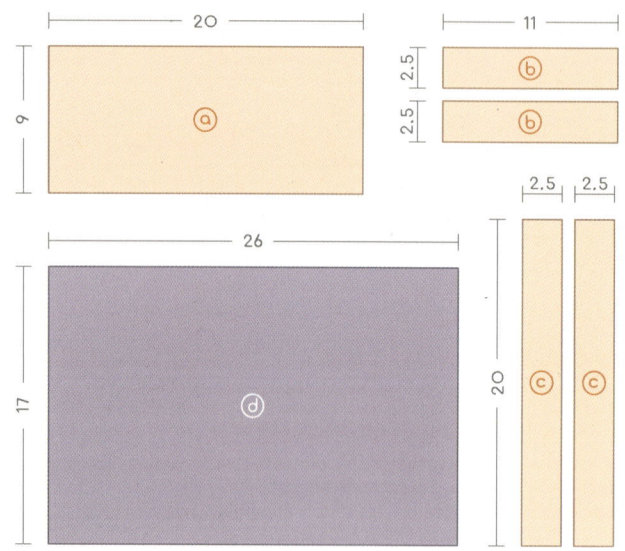

무늬 넣기

**1** 도안대로 형지를 만들어 가죽 위에 덧그린 후 재단합니다. 돈피는 26×17cm로 재단하세요.

**2** 무늬를 넣기 위해 분무기로 윗면 가죽 ⓐ가 약간 젖을 정도로 물을 뿌려준 다음 도안을 옮긴 트레팔지를 가죽 위에 놓고 전사펜으로 꾹꾹 누르며 덧그립니다.

**3** 선으로 표시된 부분만 그려줍니다. 직선 부분은 자를 대고 그리면 편합니다.

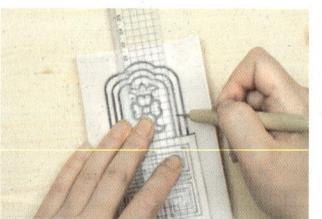

**4** 트레팔지를 치우고 가죽의 무늬 자국을 확인합니다. 회전조각도의 윗부분에 검지를 걸고 가죽 위에 옮긴 도안을 따라 선명하게 선을 긋습니다.

**5** 일러스트에 표시된 것처럼 무늬 막대(베벨러 B198)로 일러에 색칠해져 있는 부분의 양쪽 방향에서 라인을 따라서 조각합니다.

**6** 무늬막대(백그라운더 A104)로 아래 그림에 색으로 칠해진 부분을 조각합니다.

**7** 조각을 완성한 펜 접시입니다.

염색하기

**8** 베이스로 노란색 유성 염색약과 에탄올을 1:20의 비율로 섞어 분무기에 넣고 가죽에 충분히 뿌린 후 드라이어의 찬바람을 쐬어 말립니다.

**9** 빨간색 유성 염색약을 묻히고, 종이에 문질러 파스텔 톤으로 만든 후 무늬를 염색합니다. 파스텔 톤으로 만들지 않으면 염색이 뭉칩니다.

**10** 9번 과정과 같은 방법으로 면봉을 넣은 장갑을 만들어 녹색 유성 염색약을 묻히고, 종이에 문질러 파스텔 톤으로 만든 후 무늬를 염색합니다. 원하는 색이 나올 때까지 반복하세요.

> **TIP**
>
> *좁은 면 염색하는 방법*
>
> 좁은 면을 염색하기 위해 장갑 안에 손가락 대신 비닐장갑과 면봉을 넣은 후 염색합니다.

**11** 검지에 비닐장갑과 목장갑을 끼우고 갈색 유성 염색약을 종이에 문질러 파스텔 톤으로 만든 후 가죽 위에 원을 그리면서 염색합니다.

**12** 목장갑을 바꿔 끼우고 검은색 유성 염색약을 종이에 문질러 파스텔 톤으로 만든 후 가죽 위에 원을 그리면서 염색합니다. 염색이 끝나면 목장갑으로 염색된 부분에 광이 나도록 문지르세요.

## 돈피 붙이기

**13** 염색한 가죽의 뒷면과 돈피의 뒷면에 본드주걱으로 본드를 얇게 바르고 어느 정도 지난 후 본드가 꾸덕꾸덕하게 마르면 서로 붙입니다.

**14** 커팅매트 위에 돈피를 붙인 가죽을 놓고 커터칼로 가죽의 경계선을 따라 돈피를 잘라내세요.

## 조립하여 완성하기

**15** 먼저 ⓒ를 두 개 붙인 후 ⓑ 두 개를 붙이기 위해 사진처럼 길이를 재어 가죽이 남는 부분은 쇠자를 대고 송곳으로 표시합니다.

**16** 커팅매트 위에 ⓑ를 올려 놓고 송곳으로 표시된 부분을 잘라냅니다.

**17** 잘라낸 가죽의 접착면에 본드를 바르고 붙여줍니다.

**18** 접착력이 강해지도록 안쪽 접착면에 투명본드를 한 번 더 바르세요.

**19** 옆면을 다이아몬드 줄로 다듬고 옆면 마감제를 바른 후 어느 정도 흡수되면 슬리커로 문질러서 매끄럽게 마감합니다. 옆면 마감제가 마르면 진한 갈색 절단면 마감제를 3~5회 바르세요.

**20** 조각 기법을 이용한 펜 접시가 완성되었습니다. 다양한 색상과 무늬의 펜 접시를 직접 만들어 보는 것은 어떨까요?

# 통장 케이스

카드 수납공간이 있는 통장 케이스를 만들어볼까요?

□ 예상 재료비 25,000원 □ 완제품 예상가 43,000원 □ 예상 제작시간 2시간 □ 난이도 ★★★☆☆ □ 완성 크기 12×17.5cm

■ **준비 재료**

가 죽  내추럴 베지터블 약 1평

약 품  가죽 전용 유성 염색약(파란색, 녹색, 분홍색, 검은색), 에탄올, 패브릭용 유성 잉크, 옆면 마감제, 절단면 마감제(검은색)

부재료  안감(갈색) 약 1평, 스냅(15mm), 검은색 3합 초실(270cm), 통장 속지, 스탬프

■ **준비 도구**

기본 도구, 트레팔지, 전사펜, 펀치(1mm, 1.5mm, 4mm), 15mm 스냅 세터와 쇠판

## 형지 제작 및 재단하기

ⓐ 케이스 겉면 가죽 : 24.5×17.5cm

ⓑ 안면 오른쪽 날개 : 5×17.5cm

ⓒ 안쪽 왼쪽 날개 : 실물본 7.5×17.5cm

ⓓ 여밈 끈 : 6×2.5cm

ⓔ 오른쪽 날개 안감 : 5.5×18cm

ⓕ 왼쪽 날개 안감 : 8×18cm

ⓖ 왼쪽 카드 안감 : 7.0×7cm 4장

※ ⓒ는 부록의 실물본을 이용하여 형지를 만든 후 재단하세요.

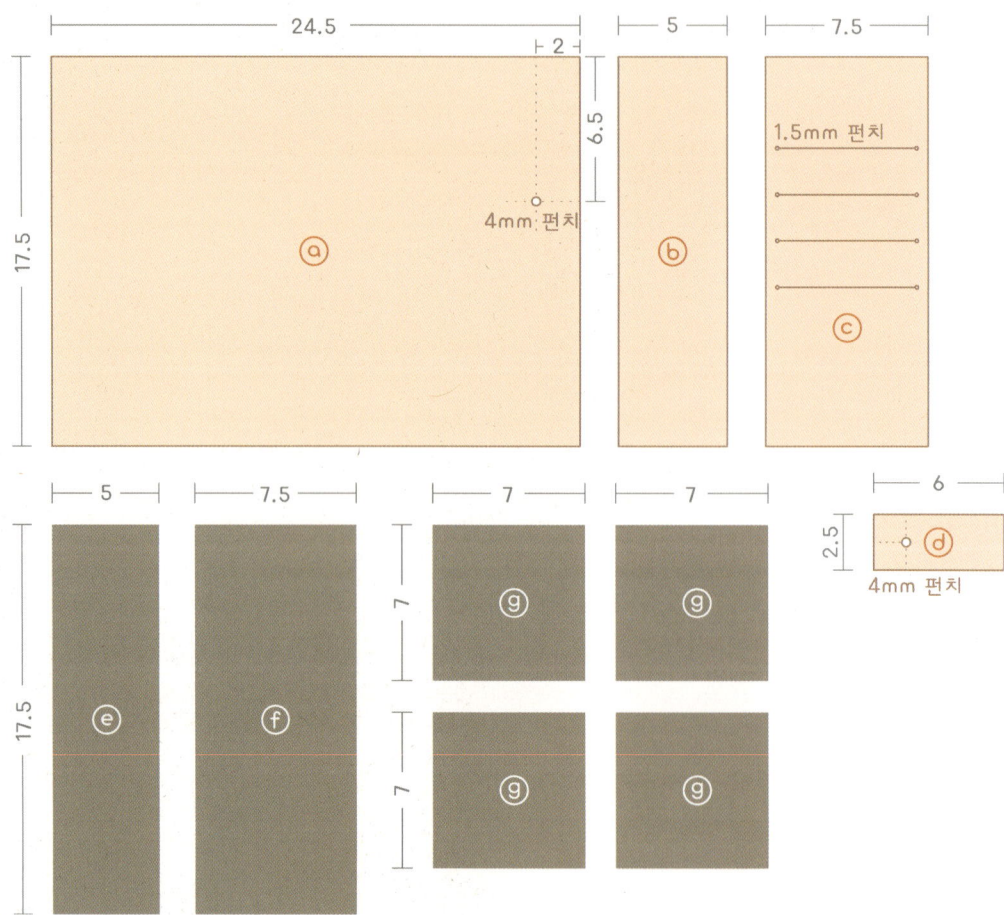

## 무늬 넣고 염색하기

**1** 실물본을 사용하여 도안대로 형지를 만들어 표시된 선을 따라 송곳으로 가죽 위에 덧그린 후 재단합니다.

**2** 분무기로 가죽이 약간 젖을 정도로 물을 뿌린 후 도안을 옮긴 트레팔지를 가죽 위에 놓고 전사펜으로 꾹꾹 누르며 덧그립니다.

**3** 베이스는 파란색 유성 염색약과 에탄올을 1:10의 비율로 섞어 분무기에 넣고, ⓐ의 겉면과 뒷면에 충분히 뿌린 후 드라이어의 찬바람을 쐬어 말립니다.

**4** 좁은 면을 염색하기 위해 장갑 안에 손가락 대신 면봉을 넣은 후 각각 분홍색, 파란색, 검은색 유성 염색약을 묻히고, 종이에 문질러 파스텔 톤으로 만든 후 티셔츠(보라색)와 반바지(파랑색), 액자와 카메라(검은색) 등을 각각 염색합니다.

**5** 검지에 비닐장갑과 목장갑을 끼우고 녹색 유성 염색약을 종이에 문질러 파스텔 톤으로 만든 후 가죽 위에 원을 그리면서 염색합니다.

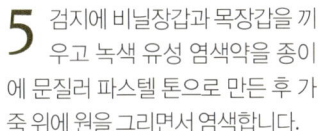

**6** 계속해서 검은색 유성 염색약도 종이에 문질러 파스텔 톤으로 만든 후 가죽 위에 원을 그리면서 염색합니다.

**7** 같은 방법으로 ⓑ, ⓒ, ⓓ도 녹색과 검은색 유성 염색약을 사용해서 염색합니다. 염색이 끝나면 목장갑으로 염색된 부분에 광이 나도록 문지르세요.

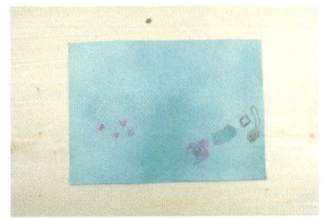

**8** 스탬프에 패브릭용 유성 잉크를 충분히 묻혀 ⓐ, ⓑ, ⓒ에 전체적으로 잘 찍히도록 꾹 눌러줍니다.

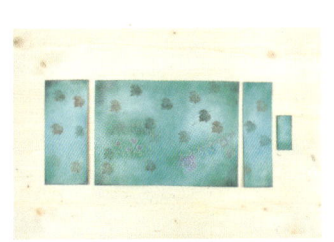

## 안쪽 날개 만들기

**9** ⓒ의 앞면에 형지를 올려놓고 카드 삽입 부분을 송곳으로 표시합니다.

**10** 커팅매트 위에 가죽을 올려놓고 송곳으로 표시한 부분을 쇠자를 대고 커터칼로 잘라냅니다.

**11** 고무판 위에 가죽을 올려놓고 가죽에 표시된 카드 삽입 부분의 양쪽 끝은 1.5mm 펀치를 사용하여 구멍을 뚫습니다.

**12** 잘라낸 곳을 다이아몬드 줄로 다듬고 옆면 마감제를 바른 후 손가락이나 북폴더로 문질러서 매끄럽게 마감합니다. 그리고 검은색 절단면 마감제를 3~5회 바르세요.

**13** ⓒ의 뒷면 카드가 들어갈 제일 밑부분과 ⓖ의 뒷면의 테두리에 안감과 같은 높이로 ㅁ자 모양으로 본드를 얇게 바르고, 카드가 들어갈 칼집 위로 0.5cm 올려서 안감을 붙입니다.

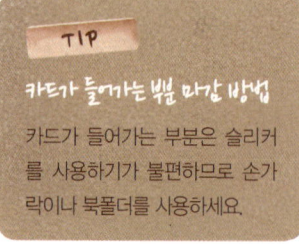
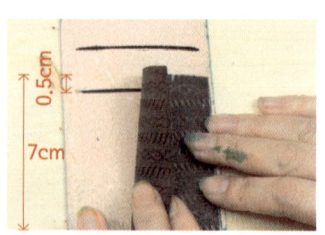

**14** 같은 방법으로 나머지 3장의 안감도 한 칸씩 올라가면서 칼집 위로 0.5cm 올려서 붙여주세요.

**15** 카드 부분의 안감 4장을 모두 붙이면 ⓕ의 뒷면에 본드를 얇게 발라 전체 크기의 안감을 붙입니다. 안감이 가죽보다 클 경우에는 커팅매트 위에 붙인 가죽을 놓고 가죽의 경계선을 따라 안감을 잘라냅니다.

**16** 오른쪽 날개인 ⓑ에 ⓔ의 안감을 붙입니다. 그런 다음 바느질을 하지 않는 수납 입구 옆면을 다이아몬드 줄로 다듬고 옆면 마감제를 바른 후 어느 정도 흡수되면 슬리커로 문질러 마감합니다.

**17** 여밈 부분인 ⓓ도 바느질하지 않는 옆면을 마감한 후 접착 부분의 0.9cm를 피합니다. 그런 다음 ⓐ의 뒷면과 안쪽 오른쪽 날개 사이에 1cm 정도 넣은 후 ㄷ자 모양으로 본드를 얇게 칠하여 붙입니다.

**18** 도안에 표시된 15mm 스냅을 부착할 곳에 4mm 펀치로 구멍을 뚫은 후 15mm 스냅 세터와 쇠판을 사용하여 부착합니다.

**19** ⓐ 뒷면의 왼쪽 날개도 ㄷ자 모양으로 본드를 얇게 칠하여 붙입니다.

**바느질하여 완성하기**

**20** 디바이더로 0.3cm 너비의 바느질 선을 표시하고, 은펜으로 0.5cm 간격의 점을 찍은 후 1mm 펀치로 구멍을 뚫습니다.

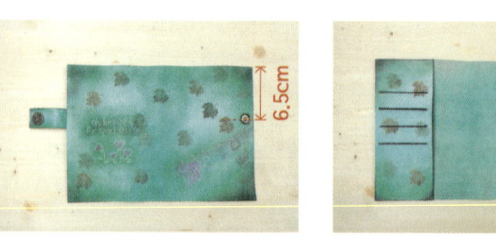

**21** 약 270cm(둘레의 3배+20cm) 의 검은색 3합 초실을 바늘 한 개에 꿰고 테두리를 일자 바느질한 후 남은 실은 투명본드로 마감합니다.

**22** 옆면을 다이아몬드 줄로 다 듬고 옆면 마감제를 바른 후 어느 정도 흡수되면 슬리커로 문질러 서 매끄럽게 마감합니다. 옆면 마감 제가 마르면 검은색 절단면 마감제를 3~5회 바르세요.

**23** 날개 양쪽에 통장 속지를 끼 워 넣습니다.

**24** 전사펜과 스탬프를 이용하여 만든 통장 케이스가 완성되 었습니다.

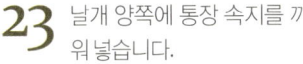
같은 방법으로 다양한 색상의 통장 케이스도 도전해보세요.

 **20** 여행용 가방 이름표

Travel Bag Label

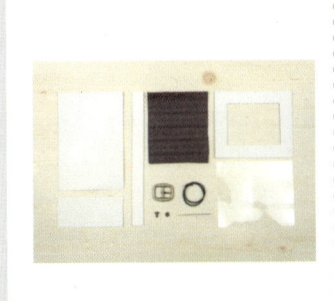

# 여행용
# 가방 이름표

여행을 다니다보면 비슷한 가방이 많아서 공항에서 가방을 찾기가 힘들죠? 나만의 이름표를 만들어 달아보는 것은 어떨까요?

□ 예상 재료비 8,000원   □ 완제품 예상가 20,000원   □ 예상 제작시간 2시간   □ 난이도 ★★☆☆☆   □ 완성 크기 7.5×16cm

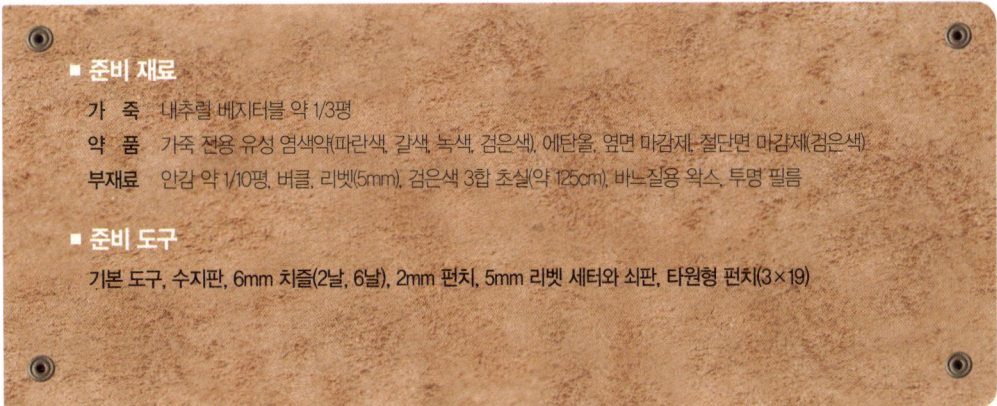

■ **준비 재료**

가 죽   내추럴 베지터블 약 1/3평
약 품   가죽 전용 유성 염색액(파란색, 갈색, 녹색, 검은색), 에탄올, 옆면 마감제·절단면 마감제(검은색)
부재료   안감 약 1/10평, 버클, 리벳(5mm), 검은색 3합 초실(약 125cm), 바느질용 왁스, 투명 필름

■ **준비 도구**

기본 도구, 수지판, 6mm 치즐(2날, 6날), 2mm 펀치, 5mm 리벳 세터와 쇠판, 타원형 펀치(3×19)

## 형지 제작 및 재단하기

ⓐ 뒷면 가죽 : 7.5×11cm

ⓑ 앞면 위쪽 : 7.5×3.5cm

ⓒ 앞면 아래쪽 : 7.5×9cm

ⓓ 연결 고리 : 실물본(약 14×1.1cm)

ⓔ 안쪽 안감 : 7×9cm

ⓕ 투명필름 : 7×8.5

※ ⓒ는 도안대로 안쪽의 직사각형을 잘라내세요.

※ ⓓ는 부록의 실물본을 이용하여 형지를 만든 후 재단하세요.

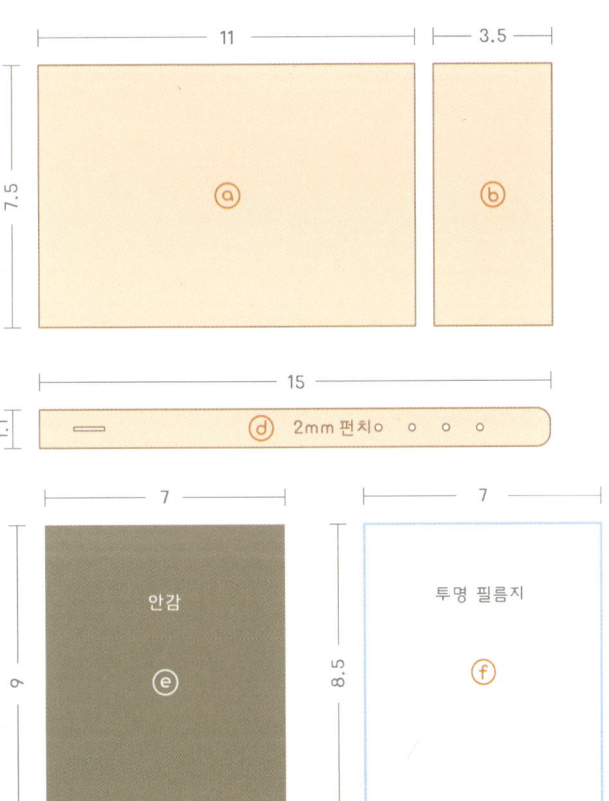

ⓐ  11  7.5

ⓑ  3.5

ⓒ  7.5  1.5  1.5  9

ⓓ  15  2mm 펀치  1.1

안감 ⓔ  7  9

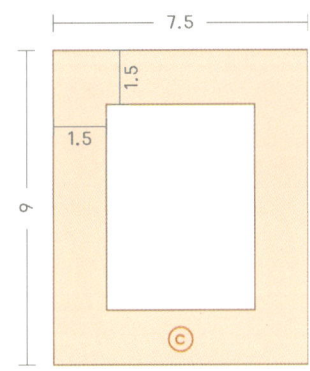

투명 필름지 ⓕ  7  8.5

## 염색하고 바느질하기

**1** 실물본을 이용하여 도안대로 형지를 만들어 가죽 위에 놓고 송곳으로 덧그린 후 재단합니다.

**2** 연결 고리 ⓓ의 구멍은 실물본을 이용하여 송곳으로 그린 후 직사각형은 커터칼로 뚫고, 작은 구멍은 고무판 위에 가죽을 올려놓고 2mm 펀치로 구멍을 뚫습니다.

**3** ⓐ에 분무기로 가죽이 약간 젖을 정도로 물을 뿌려준 후 석판 위에 수지판을 올려놓고 쇠망치로 타격하여 무늬를 넣습니다. 그런 다음 베이스는 파란색 유성 염색약과 에탄올을 1:10의 비율로 섞어 분무기에 넣고 가죽에 충분히 뿌린 후 드라이어의 찬바람을 쐬어 말립니다.

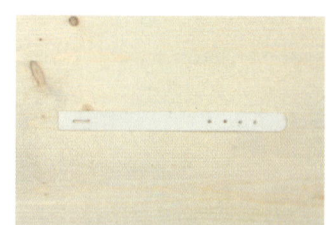

**4** 갈색, 녹색, 검은색 유성 염색약을 종이에 문질러 파스텔 톤으로 만든 후 가죽 위에 원을 그리면서 원하는 색이 나올 때까지 반복하여 염색합니다.

**5** ⓒ의 뚫린 부분의 안쪽 옆면에 스펀지를 사용하여 옆면 마감제를 바릅니다. 마감제가 마르면 접착될 가죽의 뒷면과 투명 필름에 본드를 얇게 바르고 어느 정도 지난 후 서로 붙여줍니다.

**6** ⓔ의 안감 뒷면에 본드를 얇게 바르고 어느 정도 지난 후 ⓐ의 뒷면과 붙여줍니다.

**7** ⓐ의 앞면과 ⓑ의 뒷면에 본드를 얇게 바르고 붙여준 다음 ⓑ의 겉면과 ⓒ 뒷면의 겹치는 양쪽 1.3cm를 피할한 후 피할한 부분에 0.5cm 너비로 본드를 얇게 바르고 붙여줍니다.

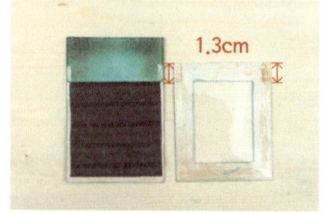

**8** 디바이더를 0.3cm 너비로 조절한 후 바느질 선을 표시합니다. 고무판 위에 가죽을 놓고 바느질 선을 따라 6mm 치즐(2, 6날)을 사용하여 바느질 구멍을 뚫습니다.

**9** 약 125cm(둘레의 3배+20cm)의 검은색 3합 초실을 바늘 두 개로 새들 스티치한 후 남은 실은 투명 본드로 마감합니다.

## 조립하여 완성하기

**10** ⓓ의 모든 옆면을 옆면 마감하고 뒷면에 버클 장식을 끼워 넣습니다.

**11** 끝부분 0.5cm에 본드를 사용하여 튼튼하게 붙여줍니다.

**12** 2고무판 위에 연결 고리 가죽을 올려놓고 끝에서 0.5cm 위치에 2mm 펀치를 사용하여 구멍을 뚫습니다.

**13** 구멍에 5mm 리벳을 끼우고 5mm 리벳 세터와 쇠판을 사용하여 버클을 끼운 가죽을 고정합니다.

**14** 옆면을 다이아몬드 줄로 다듬고 옆면 마감제를 바른 후 어느 정도 흡수되면 슬리커로 문질러서 마감하고 검은색 절단면 마감제를 3~5회 바르세요.

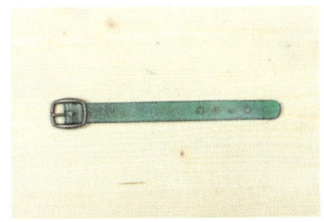  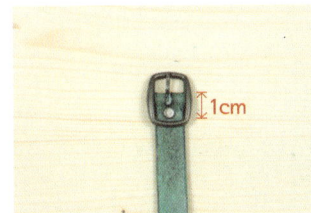 

같은 방법으로 조금만 응용하면 다양한 여행용 가방 이름표를 만들어볼 수 있습니다.

**15** 고무판 위에 가죽을 올리고 위에서 0.8cm 내려온 정중앙에 3×19 타원 펀치로 구멍을 뚫은 후 연결 고리를 끼웁니다.

**16** 예쁜 여행용 가방 이름표가 완성되었습니다.

# 21 여권 케이스

*Passport Case*

 **22** 장식용 가방 액세서리

*Decorative Bag*

# 여권 케이스

여행 하면 아마도 에펠탑과 카메라 등이 떠오를 거예요. 이 작품에서는 에펠탑과 카메라 무늬가 있는 수지판과 영문 스탬프를 사용했습니다.

□ 예상 재료비 30,000원　□ 완제품 예상가 50,000원　□ 예상 제작시간 3시간 30분　□ 난이도 ★★☆☆☆　□ 완성 크기 9×14cm

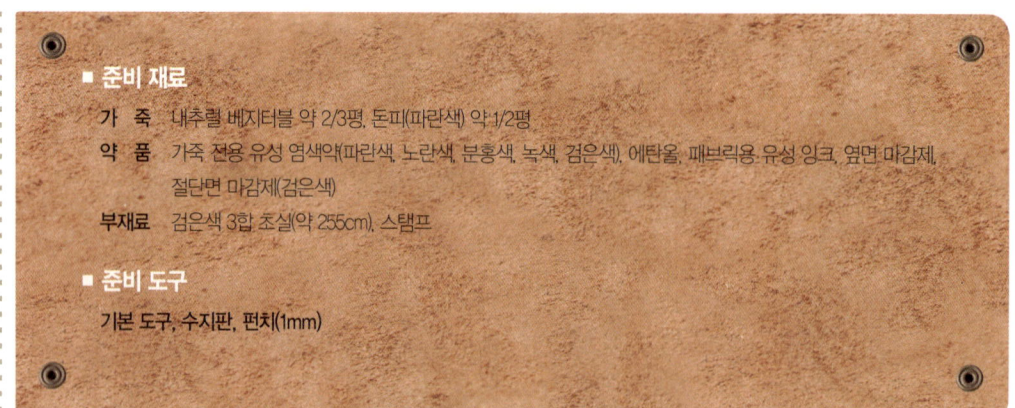

**■ 준비 재료**

| 가 죽 | 내추럴 베지터블 약 2/3평, 돈피(파란색) 약 1/2평 |
|---|---|
| 약 품 | 가죽 전용 유성 염색약(파란색, 노란색, 분홍색, 녹색, 검은색), 에탄올, 패브릭용 유성 잉크, 옆면 마감제, 절단면 마감제(검은색) |
| 부재료 | 검은색 3합 초실(약 255cm), 스탬프 |

**■ 준비 도구**

기본 도구, 수지판, 펀치(1mm)

## 형지 제작 및 재단하기

ⓐ 케이스 겉면 가죽 : 14×19.5cm

ⓑ 케이스 안면 돈피 : 15×20.5cm

ⓒ 안면 왼쪽 날개 : 14×5cm

ⓓ 안면 오른쪽 날개 : 14×8.5cm

ⓔ 안면 오른쪽 아래 : 실물본(약 8.5×7cm)

※ ⓑ 돈피는 가죽과 붙인 후 재단할 것을 생각하여 가로 세로 각각 1cm 크게 재단하세요.

※ ⓔ는 부록의 실물본을 이용하여 형지를 만든 후 재단하세요.

※ ⓐ의 무늬는 부록으로 제공하지 않습니다.

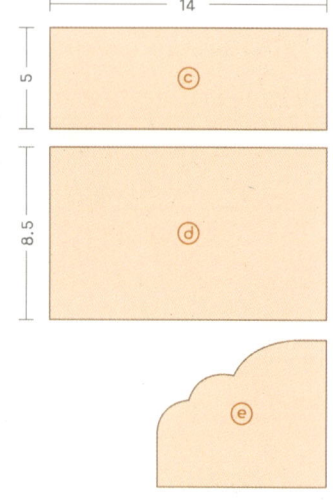

무늬 넣고 염색하기

**1** 도안대로 형지를 만들어 가죽 위에 놓고 송곳으로 덧그린 후 재단합니다.

**2** 무늬를 넣기 위해 분무기로 ⓐ가 약간 젖을 정도로 물을 뿌려준 후 석판 위에 가죽을 놓고 수지판을 쇠망치로 타격하여 무늬를 넣습니다.

**3** ⓐ와 마찬가지로 ⓒ에도 수지판을 타격하여 무늬를 찍어주세요. 석판 위에서 수지판을 타격해야 무늬가 선명하게 잘 찍힙니다.

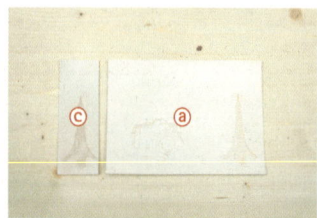

**4** ⓐ, ⓒ의 베이스는 파란색 유성 염색약과 에탄올을 1:10의 비율로 섞어 분무기에 넣고 가죽에 충분히 뿌리고 ⓓ, ⓔ는 노란색 유성 염색약과 에탄올을 1:20의 비율로 섞어분무기에 넣고 가죽에 충분히 뿌려준 다음 드라이어의 찬바람으로 말려주세요.

**5** ⓐ를 염색하기 위하여 검지에 비닐장갑과 목장갑을 끼우고 파란색, 분홍색, 녹색, 검은색 유성 염색약을 종이에 문질러 파스텔 톤으로 만든 후 가죽 위에 원을 그리면서 염색합니다. 파스텔 톤이 되지 않으면 염색이 뭉칩니다

**6** 같은 방법으로 ⓒ, ⓓ, ⓔ도 염색하고, 염색이 끝나면 목장갑으로 염색된 부분에 광이 나도록 문질러줍니다.

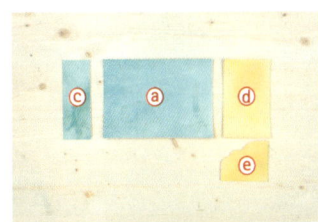

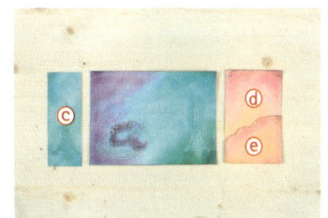

## 스탬프 찍기

**7** 스탬프에 패브릭용 유성 잉크를 충분히 묻힙니다.

**8** ⓐ에 스탬프를 전체적으로 잘 찍히도록 꾹 눌러줍니다.

**9** ⓒ, ⓓ, ⓔ에도 스탬프를 전체적으로 잘 찍히도록 꾹 눌러줍니다.

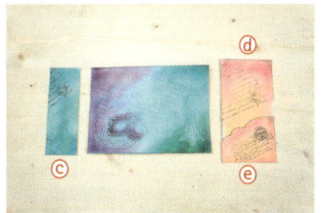

## 조립하고 바느질하기

**10** ⓓ와 ⓔ의 접착 부분인 ⓓ의 앞면은 커터칼로 긁어준 후 ⓓ의 앞면과 ⓔ의 뒷면에 본드주걱으로 본드를 얇게 바르고 붙입니다.

**11** 디바이더를 0.3cm 너비로 조절한 후 ⓔ의 왼쪽 부분에 바느질선을 표시합니다.

**12** 표시한 바느질 선에 은펜으로 0.5cm 간격의 점을 찍고 1mm 펀치로 구멍을 뚫습니다. 그런 다음 약 35cm의 검은색 3합 초실로 ⓔ의 왼쪽 부분만 바늘 한 개로 일자 바느질한 후 남은 실은 뒷면에서 라이터로 마감합니다.

**13** 염색된 ⓐ의 뒷면과 돈피 ⓑ의 뒷면에 본드주걱으로 본드를 얇게 바르고 어느 정도 지난 후 붙여주고 커터칼로 가죽의 경계선을 따라 돈피를 잘라냅니다.

**14** ⓐ의 뒷면에 ⓒ와 ⓓ, ⓔ를 붙입니다.

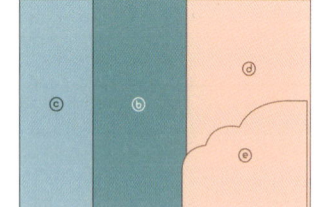

**15** 디바이더를 0.3cm 너비로 조절한 후 바느질 선을 표시합니다.

**16** 은펜으로 0.5cm 간격의 점을 찍은 후 고무판 위에 가죽을 놓고 1mm 펀치로 은펜이 표시된 부분에 구멍을 뚫습니다.

TIP

은펜으로 그린 점이 끝에서 간격이 맞지 않는 경우?

자를 대고 은펜으로 0.5cm 간격의 점을 찍었는데, 끝부분이 맞지 않으면 중간 부분에서 적당히 간격을 조절하여 거의 티가 나지 않도록 조절하면 됩니다.

**17** 약 220cm(둘레의 3배+20cm)의 검은색 3합 초실을 바늘 한 개에만 꿰고 테두리를 일자 바느질합니다.

**18** 빈 땀이 없도록 바느질을 마치면 남은 실은 투명본드로 마감합니다(67쪽 참고).

옆면 마감하여 완성하기

**19** 가죽의 옆면에 다이아몬드 줄을 수직으로 대고 다듬어서 절단면을 매끈하게 만듭니다.

**20** 스펀지를 사용하여 옆면 마감제를 바른 후 어느 정도 흡수되면 슬리커로 문질러서 매끄럽게 마감합니다.

**21** 옆면 마감제가 마르면 스펀지를 사용하여 검은색 절단면 마감제를 3~5회 바릅니다.

**22** 멋들어진 여권 케이스가 완성되었습니다.

다양한 색상의 여권지갑에도 도전해보세요. 수지판과 염색하는 색만 바꾸어줘도 다양한 디자인의 여권지갑을 만들 수 있어요.
또한 여행할 때 가지고 다닐 작은 미니백을 여권 케이스와 함께 세트로 만들어보는 것은 어떨까요?

# 장식용 가방 액세서리

가방에 포인트를 주는 장식용 가방 액세서리를 만들어 보았습니다.

□ 예상 재료비 6,000원　□ 완제품 예상가 15,000원　□ 예상 제작시간 1시간　□ 난이도 ★★★☆☆　□ 완성 크기 8×13cm

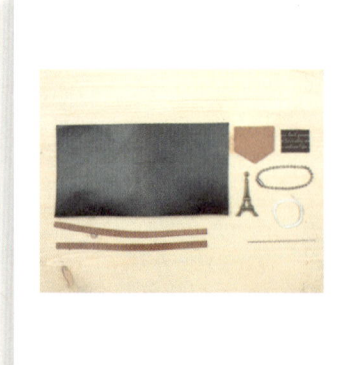

■ **준비 재료**
　가　죽　오일 풀 업(Oil full up) 갈색 약 1/5평, 컬러링 베지터블(황토색) 약 1/30평
　약　품　옆면 마감제
　부재료　금속장식, 구슬 줄, 흰색 3합 나일론실(약 180cm), 바느질용 왁스, 라벨 (3cm×2cm)
■ **준비 도구**
　기본 도구, 펀치(1.5mm), 3mm 치즐(2날, 6날)

## 형지 제작 및 재단하기

ⓐ 케이스 겉면 가죽 : 15×8cm
ⓑ 주머니 : 3.6×3cm
ⓒ 주머니 끈 : 12×0.5cm 2장
ⓓ 라벨용 천 : 2×3cm
※ 주머니 장식으로 붙일 라벨용 천은 주위의 남는 천을 이용해도 좋습니다.

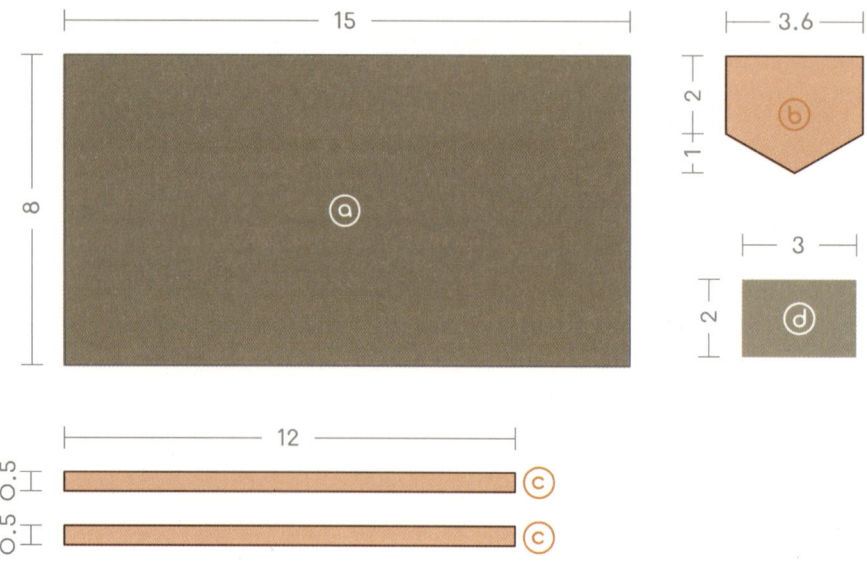

## 주머니 달기

**1** 도안대로 형지를 만들어 가죽 위에 놓고 송곳으로 덧그린 후 재단합니다.

**2** ⓐ 위에 ⓑ를 올려놓고 송곳으로 ⓑ의 옆면과 아랫부분만 ⓐ에 덧그려 주머니를 붙일 위치를 표시합니다.

**3** ⓐ에 표시된 접착선의 안쪽에서 0.4cm 너비로 커터칼로 긁어줍니다.

2.3cm

**4** 디바이더를 0.3cm 너비로 조절
한 후 ⓑ의 앞면에 바느질 선을
표시합니다.

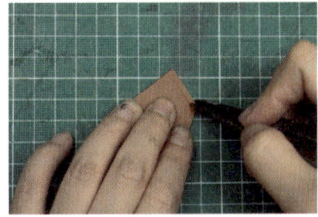

**5** ⓑ의 뒷면에 윗부분을 제외한
나머지 테두리 안쪽으로 커터칼
로 0.4cm를 피한 후 ⓑ의 모든 모서
리에 옆면 마감제를 발라줍니다.

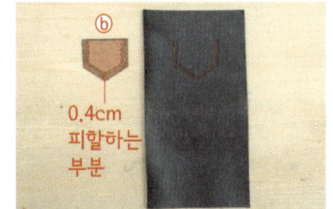

**6** ⓐ와 ⓑ가 접착될 0.5cm를 본드
주걱으로 본드를 얇게 바릅니다.

**7** 어느 정도 지난 후 본드를 바른
부분이 꾸덕꾸덕하게 마르면 서
로 붙여줍니다.

**8** 고무판 위에 가죽을 놓고 ⓑ의
바느질 선을 따라 3mm 치즐(2,
6날)을 수직으로 세운 후 나무망치로
타격하여 바느질 구멍을 뚫습니다.

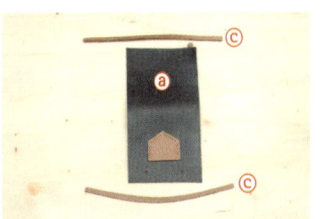

**9** 왁스를 칠판약 50cm(길이의 3
배+20cm)의 흰색 6합 나일론실
을 바늘 두 개에 꿰고 새들 스티치한
후 남은 실은 뒷면에서 라이터로 마
감합니다.

끈과 금속
장식 달기

**10** 그림처럼 끈 달릴 자리를 모
두 네군데 표시해주세요.

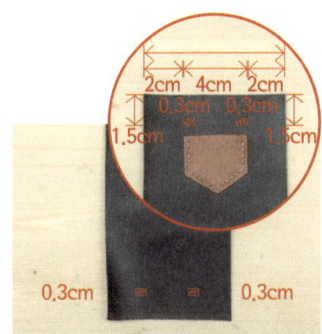

**11** ⓒ의 모든 모서리에 옆면 마감
제를 바른 후 ⓐ의 위아래 부분
에 주머니 끈(ⓒ)이 달릴 위치를 은펜
으로 표시하고, 0.3cm만큼 커터칼을
사용하여 긁어줍니다.

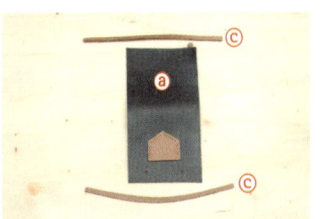

**12** 끈이 접착될 ⓐ 부분과 ⓒ 의
뒷면 양쪽 끝부분 0.5cm에 본
드를 얇게 바르고 어느 정도 지난 후
서로 붙여줍니다.

**13** 고무판 위에 가죽을 올려놓고
끈의 끝부분에 3mm 2날 치즐
을 타격하여 바느질 구멍을 뚫어줍니
다.

**14** 4곳 모두 바느질 구멍을 뚫은
모습입니다.

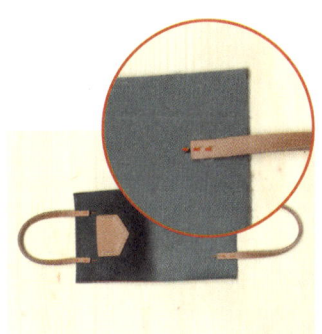

**15** 왼쪽 끈의 약 20cm의 흰색 6합 나일론실에 왁스를 먹인 후 일 자 바느질합니다. 오른쪽 끈은 왁스를 칠한 약 20cm의 흰색 6합 나일론실을 바늘 한 개에 꿴 후 실의 5cm만 남기고 뒷면에서 겉면의 위쪽 바느질 구멍으로 통과시킵니다.

**16** 바늘이 앞면 윗부분의 바느질 구멍으로 나온 모습입니다.

**17** 한 바퀴 바느질한 후 금속장식의 고리에 바늘을 넣습니다.

**18** 중간 바느질 구멍에 바늘을 넣어줍니다.

**19** 뒷면으로 나온 실의 양쪽 끝을 서로 묶어줍니다.

**20** 실의 양쪽 끝을 0.5cm만 남기고 자른 후 남은 실에 라이터로 불을 붙인 후 실이 묶여진 부분까지 불꽃이 타들어가게 합니다.

**21** 라이터의 아랫부분으로 매듭 부분을 꾹 눌러줍니다.

**22** 반대편의 끈도 앞에서 바느질한 왼쪽과 같은 방법으로 바느질하세요.

  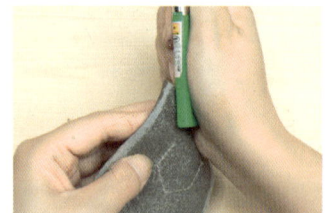 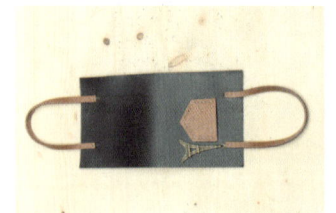

## 조립하여 완성하기

**23** ⓐ의 모든 모서리에 옆면 마감제를 발라 마감한 후 ⓐ의 뒷면에 양쪽 테두리 안쪽으로 0.5cm를 커터칼로 피합니다.

**24** 라벨을 반으로 접어서 본드를 0.5cm 너비로 얇게 바르고 한쪽에 1cm 넣어 사진에 표시된 위치에 붙여줍니다. 그런 다음 ⓐ의 뒷면 양쪽 테두리 안쪽에 본드를 얇게 바른 후 가방 모양이 되도록 붙여줍니다.

**25** 디바이더를 0.3cm 너비로 조절한 후 ⓐ의 앞면 양쪽에 바느질 선을 표시합니다.

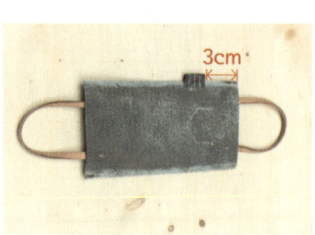 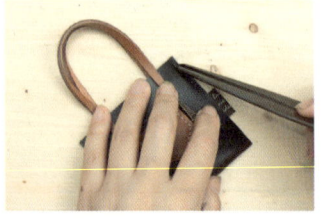

**26** 고무판 위에 가죽을 올려놓고 바느질 선을 따라 3mm 치즐(2, 6날)을 수직으로 세운 후 나무망치로 타격하여 바느질 구멍을 뚫어줍니다.

**27** 왁스를 먹인 약 45cm(길이의 3배+20cm)의 흰색 6합 나일론실을 바늘 두 개에 꿰고 양쪽을 각각 새들 스티치한 후 남은 실은 투명 본드로 마감합니다.

**28** 끈에 구슬 줄을 연결합니다.

**29** 가방 장식용 액세서리가 완성되었습니다.

같은 방법으로 가죽의 색상, 금속장식 등을 달리하여 개성있는 가방 장식용 액세서리도 만들어보세요.

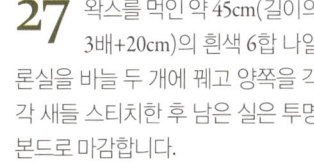

# 23 다이어리 커버

Diary Cover

# 24 체크무늬 다이어리 커버

*Checked Diary Cover*

# 다이어리 커버

무늬막대를 사용해서 좋아하는 명언이나 시를 넣어 보는 것은 어떨까요? 다이어리의 코너에 다른 색상의
가죽을 덧대는 것도 좋을 듯합니다.

□ 예상 재료비 30,000원   □ 완제품 예상가 80,000원   □ 예상 제작시간 4시간   □ 난이도 ★★★☆☆   □ 완성 크기 14×19.5×2.5cm

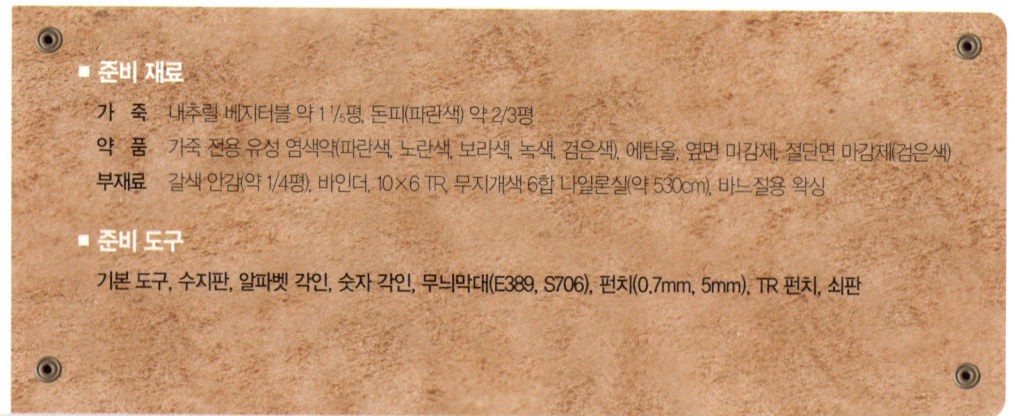

■ **준비 재료**

가 죽   내추럴 베지터블 약 1¼평, 돈피(파란색) 약 2/3평
약 품   가죽 전용 유성 염색약(파란색, 노란색, 보라색, 녹색, 검은색), 에탄올, 옆면 마감제, 절단면 마감제(검은색)
부재료   갈색 안감(약 1/4평), 바인더, 10×6 TR, 무지개색 6합 나일론실(약 530cm), 바느질용 왁스

■ **준비 도구**

기본 도구, 수지판, 알파벳 각인, 숫자 각인, 무늬막대(E389, S706), 펀치(0.7mm, 5mm), TR 펀치, 쇠판

## 형지 제작 및 재단하기

ⓐ 겉면 가죽 : 29×19.5cm 1장
ⓑ 안쪽 상단 날개 : 5.5×19.5cm 2장
ⓒ 안쪽 수납 날개 : 2×19.5cm 3장
ⓓ 겉면 모서리 : 1/4원(반지름 5cm) 3장
ⓔ 안쪽 돈피 : 30×20.5cm 1장
ⓕ 날개 밑면 안감 : 7.5×19.5cm 1장
ⓖ 날개 수납 안감 : 6.5×19.5cm 2장

※ ⓓ의 각 모서리는 반지름이 5cm인
원을 그린 후 1/4로 재단하세요.

※ ⓔ 돈피는 가죽과 붙인 후 재단할 것을
생각하여 가로 세로 1cm 크게 재단합니다.

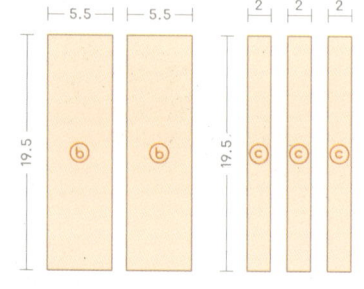

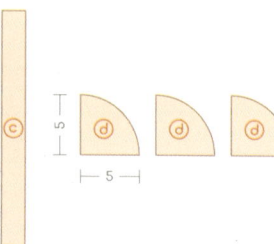

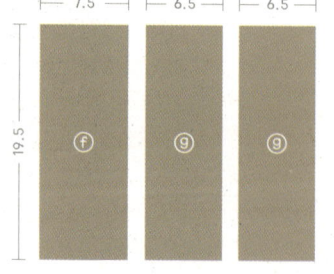

## 무늬 넣고 염색하기

**1** 실물본을 사용하여 도안대로 형
지를 만들어 가죽 위에 놓고 송곳
으로 덧그린 후 재단합니다.

**2** 돈피와 안감을 도안대로 재단하
여 준비합니다.

**3** 겉면 가죽 ⓐ에 분무기로 약간
젖을 정도로 물을 뿌려준 후 수
지판을 찍어줍니다.

**4** 앞에서 사용한 무늬막대(E326, E389, S706)입니다.

**5** ⓐ~ⓒ의 바탕색으로 파란색 베이스를, ⓓ 3장은 노란색 베이스를 가죽에 충분히 뿌린 후 드라이어의 찬바람을 쐬어 말립니다. 이때 파란색 유성 염색약은 1:10으로, 노란색은 1:20의 비율로 섞어주세요.

**6** 검지에 비닐장갑, 목장갑을 끼우고 보라색, 녹색, 파란색, 검은색 유성 염색약을 종이에 문질러 파스텔 톤으로 만든 후 가죽 위에 원을 그리면서 염색합니다. 파스텔 톤으로 만들지 않으면 염색이 뭉칩니다.

**7** ⓑ, ⓒ도 파란색과 검은색 유성 염색약을 종이에 문질러 파스텔 톤으로 만든 후 염색합니다.

**8** ⓓ는 갈색 유성 염색약을 종이에 문질러 파스텔 톤으로 만든 후 원을 그리면서 염색합니다. 염색이 끝나면 염색한 모든 가죽을 목장갑으로 염색된 부분에 광이 나도록 문지르세요.

**돈피 붙이고 조립하기**

**9** 염색한 ⓐ의 뒷면과 ⓔ의 뒷면에 본드주걱으로 본드를 얇게 바르고 어느 정도 지난 후 서로 붙입니다. 그런 다음 커팅매트 위에 붙인 가죽을 놓고 커터칼로 가죽의 경계선을 따라 돈피를 잘라냅니다.

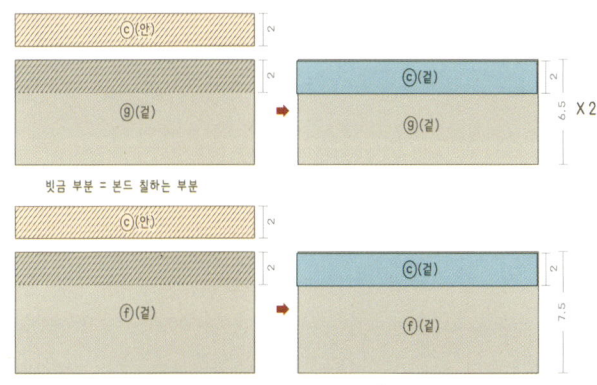

**10** 오른쪽과 왼쪽에 들어갈 카드 수납 부분을 그림과 같이 붙여서 3장을 준비합니다.

**11** 오른쪽 날개는 그림처럼 9번에서 준비한 높이 6.5cm짜리 카드 수납 부분(ⓒ+ⓖ) 위에 ⓑ를 1cm 겹치게 하여 붙여 줍니다

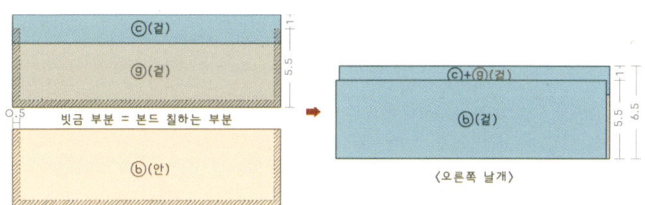

**12** 왼쪽 날개 부분입니다. ⓒ+ⓕ 위에 ⓒ+ⓖ를 1cm 내려서 아래 그림처럼 붙여줍니다.

**13** 아래 그림 처럼 본드를 칠하고 12번에서 붙인 날개 위에 ⓑ를 붙여 줍니다.

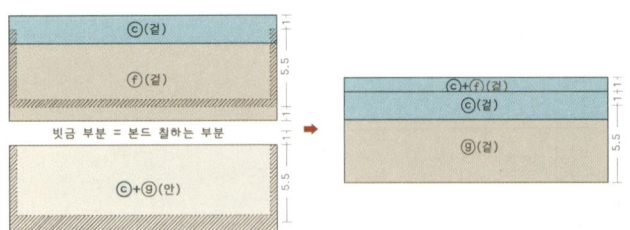

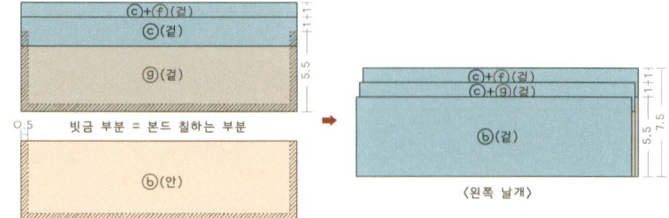

〈왼쪽 날개〉

**14** 양쪽 날개의 정중앙에 자를 대고 송곳으로 바느질 선을 표시한 후 은펜으로 0.5cm 간격의 점을 찍어줍니다.

**15** 고무판 위에 양쪽 카드 수납 부분을 올려놓고 0.7mm 펀치로 구멍을 뚫습니다. 그런 다음 왁스를 칠한 약 50cm의 무지개색 6합 나일론실을 바늘 한 개에 꿰고 일자 바느질한 후 남은 실은 뒷면에서 라이터로 마감합니다.

**16** ⓓ가 접착될 ⓐ의 겉면 모서리를 커터칼로 긁어줍니다. 그런 다음 본드주걱으로 본드를 얇게 바르고 어느 정도 지난 후 서로 붙여줍니다.

바느질하기

**17** ⓓ를 붙인 세 곳의 곡선 부분에 디바이더로 0.3cm 너비의 바느질 선을 표시하고, 은펜으로 0.5cm 간격의 점을 찍은 후 0.7mm 펀치로 구멍을 뚫습니다. 그런 다음 왁스를 먹인 약 40cm의 무지개색 6합 나일론실에 바늘 한 개에 꿰고 일자 바느질한 후 남은 실은 뒷면에서 라이터로 마감합니다.

**18** 염색된 가죽의 뒷면과 속지의 뒷면에 본드주걱으로 본드를 ㄷ자 모양으로 얇게 바르고 어느 정도 지난 후 서로 붙여줍니다.

**19** ⓐ의 테두리에 디바이더로 0.3cm 너비의 바느질 선을 표시한 후 은펜으로 0.5cm 간격의 점을 찍은 후 0.7mm 펀치로 구멍을 뚫습니다. 그런 다음 왁스를 칠한 약 310cm의 무지개색 6합 나일론실로 일자 바느질한 후 남은 실은 투명본드로 마감합니다.

바인더 부착하여 완성하기

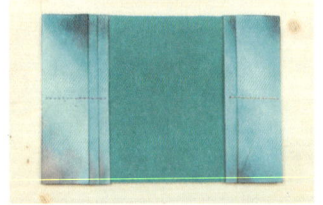

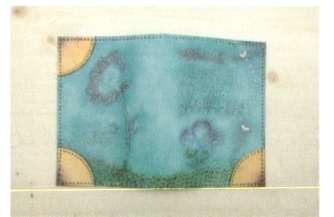

**20** 안쪽 중앙에 바인더가 달릴 곳을 표시하고, 고무판 위에서 5mm 펀치로 표시된 위치에 구멍을 뚫은 후 TR 셔터와 쇠판의 평평한 부분을 사용하여 바인더를 고정합니다.

**21** 아래쪽 구멍도 펀치로 구멍을 뚫은 후 TR 펀치와 쇠판의 평평한 부분을 사용하여 바인더를 고정해주세요.

**22** 옆면을 다이아몬드 줄로 다 듬고 옆면 마감제를 바른 후 어느 정도 흡수되면 슬리커로 문질러서 매끄럽게 마감하고 검은색 절단면 마감제를 3~5회 바르세요.

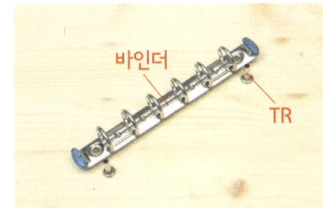
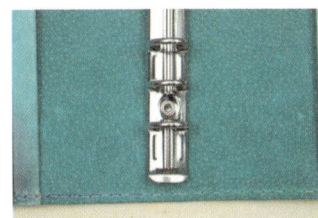

**23** 한 번 만들면 비교적 오래 사용할 수 있는 매우 실용적인 다이어리가 완성되었습니다.

같은 방법으로 무늬를 바꾸거나 염색을 다르게 해서 다양한 색상의 다이어리 커버에도 도전해보세요.

# 체크무늬
# 다이어리 커버

가죽에 체크무늬 천을 덧대어 다이어리 커버를 만들어보세요.

□ 예상 재료비 20,000원 ● □ 완제품 예상가 45,000원 ● □ 예상 제작시간 3시간 ● □ 난이도 ★★☆☆☆ ● □ 완성 크기 13×17.5×2cm

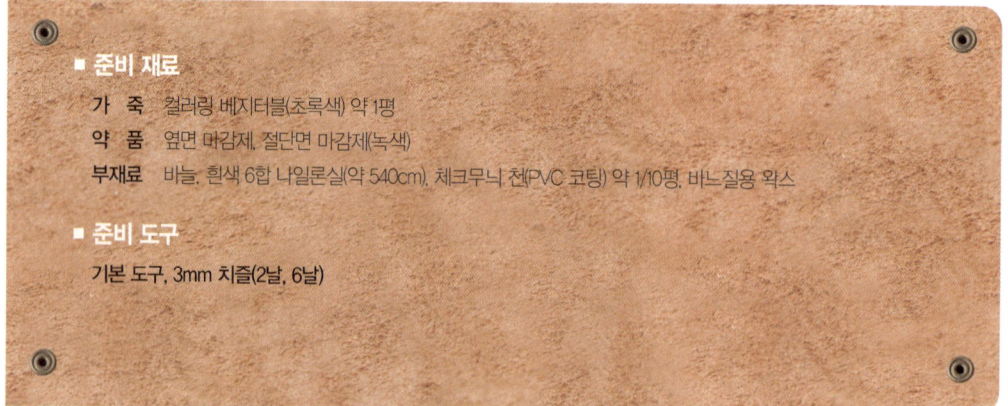

■ **준비 재료**

| | |
|---|---|
| 가 죽 | 컬러링 베지터블(초록색) 약 1평 |
| 약 품 | 옆면 마감제, 절단면 마감제(녹색) |
| 부재료 | 바늘, 흰색 6합 나일론실(약 540cm), 체크무늬 천(PVC 코팅) 약 1/10평, 바느질용 왁스 |

■ **준비 도구**

기본 도구, 3mm 치즐(2날, 6날)

## 형지 제작 및 재단하기

ⓐ 겉면 가죽 : 28.5×18cm
ⓑ 날개 가죽 : 8.5×18cm 2장
ⓒ 겉면 비닐 : 28.5×8.5cm
ⓓ 날개 비닐 : 8.5×8cm 2장

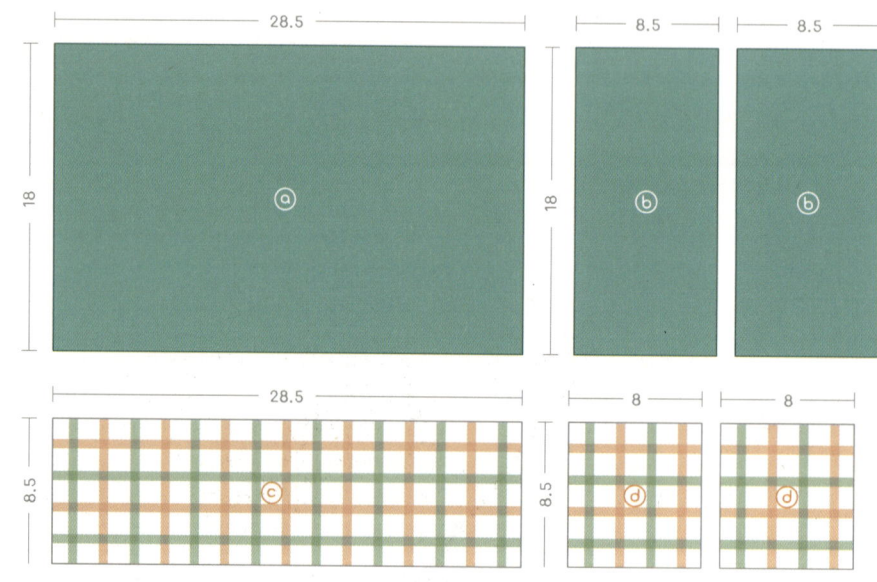

## 겉면 만들기

**1** 도안대로 형지를 만들어 가죽 위에 올려놓고 송곳으로 덧그린 후 재단합니다. 체크무늬 비닐도 도안대로 재단하세요.

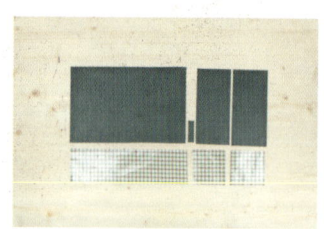

**2** 피할을 하기 위해 겉면 가죽 ⓐ의 뒷면과 양쪽 날개 가죽 ⓑ의 뒷면 접착 부분을 0.7cm 너비로 표시합니다.

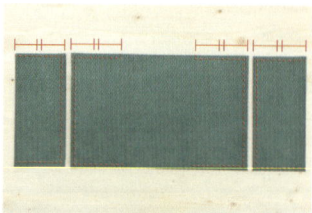

**3** 표시한 안쪽의 접착 부분을 커터 칼이나 패디를 사용하여 0.6cm 피할합니다.

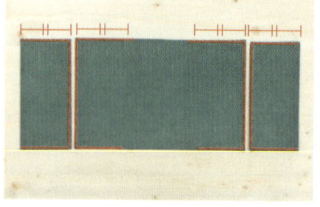

**4** ⓐ의 겉면 아래 7.4cm 이하 부분에 체크무늬 비닐을 붙일 부분을 커터칼로 긁어줍니다

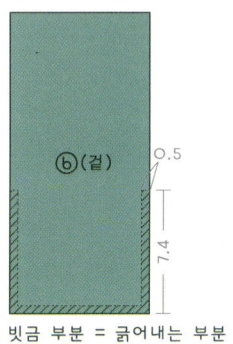

ⓐ(겉)

7.4

빗금 부분 = 긁어내는 부분

**5** ⓑ는 카드 등을 넣을 수 있는 주머니로 사용할 수 있도록 겉면의 테두리만 커터칼로 긁어주세요.

ⓑ(겉)

0.5

7.4

빗금 부분 = 긁어내는 부분

**6** 체크무늬 천 ⓒ, ⓓ의 뒷면 윗부분의 2cm에 본드를 얇게 바르고 어느 정도 기다립니다.

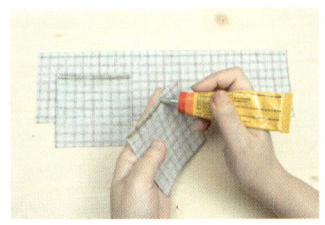

**7** 본드를 바른 부분이 꾸덕꾸덕하게 마르면 윗부분이 1cm 겹치게 붙여줍니다.

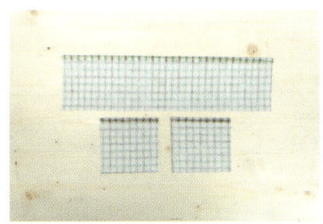

ⓒ(안)

7.5

ⓓ(안)

7.5

**8** 4와 5번의 과정에서 피할한 가죽의 겉면과 체크무늬 천의 뒷면에 본드를 바르고 어느 정도 지난 후 서로 붙여줍니다.

ⓐ(겉)

빗금 부분 = 본드 칠하는 부분

ⓒ(안)

ⓑ(겉)

빗금 부분 = 본드 칠하는 부분

ⓓ(안)

**9** ⓑ와 ⓓ가 붙여진 날개 부분을 그림과 같은 위치에 디바이더로 0.3cm 너비의 바느질 선을 표시한 후 3mm 치즐(2, 6날)로 구멍을 뚫습니다. 그런 다음 왁스를 먹인 약 70cm(길이의 3배+20cm)의 흰색 6합 나일론실을 바늘 두 개에 꿰고 새들 스티치한 후 남은 실은 뒷면에서 라이터로 마감합니다.

**10** ⓐ와 ⓒ가 붙여진 겉면 부분을 그림과 같은 위치에 디바이더로 0.3cm 너비의 바느질 선을 표시한 후 3mm 치즐(2, 6날)로 구멍을 뚫습니다. 그런 다음 왁스를 칠한 약 110cm(길이의 3배+20cm)의 흰색 6합 나일론실에 바늘 두 개에 꿰고 새들 스티치한 후 남은 실은 뒷면에서 라이터로 마감합니다.

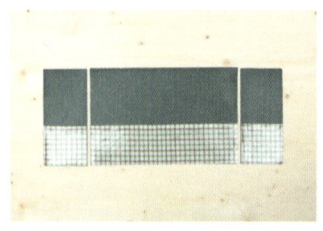

**11** 날개의 안쪽에 바느질한 부분의 옆면을 다이아몬드 줄로 다듬고 옆면 마감제를 바른 후 어느 정도 흡수되면 슬리커로 문질러서 매끄럽게 마감합니다

**12** 옆면 마감제가 마르면 녹색 절단면 마감제를 3~5회 바르세요.

**13** 3번 과정에서 피한한 부분에 본드를 얇게 바르고 서로 붙여줍니다. 가죽이 붙은 옆면이 일정하지 않으면 커터칼로 옆면을 깔끔하게 잘라내세요.

**14** 디바이더로 겉면 테두리에 0.4cm 너비의 바느질 선을 표시한 후 3mm 치즐(2, 6날)을 사용하여 바느질구멍을 뚫습니다.

**15** 왁스를 칠한 약 290cm(길이의 3배+20cm)의 흰색 6합 나일론실을 바늘 두 개에 꿰고 새들 스티치한 후 남은 실은 투명본드로 마감합니다.

**16** 옆면을 다이아몬드 줄로 다듬고 옆면 마감제를 바른 후 어느 정도 흡수되면 슬리커로 문질러서 매끄럽게 마감합니다. 옆면 마감제가 마르면 녹색 절단면 마감제를 3~5회 바르세요.

**17** 체크무늬 다이어리 커버가 완성되었습니다.

**응용작품**

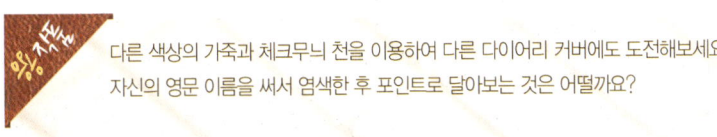

다른 색상의 가죽과 체크무늬 천을 이용하여 다른 다이어리 커버에도 도전해보세요.
자신의 영문 이름을 써서 염색한 후 포인트로 달아보는 것은 어떨까요?

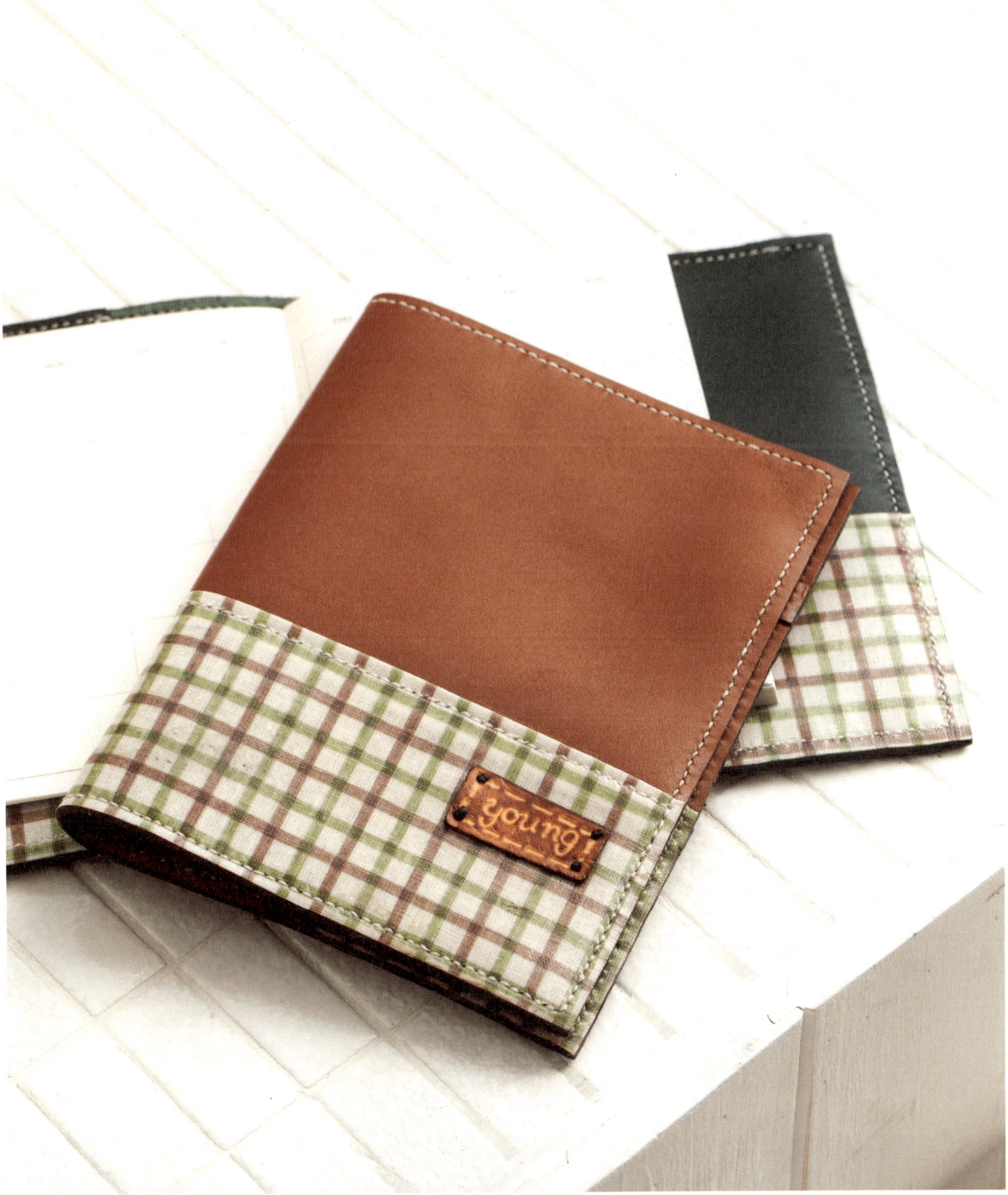

25 반달 모양 파우치

*Half Moon Pouch*

# 반달 모양 파우치

새들 스티치를 이용해서 파우치를 만들어 보았습니다. 여러 개의 조각을 연결해서 만들어보아도 좋을 것 같습니다.

□ 예상 재료비 20,000원  □ 완제품 예상가 40,000원  □ 예상 제작시간 2시간  □ 난이도 ★★★☆☆  □ 완성 크기 18.5×4×9cm

### ■ 준비 재료
**가 죽** 흰색 슈렁컨(shrunken) 약 가죽 1/2평, 갈색 슈렁컨(shrunken) 약 1/2평
**약 품** 옆면 마감제
**부재료** 흰색 3합 초실(약 115cm), 갈색 3합 초실(약 185cm), 지퍼(30cm)와 슬라이더, 5mm 리벳

### ■ 준비 도구
기본 도구, 6mm 치즐(2날, 4날), 펀치(2mm), 5mm 리벳 세터와 쇠판

## 형지 제작 및 재단하기

ⓐ **앞면 가죽** : 실물본(약 23×14cm)
ⓑ **뒷면 가죽** : 실물본 (약 23×14cm)
※ ⓐ, ⓑ 가죽은 부록으로 제공하는 실물본을 이용하여 형지를 만든 후 재단하세요.

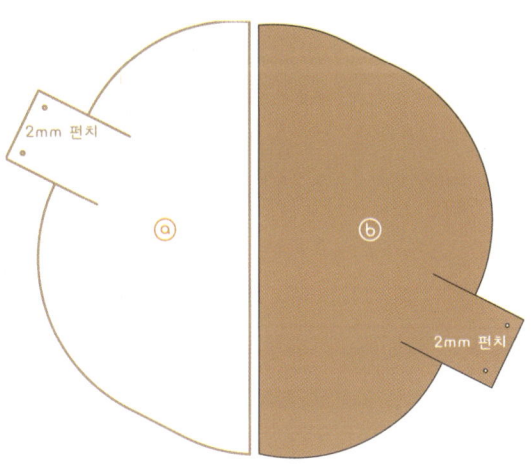

## 조립 및 바느질하기

**1** 도안대로 형지를 만들어 가죽 위에 덧그린 후 재단합니다. 재단한 ⓐ, ⓑ의 옆면에 옆면 마감제를 바르고, ⓑ의 접착 부분에 0.9cm 너비로 피할한 후 피할한 부분에 1cm 너비로 본드를 얇게 바릅니다.

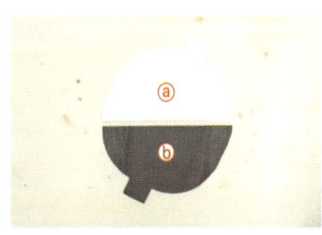

**2** ⓑ 위에 ⓐ를 1cm 겹쳐서 붙인 후 디바이더로 0.4cm 너비의 바느질 선을 표시하고 6mm 치즐(2, 4날)로 구멍을 뚫습니다. 그런 다음 약 70cm의 갈색 3합 초실로 새들 스티치 한 후 남은 실은 뒷면에서 라이터로 마감합니다.

**3** 가죽 뒷면의 지퍼가 붙는 부분에 본드를 얇게 바르고 어느 정도 지난 후 지퍼를 양쪽으로 풀어서 곡선 모양으로 접어가면서 붙여줍니다.

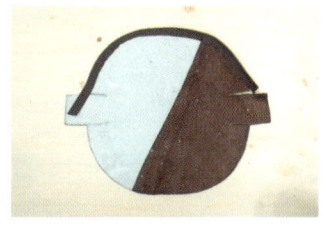

**4** 나머지 한쪽도 같은 방법으로 지퍼를 붙여주세요.

**5** 사진에 표시된 ㉮와 ㉯의 위치에 디바이더로 0.4cm 너비의 바느질 선을 표시하고 6mm (2, 4날) 치즐로 구멍을 뚫습니다. ㉮는 약 45cm, ㉯는 약 70cm의 흰색 3합 초실로 각각 새들 스티치한 후 남은 실은 뒷면에서 라이터로 마감합니다.

**6** 사진에 표시된 ㉰와 ㉱의 위치에 디바이더로 0.4cm 너비의 바느질 선을 표시하고 6mm (2, 4날) 치즐로 구멍을 뚫습니다. ㉰는 약 70cm, ㉱는 약 45cm의 갈색 3합 초실로 각각 새들 스티치한 후 남은 실은 뒷면에서 라이터로 마감합니다.

**7** ㉮, ㉯, ㉰, ㉱ 부분의 바느질이 완성된 모습입니다.

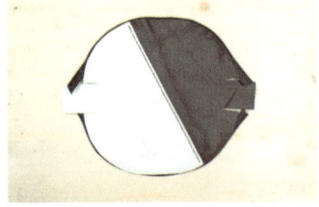

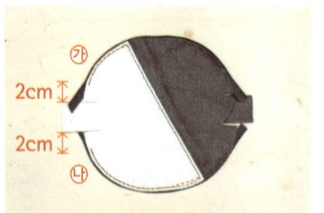

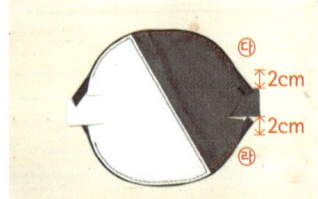

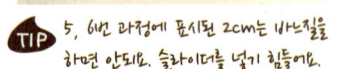

**TIP** 5, 6번 과정에 표시된 2cm는 바느질을 하면 안되요. 슬라이더를 넣기 힘들게요.

**8** 지퍼 사이에 슬라이더를 끼워 채워주세요.

**9** 지퍼 슬라이더가 빠지지 않도록 밑에서 2cm가 되는 지점에 약 20cm의 갈색 3합 초실로 두 바퀴 바느질한 후 두 번 매듭을 짓고 라이터로 마감합니다. 반대편도 같은 방법으로 마감하세요.

조립하여 완성하기

**10** 고무판 위에 가죽을 올려놓고 2mm 펀치로 도안에 표시된 위치에 구멍을 뚫습니다.

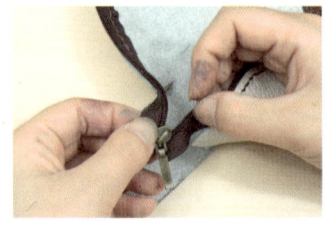

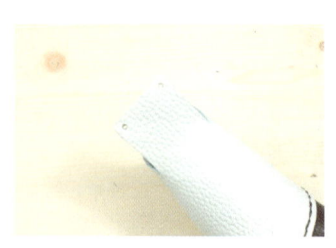

**11** 양쪽의 튀어나온 가죽을 위쪽으로 잡아당겨서 접은 후 은펜으로 리벳이 들어갈 위치를 표시합니다.

**12** 파우치 안에 고무판을 넣고 2mm 펀치로 표시된 위치에 구멍을 뚫습니다.

**13** 이때 튀어나온 가죽과 지퍼 아래쪽의 가죽 모두에 구멍이 뚫려야 합니다.

**14** 구멍에 5mm 리벳을 끼우고 5mm 리벳 세터와 쇠판을 사용하여 가죽과 가죽 사이를 5mm 리벳으로 고정합니다.

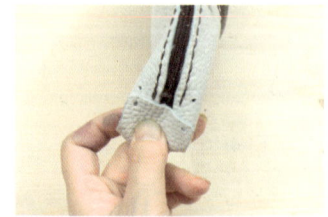

**15** 가죽 파우치가 완성되었습니다.

# 26 다용도 도구함

*Multiple Tool Case*

# 다용도 도구함

뿌리기 염색 기법은 어렵게 느껴질 수도 있지만, 쉽게 생각하면 이보다 더 쉬운 염색은 없다고 생각합니다.
의도하는 대로 나오지 않지만 아주 자연스럽습니다.

□ 예상 재료비 15,000원  □ 완제품 예상가 40,000원  □ 예상 제작시간 2시간  □ 난이도 ★★☆☆☆  □ 완성 크기 17×8.5×3cm

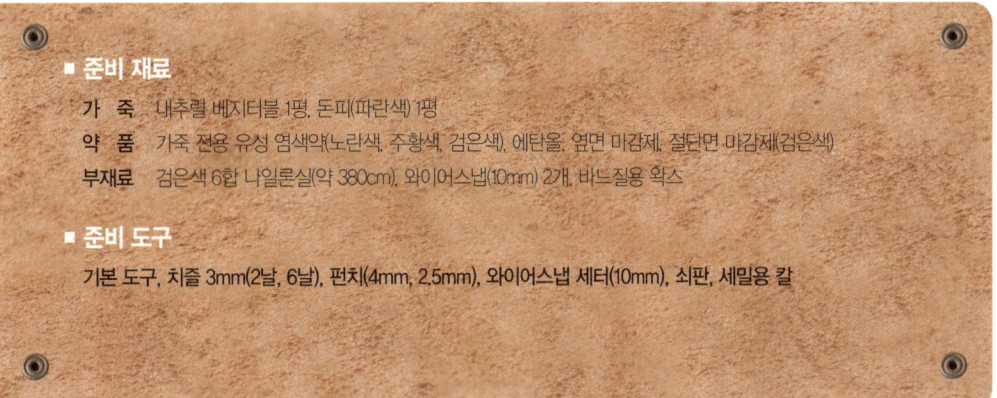

■ **준비 재료**

가 죽  내추럴 베지터블 1평, 돈피(파란색) 1평
약 품  가죽 전용 유성 염색약(노란색, 주황색, 검은색), 에탄올, 옆면 마감제, 절단면 마감제(검은색)
부재료  검은색 6합 나일론실(약 380cm), 와이어스냅(10mm) 2개, 바드질용 왁스

■ **준비 도구**

기본 도구, 치즐 3mm(2날, 6날), 펀치(4mm, 2.5mm), 와이어스냅 세터(10mm), 쇠판, 세밀용 칼

## 형지 제작 및 재단하기

ⓐ 겉면 가죽 : 실물본(약 27×25cm)
ⓑ 안쪽 돈피 : 28×26cm
※ ⓐ, ⓑ 가죽과 돈피는 부록의 실물본을 이용하여 형지를 만든 후 재단하세요.
※ ⓑ 돈피는 가죽과 붙인 후 재단할 것을 생각하여 가로세로로 각각 1cm 크게 재단하세요.

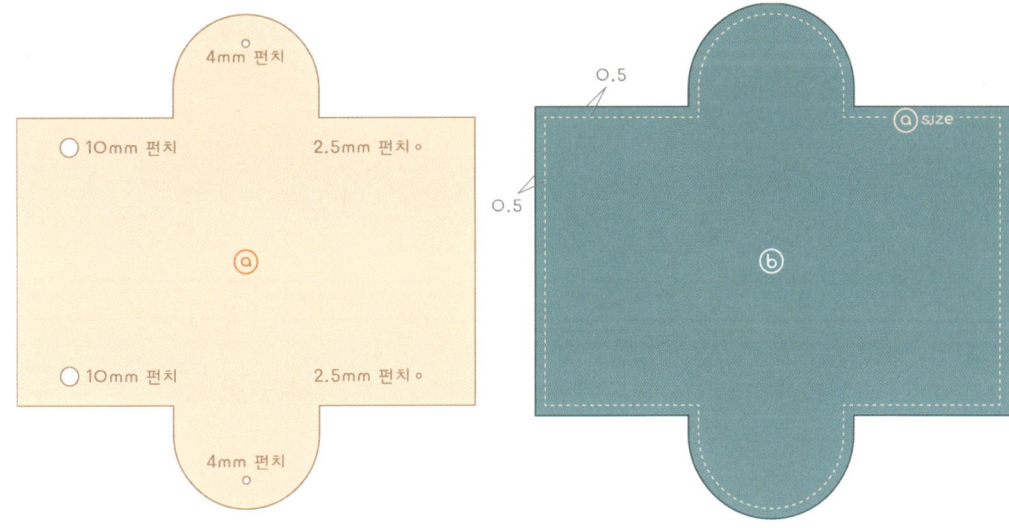

## 염색하고 돈피 붙이기

**1** 도안대로 형지를 만들어 송곳을 사용하여 가죽 위에 덧그린 후 재단합니다. 돈피는 가죽보다 가로세로 각각 1cm 크게 재단하세요.

**2** 베이스는 노란색 유성 염색약과 에탄올을 1:20의 비율로 섞어 분무기에 넣고 가죽에 충분히 뿌립니다.

**3** 신문지나 이면지를 바닥에 깔고 주황색 유성 염색약을 가죽 위에 흩뿌립니다. 이때 최대한 원하는 모양이 나오도록 합니다.

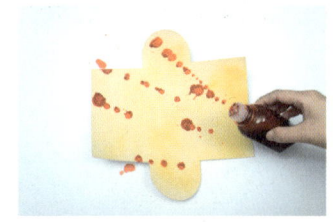

**4** 검은색 유성 염색약도 흩뿌려 원하는 모양을 표현합니다.

**5** 염색한 가죽의 뒷면과 돈피의 뒷면에 본드주걱으로 본드를 얇게 바른 후 어느 정도 기다립니다.

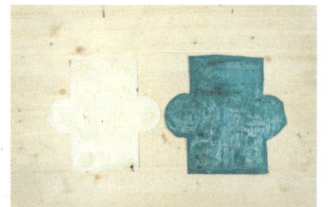

**6** 오른손으로 가죽을 둥글게 잡고 왼손으로 돈피를 아래쪽에서 위쪽 방향으로 붙입니다.

**7** 가죽의 뒷면에 돈피가 붙은 모습입니다.

**8** 커팅매트 위에 붙인 가죽을 놓고 가죽의 경계선을 따라 돈피를 잘라냅니다. 이때 직선 부분은 쇠자와 커터칼을, 곡선 부분은 가위를 이용하세요.

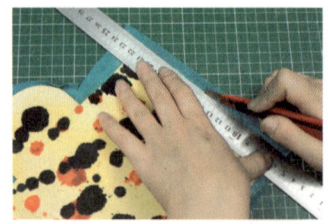

와이어스냅과 바느질 구멍 뚫기

**9** 가죽 위에 형지를 올려놓고 10mm 와이어스냅의 달릴 위치와 10mm 와이어스냅이 통과될 위치를 은펜으로 표시합니다.

**10** 고무판 위에 가죽을 올려놓고 10mm 와이어스냅의 윗부분은 4mm 펀치, 아랫부분은 2.5mm 펀치로 구멍을 뚫습니다.

**11** 10mm 와이어스냅이 통과될 구멍은 세밀용 칼을 사용하여 뚫어주세요. 10mm 펀치로 뚫어도 됩니다.

**12** 디바이더를 0.4cm 너비로 조절하여 바느질선을 표시합니다.

**13** 고무판 위에 가죽을 올려놓고 바느질 선을 따라 3mm (2, 6날)의 치즐로 직선 부분의 바느질 구멍을 뚫습니다.

**14** 곡선 부분의 바느질 구멍은 3mm 2날 치즐을 사용하세요.

**조립하여 완성하기**

**15** 왁스를 먹인 약 380cm의 검은 색 6합 나일론실을 바늘 두 개에 꿰고 새들 스티치한 후 남은 실은 투명본드로 마감합니다.

**16** 곡선 부분의 안쪽 구멍에 10mm 와이어스냅의 윗부분을 끼운 후 10mm 와이어스냅 세터와 쇠판을 사용하여 달아줍니다.

**17** 모서리의 겉면 구멍에 10mm 와이어스냅 아랫부분을 끼운 후 10mm 와이어스냅 세터와 쇠판을 사용하여 달아줍니다.

**18** 옆면에 다이아몬드 줄을 수직으로 대고 다듬고 옆면 마감제를 바른 후 어느 정도 흡수되면 마르기 전에 슬리커로 문질러서 매끄럽게 마감합니다.

**19** 구멍의 안쪽 옆면은 면봉을 사용하여 옆면 마감제를 발라주세요.

**20** 옆면 마감제가 마르면 스펀지를 사용하여 검은색 절단면 마감제를 3~5회 바릅니다.

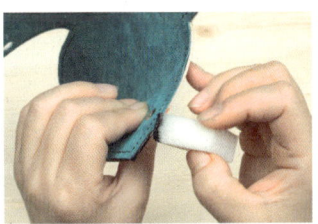

**21** 독특한 모양의 도구함이 완성되었습니다.

같은 방법으로 다양한 색상의 도구함에도 도전해보세요. 필통으로 사용해도 좋아요.

# 27 마블 마우스 패드

*Marble Mouse Pad*

# 마블 마우스 패드

색다른 염색 기법으로 마우스 패드를 만들어 보았습니다. 가죽 전용 수성 염색약과 CMC를 활용해서 염색하는 마블 기법입니다.

□ 예상 재료비 15,000원　□ 완제품 예상가 21,000원　□ 예상 제작시간 1시간　□ 난이도 ★☆☆☆☆　□ 완성 크기 21×17cm

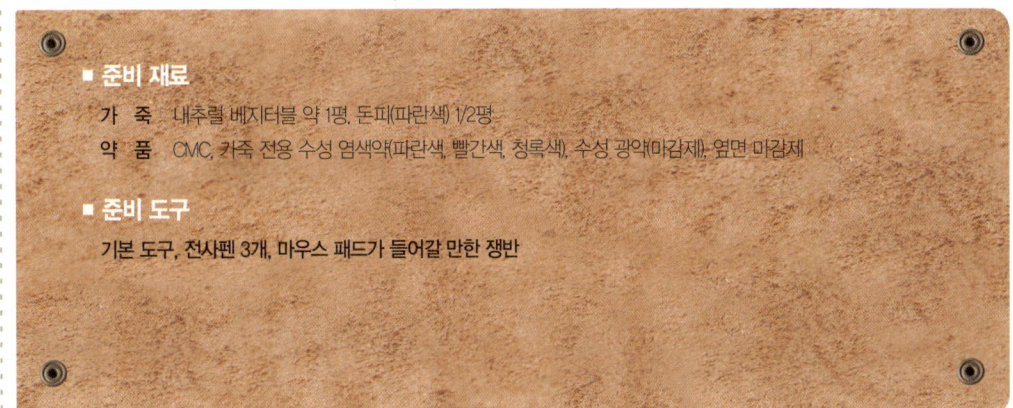

■ 준비 재료
　가　죽　내추럴 베지터블 약 1평, 돈피(파란색) 1/2평
　약　품　CMC, 가죽 전용 수성 염색약(파란색, 빨간색, 청록색), 수성 광액마감제, 염면 마감제

■ 준비 도구
　기본 도구, 전사펜 3개, 마우스 패드가 들어갈 만한 쟁반

## 형지 제작 및 재단하기

ⓐ 겉면 가죽 : 21×17cm
ⓑ 밑면 돈피 : 22×18cm

※ ⓐ 가죽의 각 모서리는 반지름이 0.5cm인 ¼의 부채꼴로 그린 후 재단하세요.

※ ⓑ 돈피는 가죽과 붙인 후 재단할 것을 생각하여 가로 세로 각각 1cm 크게 재단하세요.

※ 돈피를 사용하지 않고 뒷면 마감제를 사용해도 좋습니다.

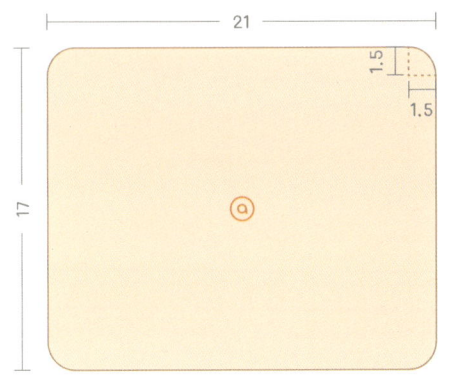

## 마블 무늬 넣기

**1** 실물본을 이용하여 도안대로 형지를 만들어 가죽 위에 송곳을 이용하여 덧그린 후 재단합니다. 돈피는 가죽보다 가로 세로 각각 1cm 크게 재단하세요.

**2** CMC와 물을 약 1:20 비율로 섞은 용액을 48시간 이상 경과하여 덩어리가 없이 걸쭉하게 만듭니다. 그런 다음 쟁반에 약 0.5cm 깊이로 붓고 파란색, 빨강색, 청록색의 수성 염색약을 군데군데 뿌려줍니다.

**3** 전사펜 3개를 한손으로 나란히 잡고 세로 방향으로 저어 원하는 모양을 표현합니다.

**4** 계속해서 전사펜 3개를 가로 방향으로도 저어주세요.

**5** 가죽의 겉면이 밑을 향하게 잡고 가운데 부분부터 용액에 올려놓은 후 5분 정도 기다립니다.

**6** 가죽을 들어서 용액을 헤라로 걷어내고 흐르는 물에 재빨리 씻어줍니다.

**7** 종이를 깔고 겉면을 밀착시켜 수분을 흡수시킵니다.

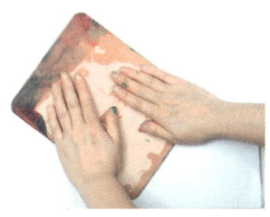

**8** 드라이어의 찬바람을 쐬어 말려주세요.

**9** 하루 정도 그늘에서 말린 후 목장갑을 사용하여 마감제(수성 광약)를 톡톡 두드려 발라줍니다.

**돈피 붙여 완성하기**

**10** 염색한 가죽 뒷면과 돈피 뒷면에 본드주걱으로 본드를 얇게 바르고 어느 정도 지난 후 서로 붙여줍니다.

**11** 커팅매트 위에 붙인 가죽을 놓고 커터칼로 가죽의 경계선을 따라 돈피를 잘라냅니다.

**12** 옆면을 다이아몬드 줄로 다듬고 옆면 마감제를 바른 후 어느 정도 흡수되면 슬리커로 문질러서 매끄럽게 마감합니다.

**13** 마블 기법을 사용한 마우스 패드가 완성되었습니다.

# 28 아이패드 케이스

I-Pad Case

# 아이패드
# 케이스

내추럴 베지터블 가죽과 오일 풀 업(Oil full up) 가죽을 같이 사용해서 아이패드 케이스를 만들어 봤습니다. 서류봉투 모양을 참고하여 디자인했습니다.

□ 예상 재료비 45,000원　□ 완제품 예상가 80,000원　□ 예상 제작시간 2시간 30분　□ 난이도 ★★★☆☆　□ 완성 크기 25×20cm

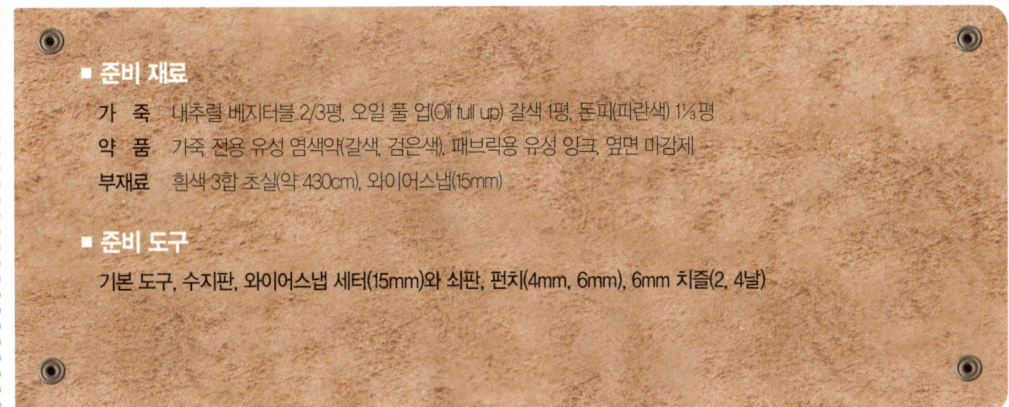

**■ 준비 재료**

**가 죽** 내추럴 베지터블 2/3평, 오일 풀 업(Oil full up) 갈색 1평, 돈피(파란색) 1⅓평

**약 품** 가죽 전용 유성 염색약(갈색, 검은색), 패브릭용 유성 잉크, 옆면 마감제

**부재료** 흰색 3합 초실(약 430cm), 와이어스냅(15mm)

**■ 준비 도구**

기본 도구, 수지판, 와이어스냅 세터(15mm)와 쇠판, 펀치(4mm, 6mm), 6mm 치즐(2, 4날)

## 형지 제작 및 재단하기

ⓐ 앞면 왼쪽 가죽 : 10.8×25cm

ⓑ 앞면 오른쪽 가죽 : 10.8×25cm

ⓒ 앞면 뚜껑 가죽 : 실물본(약 20.6×5cm)

ⓓ 뒷면 가죽 : 실물본(약 20.6×32.1cm)

ⓔ 앞면 내부 돈피 : 20.6×26cm

ⓕ 뒷면 내부 돈피 : 20.6×28cm

※ ⓒ, ⓓ 가죽은 부록의 실물본을 이용하여 형지를 만든 후 재단하세요.

※ ⓔ, ⓕ의 28cm는 여유분이 아닌 실제 크기입니다.

※ 아이패드Ⅱ를 기준으로 만든 실물본이므로 다른 버전의 아이패드나 뉴 아이패드의 경우에는 크기를 확인하여 형지를 만드세요.

**1** 실물본을 참고하여 도안대로 형지를 만들어 가죽 위에 덧그린 후 재단합니다.

**2** 앞면 왼쪽 가죽 ⓐ, 앞면 오른쪽 가죽 ⓑ에 무늬를 넣기 위해 분무기로 가죽이 약간 젖을 정도로 물을 뿌려줍니다. 그런 다음 석판 위에 가죽을 놓고 수지판을 쇠망치로 타격하여 무늬를 넣습니다.

**3** 무늬가 들어가면 ⓐ, ⓑ를 드라이어의 찬바람을 쐬어 말립니다. 그런 다음 염색이 뭉치지 않도록 갈색 유성 염색약을 종이에 문질러 파스텔 톤으로 만든 후 가죽 위에 원을 그리면서 염색합니다.

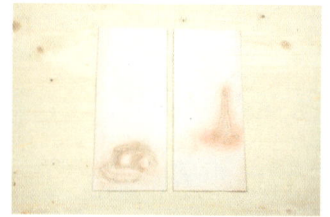

**4** 검은색 유성 염색약도 종이에 문질러 파스텔 톤으로 만든 후 원하는 색이 나올 때까지 반복하여 염색합니다. 염색이 끝나면 목장갑의 손바닥 부분으로 염색된 부분에 광이 나도록 문지르세요.

**5** 스탬프에 패브릭용 유성 잉크를 충분히 묻힌 후 전체적으로 잘 찍히도록 꾹 눌러줍니다.

**6** ⓐ와 ⓑ가 접착되는 부분을 커터칼 또는 패디를 사용하여 0.9cm 너비로 피합니다. 그런 다음 피할한 접착 부분에 본드를 바른 후 ⓐ를 ⓑ 위에 1cm 겹쳐서 붙입니다.

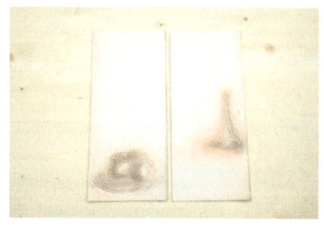

0.9cm
뒷면에서 피할  ⓐ ⓑ  앞면에서 피할

**7** ⓐ, ⓑ가 겹친 부분과 위쪽에 디바이더로 0.4cm 너비의 바느질선을 표시하고 6mm 치즐(2, 4날)로 구멍을 뚫습니다. 그런 다음 약 90cm의 흰색 3합 초실을 바늘 두 개에 꿰고 새들 스티치한 후 남은 실은 투명 본드로 마감하세요.

**8** 연결한 ⓐ, ⓑ 뒷면과 ⓔ 뒷면에, ⓓ 뒷면과 ⓕ 뒷면에 본드를 얇게 바르고 어느 정도 지난 후 서로 붙여줍니다. 바느질하는 부분은 0.5cm 너비만큼 본드를 칠하지 말고 그 부분의 돈피는 벗겨주세요.

**TIP**

돈피는 보이지 않도록 바느질해주세요.

돈피가 겉면 가죽 사이로 들어갈 때 바느질되는 부분까지 돈피를 붙이면, 완성된 옆면의 가죽 사이에 돈피가 보이므로 완성도가 떨어집니다. 가능하면 돈피를 자르고 바느질해주세요.

**9** ⓓ와 ⓕ가 붙은 뒷면 윗부분의 뚜껑 부분과 앞면 뚜껑(ⓒ)의 뒷면에 본드를 얇게 바르고 서로 붙입니다. 이때 ⓒ의 아랫부분은 ⓕ의 윗부분 0.9cm 정도를 겹쳐서 붙여줍니다.

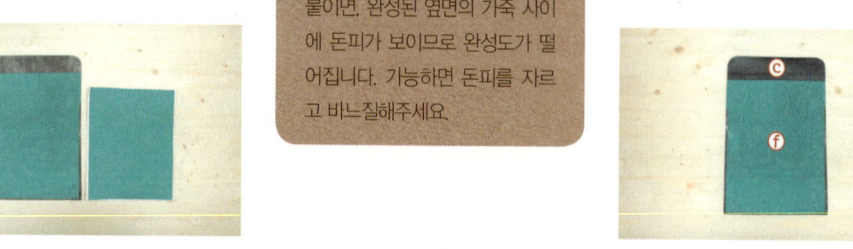

**10** ⓕ의 테두리와 ⓔ의 테두리에 입구를 제외하고 돈피를 잘라낸 부분에 ㄷ자 형태로 0.5cm 너비로 본드를 얇게 바르고 어느 정도 지나 마른 후 서로 붙여줍니다.

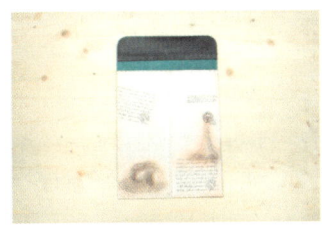

**11** 디바이더를 0.4cm 너비로 조절하여 테두리에 바느질 선을 표시한 후 6mm 치즐(2, 4날)로 바느질 구멍을 뚫습니다.

**12** 뚜껑 부분은 뒷면에서 사진과 같이 7cm까지만 바느질 선을 표시해주세요.

**13** 약 340cm(둘레의 3배+20cm)의 흰색 3합 초실을 바늘 두 개에 꿰고 새들 스티치한 후 남은 실은 투명본드로 마감합니다.

**14** 바느질한 뒷면의 모습입니다.

**15** 고무판 위에 가죽을 올려놓고 15mm 와이어스냅이 들어갈 윗부분은 6mm 펀치로, 아랫부분은 4mm 펀치로 구멍을 뚫은 다음 15mm 와이어스냅 세터와 쇠판을 사용하여 15mm 와이어스냅을 달아줍니다.

**16** 옆면을 다이아몬드 줄로 다듬고 옆면 마감제를 바른 후 충분히 흡수되면 슬리커로 문질러서 매끄럽게 마감합니다.

**17** 크기를 조금만 조정하면 갤럭시탭 10.1 케이스로 사용해도 좋습니다. 내추럴 베지터블 가죽과 오일 풀 업(Oil full up) 가죽을 사용하여 고급스러운 디자인의 실용적인 아이패드 케이스가 완성되었습니다.

# 29 갤럭시탭 케이스

*Galaxy Tap Case*

# 갤럭시탭 케이스

나만의 갤럭시탭 케이스를 만들어 보는 것은 어떨까요? 사용하던 케이스를 리폼해도 좋습니다.

□ 예상 재료비 45,000원   □ 완제품 예상가 80,000원   □ 예상 제작시간 3시간   □ 난이도 ★★☆☆☆   □ 완성 크기 14×19.5cm

- **준비 재료**
  가죽    내추럴 베지터블 약 1평, 돈피(파란색) 약 1평
  약품    가죽 전용 유성 염색약(파란색, 노란색, 주황색, 검은색), 에탄올, 패브릭용 유성 잉크, 염면 마감제, 절단면
         마감제(검은색)
  부재료   갤럭시탭 실리콘 케이스, 리벳(5mm) 4개, 와이어스냅(13mm), 검은색 3합 초실(420cm), 스탬프

- **준비 도구**
  기본 도구, 수지판, 5mm 리벳 세터와 쇠판, 13mm 와이어스냅 세터와 쇠판, 펀치(1mm, 2mm, 3mm, 5mm)

## 형지 제작 및 재단하기

ⓐ 겉면 가죽 : 실물본(약 32×20cm)
ⓑ 안면 돈피 : 33×21cm
※ ⓐ 가죽은 부록의 실물본을 이용하여
형지를 만든 후 재단하세요.
※ ⓑ 돈피는 가죽과 붙인 후 재단할 것
을 생각하여 가로세로 각각 1cm 크게 재
단합니다.

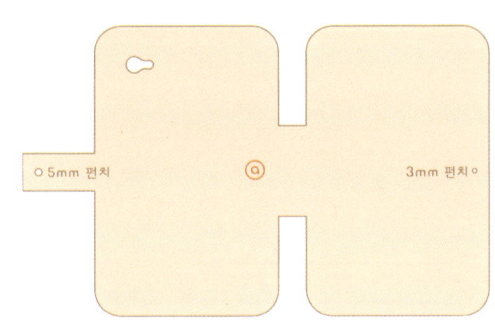

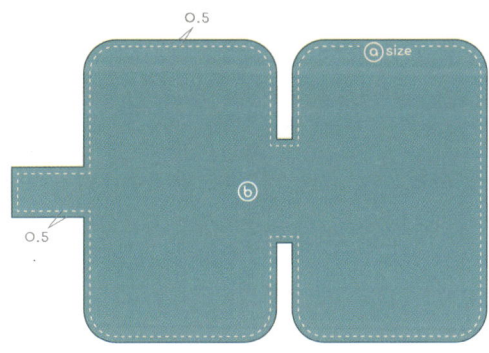

### 무늬 넣고 염색하기

**1** 도안대로 형지를 만들어 가죽 위에 올려놓고 송곳으로 덧그린 후 재단합니다. 그런 다음 무늬를 넣기 위해 분무기로 가죽이 약간 젖을 정도로 물을 뿌리고, 석판 위에 올려놓은 후 수지판을 쇠망치로 타격하여 무늬를 넣습니다.

**2** 완성되었을 때 윗면 부분은 노란색, 밑면 부분은 파란색의 베이스를 가죽에 충분히 뿌린 후 드라이어의 찬바람을 쐬어 말립니다. 이때 노란색 유성 염색약은 1:20으로, 파란색은 1:10의 비율로 섞어주세요.

**3** 주황색 유성 염색약을 종이에 문질러 파스텔 톤으로 만든 후 노란색 베이스의 가죽 위에 원을 그리면서 염색합니다.

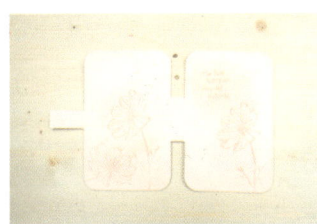

**4** 파란색 유성 염색약을 종이에 문질러 파스텔 톤으로 만든 후 파란색 베이스의 가죽 위에 원을 그리면서 염색합니다.

**5** 검은색 유성 염색약을 종이에 문질러 파스텔 톤으로 만든 후 파란색 베이스의 가죽 위에 원을 그리면서 원하는 색이 나올 때까지 반복하여 염색합니다.

**6** 염색이 끝나면 목장갑으로 염색된 부분에 광이 나도록 문지릅니다. 그런 다음 스탬프에 패브릭용 유성 잉크를 충분히 묻힌 후 전체적으로 잘 찍히도록 꾹 눌러줍니다.

**7** 염색한 가죽과 돈피의 뒷면에 본드주걱으로 본드를 얇게 바르고 어느 정도 지난 후 서로 붙여줍니다. 그런 다음 커팅매트 위에 붙인 가죽을 놓고 커터칼로 가죽의 경계선을 따라 돈피를 잘라냅니다.

**바느질하여 완성하기**

**8** 디바이더로 0.3cm 너비의 바느질 선을 표시하고 은펜으로 0.5cm 간격의 점을 찍은 후 1mm 펀치로 구멍을 뚫습니다.

**9** 약 420cm(둘레의 3배+20cm)의 검은색 3합 초실을 바늘 한 개에 꿰고 테두리를 일자 바느질한 후 남은 실은 투명본드로 마감합니다.

**10** 형지의 카메라 구멍을 송곳으로 옮겨 그린 후 커팅매트 위에 올려놓고 세밀용 칼과 펀치로 카메라 구멍을 뚫습니다.

 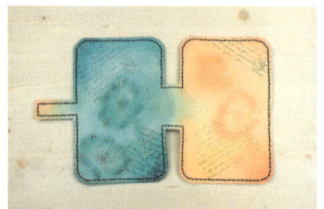 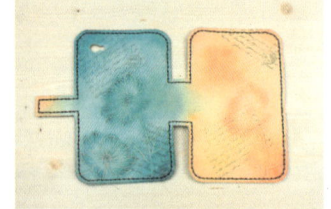

**11** 옆면을 다이아몬드 줄로 다듬고 옆면 마감제를 바른 후 어느 정도 흡수되면 슬리커로 문질러서 매끄럽게 마감합니다. 옆면 마감제가 마르면 검은색 절단면 마감제를 3~5회 바르세요.

**12** 젤 케이스에 리벳으로 고정할 4곳을 유성펜으로 표시하여 구멍을 뚫고 가죽 케이스의 카메라 구멍과 젤 케이스의 카메라 구멍을 일치시켜 가죽 케이스에도 구멍을 뚫어 5mm 리벳으로 고정합니다.

**13** 13mm 와이어스냅은 13mm 와이어스냅 셔터와 쇠판을 사용하여 달아줍니다.

**14** 갤럭시탭 케이스가 완성되었습니다.

  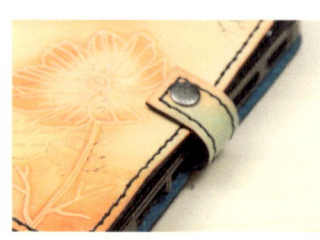 

Leather **6** craft

# 아이들을 위한 가죽공예 선물

# 미아 방지용 목걸이

어린이와 함께 여행이나 전시회장과 같은 사람이 많은 곳에 갈 때 미아방지용 목걸이를 만들어 걸어주면 어떨까요.

□ 예상 재료비 5,000원  □ 완제품 예상가 10,000원  □ 예상 제작시간 30분  □ 난이도 ★☆☆☆☆  □ 완성 크기 9×5cm

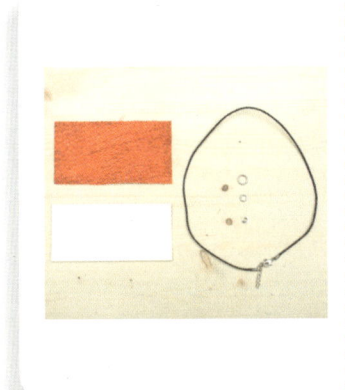

■ **준비 재료**
가 죽    내추럴 베지터블 약 1/10평, 돈피(주황색) 약 1/10평
약 품    가죽 전용 유성 염색약(노란색, 녹색), 에탄올, 옆면 마감제, 절단면 마감재(주황색)
부재료   목걸이, 8mm O링, 그로멧 1호(내경 4mm)

■ **준비 도구**
기본 도구, 수지판, 트레팔지, 네임펜, 전사펜, 펀치(4mm), 1호 그로멧 세터와 쇠판, 조립반지, 평플라이어

## 형지 제작 및 재단하기

ⓐ 앞면 가죽 : 10×6cm
ⓑ 뒷면 돈피 : 10×6cm
※ ⓐ의 당근 무늬는 부록의 실물본을 전사하여 넣으세요.

## 무늬 넣고 염색하기

**1** 가로 10cm, 세로 6cm 직사각형 모양으로 가죽과 돈피를 재단합니다. ⓐ에 무늬를 넣기 위해 분무기로 가죽이 약간 젖을 정도로 물을 뿌려 줍니다.

**2** 석판 위에 가죽을 올려놓고 수지판을 쇠망치로 타격하여 무늬를 넣습니다. 그런 다음 이름과 전화번호를 쓴 트레팔지를 가죽 위에 올리고 전사펜으로 전사지의 이름과 전화번호를 따라 천천히 꾹꾹 누르며 덧그립니다.

**3** 전체적인 베이스로 노란색 유성 염색약과 에탄올을 1:20의 비율로 섞어 분무기에 넣고 가죽에 충분히 뿌립니다. 그런 다음 노란색 유성 염색약을 종이에 문질러 파스텔 톤으로 만든 후 가죽 위에 원을 그리면서 염색합니다.

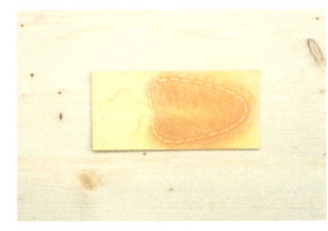

**4** 녹색 유성 염색약도 종이에 문질러 파스텔 톤으로 만든 후 원하는 색이 나올 때까지 반복하여 염색하고 목장갑으로 염색된 부분에 광이 나도록 문지르세요.

**5** 염색한 가죽 뒷면과 돈피의 뒷면에 본드주걱으로 본드를 얇게 바르고 어느 정도 지난 후 서로 붙여줍니다.

**TIP**

**돈피의 쉽게 늘어나는 성질**

사진은 위, 아래로 돈피를 약간 늘려보았습니다. 돈피는 쉽게 늘어나는 성질이 있어 작업 중 돈피의 크기가 약간 부족하면 위와 같이 늘려서 사용하면 됩니다.

**6** 커팅매트 위에 돈피를 붙인 가죽을 놓고 커터칼로 무늬의 경계선을 따라 가죽과 돈피를 잘라냅니다.

---

**목걸이 달아 완성하기**

**7** 고무판 위에 가죽을 올려놓고 위쪽 끝에서 0.5cm 안쪽의 중앙에 4mm 펀치를 타격하여 구멍을 뚫습니다.

**8** 1호 그로멧 쇠판 위에 무늬가 있는 앞면이 아래를 향하도록 가죽을 올려놓습니다.

**9** 1호 그로멧 세터를 사용하여 그로멧 1호를 달아줍니다.

---

**10** 목걸이 구멍에 1호 그로멧을 달아주었습니다.

**11** 옆면을 다이아몬드 줄로 다듬고 옆면 마감제를 바른 후 어느 정도 흡수되면 슬리커로 문질러서 매끄럽게 마감합니다. 옆면 마감제가 마르면 주황색 절단면 마감제를 3~5회 바르세요.

**12** 조립반지에 지름 8mm O링을 꽂고 평플라이어를 몸쪽으로 비틀어서 벌립니다. 그런 다음 가죽과 목걸이를 끼우고 평플라이어를 원래대로 비틀어서 8mm O링을 닫아줍니다.

**13** 미아 방지용 목걸이가 완성되었습니다.

자동차와 나무 모양 등 다양한 디자인으로 만들어 보세요.

# 31 플라워 머리띠
*Flower Hair Band*

# 플라워 머리띠

수지판을 이용하여 간단한 무늬를 넣은 꽃모양의 머리띠를 만들어보았어요.

□ 예상 재료비 5,000원   □ 완제품 예상가 10,000원   □ 예상 제작시간 1시간   □ 난이도 ★☆☆☆☆   □ 완성 크기 7×7cm

■ **준비 재료**

가 죽    내추럴 베지터블 약 1/10평
약 품    가죽 전용 유성 염색약(노란색, 주황색, 녹색), 에탄올, 앞면 마감제, 절단면 마감제(주황색)
부재료   머리띠, 너비 5mm 리본(약 100cm), 양면테이프

■ **준비 도구**

기본 도구, 수지판

## 형지 제작 및 재단하기

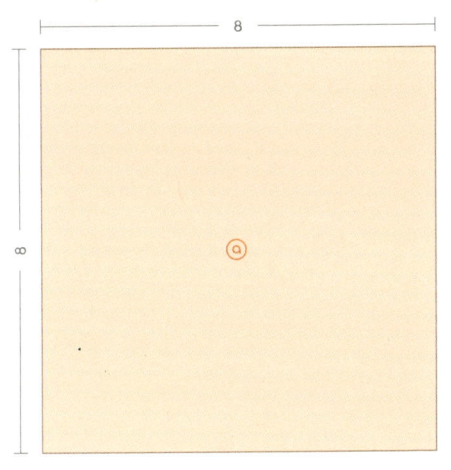

ⓐ 앞면 가죽 : 8×8cm   ⓑ 뒷면 가죽 : 4×2cm

※ ⓐ 가죽의 꽃무늬 도안은 사진이나 꽃 일러스트를 참고하여 다양하게 표현하세요.

## 무늬 넣고 염색하기

**1** 도안대로 형지를 만들어 송곳을 이용하여 가죽 위에 덧그린 후 커팅매트 위에 놓고 쇠자와 커터칼로 재단합니다.

**2** ⓐ에 무늬를 넣기 위해 분무기로 가죽이 약간 젖을 정도로 물을 뿌려준 다음 석판 위에 가죽을 올려놓고 수지판을 쇠망치로 수직으로 타격하여 무늬를 넣습니다.

**3** 베이스는 노란색 유성 염색약과 에탄올을 1:20의 비율로 섞어 분무기에 넣고 가죽에 충분히 뿌립니다.

**4** 주황색과 녹색 유성 염색약을 종이에 문질러 파스텔 톤으로 만든 후 가죽 위에 원을 그리면서 염색합니다.

**5** 원하는 색이 나올 때까지 반복하여 염색합니다. 염색이 끝나면 목장갑의 손바닥 부분으로 염색된 부분에 광이 나도록 문지르세요.

**6** 커팅매트 위에 염색한 가죽을 올려놓고 커터칼로 무늬의 경계선을 따라 잘라냅니다.

**7** 가죽의 옆면에 다이아몬드 줄을 수직으로 대고 다듬어서 절단면을 매끈하게 만듭니다.

**8** 옆면 마감제를 바른 후 어느 정도 흡수되면 슬리커로 문질러서 매끄럽게 마감합니다. 옆면 마감제가 마르면 주황색 절단면 마감제를 3~5회 바르세요.

**리본 달아 완성하기**

**9** 너비 5mm의 리본 약 100cm(머리띠 길이의 2.5배)를 자른 후 리본 뒷면에 양면테이프를 붙입니다.

**10** 리본에 붙인 양면테이프를 떼어내고 머리띠의 뒷면 끝에 가로로 붙입니다.

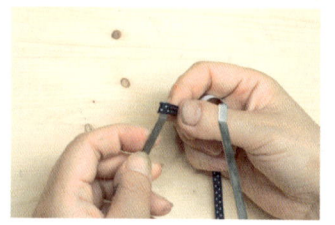

**11** 리본을 한 바퀴 감은 후 사선으로 방향을 틉니다.

**12** 리본을 머리띠에 사선으로 감아줍니다.

**13** 리본을 머리띠의 반대편 끝까지 감은 후 끝부분에서 가로로 한 바퀴 감습니다.

**14** 남는 리본은 가위로 말끔히 잘라냅니다.

**15** 리본의 올이 풀리지 않도록 라이터를 사용하여 끝부분을 녹여줍니다.

**16** 머리띠와 ⓐ의 접착면에 본드를 바르고 어느 정도 지난 후 서로 붙여줍니다.

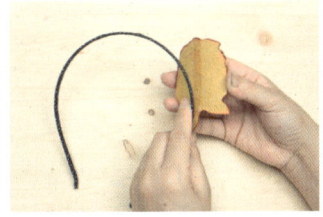

**17** ⓐ 뒷면에 작은 가죽 ⓑ가 붙을 위치를 은펜으로 표시합니다.

**18** ⓐ와 ⓑ의 접착면에 본드주걱으로 본드를 얇게 바르고 어느 정도 지난 후 서로 붙여줍니다.

**19** 플라워 머리띠가 완성되었습니다.

리본 모양이나 다른 꽃 모양을 활용하여 머리띠나 핀을 만들어보세요.

# 32 이탈리안식 필통

*Italian Style Pencil Case*

# 이탈리안식 필통

일체형의 필통은 지퍼가 없어서 만들기가 편합니다. 너무 단조롭다면 금속장식을 달아 포인트를 주는 것도 좋습니다.

☐ 예상 재료비 12,000원  ☐ 완제품 예상가 35,000원  ☐ 예상 제작시간 3시간  ☐ 난이도 ★★☆☆☆  ☐ 완성 크기 19×8.5cm

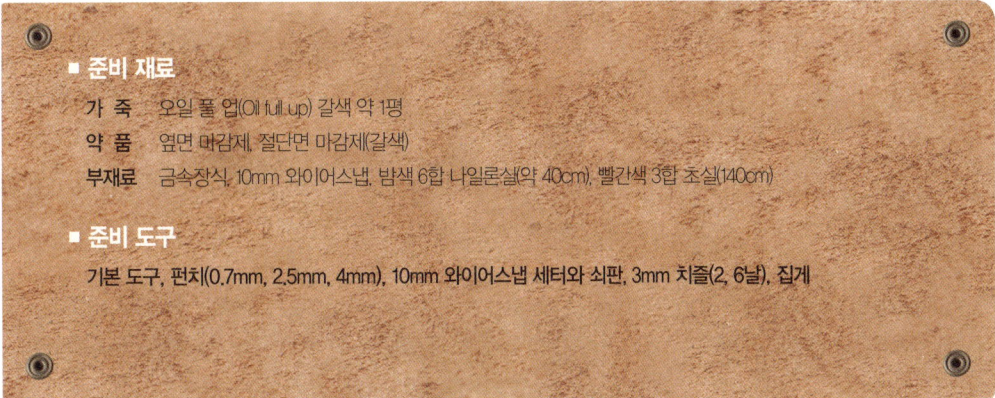

■ **준비 재료**
가 죽   오일 풀 업(Oil full up) 갈색 약 1평
약 품   옆면 마감제, 절단면 마감제(갈색)
부재료   금속장식, 10mm 와이어스냅, 밤색 6합 나일론실(약 40cm), 빨간색 3합 조실(140cm)

■ **준비 도구**
기본 도구, 펀치(0.7mm, 2.5mm, 4mm), 10mm 와이어스냅 세터와 쇠판, 3mm 치즐(2, 6날), 집게

## 형지 제작 및 재단하기

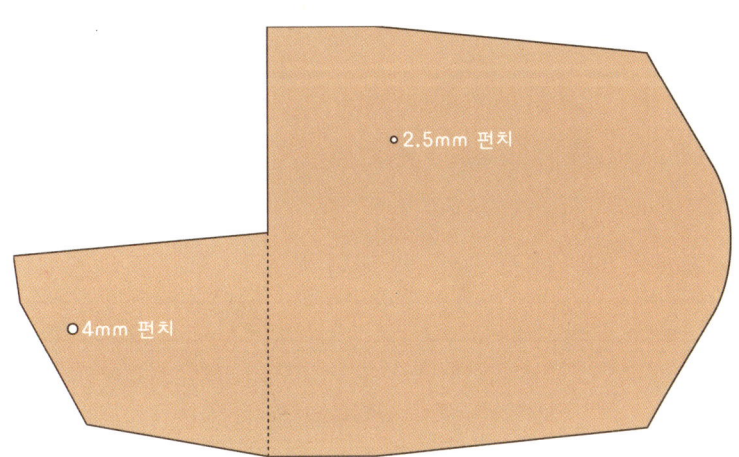

○ 2.5mm 펀치

○ 4mm 펀치

ⓐ 가죽 : 실물본(약 17×29cm)  ※ ⓐ 가죽은 부록의 실물본을 이용하여 형지를 만든 후 재단하세요.

## 재단하고 와이어스냅 달기

**1** 실물본을 이용하여 도안대로 형지를 만들어 가죽 위에 올려놓고 송곳으로 덧그린 후 재단합니다.

**2** 단추를 달아줄 자리를 표시하기 위해 재단한 가죽을 사진처럼 반으로 접은 후 집게로 고정하세요.

**3** 뚜껑 부분에 와이어스냅의 윗부분이 달릴 위치를 표시한 후 고무판 위에 가죽을 올려놓고 표시한 부분에 4mm 펀치를 타격하여 구멍을 뚫습니다.

**4** 뚜껑 부분을 접은 후 와이어스냅의 아랫부분이 달릴 위치를 은펜으로 표시합니다.

**5** 고정시켰던 집게를 푼 후 고무판 위에 가죽을 올려놓고 표시한 부분에 2.5mm 펀치를 타격하여 구멍을 뚫습니다.

**6** 10mm 쇠판 위에 가죽을 올려놓고 10mm 와이어스냅 세터를 사용하여 10mm 와이어스냅을 달아줍니다.

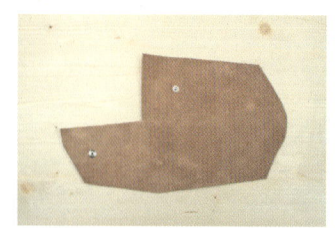

**금속장식 달기**

**7** 가죽 위에 금속장식의 바느질 구멍을 은펜으로 표시합니다.

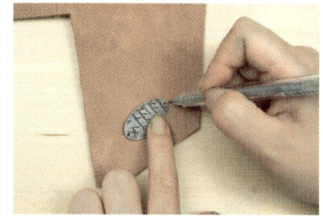

**8** 고무판 위에 가죽을 올려놓고 0.7mm 펀치를 타격하여 4개의 바느질 구멍을 뚫어줍니다.

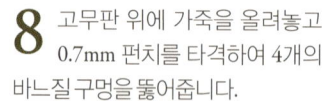

**9** 왁스를 칠한 약 20cm의 밤색 6합 나일론실로 바느질하여 금속장식을 달아줍니다.

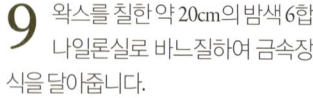

**바느질하여 완성하기**

**10** 가죽 뒷면의 접착 부분을 본드로 붙이고, 디바이더로 0.3cm 너비의 바느질 선을 표시한 후 3mm 치즐(2, 6날)로 구멍을 뚫습니다. 그런 다음 약 140cm의 빨간색 3합 초실을 바늘 두 개에 꿰고 새들 스티치한 후 남은 실은 투명본드로 마감합니다(67쪽 참고).

**11** 옆면을 다이아몬드 줄로 갈아 깔끔하게 다듬고 옆면 마감제를 바른 후 어느 정도 흡수되면 슬리커로 문질러서 매끄럽게 마감합니다.

**12** 금속장식을 달아 포인트를 준 심플한 모양의 필통이 완성되었습니다.

*Hand Made*

# 33 곰돌이 염색 필통

*Bear Pencil Case*

# 곰돌이 염색 필통

앞면에 귀여운 곰돌이 무늬를 넣어 염색한 필통입니다. 이 작품에서는 X자 바느질 기법을 배울 수 있습니다.

□ 예상 재료비 9,000원 □ 완제품 예상가 35,000원 □ 예상 제작시간 4시간 □ 난이도 ★★★☆☆ □ 완성 크기 8.5×19cm

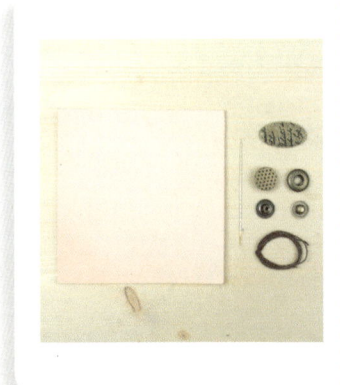

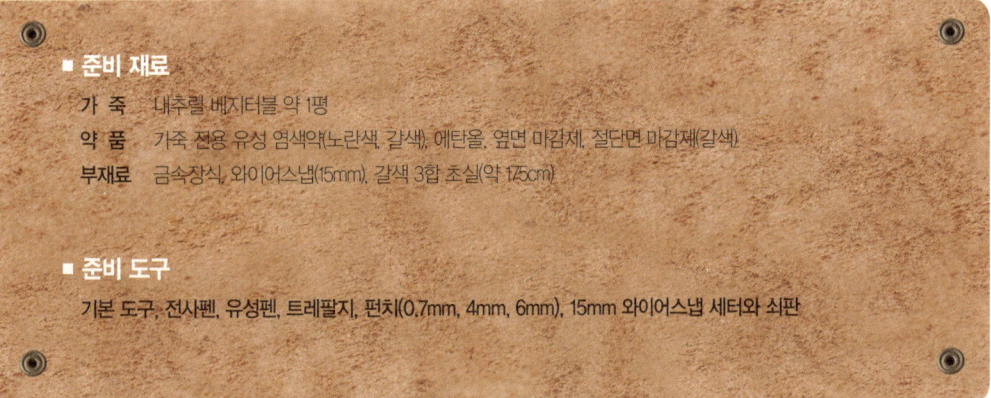

■ 준비 재료

가 죽　내추럴 베지터블 약 1평
약 품　가죽 전용 유성 염색약(노란색 갈색), 에탄올, 염면 마감제, 절단면 마감재(갈색)
부재료　금속장식, 와이어스냅(15mm), 갈색 3합 초실(약 175cm)

■ 준비 도구

기본 도구, 전사펜, 유성펜, 트레팔지, 펀치(0.7mm, 4mm, 6mm), 15mm 와이어스냅 세터와 쇠판

## 형지 제작 및 재단하기

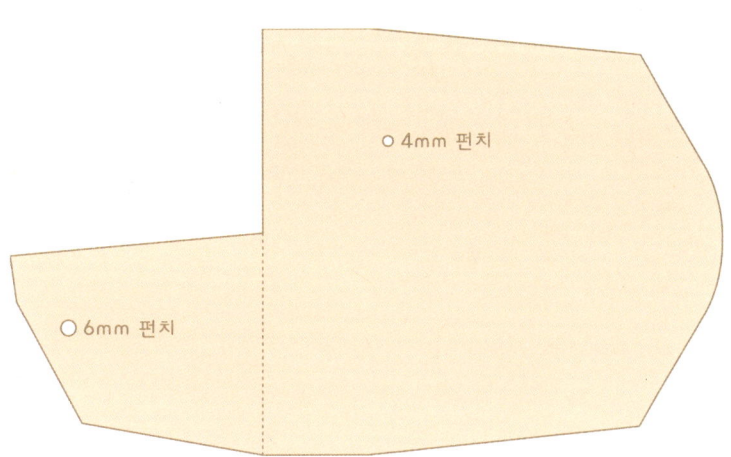

○ 4mm 펀치

○ 6mm 펀치

ⓐ 가죽 : 실물본(약 17×29cm)　※ ⓐ 가죽은 부록의 실물본을 이용하여 형지를 만든 후 재단하세요.
※ ⓐ 가죽의 도안은 부록의 실물본을 이용하여 그리세요.

무늬 넣고
염색하기

**1** 실물본을 이용하여 도안대로 형지를 만들어 가죽 위에 올려놓고 송곳으로 덧그린 후 재단합니다.

**2** ⓐ에 무늬를 넣기 위해 분무기로 가죽이 약간 젖을 정도로 물을 뿌려줍니다. 그런 다음 도안을 옮긴 트레팔지를 가죽 위에 올려놓고 전사펜으로 꾹꾹 누르며 덧그립니다.

**3** 베이스는 노란색 유성 염색약과 에탄올을 1:20의 비율로 섞어 분무기에 넣고 가죽에 충분히 뿌린 후 드라이어의 찬 바람으로 말려줍니다.

**4** 갈색 유성 염색약을 종이에 문질러 파스텔 톤으로 만든 후 가죽 위에 원을 그리면서 염색합니다. 염색이 끝나면 목장갑의 손바닥 부분으로 염색된 부분에 광이 나도록 문지르세요.

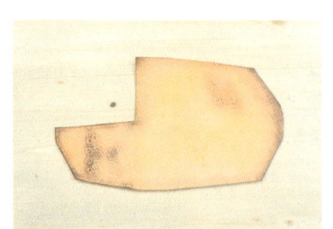

금속장식
달기

**5** 가죽 위에 금속장식의 바느질 구멍을 은펜으로 표시합니다.

**6** 고무판 위에 가죽을 올려놓고 0.7mm 펀치를 타격하여 4개의 바느질 구멍을 뚫어줍니다.

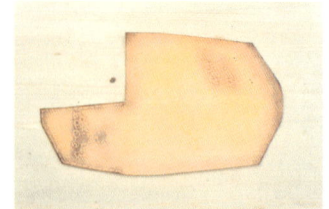

**7** 약 20cm의 갈색 3합 초실로 바느질하여 금속장식을 달아줍니다.

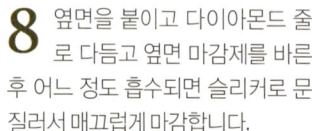

**8** 옆면을 붙이고 다이아몬드 줄로 다듬고 옆면 마감제를 바른 후 어느 정도 흡수되면 슬리커로 문질러서 매끄럽게 마감합니다.

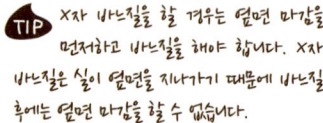

**TIP** X자 바느질을 할 경우는 옆면 마감을 먼저하고 바느질을 해야 합니다. X자 바느질은 실이 옆면을 지나가기 때문에 바느질 후에는 옆면 마감을 할 수 없습니다.

바느질하여
완성하기

**9** 디바이더로 0.3cm 너비의 바느질 선을 표시하고, 은펜으로 0.5cm 간격의 점을 찍은 후 1mm 펀치로 구멍을 뚫습니다. 그런 다음 약 135cm(둘레의 4.5배+20cm)의 갈색 3합 초실을 바늘 한 개에 꿰고 뒤에서 앞을 통과하여 왼쪽 방향으로 바느질합니다. 앞을 통과한 바늘로 가죽의 외부를 감아 돈 후 다시 뒤에서 앞을 통과하여 왼쪽 방향으로 바느질을 합니다.

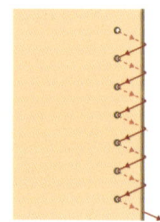

**10** 뒤에서 앞을 통과하여 오른쪽 방향으로 바느질합니다.

**11** 바느질이 완료되면 뒷면의 실은 투명본드로 마감합니다.

**12** 15mm 와이어스냅의 윗부분이 들어갈 구멍을 6mm 펀치로 뚫은 후 15mm 와이어스냅 세터와 쇠판을 사용하여 15mm 와이어스냅의 윗부분을 달아줍니다.

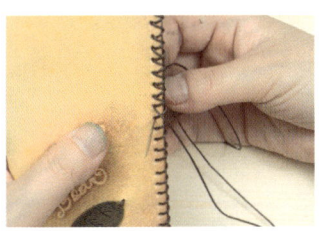

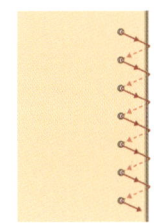

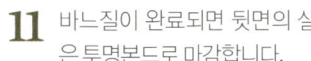

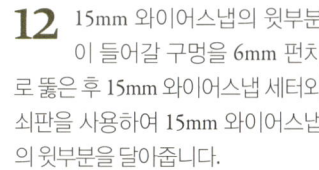

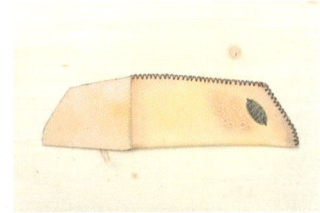

**13** 필통 속에 사용하지 않는 가죽을 두세 겹 겹쳐서 깔고 15mm 와이어스냅의 아랫부분이 들어갈 구멍을 4mm 펀치로 뚫습니다. 그런 다음 15mm 와이어스냅 세터와 쇠판을 사용하여 15mm 와이어스냅의 아랫부분을 달아줍니다.

**14** 귀여운 곰돌이 무늬를 넣고 X자 바느질한 곰돌이 필통이 완성되었습니다.

다른 그림을 활용하여 필통을 만들어보세요. 수성 염색 라텍스 기법(50쪽 참고)을 활용하는 것도 좋습니다.

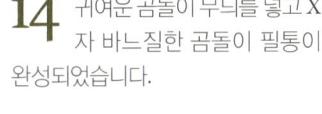

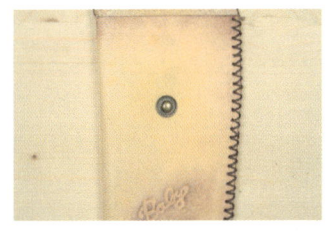

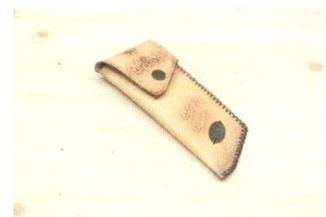

# 타원 이단 연필꽂이

한글 수지판을 사용한 전통 느낌의 연필꽂이입니다. X자 바느질이 앞에서 했던 방법과 다르므로 유의해서 따라해보세요.

□ 예상 재료비 20,000원　□ 완제품 예상가 60,000원　□ 예상 제작시간 5시간　□ 난이도 ★★★★☆　□ 완성 크기 14×10×9cm

■ 준비 재료

가 죽　내추럴 베지터블 약 1평, 내피 가죽 약 1평, 돈피(빨간색) 약 1평
약 품　가죽 전용 유성 염색약(노란색, 갈색), 에탄올, 옆면 마감제, 절단면 마감제(검은색)
부재료　갈색 3합 초실(약 180cm)

■ 준비 도구

기본 도구, 수지판, 은펜, 펀치(1mm), 집게

## 형지 제작 및 재단하기

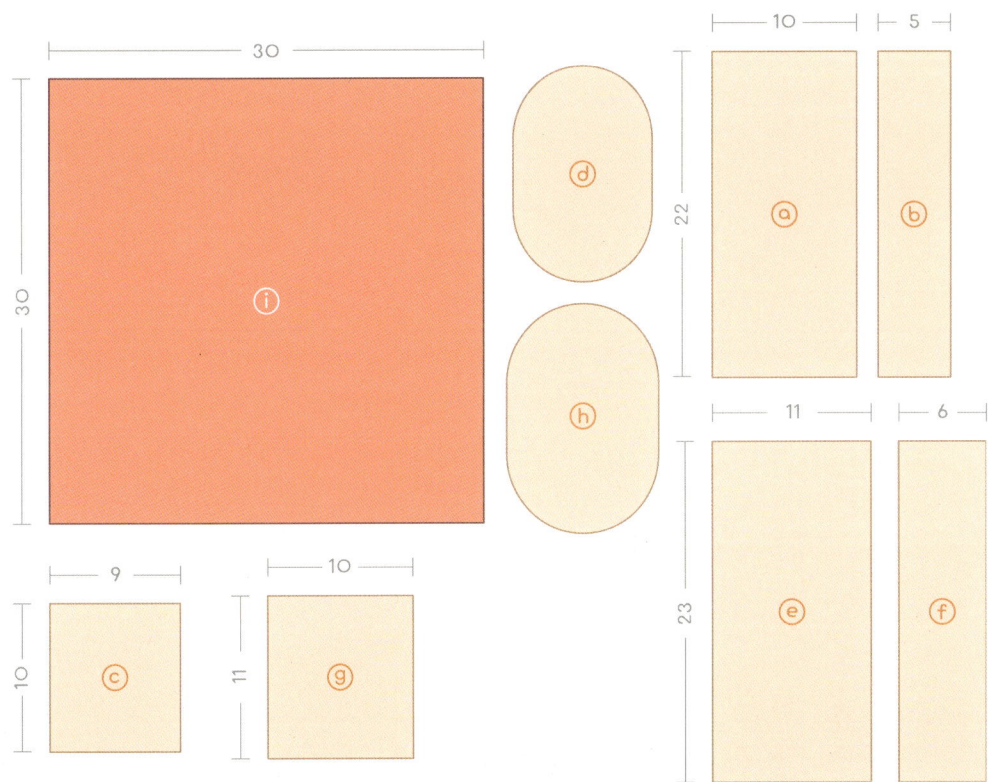

ⓐ 오른쪽 겉면 가죽 : 22×10cm　ⓑ 왼쪽 겉면 가죽 : 22×5cm　ⓒ 칸막이 겉면 가죽 : 9×10cm
ⓓ 바닥 윗면 가죽 : 실물본(약 14×9cm)　ⓔ 오른쪽 내피 : 23×11cm　ⓕ 왼쪽 내피 : 23×6cm
ⓖ 칸막이 내피 : 10×11cm　ⓗ 바닥 내피 : 실물본(약 15×10cm)　ⓘ 안쪽 돈피 : 30×30cm

※ ⓓ, ⓗ 가죽은 부록의 실물본을 이용하여 형지를 만든 후 재단하세요.

※ ⓔ∼ⓗ 내피는 가죽과 붙인 후 재단할 것을 생각하여 가로 세로 각각 1cm 크게 재단합니다

※ ⓘ 돈피는 전체적으로 한꺼번에 붙일 것을 감안하여 30×30cm로 재단하세요.

**1** 실물본을 이용하여 도안대로 형지를 만들어 가죽 위에 덧그린 후 재단합니다. 내피와 돈피도 함께 재단합니다.

**2** ⓐ, ⓑ, ⓒ에 무늬를 넣기 위해 분무기로 가죽이 약간 젖을 정도로 물을 뿌려준 다음 석판 위에 가죽을 올려놓고 수지판을 쇠망치로 수직으로 타격하여 무늬를 넣습니다.

**3** 전체적인 베이스로 노란색 유성 염색약과 에탄올을 1:20의 비율로 섞어 분무기에 넣고 가죽에 충분히 뿌린 후 드라이어의 찬바람을 쐬어 말립니다.

**4** 갈색 유성 염색약을 종이에 문질러 파스텔 톤으로 만든 후 원하는 색이 나올 때까지 반복하여 염색한 후 목장갑으로 염색된 부분에 광이 나도록 문지르세요.

**5** 바닥에 깔릴 ⓓ도 앞에서 한 것과 같은 방법으로 노란색과 갈색 유성 염색약으로 염색합니다.

**6** 염색한 가죽의 뒷면과 내피의 뒷면에 본드를 얇게 바르고 어느 정도 지난 후 서로 붙여줍니다.

**7** 커팅매트 위에 내피를 붙인 가죽을 놓고 커터칼로 가죽의 경계선을 따라 내피를 잘라낸 다음 내피를 붙인 가죽의 뒷면과 돈피(ⓘ) 뒷면에 본드를 바르고 서로 붙여줍니다.

**8** 커팅매트 위에 돈피를 붙인 가죽을 놓고 커터칼로 가죽의 경계선을 따라 돈피를 잘라냅니다.

**9** ⓐ를 성형하기 위해 분무기로 돈피 부분과 겉면을 약간 젖을 정도로 물을 뿌려줍니다.

**10** 물을 뿌린 곳에 드라이어의 찬바람을 쐬어 말립니다.

**11** ⓓ의 중간과 ⓒ의 밑부분에 본
드를 얇게 바르고 서로 붙여줍
니다. 여기에서는 길이를 재기 위해
임시로 조립하는 것입니다.

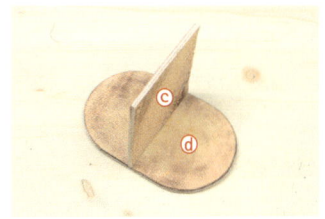

**12** ⓓ와 ⓒ의 오른쪽 테두리에
맞춰 ⓐ를 두르고, 가죽이 남
는 부분을 송곳으로 표시합니다.

**13** 커팅매트 위에 ⓐ를 올려놓고
송곳으로 표시된 부분을 커터
칼로 잘라냅니다.

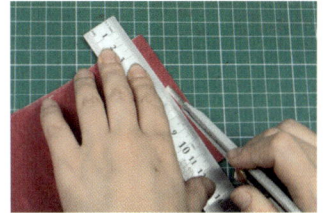

**14** ⓓ와 ⓒ의 왼쪽 테두리에 맞
춰 ⓑ를 두르고 가죽이 남는
부분을 송곳으로 표시합니다. 표시가
끝나면 바느질하기 전에 ⓒ를 떼어주
세요.

**15** 커팅매트 위에 ⓑ를 올려놓고
송곳으로 표시된 부분을 커터
칼로 잘라냅니다.

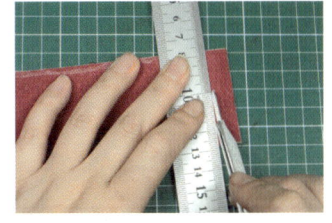

**16** ⓐ, ⓑ, ⓒ의 테두리에 디바이
더로 0.3cm 너비의 바느질 선
을 표시하고, 은펜으로 0.5cm 간격의
점을 찍은 후 1mm 펀치로 구멍을 뚫
습니다.

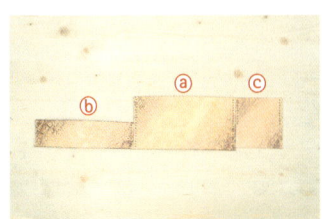

**17** ⓐ와 ⓑ에 펀치를 사용하여 구
멍을 뚫은 모습입니다.

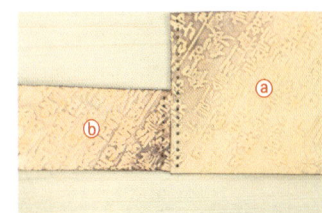

**18** ⓐ와 ⓒ에 펀치를 사용하여 구
멍을 뚫은 모습입니다. ⓐ와
ⓒ는 ⓓ의 두께만큼 높이가 다릅니다.

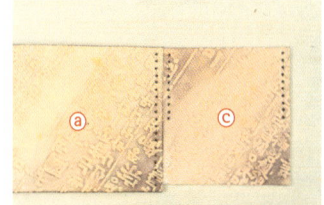

**옆면
마감하기**

**19** ⓐ, ⓑ, ⓒ의 옆면을 다이아몬
드 줄로 다듬고 옆면 마감제
를 바른 후 어느 정도 흡수되면 슬리
커로 문질러서 매끄럽게 마감합니다.
옆면 마감제가 마르면 검은색 절단면
마감제를 3~5회 바르세요.

------ = 절단면 마감제 바르는 부분

**20** ⓓ의 옆면과 ⓐ, ⓑ의 아래 쪽의 맞닿는 부분에 본드를 얇게 바르고 어느 정도 지난 후 서로 붙여줍니다. 이때 ⓐ와 ⓑ가 접착이 잘되도록 집게로 고정시켜 주세요.

ⓐ와 ⓑ
바느질하기

**21** 약 45cm(바느질할 길이의 5배 +20cm)의 갈색 3합 초실을 바 늘 두 개에 꿰고, 왼쪽 아래 두 개의 바 느질 구멍으로 통과시킨 후 실의 길 이를 같게 만듭니다.

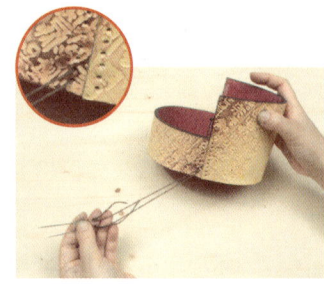

**22** 왼쪽 위의 바늘을 오른쪽 아 래에 있는 구멍으로 통과시 켜 연필꽂이 안쪽으로 넣습니다.

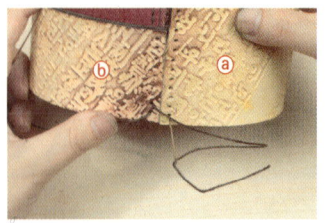

**23** 왼쪽 아래의 바늘을 오른쪽 아래에서 두 번째 구멍으로 통과시켜 연필꽂이 안쪽으로 넣습니 다.

**24** 안쪽에서 봤을 때 왼쪽 아래 에 있는 바늘을 바로 윗구멍 (아래에서 두 번째)으로 통과시켜 연 필꽂이 바깥쪽으로 빼냅니다.

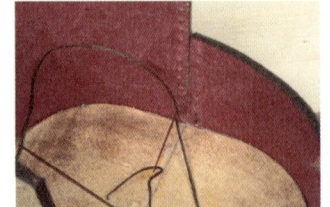

**25** 왼쪽 두 번째 아래에 있는 바 늘을 바로 윗구멍(아래에서 세 번째)으로 통과시켜 연필꽂이 바 깥쪽으로 빼냅니다.

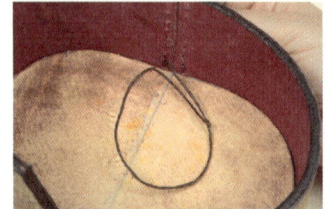

**26** 겉면에서 왼쪽 아래(아래에 서 두 번째)의 바늘을 오른쪽 위(아래에서 세 번째)의 구멍으로 통 과시켜 연필꽂이 안쪽으로 넣습니다.

**27** 안쪽으로 들어온 바늘 두 개 는 각각 바로 윗구멍으로 통 과시켜 연필꽂이 바깥쪽으로 빼냅니 다. 같은 방법으로 반복하여 바느질한 후 남은 실은 라이터로 마감합니다.

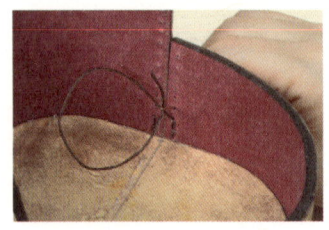

ⓐ와 ⓒ
바느질하기

**28** ⓐ와 ⓑ의 양쪽에 바느질이 끝나면 ⓒ와 ⓐ, ⓓ의 접착면에 본드를 바르고 서로 붙여줍니다. 그런 다음 약 45cm(바느질할 길이의 5배 +20cm)의 갈색 3합 초실을 바늘 두 개에 꿰고, ⓐ와 ⓒ의 아래쪽 바느질 구멍으 로 통과시킨 후 실의 길이를 같게 만듭니다.

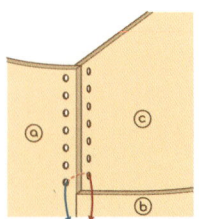

**29** ⓒ에서 나온 실을 ⓐ의 왼쪽 ㉮구멍 통과시켜 연필꽂이 안쪽으로 넣습니다.

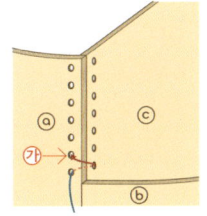

**30** ⓐ에서 나온 실을 ⓒ의 ㉯구멍으로 통과시켜 연필꽂이 안쪽으로 넣습니다.

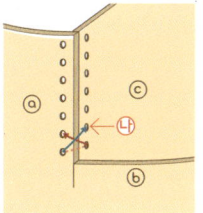

**31** 각각의 뒤에 있는 바늘을 바로 옆에 있는 구멍으로 넣어 앞으로 나오게 하여 양손으로 실을 잡아당깁니다.

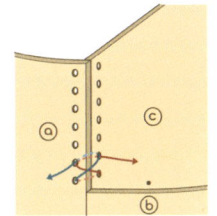

**32** 같은 방법으로 반복하여 바느질하고 남은 실은 라이터로 마감합니다.

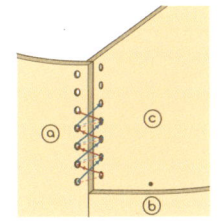

**33** 반대쪽도 바느질을 마무리하면 연필꽂이가 완성됩니다.

크기와 색상 실 등을 다르게 사용하여 다양한 연필꽂이를 만들어보세요.

# 35 이탈리안식 책갈피

Italian Style Bookcmark

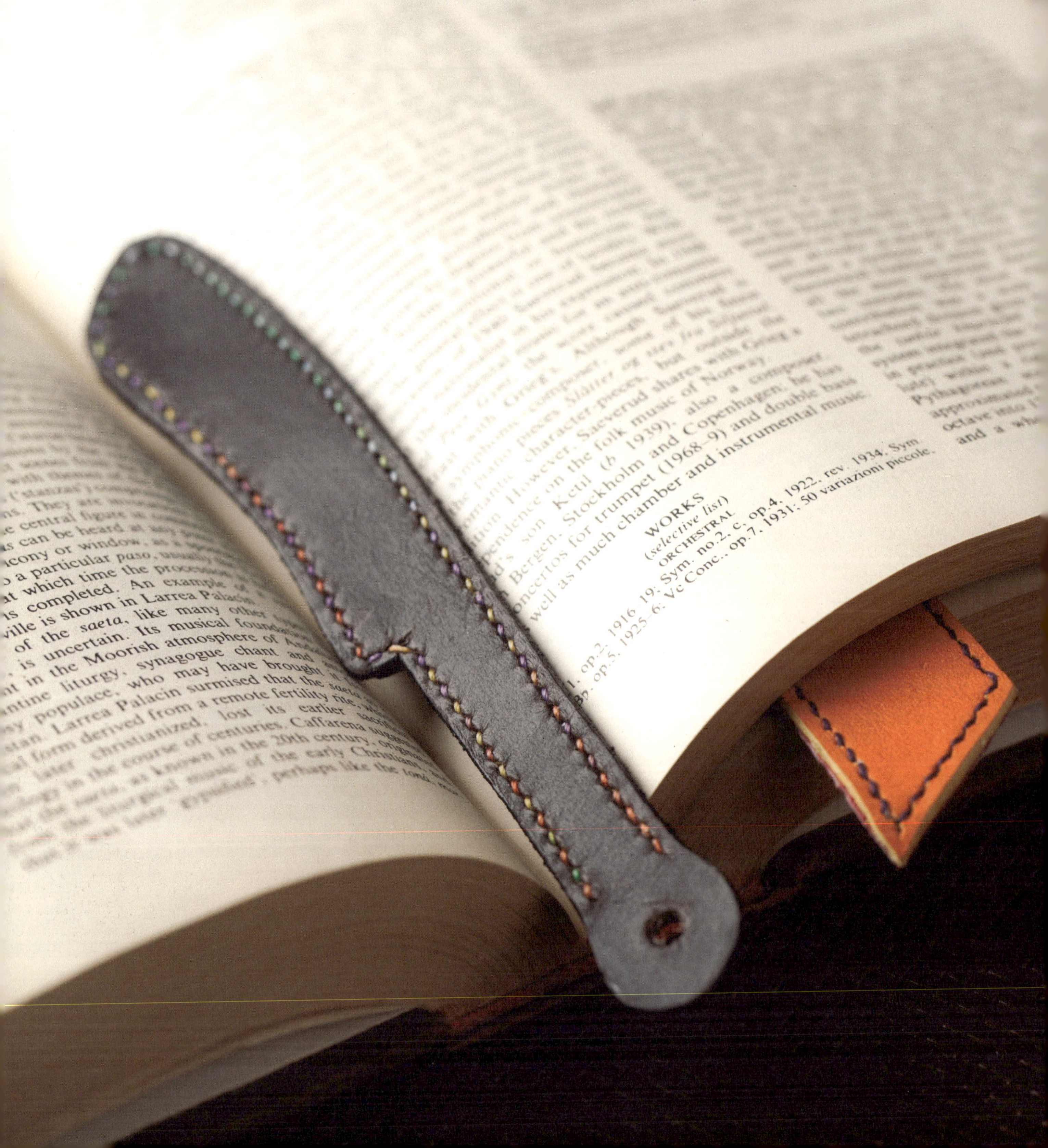

# 이탈리안식 책갈피

염색한 가죽에 새들 스티치를 사용하여 심플한 책갈피를 만들어 보았습니다. 너무 심플하다고 생각되면 실 색상으로 포인트를 주는 것도 좋습니다.

□ 예상 재료비 2,500원  □ 완제품 예상가 15,000원  □ 예상 제작시간 1시간  □ 난이도 ★★☆☆☆  □ 완성 크기 2×7cm

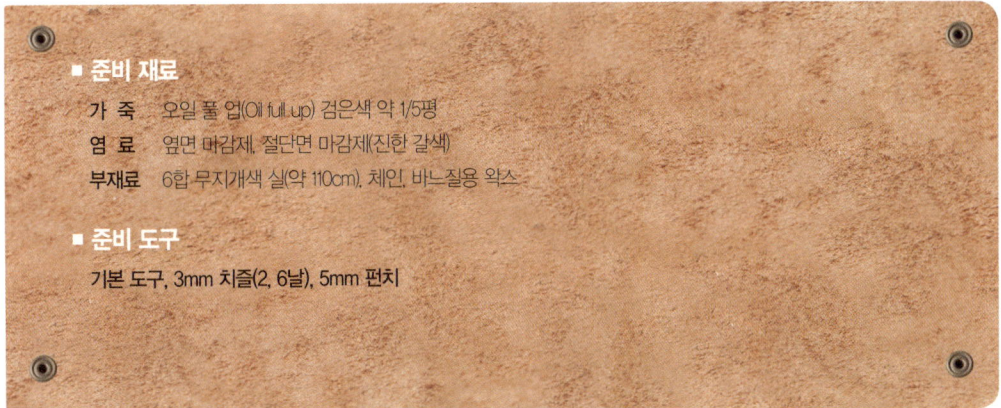

■ 준비 재료
가 죽  오일 풀 업(Oil full up) 검은색 약 1/5평
염 료  옆면 마감제, 절단면 마감제(진한 갈색)
부재료  6합 무지개색 실(약 110cm), 체인, 바느질용 왁스

■ 준비 도구
기본 도구, 3mm 치즐(2, 6날), 5mm 펀치

**형지 제작 및 재단하기**

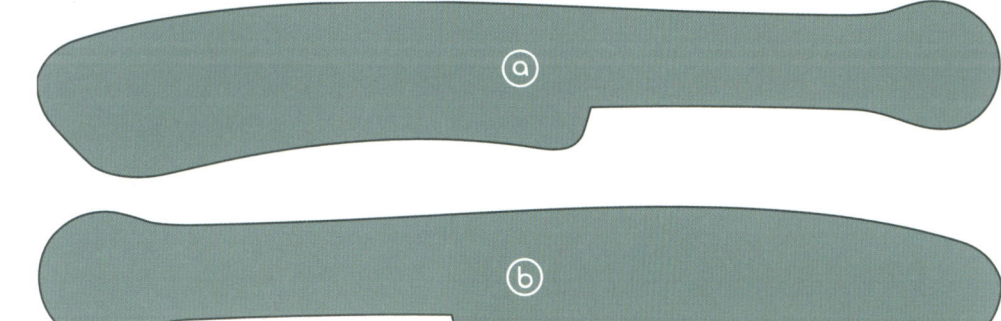

ⓐ 앞면 가죽 : 실물본(약 4×16cm)  ⓑ 뒷면 가죽 : 실물본(약 4×16cm)
※ ⓐ, ⓑ 가죽은 부록의 실물본을 이용하여 형지를 만든 후 재단하세요.

재단하고 조립하기

**1** 도안대로 형지를 만들고 위아래가 대칭되도록 송곳을 사용하여 가죽 위에 덧그린 후 재단합니다.

**2** 가죽의 뒷면에 본드주걱으로 본드를 얇게 바르고 어느 정도 지난 후 서로 붙입니다.

**3** 앞면과 뒷면이 붙은 후 옆면이 일정하지 않으면 커터칼로 옆면을 깔끔하게 잘라내세요.

**4** 디바이더를 0.3cm 너비로 조절한 후 바느질 선을 표시합니다.

**5** 고무판 위에 가죽을 놓고 바느질 선을 따라 3mm 치즐(2, 6날)을 사용하여 바느질 구멍을 뚫습니다.

**6** 곡선 부분은 3mm 2날 치즐을 사용하여 바느질 구멍을 뚫으세요.

**7** 바느질 구멍을 모두 뚫은 모습입니다.

## 바느질하기

**8** 왁스를 먹인 약 110cm(둘레의 3배+20cm)의 무지개색 6합 나일론실을 바늘에 꿰고 끝부분의 3cm 정도를 두 바퀴 감은 후 실 중간에 꽂습니다.

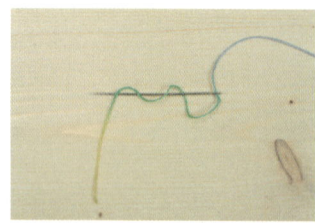

**9** 짧은 쪽 실의 끝을 잡고 바늘을 잡아당깁니다. 바늘 두 개로 새들 스티치할 것이므로 반대편 실의 끝부분도 같은 방법으로 바늘을 꽂아주세요.

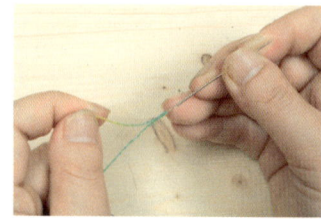

**10** 포니에 책갈피를 끼우고 바늘을 통과시킨 후 한 손으로 바늘 두 개를 잡아서 실의 길이를 같게 만듭니다.

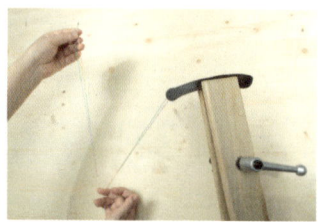

**11** 왼쪽 바늘을 오른쪽으로 통과시킨 후 실을 가죽 오른쪽에 붙여서 왼손으로 잡습니다.

**12** 오른쪽 바늘을 같은 바느질구멍의 실보다 몸의 바깥쪽으로 꽂아서 왼쪽으로 통과시킵니다.

바느질 방향

**13** 양손으로 실을 잡아당깁니다 계속해서 몸쪽 방향으로 한 바퀴 돌며 새들 스티치하세요.

**14** 마지막 두 땀을 남겨두고 치즐 송곳으로 마지막 땀의 오른쪽에서 두 번째 땀의 왼쪽으로 구멍을 뚫습니다.

**15** 반대편에도 마지막 땀의 왼쪽에서 두 번째 땀의 오른쪽으로 구멍을 뚫습니다.

**16** 마지막 남은 두 땀을 새들 스티치한 후 실의 양쪽 끝 1cm 정도에 투명본드를 바릅니다.

**17** 마지막 땀에서 오른쪽 바늘을 사선으로 뚫어 놓은 구멍의 오른쪽에서 왼쪽으로 넣습니다.

**18** 마지막 땀에서 왼쪽 바늘도 사선으로 뚫어 놓은 구멍의 왼쪽에서 오른쪽으로 넣습니다.

**19** 본드가 마르면 실을 잡아당긴 후 가위로 최대한 짧게 자릅니다.

**옆면 마감하기**

**체인 연결하기**

자신만의 모양으로 디자인해서 다양한 모양의 멋진 책갈피를 만들어보세요.

**20** 고무판 위에 가죽을 놓고 둥근 부분의 안쪽에 5mm 펀치를 수직으로 세운 후 나무망치로 타격하여 구멍을 뚫습니다.

**21** 가방 옆면을 다이아몬드 줄로 다듬고 옆면 마감제를 바른 후 어느 정도 흡수되면 슬리커로 문질러서 매끄럽게 마감합니다.

**22** 옆면 마감제가 마르면 스펀지를 사용하여 진한 갈색 절단면 마감제를 3~5회 바르고, 체인을 연결합니다.

**23** 심플하면서도 실용성 있는 책갈피가 완성되었습니다.

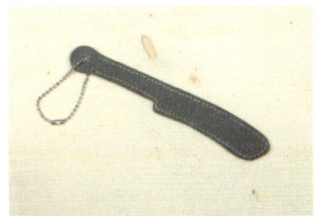

**36** 조각 책갈피

*Carving Bookmark*

# 조각 책갈피

우리나라의 옛날 동전인 명도전과 상평통보의 모양을 참고하여 만든 책갈피입니다.

□ 예상 재료비 3,000원　　□ 완제품 예상가 20,000원　　□ 예상 제작시간 3시간　　□ 난이도 ★★★☆☆　　□ 완성 크기 15×3cm

**■ 준비 재료**

| | |
|---|---|
| 가 죽 | 내추럴 베지터블 약 1/10평, 돈피(파란색) 약 1/10평 |
| 약 품 | 가죽 전용 유성 염색약(파란색, 갈색), 에탄올, 패브릭용 유성 잉크, 옆면 마감제, 절단면 마감제(진한 갈색) |
| 부재료 | 체인 |

**■ 준비 도구**

기본 도구, 회전조각도, 트레팔지, 유성펜, 5mm 펀치, 무늬막대(베벨러-B198, 백그라운더-A104), 전사펜

## 형지 제작 및 재단하기

ⓐ 앞면 가죽(명도전) : 15×4cm　　ⓑ 뒷면 돈피(명도전) : 15×4cm　　ⓒ 앞면 가죽(동전) : 4×4cm

ⓓ 뒷면 돈피(동전) : 4×4cm

※ ⓐ와 ⓒ 가죽 위의 무늬는 부록으로 제공하는 실물본을 트레팔지에 옮겨 그려서 사용하세요.

## 무늬 넣고 조각하기

**1** 도안대로 형지를 만들어 송곳을 이용하여 가죽 위에 덧그린 후 재단합니다.

**2** 분무기로 ⓐ가 약간 젖을 정도로 물을 뿌려줍니다. 도안을 옮긴 트레팔지를 가죽 위에 놓고 전사펜으로 꾹꾹 누르며 덧그립니다.

**3** 같은 방법으로 ⓒ도 도안을 옮긴 트레팔지를 올려놓고 전사펜으로 도안을 그려주세요.

**4** 회전조각도의 윗부분에 검지를 걸고 가죽 위에 옮긴 도안을 따라 회전하면서 선명하게 선을 긋습니다.

**5** 무늬막대(베벨러 B198)로 오른쪽 그림에 표시된 부분을 조각합니다.

B198

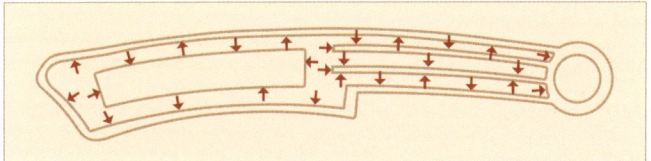

**6** 무늬막대(백그라운더 A104)로 그림에 표시된 부분을 조각합니다.

A104

**7** ⓒ 가죽도 회전조각도와 무늬막대 베벨러(B198), 백그라운더(A104)를 사용해서 조각하세요.

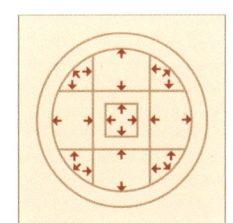

화살표로 표시된 방향에서 B198 베벨러로 조각

색칠된 부분을 A104로 조각

**8** ⓒ 가죽에 상평통보 모양의 조각이 완성된 모습입니다.

## 염색하기

**9** 베이스는 파란색 유성 염색약과 에탄올을 1:10의 비율로 섞어 분무기에 넣고 가죽에 충분히 뿌린 후 드라이어의 찬바람을 쐬어 말립니다.

**10** 염색이 뭉치지 않도록 파란색 유성 염색약을 종이에 문질러 파스텔 톤으로 만든 후 가죽 위에 원을 그리면서 염색합니다.

**11** 갈색 유성 염색약도 종이에 문질러 파스텔 톤으로 만든 후 원하는 색이 나올 때까지 반복하여 염색하고, 염색이 끝나면 목장갑으로 염색된 부분에 광이 나도록 문지르세요.

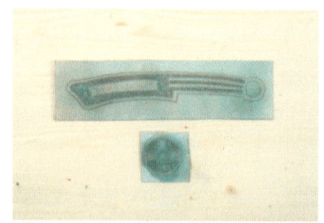

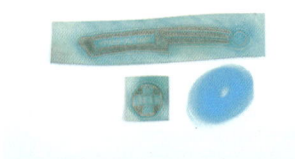

## 조립하여 완성하기

**12** 염색한 가죽(ⓐ, ⓒ)과 돈피(ⓑ, ⓓ)의 뒷면에 본드주걱으로 본드를 얇게 바르고 어느 정도 지난 후 서로 붙입니다.

**13** 커팅매트를 깔고 커터칼로 경계선과 사각 구멍을 잘라냅니다. ⓐ의 원형 구멍은 5mm 펀치를 사용하세요.

**14** 옆면을 다이아몬드 줄로 다듬고 옆면 마감제를 바른 후 어느 정도 흡수되면 슬리커로 문질러서 매끄럽게 마감합니다.

**TIP** 책갈피 조각은 가죽과 돈피의 크기가 같아야 하지만, 여기에서는 사용하고 남은 돈피를 사용해도 된다는 것을 표현하기 위하여 사진과 같이 작업했습니다.

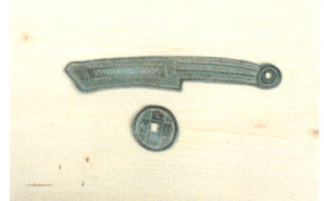

**15** 옆면 마감제가 마르면 스펀지를 사용하여 진한 갈색 절단면 마감제를 3~5회 바르세요.

**16** 명도전 모양과 상평통보 모양의 가죽을 체인으로 연결합니다.

**17** 예쁘고 고풍스러운 책갈피가 완성되었습니다.

같은 방법을 응용하여 자신만의 책갈피에 도전해보세요.

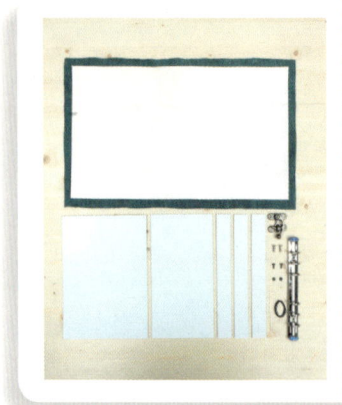

# 성장앨범

회전조각도, 무늬막대(B198), 수지판, 전사펜을 사용하여 고풍스러운 느낌이 배어있는 성장앨범입니다. 이 작품에서는 하드보드지를 이용하는 방법과 TR 펀치 사용법을 배울 수 있습니다.

□ 예상 재료비 45,000원　□ 완제품 예상가 120,000원　□ 예상 제작시간 8시간　□ 난이도 ★★★☆☆　□ 완성 크기 20×24cm

■ **준비 재료**
가 죽　내추럴 베지터블 약 2평, 돈피(녹색) 약 2평
약 품　유성 염색약(노란색, 분홍색, 검은색), 에탄올, 옆면 마감재, 절단면 마감재(검은색)
부재료　하드보드지(40×22cm), 잠금장치, 리벳(6mm), 바인더, 검은색 3합 초실(약 440cm)

■ **준비 도구**
기본 도구, 수지판, 전사펜, 회전조각도, 유성펜, 트레팔지, 무늬막대(베벨러 B198), 펀치(1mm, 2.5mm, 5mm), TR 펀치, 6mm 리벳 세터와 쇠판

## 형지 제작 및 재단하기

ⓐ 겉면 가죽 : 46×24cm　　ⓑ 안쪽 돈피 : 47×25cm　　ⓒ 앞면 하드보드지 : 13×22cm　　ⓓ 뒷면 하드보드지 : 18×22cm

ⓔ 옆면 하드보드지 : 3×22cm 3장　　※ ⓐ 가죽을 재단한 후 안쪽에 도안대로 직사각형을 송곳으로 그려주세요.

※ ⓑ 돈피는 가죽과 붙인 후 재단할 것을 생각하여 가로세로 각각 1cm 크게 재단합니다.

※ ⓒ~ⓔ 하드보드지는 가죽과 돈피 사이에 접착할 것입니다.

---

**무늬 넣고 염색하기**

**1** 도안대로 형지를 만들어 가죽 위에 올려놓고 덧그린 후 재단합니다. 돈피는 가죽과 붙인 후 재단할 것을 생각하여 가로 세로 각각 1cm 크게 재단합니다.

**2** 가죽과 돈피 사이에 접착할 하드보드지도 도안대로 재단하여 준비합니다.

**3** 회전조각도의 윗부분에 검지를 걸고 도안에 표시된 부분에 방안자를 대고 선명하게 선을 긋습니다.

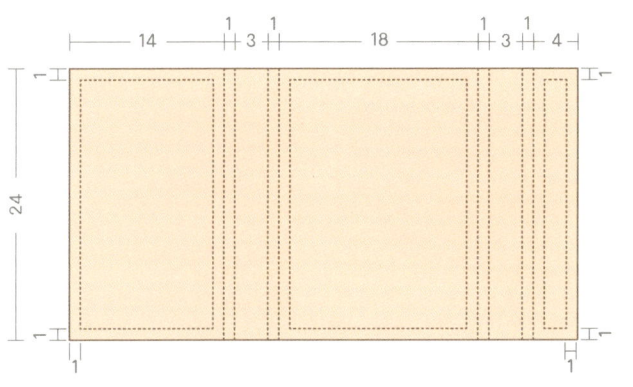

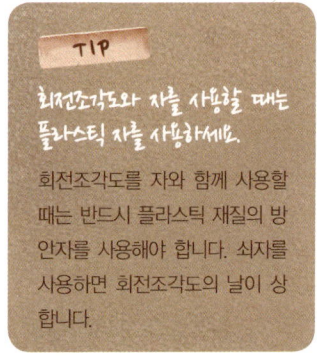

TIP

**회전조각도와 자를 사용할 때는 플라스틱 자를 사용하세요.**

회전조각도를 자와 함께 사용할 때는 반드시 플라스틱 재질의 방안자를 사용해야 합니다. 쇠자를 사용하면 회전조각도의 날이 상합니다.

**4** 회전조각도를 사용하여 선명하게 선을 그려준 모습입니다.

**5** 무늬막대(베벨러 B198)로 도안의 안쪽 부분을 조각합니다.

B198

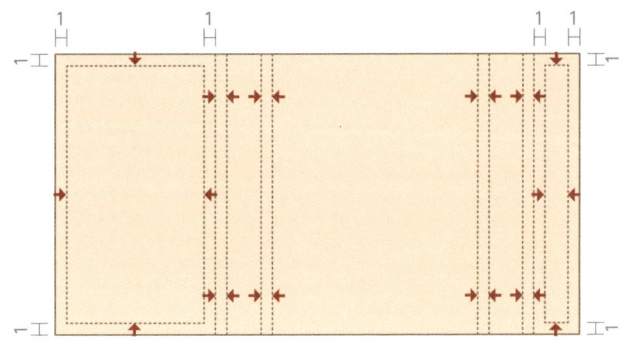

**6** 베벨러를 사용하여 작업을 마친 모습입니다.

**7** 앨범의 뒷부분에 무늬를 넣기 위해 분무기로 가죽이 약간 젖을 정도로 물을 뿌려줍니다. 그런 다음 석판 위에 가죽을 올려놓고 수지판을 쇠망치로 타격하여 원하는 무늬를 넣습니다.

**8** 앞면 부분도 분무기로 물을 뿌려준 후 기도문이 적힌 트레팔지를 가죽 위에 올려놓고 전사펜으로 글씨를 꾹꾹 누르며 베껴 씁니다(실물본의 글씨참고).

**9** 무늬와 글씨를 넣은 후의 모습입니다.

**10** 전체적인 베이스로 노란색 유성 염색약과 에탄올을 1:20의 비율로 섞어 분무기에 넣고 가죽에 충분히 뿌린 후 드라이어의 찬바람을 쐬어 말립니다.

**11** 염색이 뭉치지 않도록 분홍색 유성 염색약을 종이에 문질러 파스텔 톤으로 만든 후 가죽 위에 원을 그리면서 염색합니다.

**12** 검은색 유성 염색약도 종이에 문질러 파스텔 톤으로 만든 후 원하는 색이 나올 때까지 반복하여 염색합니다. 염색이 끝나면 목장갑으로 염색된 부분에 광이 나도록 문지르세요.

돈피 붙이고 바느질하기

**13** 염색한 가죽의 뒷면과 하드보드지의 뒷면에 본드주걱으로 본드를 얇게 바르고 어느 정도 지난 후 서로 붙여줍니다.

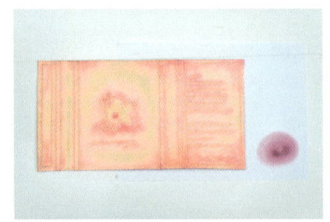

**14** 하드보드지를 붙인 가죽의 뒷면과 돈피의 뒷면에 본드를 얇게 바르고 서로 붙여준 후 하드보드지의 경계선을 지나 북폴더로 꾹꾹 눌러주세요.

**15** 커팅매트 위에 가죽을 놓고 커터칼로 가죽의 경계선을 따라 돈피를 잘라냅니다.

**16** 디바이더로 0.3cm 너비의 바느질 선을 표시하고 은펜으로 0.5cm 간격의 점을 찍은 후 1mm 펀치로 구멍을 뚫습니다.

**17** 약 440cm(둘레의 3배+20cm)의 검은색 3합 초실을 바늘 한 개에 꿰고 일자 바느질합니다.

**18** 바느질이 완료되면 뒷면의 실은 투명본드로 마감하세요.

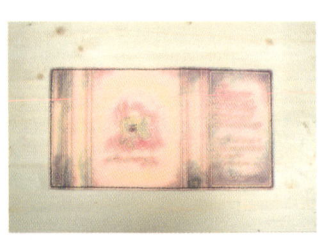

잠금장치 달기

**19** 가죽을 접은 후 잠금장치가 달릴 구멍을 은펜으로 표시합니다.

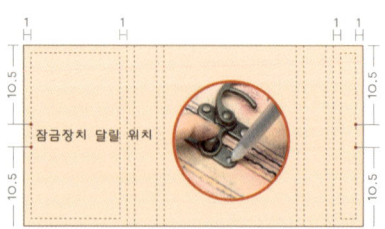

**20** 고무판 위에 가죽을 올려놓고 은펜으로 표시된 위치에 2.5mm 펀치를 수직으로 세운 후 나무망치로 타격하여 구멍을 뚫습니다.

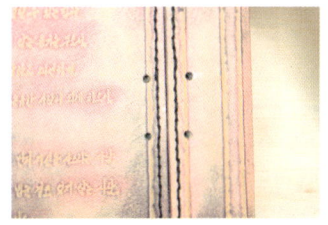

**21** 6mm 쇠판 위에 가죽과 6mm 리벳을 올려놓고 6mm 리벳 세터를 수직으로 세운 후 나무망치로 타격하여 가죽에 잠금장치를 고정시킵니다.

**22** 반대편도 마찬가지로 잠금장치를 고정시키세요.

**23** 겉면의 중앙에 바인더가 달릴 곳을 송곳으로 표시하고 5mm 펀치를 사용하여 표시된 위치에 구멍을 뚫습니다.

**바인더 달아 완성하기**

**24** 안쪽에서 TR 펀치와 5mm 리벳 쇠판의 뒷면을 사용하여 10×6 TR을 넣고 바인더를 달아줍니다.

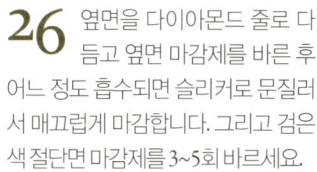

**25** 바인더를 부착해준 모습입니다.

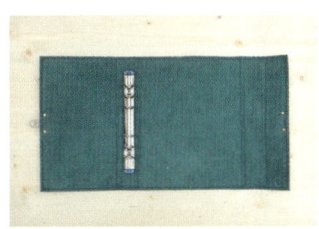

**26** 옆면을 다이아몬드 줄로 다듬고 옆면 마감제를 바른 후 어느 정도 흡수되면 슬리커로 문질러서 매끄럽게 마감합니다. 그리고 검은색 절단면 마감제를 3~5회 바르세요.

**27** 성장 앨범이 완성되었습니다.

다양한 무늬와 글씨, 색상으로 성장앨범을 만들어보세요.
내 아이에게 남기고 싶은 말을 앨범에 써서 오래도록 간직해보세요.

## PART 7

# 특별한 날
# 그와 그녀를 위한
# 가죽공예 선물

# 38 훈민정음 남자 반지갑

Hunminjungeum Man's Wallet

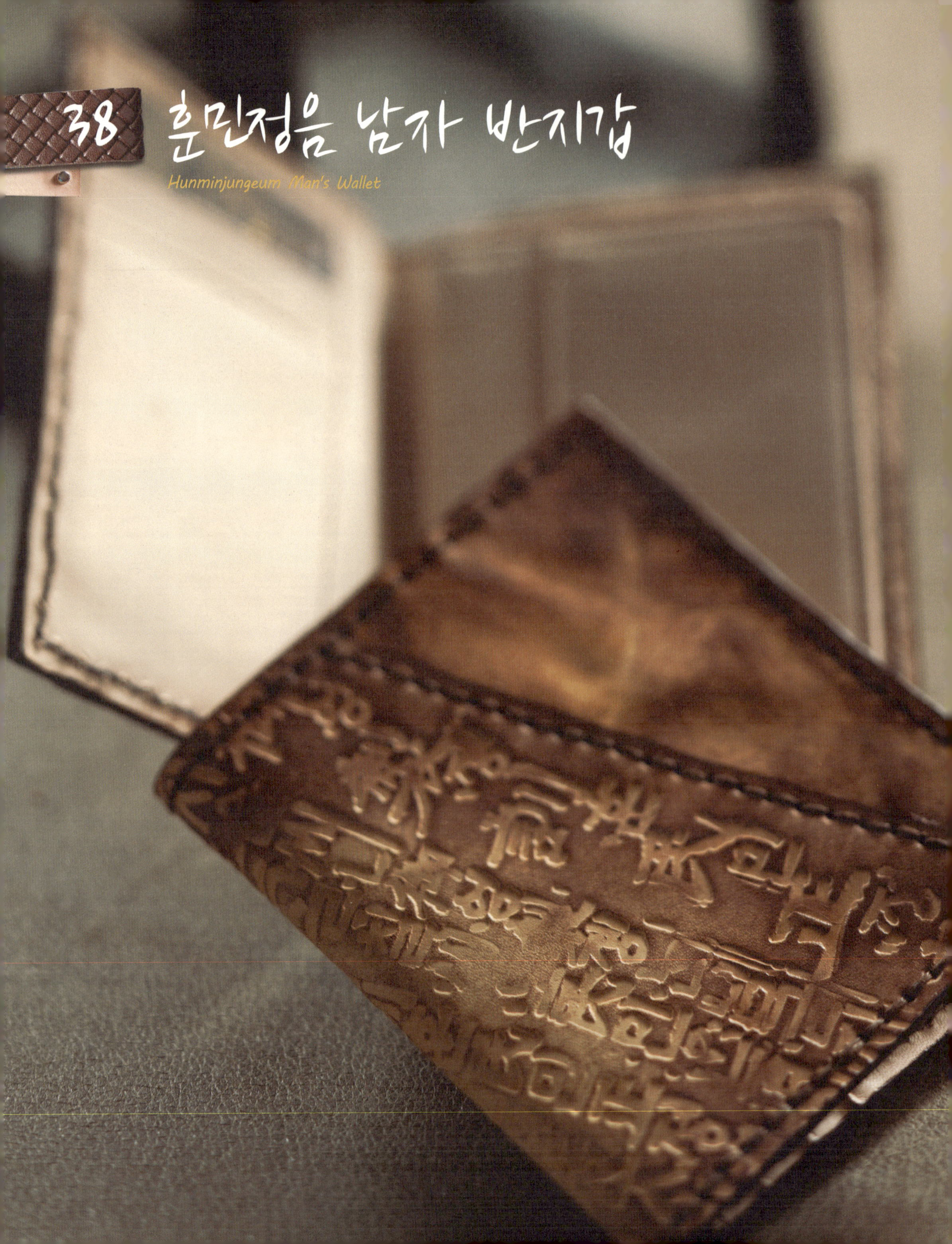

# 훈민정음 남자 반지갑

한글 수지판을 사용한 전통 느낌의 남자 반지갑입니다. 뒤에 나오는 훈민정음 여자 장지갑과 세트로 구성하면 더욱 좋습니다.

□ 예상 재료비 45,000원  □ 완제품 예상가 90,000원  □ 예상 제작시간 4시간  □ 난이도 ★★★☆☆  □ 완성 크기 11.3×9.5cm

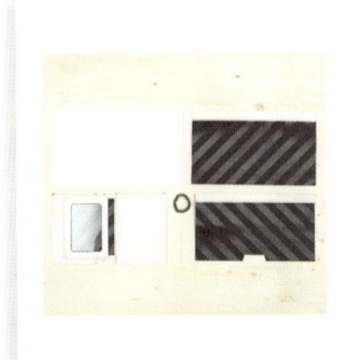

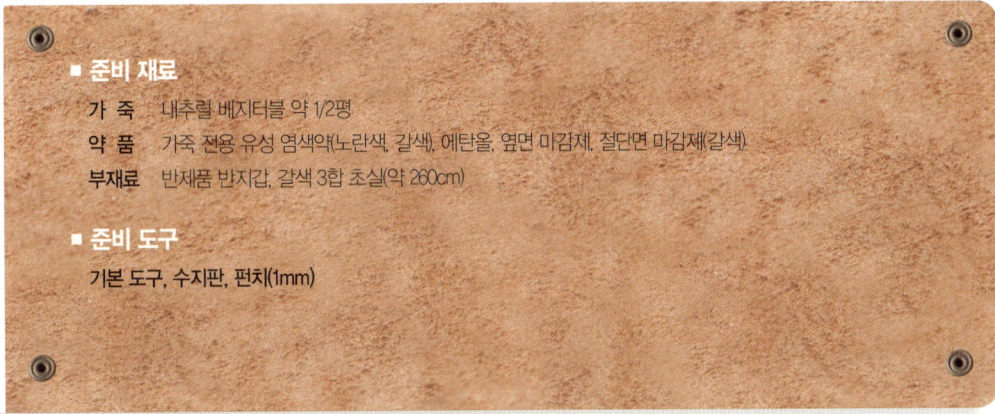

■ **준비 재료**

가 죽 내추럴 베지터블 약 1/2평
약 품 가죽 전용 유성 염색약(노란색, 갈색), 에탄올, 옆면 마감제, 절단면 마감제(갈색)
부재료 반제품 반지갑, 갈색 3합 초실(약 260cm)

■ **준비 도구**

기본 도구, 수지판, 펀치(1mm)

## 형지 제작 및 재단하기

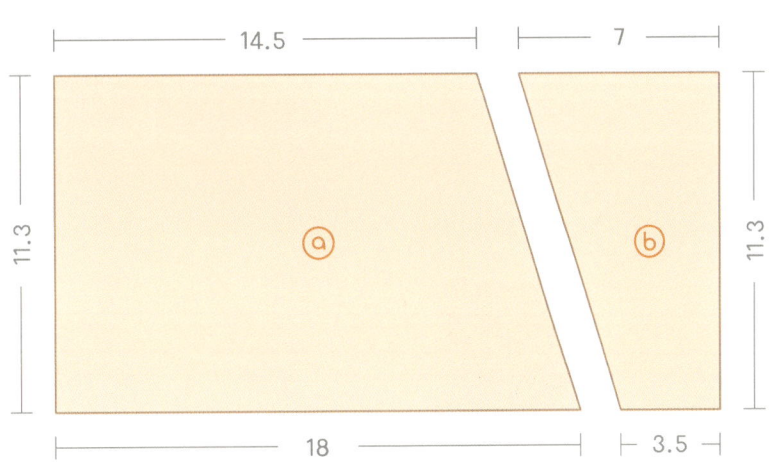

ⓐ 겉면 왼쪽 가죽 : 18×11.3cm  ⓑ 겉면 오른쪽 가죽 : 7×11.3cm  ⓒ 앞쪽 속지 반제품 : 18.7×10.8cm
ⓓ 중간 속지 반제품 : 18.7×18.2cm  ⓔ 뒤쪽 속지 반제품 : 19.2×11.3cm

**무늬 넣고 염색하기**

**1** 실물본을 이용하여 도안대로 형지를 만들어 가죽 위에 올려놓고 송곳으로 덧그린 후 재단합니다.

**2** ⓑ에 자연스러운 무늬를 넣기 위해 분무기로 가죽이 약간 젖을 정도로 물을 뿌린 후 주먹 안에 넣고 구겨준 후 반듯하게 펴서 말립니다.

**3** ⓐ도 무늬를 넣기 위해 분무기로 가죽이 약간 젖을 정도로 물을 뿌려줍니다. 그런 다음 석판 위에 가죽을 올려놓고 수지판을 쇠망치로 수직으로 타격하여 무늬를 넣습니다.

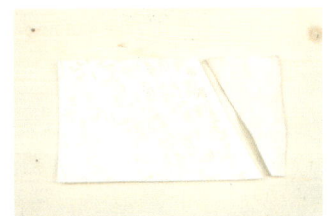

**4** 베이스로 노란색 유성 염색약과 에탄올을 1:20의 비율로 섞어 분무기에 넣고, 가죽에 충분히 뿌린 후 드라이어의 찬바람을 쐬어 말립니다.

**5** 갈색 유성 염색약을 종이에 문질러 파스텔 톤으로 만들고, 가죽 위에 원을 그리면서 염색한 후 목장갑으로 염색된 부분에 광이 나도록 문지릅니다. 그런 다음 ⓑ의 접착면 0.9cm를 커터칼로 긁어준 후 본드를 바르고 1cm 겹치게 서로 붙여줍니다.

**6** 디바이더로 0.3cm 너비의 바느질 선을 표시하고, 은펜으로 0.5cm 간격의 점을 찍은 후 1mm 펀치로 구멍을 뚫은 다음 약 60cm(길이의 3배+20cm)의 갈색 3합 초실을 바늘 한 개에 꿰고 일자 바느질한 후 남은 실은 라이터로 마감합니다.

조립하여 완성하기

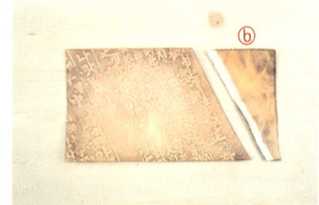

**7** 염색한 가죽 뒷면과 속지 ⓔ의 뒷면에 본드를 얇게 바르고 어느 정도 지난 후 90°~120° 정도 굽혀서 서로 붙여줍니다. 가죽 뒷면이 속지보다 더 클 경우에는 커터칼을 사용하여 가죽 뒷면을 속지 ⓔ와 같게 자르세요.

**8** 가죽에 붙인 ⓔ의 앞면과 속지 ⓓ의 뒷면에 본드를 0.5cm 너비로 얇게 바르고 어느 정도 기다립니다.

**9** 본드가 꾸덕꾸덕하게 마르면 ⓔ의 폭에 맞추어 속지 ⓓ를 붙입니다. 이때 ⓓ의 밑부분은 ⓔ의 밑부분에 맞추어 붙여줍니다.

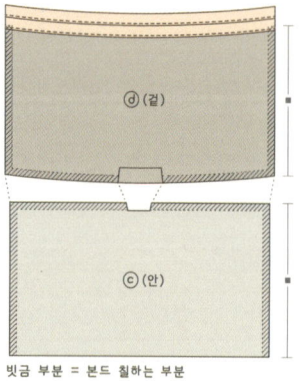

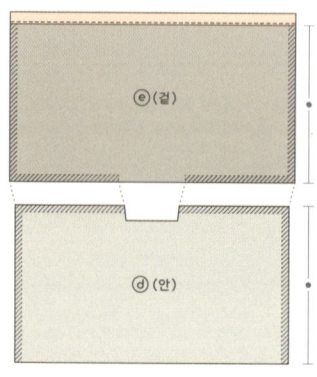

ⓔ(겉)

ⓓ(안)

빗금 부분 = 본드 칠하는 부분

**10** 두 장의 속지가 붙은 ⓓ 앞면과 반제품 형태의 속지 ⓒ의 뒷면에 본드를 얇게 바릅니다.

**11** 어느 정도 지난 후 ⓓ의 양옆과 밑부분에 맞추어 ⓔ를 붙여줍니다. 접착한 가죽들의 옆면이 일정하지 않으면 커터칼로 옆면을 깔끔하게 잘라내세요.

ⓓ(겉)

ⓒ(안)

빗금 부분 = 본드 칠하는 부분

**TIP** 지갑 겉면의 가로 길이는 안쪽에 붙는 반제품의 제일 큰 속지보다 0.5~1cm 더 길어야 90°~120° 정도 굽혔을 때 겉면과 속지의 길이가 같아집니다. 이 작품에서는 겹치는 부분이 1cm 있으므로 가로의 길이가 총 2cm 더 길게 재단된 것입니다.

**12** 디바이더로 0.3cm 너비의 바느질 선을 표시하고, 은펜으로 0.5cm 간격의 점을 찍은 후 1mm 펀치로 구멍을 뚫습니다. 그런 다음 약 200cm의 갈색 3합 초실을 바늘 한 개에 꿰고 일자 바느질한 후 남은 실은 투명본드로 마감합니다.

**13** 옆면을 다이아몬드 줄로 다듬고 옆면 마감제를 바른 후 어느 정도 흡수되면 슬리커로 문질러서 매끄럽게 마감합니다. 옆면 마감제가 마르면 갈색 절단면 마감제를 3~5회 바르세요.

**14** 수지판을 사용하여 전통의 느낌이 베어있는 훈민정음 반지갑이 완성되었습니다.

같은 디자인의 같은 색으로 여자 장지갑을 만들어 커플임을 자랑해보세요.

# 39 훈민정음 여자 장지갑

*Hunminjungeum Woman's Wallet*

# 훈민정음 여자 장지갑

한글 수지판을 사용한 전통 느낌의 여자 장지갑입니다. 앞에 나오는 훈민정음 남자 장지갑과 세트로 만들어 사용하면 더욱 멋진 지갑이 된답니다.

□ 예상 재료비 50,000원　□ 완제품 예상가 13,000원　□ 예상 제작시간 5시간　□ 난이도 ★★★☆☆　□ 완성 크기 18.8×19.2cm

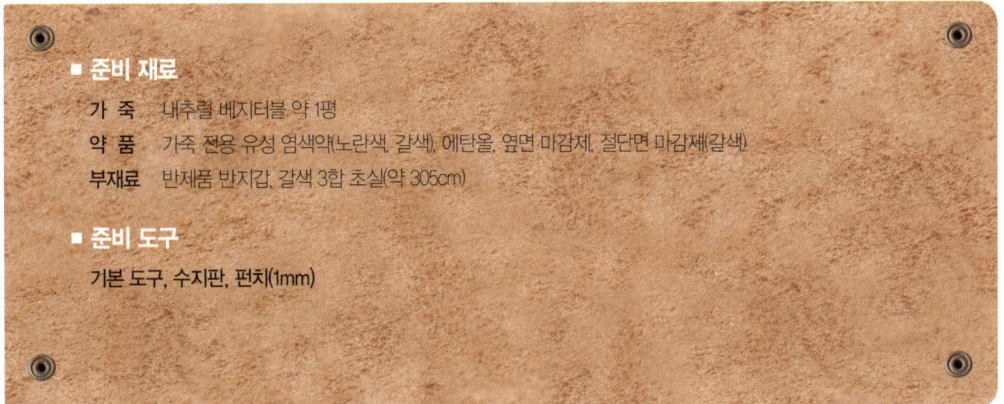

■ **준비 재료**

　가 죽　내추럴 베지터블 약 1평
　약 품　가죽 전용 유성 염색약(노란색, 갈색), 에탄올, 옆면 마감제, 절단면 마감제(갈색)
　부재료　반제품 반지갑, 갈색 3합 초실(약 305cm)

■ **준비 도구**

　기본 도구, 수지판, 펀치(1mm)

## 형지 제작 및 재단하기

ⓐ 겉면 왼쪽 가죽 : 21.5×18.8cm
ⓑ 겉면 오른쪽 가죽 : 13.5×14.8 cm
ⓒ 앞쪽 속지 반제품 : 8.5× 18.8cm
ⓓ 뒤쪽 속지 반제품 : 19.2×18.8cm

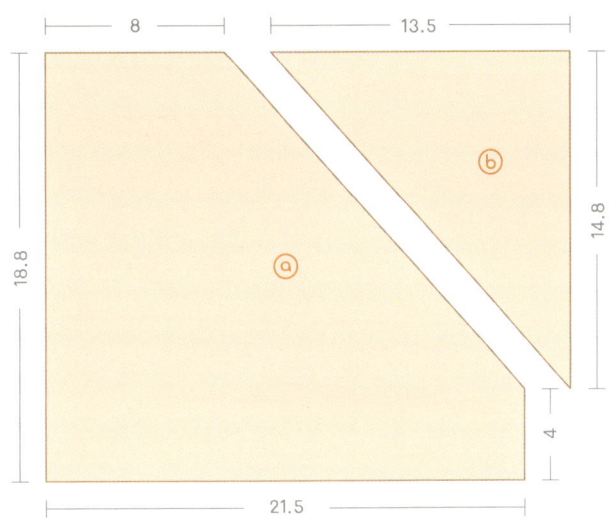

## 무늬 넣고 염색하기

**1** 도안대로 형지를 만들어 가죽 위에 올려놓고 송곳으로 덧그린 후 재단합니다.

**2** ⓑ에 자연스러운 무늬를 넣기 위해 분무기로 가죽이 약간 젖을 정도로 물을 뿌린 후 주먹 안에 넣고 구겨준 후 반듯하게 펴서 말립니다.

**3** ⓐ도 무늬를 넣기 위해 분무기로 가죽이 약간 젖을 정도로 물을 뿌려줍니다. 그런 다음 석판 위에 가죽을 올려놓고 수지판을 쇠망치로 수직으로 타격하여 무늬를 넣습니다.

**4** 베이스는 노란색 유성 염색약과 에탄올을 1:20의 비율로 섞어 분무기에 넣고, 가죽에 충분히 뿌린 후 드라이어의 찬바람을 쐬어 말립니다.

**5** 갈색 유성 염색약을 종이에 문질러 파스텔 톤으로 만들고, 가죽 위에 원을 그리면서 염색한 후 목장갑으로 염색된 부분에 광이 나도록 문지릅니다

**6** ⓑ의 접착면 0.9cm를 커터칼로 긁어준 후 본드를 얇게 바르고 1cm 겹치게 서로 붙여줍니다.

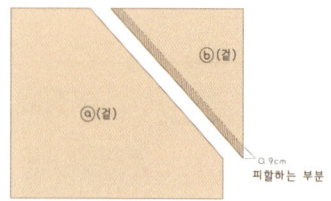

**7** 커팅매트 위에 겹쳐서 붙인 가죽을 올려놓고 쇠자와 커터칼로 옆면을 반듯하게 잘라내세요.

**8** 디바이더로 0.3cm 너비의 바느질 선을 표시하고 은펜으로 0.5cm 간격의 점을 찍은 후 1mm 펀치로 구멍을 뚫습니다.

**9** 약 55cm(바느질할 길이의 3배+20cm)의 갈색 3합 초실을 바늘 한 개에 꿰고 일자 바느질한 후 남은 실은 라이터로 마감합니다.

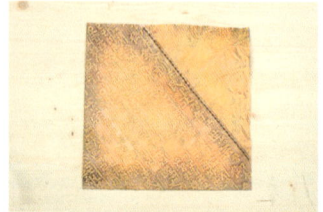

**TIP** 지갑 겉면의 가로 길이는 안쪽에 붙는 반제품의 제일 큰 속지보다 0.5~1cm 더 길어야 90°~120° 정도 굽혔을 때 겉면과 속지의 길이가 같아집니다. 이 작품에서는 겹치는 부분이 1cm 있으므로 가로의 길이가 총 2cm 더 길게 재단하였습니다.

**조립하기**

**10** 염색한 가죽 뒷면과 속지 ⓓ의 뒷면에 본드를 얇게 바르고 어느 정도 지난 후 90°~120° 정도 굽혀서 서로 붙여줍니다. 가죽 뒷면이 속지 ⓓ보다 더 클 경우에는 커터칼을 사용하여 가죽 뒷면을 속지 ⓓ와 같게 잘라내세요.

**11** 속지 ⓒ의 아래쪽 가죽 모서리 양쪽을 사진처럼 1cm 잘라줍니다.

**12** 속지 ⓒ의 뒷면에서 아래쪽 천을 사진처럼 가죽 위로 1cm 접어서 올립니다.

**13** 입구를 제외한 세 곳의 천을 가죽 위로 1cm 접어서 올려주세요.

**14** 속지 ⓓ의 앞면과 속지 ⓒ의 접어서 올린 천에 본드를 얇게 바르고 어느 정도 기다립니다.

**15** 속지 ⓓ 앞면에 속지 ⓒ의 뒷면을 사진처럼 붙여줍니다.

**16** 속지 ⓓ 앞면과 속지 ⓒ의 뒷면을 붙여준 모습입니다.

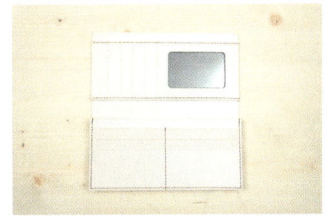

## 바느질하여 완성하기

**17** 디바이더로 0.3cm 너비의 바느질 선을 표시하고 은펜으로 0.5cm 간격의 점을 찍은 후 1mm 펀치로 구멍을 뚫습니다.

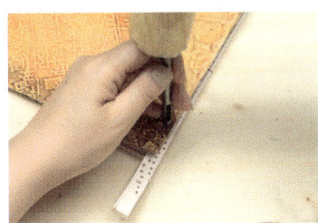

**18** 이때 속지 ⓑ의 접힌 부분은 고무판이 들어가지 않으므로 가죽을 2~3장 붙여서 0.5cm 정도의 두께로 만든 후 사이에 넣고 구멍을 뚫으세요.

**TIP** 고무판 모서리를 깎아서 사용하면 사용하기 편하며 오래 사용할 수 있습니다.

**19** 테두리에 바느질 구멍을 모두 뚫은 모습입니다.

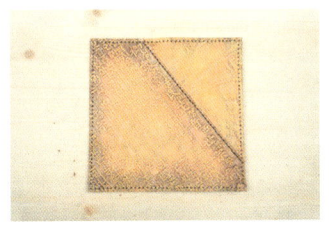

**20** 약 250cm(둘레의 3배+20cm)의 갈색 3합 초실을 바늘 한 개에 꿰고 일자 바느질한 후 남은 실은 투명본드로 마감합니다.

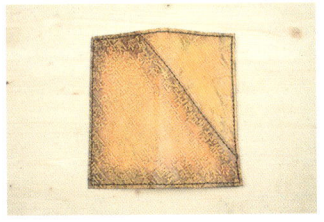

**21** 옆면을 다이아몬드 줄로 다듬고 옆면 마감제를 바른 후 어느 정도 흡수되면 슬리커로 문질러서 매끄럽게 마감합니다. 옆면 마감제가 마르면 갈색 절단면 마감제를 3~5회 바르세요.

**22** 수지판을 사용하여 전통 느낌이 베어 있는 훈민정음 장지갑을 완성하였습니다.

# 40 이탈리안식 남자 장지갑

Italianstyle Style Man's Wallet

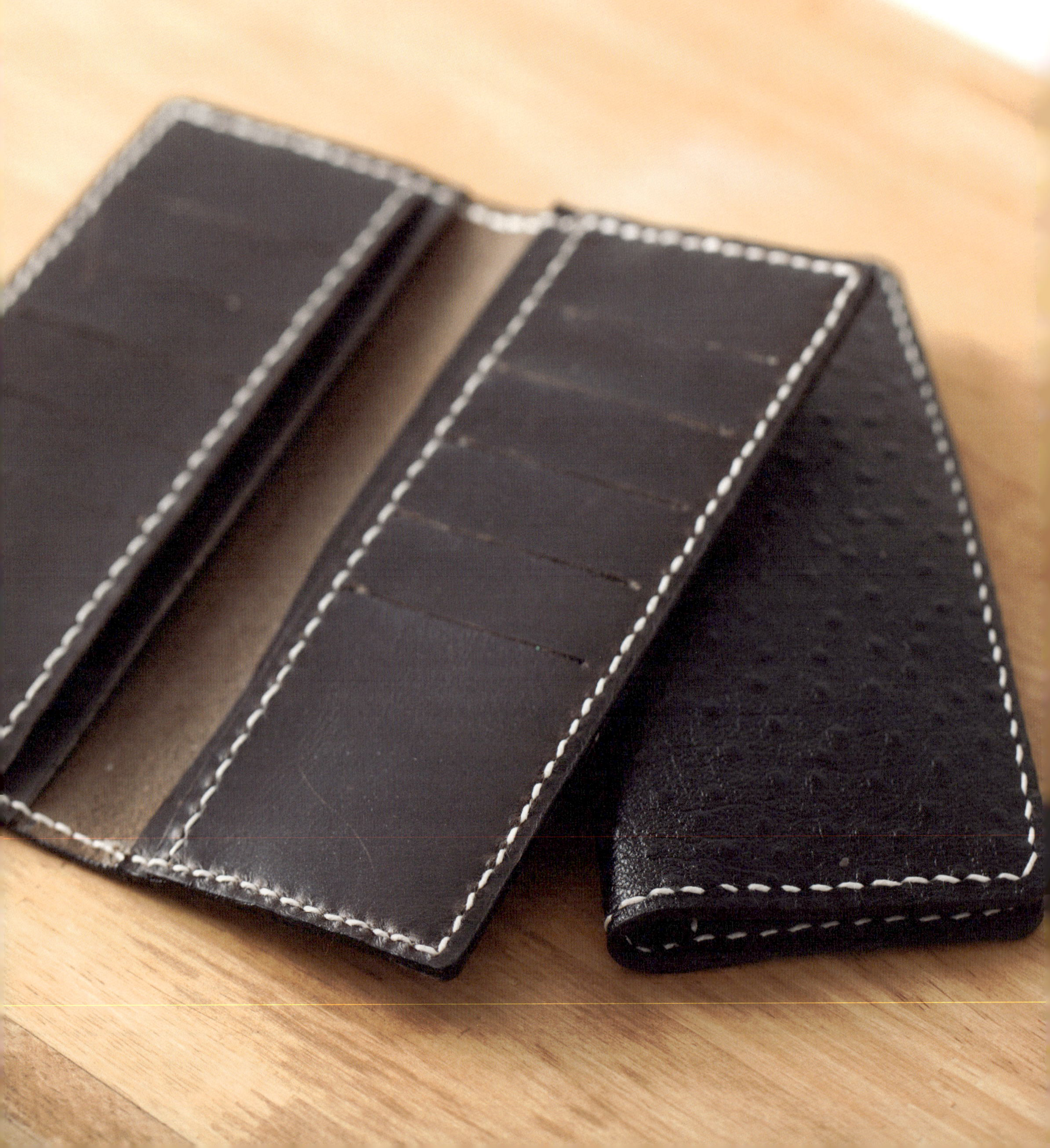

# 이탈리안식 남자 장지갑

오일 풀 업(Oil full up) 갈색 가죽을 사용하여 수납 부분까지 100% 수작업으로 만든 남자 장지갑입니다. 시간은 좀 오래 걸리지만 오랫동안 유용하게 사용할 수 있는 작품입니다.

□ 예상 재료비 30,000원  □ 완제품 예상가 80,000원  □ 예상 제작시간 4시간  □ 난이도 ★★★☆☆  □ 완성 크기 8.5×18.2×2cm

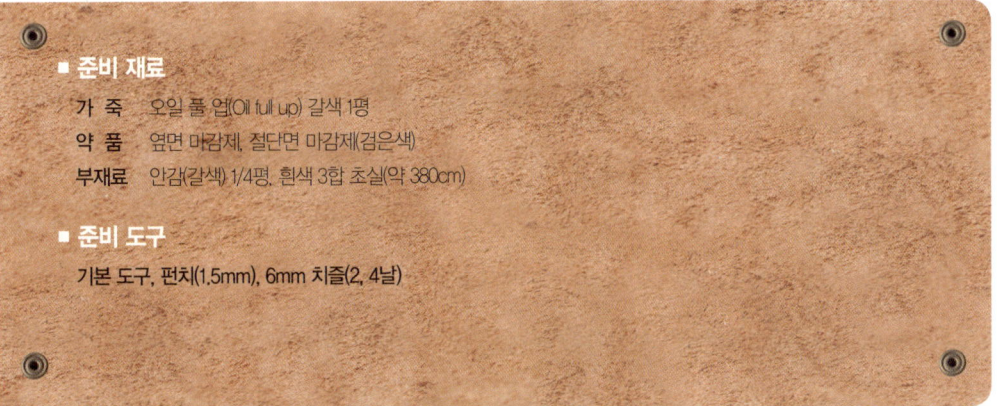

## ■ 준비 재료
- **가 죽** 오일 풀 업(Oil full up) 갈색 1평
- **약 품** 옆면 마감제, 절단면 마감제(검은색)
- **부재료** 안감(갈색) 1/4평, 흰색 3합 초실(약 380cm)

## ■ 준비 도구
기본 도구, 펀치(1.5mm), 6mm 치즐(2, 4날)

## 형지 제작 및 재단하기

ⓐ 겉면 가죽 : 18.2×18.2cm
ⓑ 앞쪽 날개 가죽 : 7.5×18.2cm 2장
ⓒ 뒤쪽 날개 가죽 : 2×18.2cm 2장
ⓓ 날개 뒷면 안감 : 7.5×18.2cm 4장
ⓔ 날개 카드 안감 : 7×8cm 10장

※ ⓑ 날개의 카드 수납 부분은 형지를 사용하여 그린 후 커터칼과 펀치로 잘라 내세요.

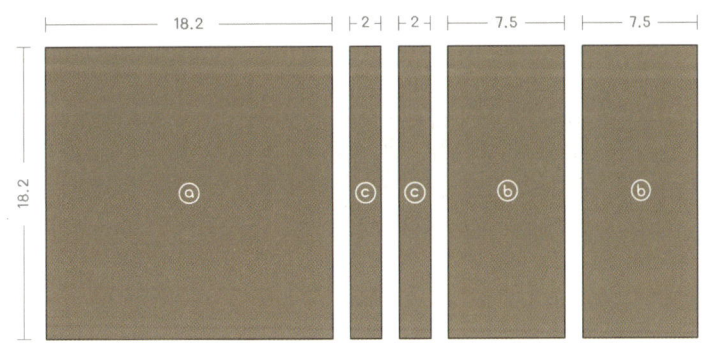

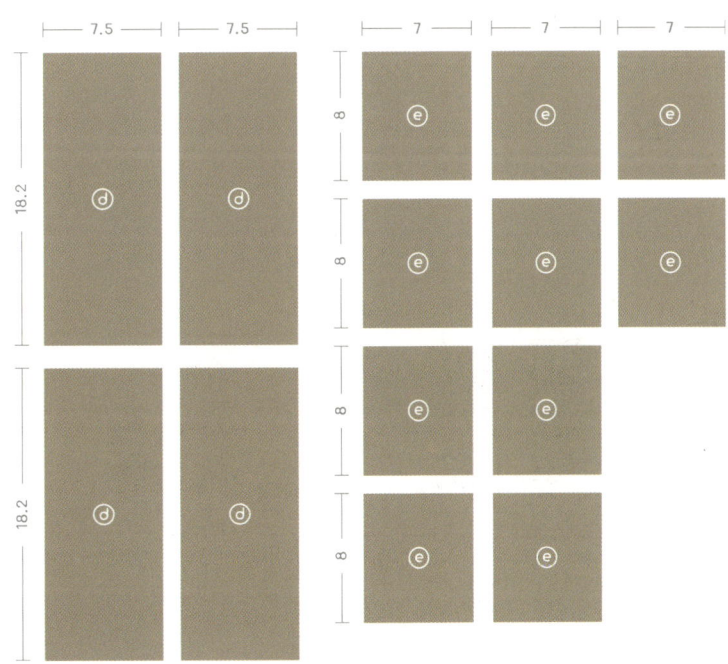

## 속지 만들기

**1** 도안대로 형지를 만들어 가죽 위에 올려놓고 송곳으로 덧그린 후 재단합니다.

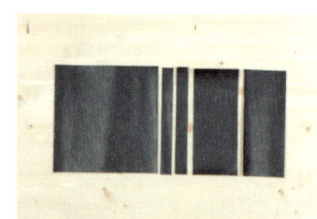

**2** 안감은 7.5×18.2cm 4장, 7×8cm 10장을 재단하여 준비하세요.

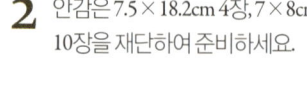

**3** ⓐ~ⓒ의 뒷면에 바느질할 부분을 커터칼이나 패디를 사용하여 너비 0.5cm로 피할합니다.

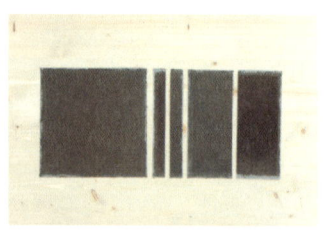

0.5

ⓐ(안)  ⓒ(안)  ⓒ(안)  ⓑ(안)  ⓑ(안)

|← 7.5 →|  |← 7.5 →|  1  0.5  0.5

빗금 부분 = 피할하는 부분

**4** ⓑ의 카드 수납 부분은 형지를 대고 은펜으로 표시한 후 직선 부분을 커터칼로 잘라냅니다.

**5** 카드 수납 부분의 양쪽 끝은 1.5mm 펀치를 사용하여 구멍을 뚫어주세요.

**6** 카드 수납 부분과 옆면을 다이아몬드 줄로 다듬고 옆면 마감제를 바른 후 손가락이나 북폴더를 사용하여 매끄럽게 마감합니다. 같은 방법으로 하나 더 만드세요.

**7** ⓑ 뒷면의 아랫부분과 안감 ⓔ의 겉면에 각각 본드를 ㅁ자로 칠합니다.

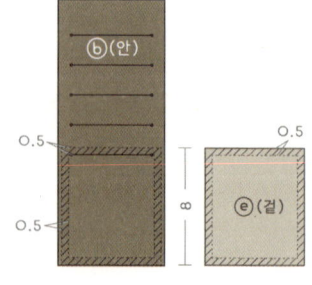

ⓑ(안)

0.5

0.5

ⓔ(겉)  0.5  8

빗금 부분 = 본드 칠하는 부분

**8** 제일 아래 칼집의 위로 0.5cm 올려서 카드 수납 부분의 안감을 붙입니다.

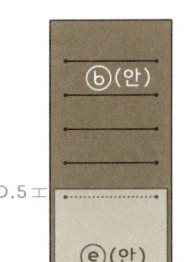

0.5⊐

**9** 같은 방법으로 아래에서 두 번째 카드 수납 부분도 칼집 위로 0.5cm 올려서 붙여주세요.

**10** 계속해서 나머지 안감 ⓔ도 한 칸씩 칼집 위로 올라가며 붙이고, 안감 ⓓ를 전체적으로 붙인 후 안감의 옆면이 일정하지 않으면 가죽 경계선을 따라 잘라냅니다. 같은 방법으로 하나 더 만드세요.

앞면    뒷면

조립하기

**11** ⓑ의 오른쪽 면에 디바이더로 0.3cm 너비의 바느질 선을 표시하고 6mm 치즐(2, 4날)로 구멍을 뚫습니다. 그런 다음 약 70cm의 흰색 3합 초실로 새들 스티치한 후 남은 실은 라이터로 마감합니다. 바느질된 부분의 옆면을 옆면 마감합니다.

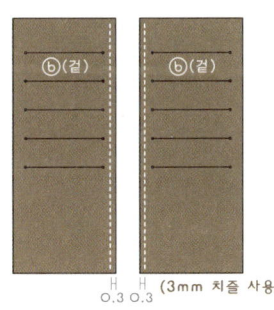

ⓑ(겉)    ⓑ(겉)

0.3 0.3    (3mm 치즐 사용)

**12** ⓓ와 ⓒ를 1.5cm 겹쳐서 그림과 같이 붙여주고 ⓒ의 옆면을 마감합니다.

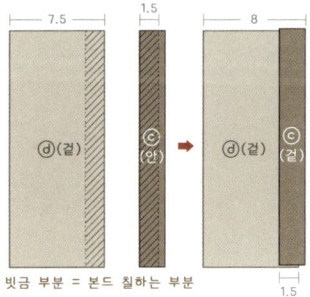

7.5    1.5    8

ⓓ(겉)    ⓒ(안)    →    ⓓ(겉)    ⓒ(겉)

빗금 부분 = 본드 칠하는 부분    1.5

**13** 안감이 붙여진 ⓑ의 뒷면과 겹쳐 붙인 ⓓ와 ⓒ의 접착된 부위에 너비 0.5cm로 본드를 바릅니다.

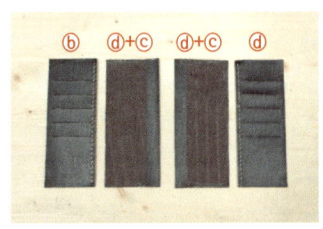

ⓑ    ⓓ+ⓒ    ⓓ+ⓒ    ⓓ

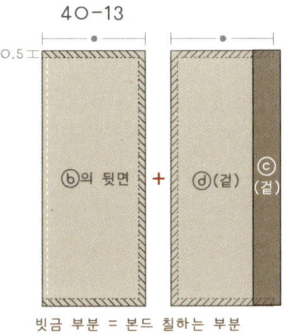

4ㅇ-13

0.5⊐

ⓑ의 뒷면    +    ⓓ(겉)    ⓒ(겉)

빗금 부분 = 본드 칠하는 부분

**14** 어느 정도 지난 후 ⓒ가 ⓑ 위로 0.5cm 겹쳐서 올라오도록 붙입니다.

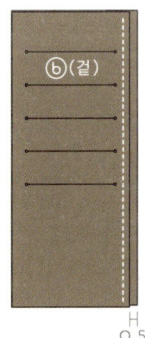

ⓑ(겉)

0.5

**15** ⓐ의 뒷면과 11번의 뒷면에 너비 0.5cm로 본드를 ㄷ자 모양으로 칠하고 어느 정도 기다립니다.

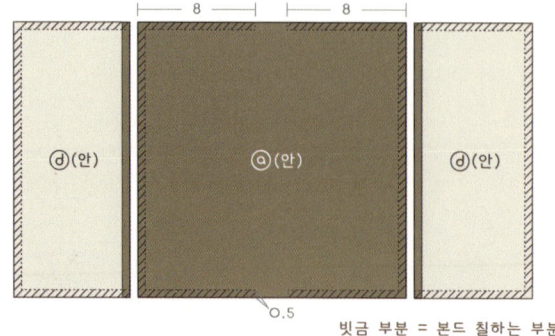

8 ┤├ 8

ⓓ(안)    ⓐ(안)    ⓓ(안)

0.5

빗금 부분 = 본드 칠하는 부분

**16** 본드를 바른 부분이 꾸덕꾸덕하게 마르면 서로 붙여줍니다.

### 바느질하여 완성하기

**17** ⓐ의 겉면에 디바이더로 0.3cm 너비의 바느질 선을 표시하고 6mm 치즐(2, 4날)로 구멍을 뚫습니다.

**18** 약 240cm(둘레의 3배+20cm)의 흰색 3합 초실로 새들 스티치한 후 남은 실은 투명본드로 마감합니다.

**19** 옆면을 다이아몬드 줄로 다듬고 옆면 마감제를 바른 후 어느 정도 흡수되면 슬리커로 문질러서 매끄럽게 마감합니다. 옆면 마감제가 마르면 검은색 절단면 마감제를 3~5회 바르세요.

**20** 이탈리안식 남자 장지갑이 완성되었습니다.

# 41 이탈리안식 여자 장지갑
*Italian Style Woman's Wallet*

# 이탈리안식 여자 장지갑

남자 장지갑과 마찬가지로 갈색 오일 풀 업(Oil full up) 가죽을 사용하여 수납 부분까지 100% 수작업으로 만든 작품입니다.

□ 예상 재료비 60,000원　　■ 완제품 예상가 150,000원　　□ 예상 제작시간 8시간 30분　　□ 난이도 ★★★★☆　　□ 완성 크기 10×19.5×2cm

**■ 준비 재료**

가 죽　오일 풀 업(Oil full up) 갈색 2평
약 품　옆면 마감제, 절단면 마감제(검은색)
부재료　안감(갈색) 약 1/4평, 지퍼(17cm)와 슬라이더, 와이어스냅(15mm), 흰색 3합 초실(약 655cm), 검은색 나일론 실(약 130cm)

**■ 준비 도구**

기본 도구, 펀치(1.5mm, 4mm, 6mm), 6mm 치즐(2, 4날), 15mm 와이어스냅 세터와 쇠판

## 형지 제작 및 재단하기

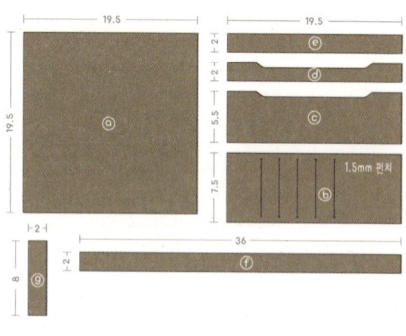

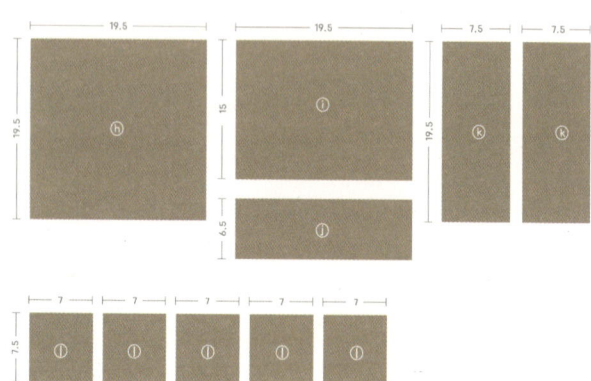

ⓐ 겉면 가죽 : 19.5×19.5cm　　ⓑ 왼쪽 카드 날개 : 실물본(약 7.5×19.5cm)　　ⓒ 오른쪽 앞날개 : 실물본(약 5.5×19.5cm)

ⓓ 오른쪽 중간 날개 : 실물본(약 2×19.5cm)　　ⓔ 오른쪽 뒷날개 : 2×19.5cm　　ⓕ 오른쪽 날개 옆면 : 2×36cm

ⓖ 지갑 여밈 가죽 : 2×8cm　　ⓗ 겉면 안감 : 19.5×19.5cm　　ⓘ 안쪽 지퍼 안감 : 15×19.5cm

ⓙ 왼쪽 중간 날개 안감 : 6.5×19.5cm　　ⓚ 왼쪽, 오른쪽 날개 안감 : 7.5×19.5cm 2장　　ⓛ 카드 수납 안감 : 7×7.5cm 5장

## 재단하기

**1** 실물도안을 이용하여 도안대로 형지를 만들어 가죽 위에 올려놓고 송곳으로 덧그린 후 재단합니다.

**2** 안감은 ⓗ 19.5×19.5cm 1장, ⓙ 6.5×19.5cm 1장, ⓚ 7.5×19.5cm 2장, ⓛ 7×7.5cm 5장을 재단하여 준비하세요. 안쪽 지퍼 안감 ⓘ는 15×19.5cm로 준비해주세요.

**3** ⓐ~ⓕ의 뒷면에 바느질할 부분을 커터칼이나 패디를 사용하여 너비 0.5cm로 피할합니다(53쪽 참고). 피할하는 부분은 다음의 그림을 참고하세요.

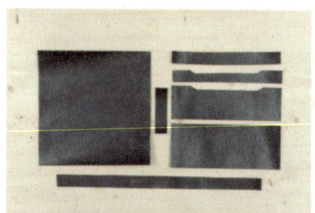

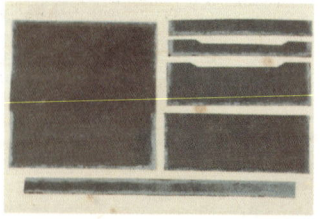

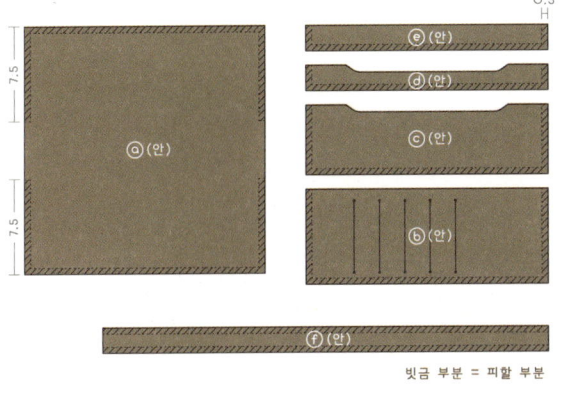

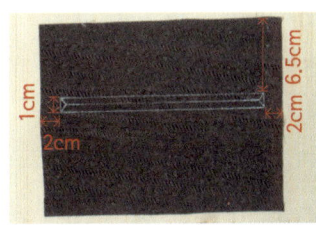

빗금 부분 = 피할 부분

**4** 지퍼 부분의 안감 ⓘ에는 지퍼를 달 위치를 은펜으로 표시합니다.

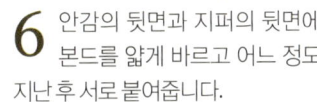

**5** 표시한 지퍼 부분에서 안쪽 선만 잘라줍니다. 이때 밖의 사각형 부분은 자르면 안 됩니다. 지퍼가 들어갈 안감의 뒷면에 본드를 얇게 바르고, 사진처럼 안감을 안쪽으로 사방에 0.5cm 접어서 붙여줍니다.

**6** 안감의 뒷면과 지퍼의 뒷면에 본드를 얇게 바르고 어느 정도 지난 후 서로 붙여줍니다.

**7** 지퍼 부분에 은펜과 자로 0.3cm 너비의 바느질 선을 표시하고 약 130cm(바느질할 둘레의 3배 +20cm)의 검은색 6합 나일론실로 박음질합니다. 남은 실은 투명본드로 마감합니다.

지퍼 달기

오른쪽 날개 만들기

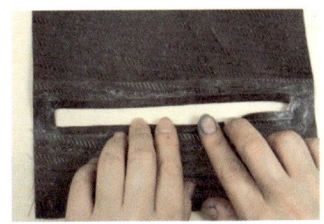

**8** ⓓ, ⓔ의 각 뒷면과 ⓙ와 ⓚ 1장의 겉면에 본드를 얇게 바르고 어느 정도 지난 후 안감 위에 가죽이 2cm 겹치도록 서로 붙여줍니다. 이때 붙여진 ⓓ와 ⓙ의 안감이 보이는 윗부분은 커터칼로 ⓓ의 윗부분에 맞춰 자르고 카드가 들어가는 ⓓ, ⓔ의 윗부분을 다이아몬드 줄로 다듬고 옆면을 마감합니다.

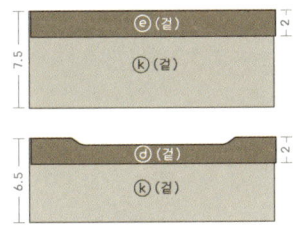

**9** ⓒ의 뒷면과 ⓙ와 ⓚ 1장을 붙인 ⓓ, ⓔ의 앞면 접착 부분에 본드를 얇게 바르고 1cm의 간격으로 겹치도록 서로 붙여줍니다. 그런 다음 입구 쪽은 디바이더로 0.3cm 너비의 바느질 선을, 정중앙은 자와 은펜으로 바느질 선을 표시한 후 6mm 2, 4날 치즐로 구멍을 뚫습니다.

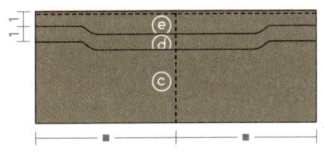

**10** 가로는 약 45cm, 세로는 약 80cm(길이의 3배+20cm)의 흰색 3합 초실을 바늘 두 개에 꿰고 새들 스티치한 후 남은 실은 투명본드로 마감한 후 사진에 표시된 두 곳을 둥그렇게 잘라줍니다. 오른쪽의 모서리 1:1 실물본을 참고하세요.

**11** ⓕ의 뒷면 긴 부분 양쪽을 너비 0.5cm로 피할합니다. ⓕ의 피할한 한쪽과 사진에 표시된 오른쪽 날개의 뒷면에 너비 0.5cm로 얇게 본드를 바릅니다.

**12** 오른쪽 날개 테두리의 한쪽 끝부분부터 맞추어 옆면 가죽 ⓕ를 직각으로 접으면서 서로 붙여줍니다.

**13** 다른 한쪽 끝부분까지 붙인 후 날개 경계선에 맞추고 남은 옆면 가죽 ⓕ를 가위로 잘라냅니다.

**14** 옆면 가죽 ⓕ가 오른쪽 날개 뒷면과 직각이 되도록 세우고 접착 부분을 북폴더로 눌러주세요.

**15** 디바이더로 0.3cm 너비의 바느질 선을 표시한 후 직선 부분은 6mm 2, 4날 치즐로, 곡선 부분은 6mm 2날 치즐로 구멍을 뚫습니다.

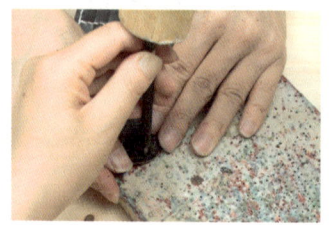

**16** 테두리에 바느질 구멍을 모두 뚫은 모습입니다. 약 140cm(둘레의 3배+20cm)의 흰색 3합 초실로 새들 스티치한 후 남은 실은 뒷면에서 라이터로 마감합니다.

**왼쪽 날개 만들기**

**17** 남자 지갑처럼 ⓑ의 카드 수납 부분을 잘라내고 다이아몬드 줄로 다듬은 후 옆면을 마감합니다. 그런 다음 안감 ⓘ 5장을 준비하세요.

**18** ⓑ 뒷면 아래쪽의 카드 수납 부분과 안감 ⓘ의 겉면에 각각 본드를 ㅁ자로 칠합니다. (동영상에서는 7×9.5로 해서 칼집에 올려 붙였습니다.)

**19** 제일 아래 칼집의 위로 0.5cm 올려서 카드 수납 부분의 안감을 붙입니다.

〈모서리 1:1 실물본〉

붙이는 부분

오른쪽 날개

**20** 같은 방법으로 아래에서 두 번째 카드 수납 부분도 칼집 위로 0.5cm 올려서 붙여주세요.

**21** 계속해서 나머지 안감도 한 칸씩 위로 올라가며 붙입니다. 그런 다음 안감을 모두 붙인 ⓑ의 뒷면과 ⓚ의 겉면에 본드를 얇게 바르고 어느 정도 기다리세요.

**22** ⓑ와 ⓚ를 서로 붙입니다.

**23** 오른쪽 옆면에 디바이더로 0.3cm 너비의 바느질 선을 표시하고 6mm 치즐(2, 4날)로 구멍을 뚫습니다. 그런 다음 약 80cm의 흰색 3합 초실로 새들 스티치한 후 남은 실은 라이터로 마감합니다.

**24** 바느질한 왼쪽 날개의 왼쪽을 10번 과정처럼 둥그렇게 자르고 오른쪽 옆면을 다이아몬드 줄로 다듬고 옆면 마감제를 바른 후 어느 정도 흡수되면 슬리커로 문질러서 매끄럽게 마감합니다.

**25** 16번에서 작업한 오른쪽 날개의 왼쪽 옆면도 다이아몬드 줄로 다듬고 옆면 마감제를 바른 후 어느 정도 흡수되면 슬리커로 문질러서 매끄럽게 마감합니다.

**26** 양쪽 날개에 바른 옆면 마감제가 마르면 검은색 절단면 마감제를 3~5회 바르세요.

단추 다는 부분 만들기

**27** ⓖ의 안쪽 면에 디바이더로 0.3cm 너비의 바느질 선을 표시하고 6mm 치즐(2, 4날)로 구멍을 뚫습니다.

**28** 약 55cm의 흰색 3합 초실로 새들 스티치한 후 남은 실은 투명본드로 마감합니다. 바느질이 끝나면 다이아몬드 줄과 옆면 마감제, 검은색 절단면 마감제로 옆면을 마감합니다.

조립하여 완성하기

**29** 재단한 ⓐ의 뒷면과 ⓗ의 뒷면에 본드를 얇게 바르고 어느 정도 기다립니다.

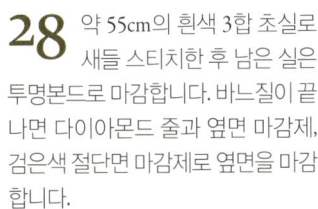

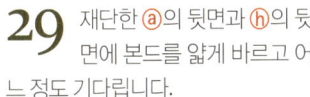
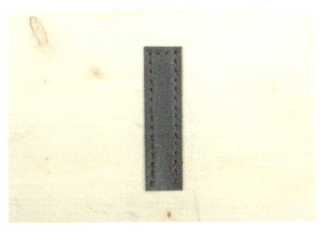

**30** 본드를 바른 ⓐ와 ⓗ를 90°~120°정도 굽혀서 서로 붙여준 후 사진에 표시된 네 개의 각진 부분을 동그랗게 잘라줍니다.

〈모서리 1:1 실물본〉

**31** ⓖ의 바느질을 하지 않은 뒷면 끝부분 0.9cm를 피하고, ⓐ의 뒷면과 ⓖ의 겉면 안감을 붙인 정중앙에 1cm 겹치게 하여 본드를 얇게 바른 후 서로 붙여줍니다.

**32** 고무판 위에 가죽을 올려놓고 15mm 와이어스냅 윗부분이 들어갈 자리를 6mm 펀치, 아랫부분이 들어갈 자리를 4mm 펀치로 구멍을 뚫어줍니다.

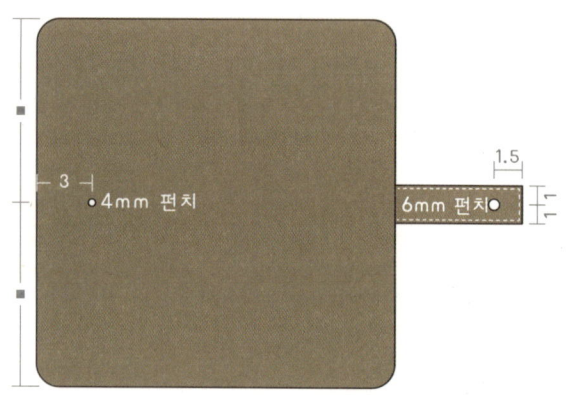

1.5

3

4mm 펀치

6mm 펀치

**33** 15mm 와이어스냅 세터와 쇠판을 사용하여 15mm 와이어스냅을 달아줍니다.

**34** 지갑 안쪽 면과 양쪽 날개와 만들어 놓은 지퍼의 접착 부분에 본드를 얇게 바릅니다.

**35** 어느 정도 지나 본드를 바른 부분이 꾸덕꾸덕하게 마르면 서로 붙여줍니다.

**36** 지갑 겉면 테두리에 디바이더로 0.3cm 너비의 바느질 선을 표시하고 6mm 치즐(2, 4날)로 구멍을 뚫습니다. 그런 다음 약 255cm의 흰색 3합 초실로 새들 스티치한 후 남은 실은 투명본드로 마감합니다.

**37** 옆면을 다이아몬드 줄로 다듬고 옆면 마감제를 바른 후 어느 정도 흡수되면 슬리커로 문질러서 매끄럽게 마감합니다. 옆면 마감제가 마르면 검은색 절단면 마감제를 3~5회 바르세요.

**38** 이탈리안식 컬러링 베지터블 가죽을 이용한 여자 장지갑이 완성되었습니다.

42 그녀의 명함 지갑

*She's Business Card Wallet*

# 그녀의 명함 지갑

남성용 명함지갑에는 없던 동전을 넣을 수 있는 부분을 만들어보았습니다. 남자 명함 지갑과 다른 색의 가죽을 사용했지만 같은 실과 와이어스냅을 사용하여 커플 명함 지갑을 연출했습니다. 옆면을 붙일 때 접착 부분을 90°로 잘 꺾어주세요

□ 예상 재료비 18,000원 ■ 완제품 예상가 70,000원 □ 예상 제작시간 5시간 □ 난이도 ★★★★☆ □ 완성 크기 10.5×9cm

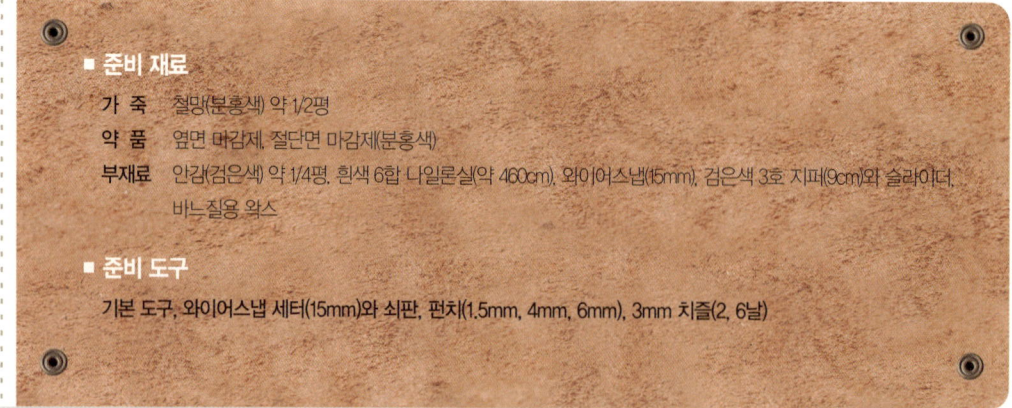

■ **준비 재료**

가 죽　철망(분홍색) 약 1/2평

약 품　옆면 마감제, 절단면 마감제(분홍색)

부재료　안감(검은색) 약 1/4평, 흰색 6합 나일론실(약 460cm), 와이어스냅(15mm), 검은색 3호 지퍼(9cm)와 슬라이더, 바느질용 왁스

■ **준비 도구**

기본 도구, 와이어스냅 세터(15mm)와 쇠판, 펀치(1.5mm, 4mm, 6mm), 3mm 치즐(2, 6날)

## 형지 제작 및 재단하기

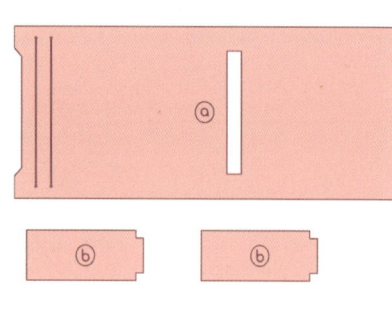

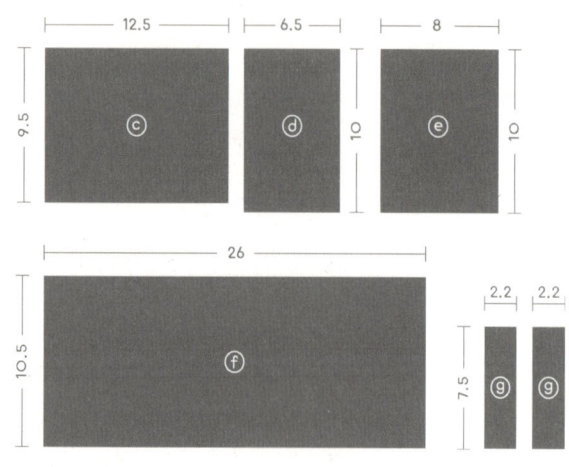

ⓐ 겉면 가죽 : 실물본(약 10.5×26cm)　　ⓑ 옆면 가죽 : 실물본(약 3.2×8cm) 2장　　ⓒ 지퍼 부분 안감 : 9.5×12.5

ⓓ 카드 수납(아래) 안감 : 10×6.5cm　　ⓔ 카드 수납(위) 안감 : 10×8cm　　ⓕ 안쪽 전체 안감 : 10.5×26cm

ⓖ 옆면 안감 : 2.2×7.5cm 2장　　※ ⓐ, ⓒ 가죽은 부록의 실물본을 이용하여 형지를 만든 후 재단하세요.

재단하고 피할하기

**1** 도안대로 형지를 만들어 가죽 위에 올려놓고 송곳으로 덧그린 후 재단합니다.

**2** 검은색 안감은 10×6cm, 10×6.5cm, 9.5×12.5cm, 10.5×26cm 각 1장, 2.2×7.5cm 2장을 재단합니다.

**3** 그림으로 표시한 접착되는 부분을 참고하여 피할합니다.

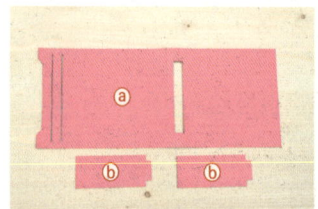

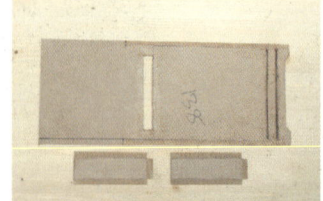

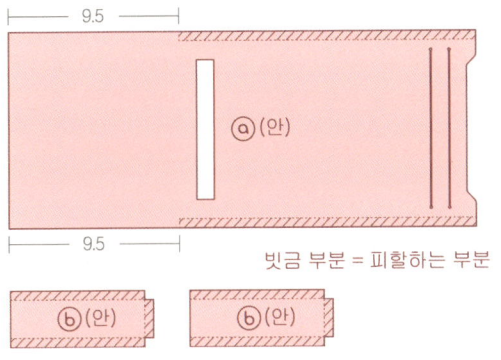

9.5

9.5

ⓐ(안)

빗금 부분 = 피활하는 부분

ⓑ(안)　　ⓑ(안)

**지퍼 달기**

**4** 9cm 지퍼에 슬라이더를 넣습니다.

**5** 지퍼가 들어갈 안쪽 옆면에 옆면 마감제를 바른 후 어느 정도 흡수되면 손가락이나 북폴더를 사용하여 매끄럽게 마감합니다. 옆면 마감제가 마르면 분홍색 절단면 마감제를 3~5회 바르고, 지퍼를 붙여주세요.

**주머니 달기**

**6** ⓒ의 끝부분을 1cm 접고, 위쪽에서 2cm 아래로 오도록 반으로 섭은 후 양쪽 옆면에 0.5cm 시접으로 박음질합니다(흰색 6합 나일론실 약 60cm).

9.5

ⓒ(겉)

2

1

ⓒ(안)

**7** 2cm 접은 부분은 아래로 접어놓고, 1cm 접은 부분과 지퍼의 아랫부분만 먼저 본드로 붙인 후 3mm 치즐(2, 6날)로 구멍을 뚫습니다.

**8** 왁스를 먹인 약 50cm(길이의 3배+20cm)의 흰색 6합 나일론실로 새들 스티치한 후 남은 실은 뒷면에서 라이터 마감합니다.

**9** 아래로 접어놓은 2cm 안감을 지퍼 위쪽으로 펴서 지퍼 윗부분에 붙인 후 3mm 치즐(2, 6날)로 구멍을 뚫습니다. 그런 다음 왁스를 먹인 약 60cm(둘레의 3배+20cm)의 흰색 6합 나일론실로 새들 스티치한 후 남은 실은 뒷면에서 라이터로 마감합니다(112쪽 15~20번 과정 참고).

**10** 지퍼의 윗부분과 옆 부분을 바느질한 겉면 모습입니다. 바느질이 끝나면 아래 카드가 들어갈 부분에 옆면 마감제를 바른 후 어느 정도 흡수되면 손가락이나 북폴더를 사용하여 매끄럽게 해줍니다.

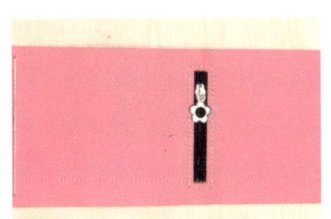

**11** 카드 수납 부분의 아래쪽 안감 ⓓ에 ㅁ자 모양으로 본드를 바르고 붙여줍니다. 같은 방법으로 카드의 위쪽 수납 부분도 1cm 위쪽에 겹쳐서 붙여주세요.

**12** ⓐ와 안감 ⓕ, ⓑ와 안감 ⓖ의 뒷면에 각각 본드를 바르고 붙여준 후 3번에서 피할한 부분의 안감을 잘라냅니다. 안감을 붙일 때 피할한 부분에 본드를 칠하지 않으면 잘라낼 때 잘 떨어집니다.

**13** 옆면의 접착 부분을 미리 접어서 손으로 각을 잡아준 후 본드를 바르고 각을 잡아가면서 옆면을 붙여줍니다.

**14** 반대편도 같은 방법으로 옆면을 붙여주세요.

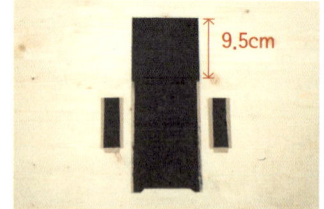
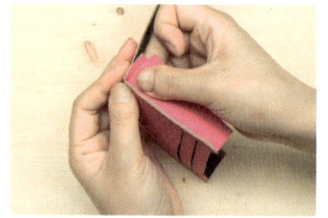

바느질하여 완성하기

**15** 테두리에 디바이더로 0.3cm 너비의 바느질 선을 표시하고 3mm 치즐(2, 6날)로 구멍을 뚫습니다.

**16** 왁스를 먹인 약 230cm(둘레의 3배+20cm)의 흰색 6합 나일론실을 바늘 두 개에 꿰고 새들 스티치한 후 남은 실은 투명본드로 마감합니다.

**17** 15mm 와이어스냅이 들어갈 윗부분은 6mm 펀치로, 아랫부분은 4mm 펀치로 구멍을 뚫습니다. 이때 꼭 주의할 점은 아랫부분의 구멍은 카드가 들어갈 부분에 짜투리 가죽을 3겹 정도 깔아 안감을 제외한 겉면 가죽만 뚫어야 합니다.

**18** 15mm 와이어스냅 세터와 쇠판을 사용하여 15mm 와이어스냅을 달아줍니다.

**19** 옆면을 다이아몬드 줄로 다듬고 옆면 마감제를 바른 후 어느 정도 흡수되면 슬리커로 문질러서 매끄럽게 마감합니다. 옆면 마감제가 마르면 분홍색 절단면 마감제를 3~5회 바르세요.

**20** 화사한 디자인의 그녀의 명함 지갑이 완성되었습니다.

다양한 색상의 명함 지갑을 만들어보세요.
수납공간이나 뚜껑의 모양을 변형해보는 것도 좋을 것 같습니다.

# 43 그의 명함 지갑

He's Business Card Wallet

# 그의 명함 지갑

카드나 명함이 앞과 뒤쪽에 몇 장씩 들어가도록 만들었습니다. 건네주고 받는 명함을 따로 보관하면 더 좋습니다.

□ 예상 재료비 18,000원　□ 완제품 예상가 70,000원　□ 예상 제작시간 5시간　□ 난이도 ★★★☆☆　□ 완성 크기 10.5×9cm

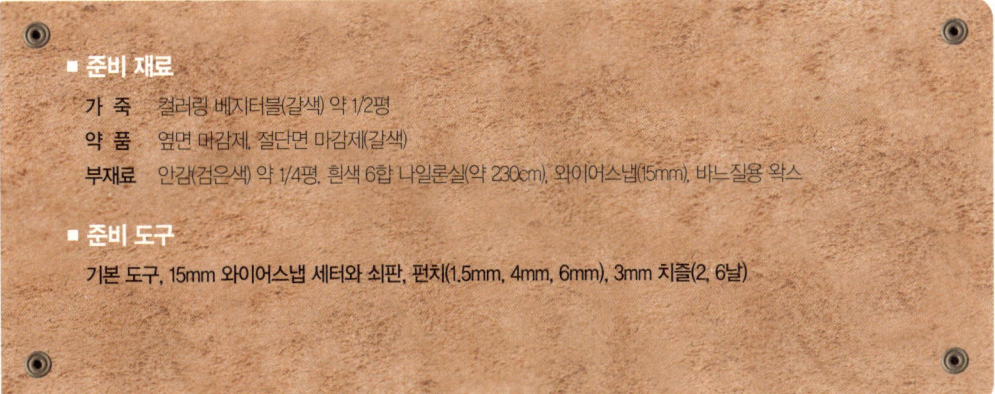

**■ 준비 재료**

가 죽　컬러링 베지터블(갈색) 약 1/2평
약 품　옆면 마감제, 절단면 마감제(갈색)
부재료　안감(검은색) 약 1/4평, 흰색 6합 나일론실(약 230cm), 와이어스냅(15mm), 바느질용 왁스

**■ 준비 도구**

기본 도구, 15mm 와이어스냅 세터와 쇠판, 펀치(1.5mm, 4mm, 6mm), 3mm 치즐(2, 6날)

## 형지 제작 및 재단하기

ⓐ 겉면 가죽 : 실물본(약 10.5×16.5cm)
ⓑ 뚜껑 가죽 : 10.5×10cm
ⓒ 옆면 가죽 : 실물본(약 3.2×8cm) 2장
ⓓ 카드 수납(아래) 안감 : 10×6.5cm
ⓔ 카드 수납(위) 안감 : 10×8cm
ⓕ 카드 뒷면 안감 : 10×8cm
ⓖ 안쪽 전체 안감 : 10.5×25.5cm
ⓗ 옆면 안감 : 2.2×7.5cm 2장

※ ⓐ, ⓒ는 부록의 실물본을 이용하여 형지를 만든 후 재단하세요.

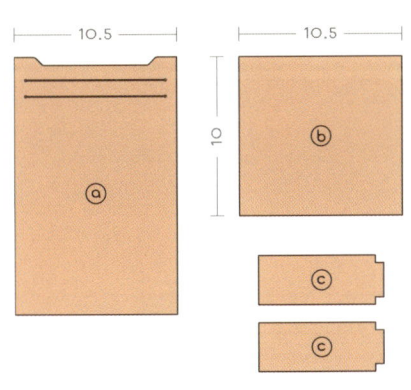

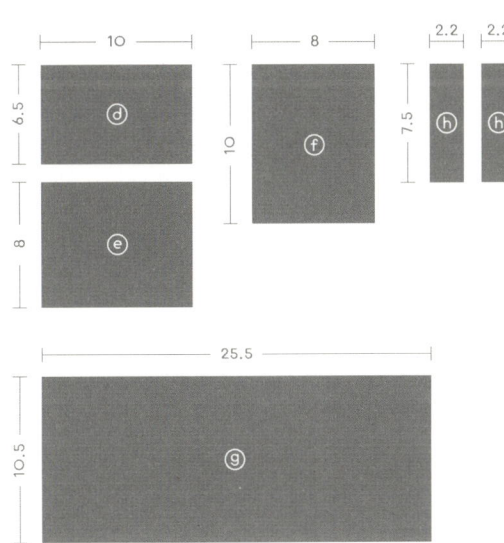

## 조립하기

**1** 도안대로 형지를 만들어 가죽 위에 올려놓고 송곳으로 덧그린 후 재단합니다. 가죽의 두께는 1mm입니다.

**2** 안감은 10×6.5cm, 10.5×25.5cm는 각각 1장, 10×8cm, 2.2×7.5cm는 각각 2장을 재단합니다.

**3** ⓐ의 카드 수납 부분을 형지를 이용하여 표시한 후 직선 부분을 커터칼로, 양쪽 끝은 1.5mm 펀치로 구멍을 뚫어줍니다.

**4** 카드 수납 부분과 위아래 부분의 옆면을 마감한 후, 여자 명함지갑의 11번 과정과 같은 방법으로 ⓐ 뒷면의 카드 수납 부분에 안감 ⓓ, ⓔ를 각각 붙여주세요(그의 명함지갑 DVD 동영상 강의 참고).

**5** 카드 수납 부분에 안감을 붙여준 모습입니다.

**6** ⓑ 뒷면과 ⓕ 앞면에 본드를 얇게 바르고 어느 정도 지난 후 ⓑ가 ⓕ 위쪽에 0.5cm 겹치도록 붙여줍니다.

**7** ⓐ 뒷면의 접착 부분을 커터칼이나 패디를 사용하여 0.4cm 너비로 피할하고, 피할한 부분과 ⓑ와 ⓕ 앞면에 0.5cm 너비로 본드를 바릅니다.

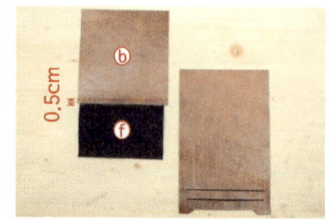

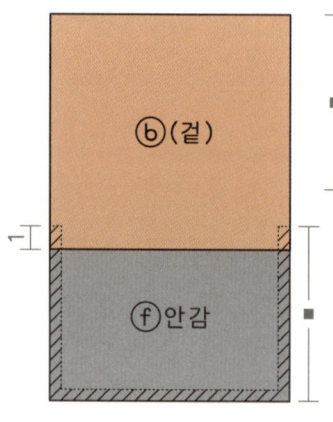

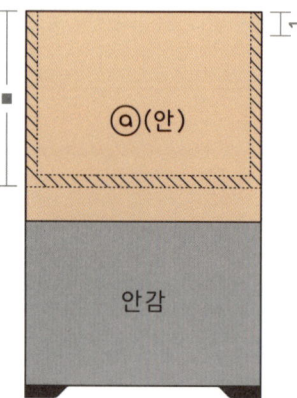

**8** ⓐ 뒷면을 ⓑ의 겉면 위로 1cm 겹쳐서 붙여줍니다.

**9** 조립된 8번과 안감 ⓖ, ⓒ와 안감 ⓗ의 뒷면에 각각 본드를 바르고 붙여줍니다. 이때 아래 10번에서 잘라낼 옆면 접착 부분을 감안하여 본드를 바르세요.

**10** ⓐ의 뒷면에 옆면 ⓒ가 만나는 부분을 은펜으로 표시하고 안감을 잘라낸 후 0.4cm로 피할합니다. 9번에서 잘라낼 부분에 본드를 바르지 않으면 잘라낼 때 편합니다.

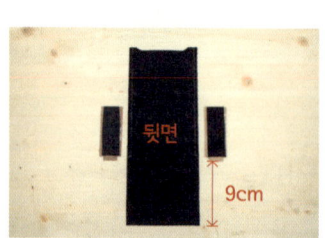

바느질하여 완성하기

**11** 10번의 피할 부분과 옆면의 접착 부분에 본드를 바르고 붙여줍니다. 그런 다음 디바이더로 0.3cm 너비의 바느질 선을 표시하고 3mm 치즐(2, 6날)로 구멍을 뚫습니다.

**12** 왁스를 먹인 약 230cm(둘레의 3배+20cm)의 흰색 6합 나일론실을 바늘 두 개에 꿰고 새들 스티치 한 후 남은 실은 투명본드로 마감합니다.

**13** 옆면을 다이아몬드 줄로 다듬
고 옆면 마감제를 바른 후 어
느 정도 흡수되면 슬리커로 문질러서
매끄럽게 마감합니다. 옆면 마감제가
마르면 갈색 절단면 마감제를 3~5회
바르세요.

**14** 15mm 와이어스냅이 들어갈
윗부분은 6mm 펀치로, 아랫
부분은 4mm 펀치로 구멍을 뚫습니
다. 그런 다음 15mm 와이어스냅 세터
와 쇠판을 사용하여 15mm 와이어스
냅을 달아줍니다.

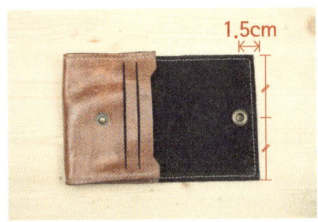

**15** 그를 위한 명함 지갑이 완성되
었습니다.

28쪽의 그녀의 명함 지갑과 세트로 만들어 연인이 함께 쓰면 좋아요

# 라텍스 키홀더

라텍스를 이용하여 커플 느낌의 하트 모양을 그려보세요. 가죽 위에 글씨를 써보는 것도 좋습니다.

□ 예상 재료비 12,000원　□ 완제품 예상가 45,000원　□ 예상 제작시간 3시간　□ 난이도 ★★★☆☆　□ 완성 크기 6×11×2.5cm

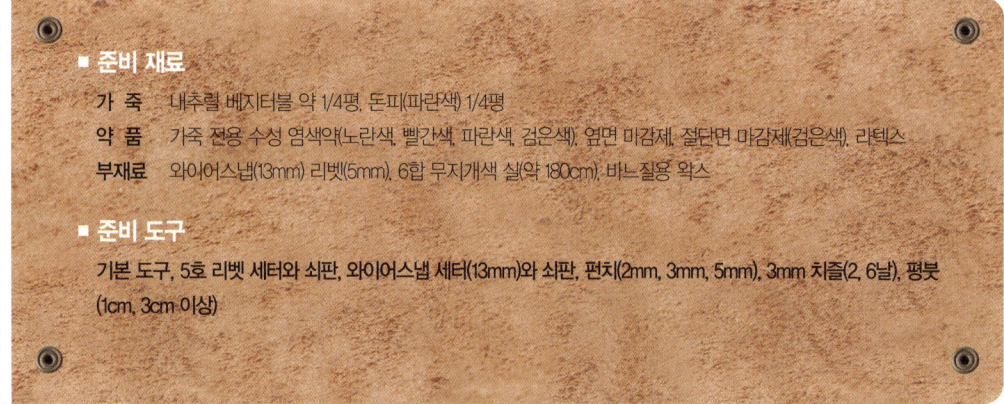

**■ 준비 재료**

**가 죽** 　내추럴 베지터블 약 1/4평, 돈피(파란색) 1/4평

**약 품** 　가죽 전용 수성 염색약(노란색, 빨간색, 파란색, 검은색), 엮면 마감제, 절단면 마감제(검은색), 라텍스

**부재료** 　와이어스냅(13mm) 리벳(5mm), 6합 무지개색 실약 180cm), 바느질용 왁스

**■ 준비 도구**

기본 도구, 5호 리벳 세터와 쇠판, 와이어스냅 세터(13mm)와 쇠판, 펀치(2mm, 3mm, 5mm), 3mm 치즐(2, 6날), 평붓 (1cm, 3cm 이상)

## 형지 제작 및 재단하기

ⓐ 겉면 가죽 : 16.5×10.5cm

ⓑ 안쪽 키홀더 가죽 : 4×10.5cm

ⓒ 안쪽 돈피 : 17.5×11.5cm

※ ⓒ 돈피는 가죽과 붙인 후 재단할 것을 생각하여 가로 세로 각각 1cm 여유 있게 재단합니다.

※ 01 브라운 키홀더와 같은 형지를 사용합니다.

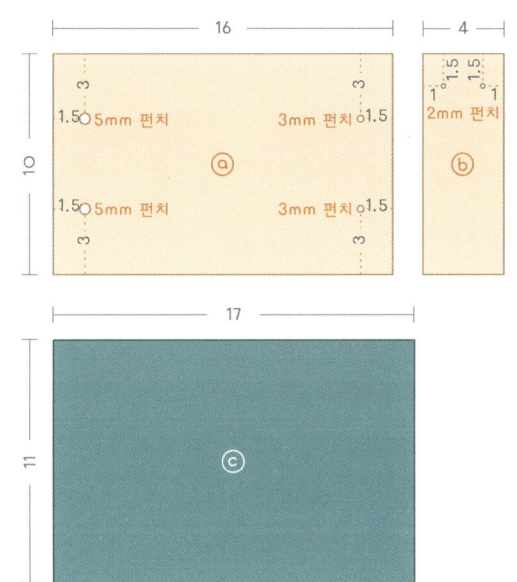

---

## 라텍스 염색하기

**1** 도안대로 형지를 만들어 가죽 위에 올려놓고 송곳으로 덧그린 후 재단합니다. 돈피는 가죽보다 가로세로 각각 1cm 여유 있게 재단하세요.

**2** 가죽 위에 노란색 수성 염색약을 너비 1cm의 평붓으로 3줄 칠한 후 붓 너비의 3배 만큼 띄우고 다시 3줄을 칠합니다.

**3** 빨간색 수성 염색약으로 기존에 색칠한 3줄의 노란색 제일 왼쪽을 덧칠하고, 그 왼쪽으로 2줄을 더 칠합니다.

**4** 파란색 수성 염색약을 노란색 제일 오른쪽 한 줄부터 빨간색의 한 줄까지 모두 3줄을 칠한 후 드라이어의 찬바람을 쐬어 말립니다. 빨강, 주황, 노랑, 초록, 파랑, 보라색의 사선 모양 염색이 완성되었습니다.

**5** 라텍스를 붓에 묻힌 후 가로로 3 등분한 중앙 부분에 하트 모양의 반쪽을 그립니다.

**TIP**

**라텍스를 칠한 붓은 마르기 전에 씻어야 재사용이 가능해요**

라텍스를 칠한 부분은 앞서 염색한 색들을 보호하기 때문에 '방염기법'의 한 종류입니다. 라텍스를 사용한 붓은 마르기 전에 바로 씻지 않으면 붓이 망가져 재사용이 불가능하니 주의하세요.

**6** 라텍스를 전사펜에 묻힌 후 원하는 그림과 글씨를 그려 넣습니다.

**7** 라텍스가 투명하게 마를 때까지 기다립니다. 라텍스가 젖은 상태에서 다음 단계인 검은색 염색약을 발라주면 라텍스 밑에 있는 색에도 검은색 염색약이 묻어나니 주의합니다.

**8** 큰 평붓을 사용하여 검은색 수성 염색약을 전체에 칠합니다.

**9** 옆면에도 검은색 수성 염색약을 칠합니다.

**10** 염색한 가죽 위에 종이를 덮은 후 꾹 눌러주어 라텍스 위에 남아있는 염색약을 닦아냅니다. 염색약이 완전히 닦이면 드라이어의 찬바람을 쐬어 말려주세요.

**11** 검은색 염색약이 완전히 마르면 라텍스를 떼어냅니다. 이때 검은색 염색약이 완전히 마르지 않으면 라텍스를 작업한 부분에 검은색이 묻어 지저분해 보이므로 주의합니다.

**12** 목장갑의 손바닥 부분을 뭉쳐서 마감제(수성 광약)를 충분히 묻히고, 가죽에 충분히 흡수될 때까지 톡톡 두드려줍니다.

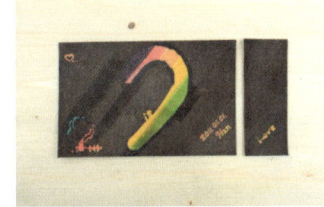

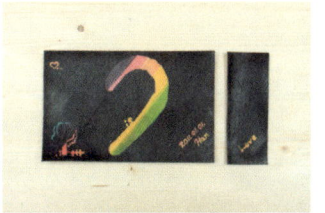

조립하기

**13** 염색된 가죽의 뒷면과 돈피의 뒷면에 본드를 얇게 바르고, 양쪽에 1/3이 되는 곳을 30°정도로 접은 후 서로 붙입니다.

**14** 커팅매트 위에 돈피를 붙인 가죽을 놓고 커터칼로 가죽의 경계선을 따라 돈피를 잘라냅니다.

**15** ⓑ의 모서리 부분을 다이아몬드 줄로 다듬고 옆면 마감제를 발라 어느 정도 흡수되면 슬리커로 문질러 매끄럽게 마감합니다. 그런 다음 ⓑ의 겉면 위쪽에 2mm 펀치로 구멍을 뚫고, 5mm 리벳을 가죽과 키홀더 부품 사이에 끼운 후 5mm 리벳 세터와 쇠판을 사용하여 고정합니다.

**16** 본드를 사용하여 ⓒ의 앞면 정중앙에 ⓑ의 뒷면 정중앙에 맞춰 붙여주고, 도안에 표시된 위치에 구멍을 뚫을 곳을 은펜으로 표시합니다.

**17** 13mm 와이어스냅이 들어갈 윗부분은 5mm 펀치, 아랫부분은 3mm 펀치로 구멍을 뚫고, 13mm 와이어스냅 세터와 쇠판을 사용하여 13mm 와이어스냅을 달아줍니다. 그런 다음 디바이더로 0.3cm 너비의 바느질 선을 표시하고 3mm 치즐(2, 6날)로 구멍을 뚫습니다.

바느질하기

**18** 키홀더를 겉면이 왼쪽을 향하도록 포니에 고정합니다. 그런 다음 왁스를 먹인 약 180cm(둘레의 3배+20cm)의 무지개색 6합 나일론실을 두 개의 바늘에 꿰고, 한쪽 바늘을 바느질 구멍을 통과시킨 후 실의 길이를 같게 만듭니다.

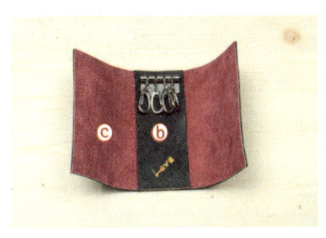

**19** 왼쪽 바늘을 바느질 구멍에 통과시켜 오른쪽으로 나오게 합니다. 바느질 진행 방향은 몸의 바깥쪽에서 몸쪽으로 향해야 합니다.

바느질 방향

**20** 오른손으로 왼쪽에서 오는 바늘을 당겨서 포니 오른쪽에 붙여 왼손으로 최대한 당기면서 잡습니다.

**21** 오른쪽 바늘을 같은 바느질 구멍의 실보다 몸의 바깥쪽으로 꽂아서 왼쪽으로 통과시킵니다.

바느질 방향

**22** 양손으로 실을 잡아당깁니다.

**23** 왼쪽 바늘을 바느질 구멍에 통과시켜 오른쪽으로 나오게 합니다.

바느질 방향

**24** 오른손으로 왼쪽에서 오는 바늘을 당겨서 포니 오른쪽에 붙여 왼손으로 잡고 오른손에 있는 바늘을 왼쪽으로 넣어줍니다.

**25** 양손으로 실을 잡아당깁니다.

**26** 마지막 바느질 두 칸을 남겨두고 치즐 송곳으로 왼쪽의 마지막 땀에서 오른쪽의 두 번째 땀쪽으로 구멍을 뚫어줍니다.

**27** 반대 방향에서 한 번 더 뚫어줍니다.

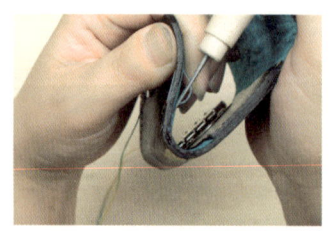

**28** 비어있는 두 땀을 새들 스티치합니다.

**29** 실의 양쪽 끝 1cm 정도에 투명본드를 바릅니다.

**30** 마지막 땀에서 왼쪽 바늘을 사선으로 뚫어 놓은 구멍의 왼쪽에서 오른쪽으로 넣습니다.

**31** 마지막 땀에서 오른쪽 바늘을 사선으로 뚫어 놓은 구멍의 오른쪽에서 왼쪽으로 넣습니다. 본드가 마르면 실을 잡아당긴 후 가위로 최대한 짧게 자릅니다.

옆면
마감하기

**32** 옆면을 다이아몬드 줄로 다듬고 옆면 마감제를 바른 후 어느 정도 흡수되면 슬리커로 문질러서 매끄럽게 마감합니다. 옆면 마감제가 마르면 검은색 절단면 마감제를 3~5회 바르세요.

**33** 커플 라텍스 키홀더가 완성되었습니다. 완성된 작품의 사진처럼 하트의 나머지 반쪽을 만들어 세트로 활용해보세요.

# 45 전통무늬 커플 허리띠

Traditonal Pattern a Couple of Belts

# 전통무늬
# 커플 허리띠

수지판과 무늬막대를 사용한 전통적인 느낌의 허리띠입니다.

□ 예상 재료비 15,000원　□ 완제품 예상가 40,000원　□ 예상 제작시간 3시간　□ 난이도 ★★☆☆☆　□ 완성 크기 115×3.5cm(허리띠 버클 포함)

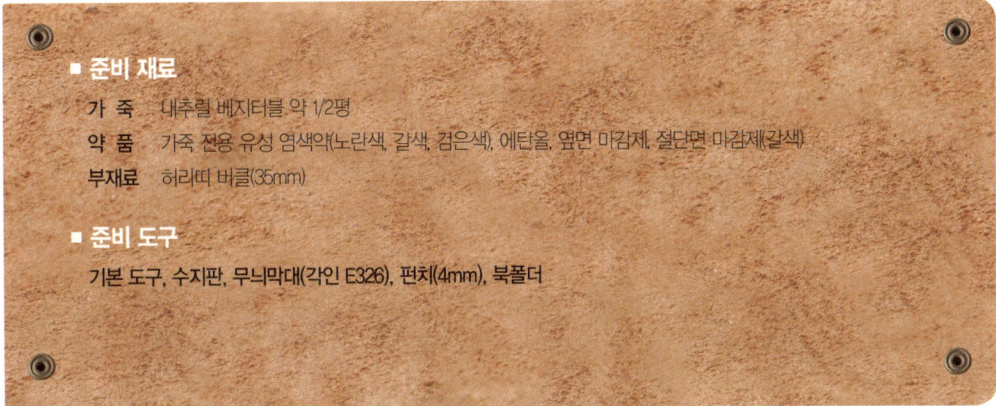

■ **준비 재료**
가　죽　내추럴 베지터블 약 1/2평
약　품　가죽 전용 유성 염색약(노란색, 갈색, 검은색), 에탄올, 옆면 마감제, 절단면 마감제(갈색)
부재료　허리띠 버클(35mm)

■ **준비 도구**
기본 도구, 수지판, 무늬막대(각인 E326), 펀치(4mm), 북폴더

**형지 제작 및 재단하기**

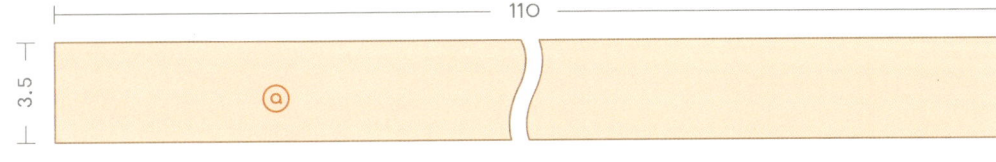

110

3.5

ⓐ

8

1

ⓑ

ⓐ 허리띠 : 110×3.5cm(가죽 두께 : 3mm)　ⓑ 보조 끈 : 8×1cm
※ 허리띠의 길이는 신체에 맞게 재단하세요.

# 무늬 넣고 염색하기

**1** 도안대로 형지를 만들어 가죽 위에 올려놓고 송곳으로 덧그린 후 재단합니다.

**2** 무늬를 넣기 위해 분무기로 가죽이 약간 젖을 정도로 물을 뿌린 후 석판 위에 가죽을 올려놓고 수지판을 쇠망치로 수직으로 타격하여 무늬를 넣습니다.

**3** 석판 위에 가죽을 올려놓은 후 가죽의 테두리에 0.7cm 정도 너비로 무늬막대(E326)를 수직으로 세운 후 나무망치로 타격하여 무늬를 찍어줍니다.

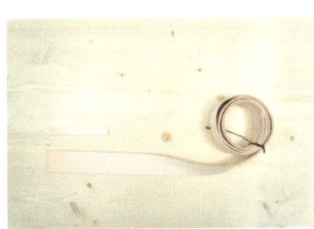

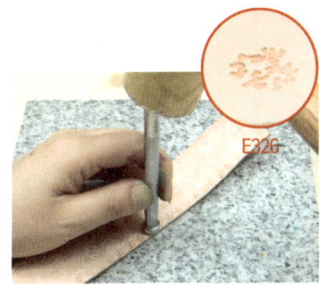

E326

**4** 커팅매트 위에 허리띠 끝부분의 모서리를 올려놓고 커터칼로 잘라냅니다.

**5** 잘라낸 부분의 모서리 테두리에 0.7cm 정도의 너비로 무늬막대(E326)를 수직으로 세운 후 나무망치로 타격하여 무늬를 찍어줍니다.

**6** 베이스로 노란색 유성 염색약과 에탄올을 1:20의 비율로 섞어 분무기에 넣고 가죽에 충분히 뿌린 후 드라이어의 찬바람을 쐬어 말립니다.

**7** 갈색과 검은색 유성 염색약을 종이에 문질러 파스텔 톤으로 만든 후 가죽 위에 원을 그리면서 염색하고 염색이 끝나면 목장갑으로 염색된 부분에 광이 나도록 문지르세요.

**뒷면, 옆면 마감하기**

**8** 뒷면 마감제를 손가락을 사용하여 바릅니다. 뒷면 마감제를 사용하지 않으면 벨트 착용 시 가죽의 모가 떨어져 지저분해지기 쉽습니다. 또한, 방수효과도 어느 정도 있습니다.

**9** 뒷면 마감제를 바른 후 가죽의 결 방향을 따라서 북폴더로 밀어줍니다.

**10** 허리띠와 보조 끈의 옆면을 다이아몬드 줄로 다듬고 옆면 마감제를 바른 후 어느 정도 흡수되면 슬리커로 문질러서 매끄럽게 마감합니다. 옆면 마감제가 마르면 갈색 절단면 마감제를 3~5회 바르세요.

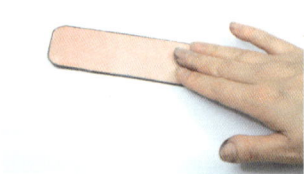

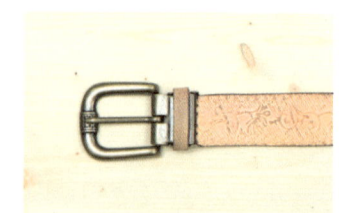

**부속 철물 달아 완성하기**

**11** 부속 철물을 사진처럼 벌려서 가죽을 넣고 부속 철물과 가죽 사이에 보조 끈을 넣어줍니다.

**12** 끈의 나머지 부분도 사진처럼 부속 철물과 허리띠 가죽 사이에 넣고 닫아줍니다.

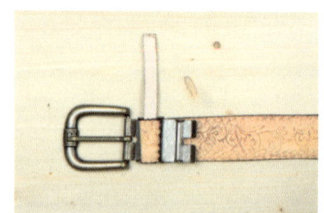

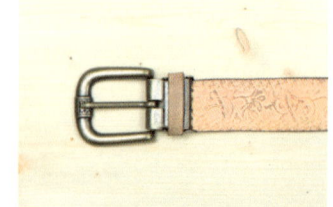

**13** 방안자와 은펜을 사용하여 구멍 뚫을 곳을 신체에 맞게 3cm 간격으로 표시합니다.

**14** 고무판 위에 가죽을 올려놓고 은펜으로 표시된 곳에 4mm 펀치로 구멍을 뚫어줍니다.

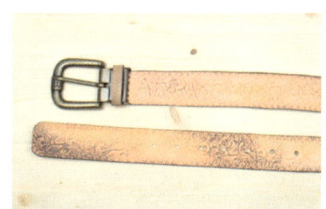

**15** 허리띠가 완성되었습니다. 한 개를 더 만들어 사랑하는 나의 연인과 커플로 착용해보세요.

# 46 라텍스 커플 허리띠

Latex a Cowple of Belts

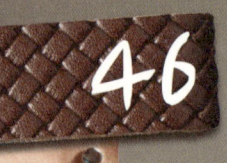

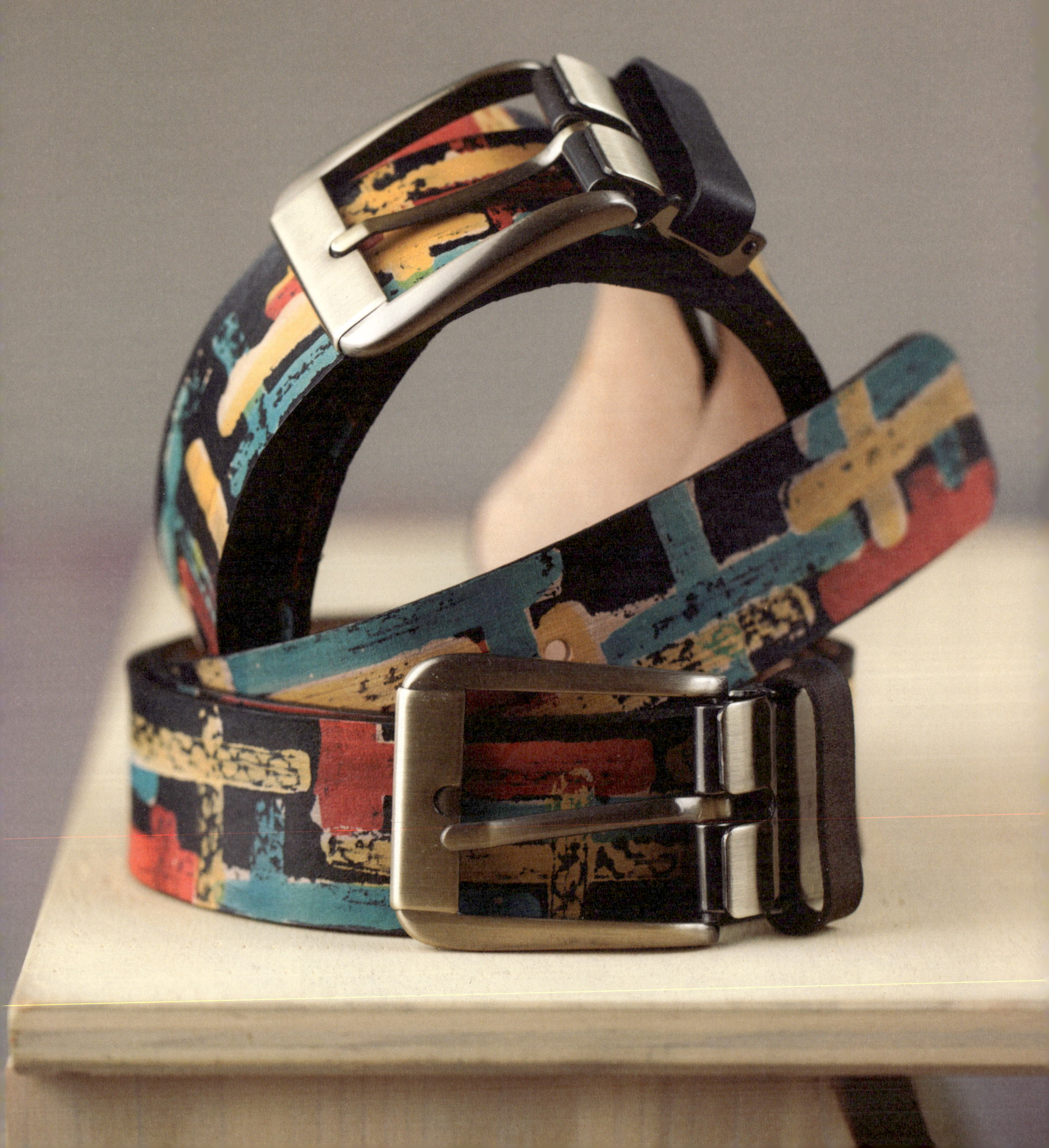

# 라텍스 커플 허리띠

종이박스의 절단면을 사용하여 라텍스 기법에 응용한 색다른 느낌의 커플 허리띠를 만들어 보았습니다.

□ 예상 재료비 15,000원  □ 완제품 예상가 40,000원  □ 예상 제작시간 3시간  □ 난이도 ★★★☆☆  □ 완성 크기 115×3.5cm(버클 포함)

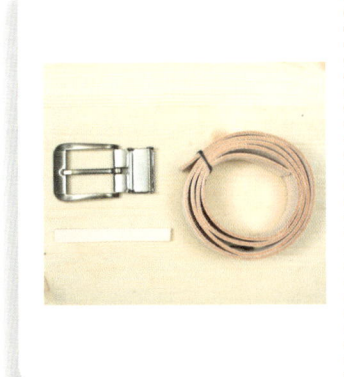

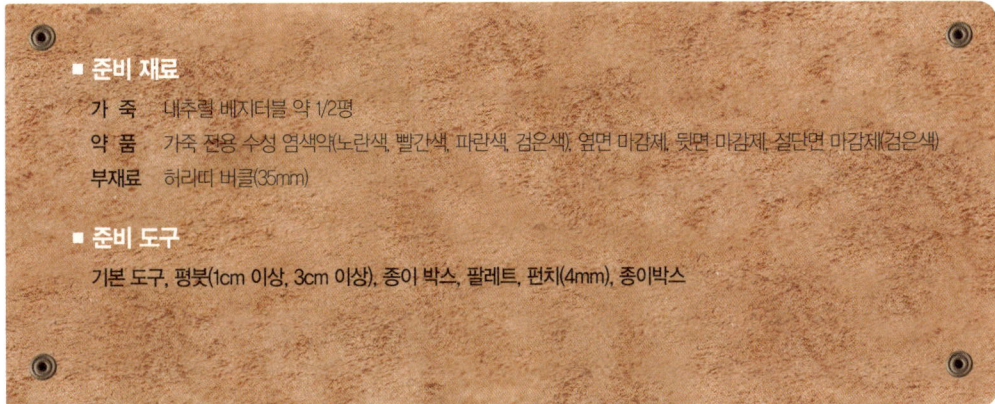

■ **준비 재료**
가 죽   내추럴 베지터블 약 1/2평
약 품   가죽 전용 수성 염색약(노란색, 빨간색, 파란색, 검은색), 옆면 마감제, 뒷면 마감제, 절단면 마감제(검은색)
부재료   허리띠 버클(35mm)

■ **준비 도구**
기본 도구, 평붓(1cm 이상, 3cm 이상), 종이 박스, 팔레트, 펀치(4mm), 종이박스

## 형지 제작 및 재단하기

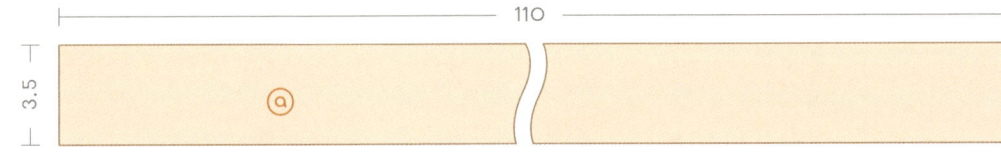

ⓐ 허리띠 : 110×3.5cm   ⓑ 보조 끈 : 8×1cm
※ 허리띠의 길이는 신체에 맞게 재단하세요.

**무늬 넣기**

**1** 도안대로 형지를 만들어 가죽 위에 올려놓고 송곳으로 덧그린 후 재단합니다.

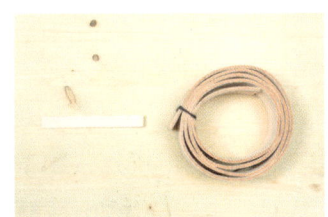

**2** 라텍스 기법을 사용하기 위해 종이박스와 팔레트를 준비합니다. 박스는 2×5cm로 잘라주세요.

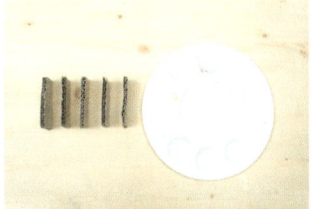

**3** 가죽 위에 노란색 수성 염색약을 너비 1cm의 평붓으로 칠한 후 마를 때까지 3~5분 정도 기다립니다.

**4** 종이박스의 옆면에 라텍스를 묻힙니다.

**5** 노란색 수성 염색약을 칠한 곳에 라텍스를 꾹 눌러서 찍기 시작합니다.

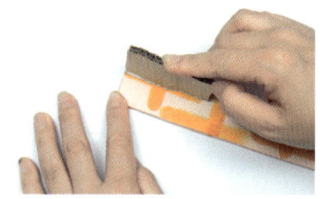

**6** 한 번 묻힌 라텍스로 2~3회 정도를 찍어주고, 다시 라텍스를 묻혀서 찍으세요.

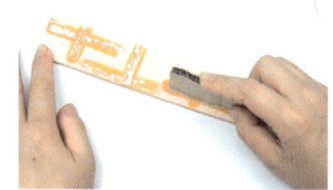

**7** 노란색 수성 염색약 위에 라텍스를 모두 찍은 모습입니다.

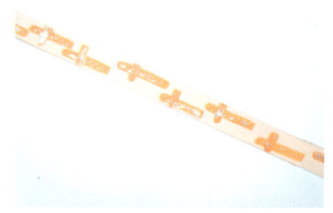

**8** 자연 상태에서 3~5분 정도 지나면 라텍스가 투명하게 마릅니다.

**9** 사용한 평붓을 씻고 빨간색 수성 염색약을 묻혀서 칠한 후 3~5분 정도 기다립니다.

**10** 빨간색 수성 염색약으로 칠한 부분도 라텍스를 눌러서 찍은 후 마를 때까지 3~5분 정도 기다립니다.

**11** 같은 방법으로 파란색 수성 염색약도 칠하고, 라텍스를 눌러서 찍은 후 마를 때까지 3~5분 정도 기다리세요.

**12** 큰 평붓을 사용하여 검은색 수성 염색약을 앞면 전체와 옆면에 칠합니다.

**13** 염색한 가죽 위에 종이를 덮은 후 꾹 눌러주어 라텍스 위에 남아있는 염색약을 닦아냅니다. 염색약이 완전히 닦이면 드라이어의 찬바람으로 말려주세요.

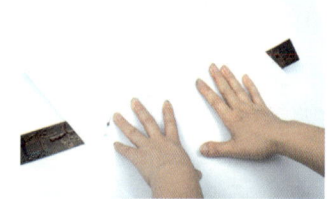

**14** 검은색 수성 염색약이 완전히 마르면 라텍스를 손으로 벗겨냅니다. 이때 검은색 수성 염색약이 완전히 마르지 않으면 라텍스를 작업한 부분에 검은색이 묻어 지저분해 보입니다.

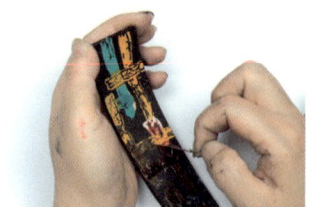

**15** 라텍스를 모두 벗겨내면 앞서 염색한 노란색과 빨간색, 파란색의 염색이 나타납니다.

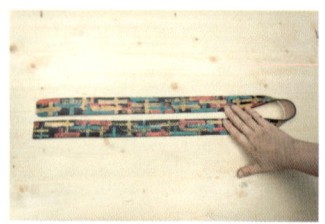

뒷면,
앞면, 옆면
마감하기

**16** 손가락을 사용하여 뒷면 마감제를 바릅니다.

**17** 가죽의 결 방향을 따라서 북폴더로 밀어줍니다.

**18** 목장갑의 손바닥 부분을 뭉쳐서 마감제(수성 광약)를 충분히 묻히고, 가죽에 충분히 흡수될 때까지 톡톡 두드려줍니다.

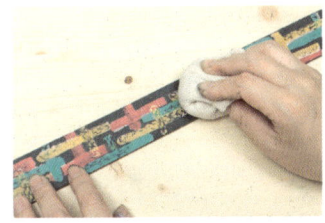

**19** 허리띠와 보조 끈의 옆면을 다이아몬드 줄로 다듬고 옆면 마감제를 바른 후 어느 정도 흡수되면 슬리커로 문질러서 매끄럽게 마감합니다. 옆면 마감제가 마르면 검은색 절단면 마감제를 3~5회 바르세요.

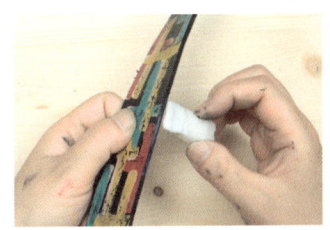

부속 철물
달고
완성하기

**20** 부속 철물을 사진처럼 벌려 오른쪽에 가죽을 넣고 부속 철물과 가죽 사이에 보조 끈을 넣어줍니다.

**21** 끈의 나머지 왼쪽 부분의 끝도 사진처럼 부속 철물과 허리띠 가죽 사이에 넣어줍니다.

**22** 부속 철물을 눌러준 후 전통 무늬 커플 허리띠의 13번 과정처럼 구멍을 뚫어주세요.

**23** 라텍스 허리띠가 완성되었습니다.

붓을 사용하여 라텍스 기법을 적용해 만들어 보았습니다. 같은 디자인의 다른 색상으로 커플 허리띠를 만들어보는 것은 어떨까요?

# 9줄 꽈배기 팔찌
*Twist Bracelet*

# 9줄 꽈배기 팔찌

DVD

가죽을 여러 개로 자르지 않고 일체형의 꽈배기 모양으로 만든 팔찌입니다.

□ 예상 재료비 4,000원　□ 완제품 예상가 15,000원　□ 예상 제작시간 1시간　□ 난이도 ★★☆☆☆　□ 완성 크기 27×4.5cm

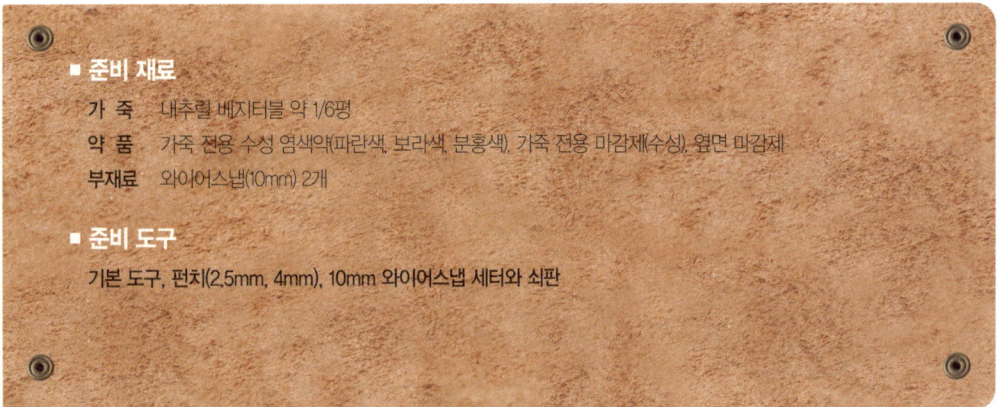

■ 준비 재료

| 가 죽 | 내추럴 베지터블 약 1/6평 |
|---|---|
| 약 품 | 가죽 전용 수성 염색약(파란색, 보라색, 분홍색), 가죽 전용 마감제(수성), 염면 마감제 |
| 부재료 | 와이어스냅(10mm) 2개 |

■ 준비 도구

기본 도구, 펀치(2.5mm, 4mm), 10mm 와이어스냅 세터와 쇠판

## 형지 제작 및 재단하기

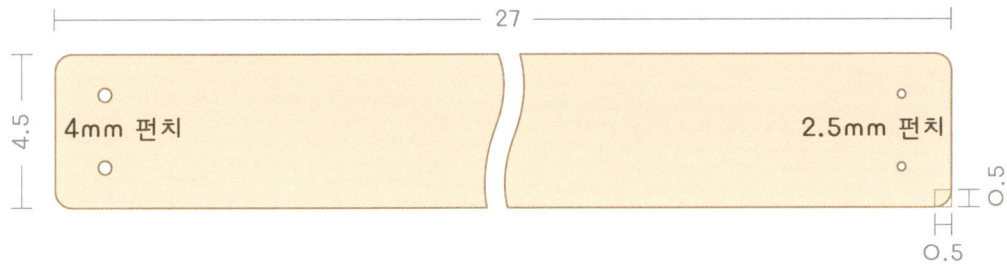

ⓐ 팔찌 가죽 : 27×4.5cm

※ 꼭짓점의 1/4원은 반지름이 0.5cm인 원으로 그리세요.

---

염색 및 앞면
마감하기

**1** 도안대로 형지를 만들어 가죽 위에 올려놓고 송곳으로 덧그린 후 재단합니다.

**2** 가죽 위에 파란색 수성 염색약을 뿌립니다.

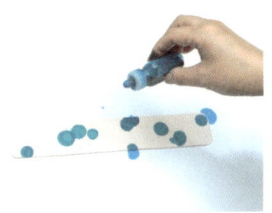

**3** 보라색 수성 염색약을 뿌려줍니다.

**4** 마지막으로 분홍색 수성 염색 약을 뿌려줍니다.

**5** 드라이어의 찬바람으로 말립니다. 염색이 마르면 목장갑의 손바닥 부분을 뭉쳐서 가죽 전용 마감제(수성 광약)를 충분히 묻히고 가죽에 충분히 흡수될 때까지 톡톡 두드려줍니다.

9줄 꼬기

**6** 방안자를 사진처럼 끝에서 2cm 위치에 두고 0.5cm 간격의 점을 8개 표시합니다. 같은 방법으로 반대편도 끝에서 2cm 위치에 0.5cm 간격의 점을 8개 표시하세요.

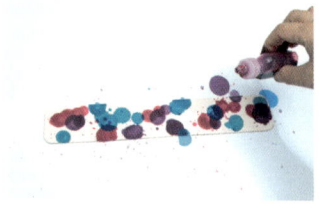

**7** 양쪽 끝에 0.5cm 간격으로 찍어 놓은 점을 커터칼로 그어서 일직선의 칼집을 냅니다. 칼집을 낸 부분을 다이아몬드 줄로 다듬고 옆면 마감제를 바른 후 손가락이나 북폴더를 사용하여 매끄럽게 마감합니다.

**8** 9줄을 3줄씩 한 덩어리도 묶어서 왼쪽부터 ⓐ, ⓑ, ⓒ라고 가정을 하고, ⓒ를 ⓑ 위에 올려줍니다.

**9** ⓒ 위에 ⓐ를 올려줍니다.

**10** ⓐ 위에 ⓑ를 올려줍니다.

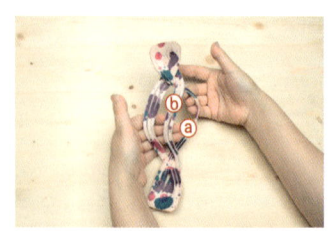

**11** ⓑ와 ⓐ 사이를 왼손으로 벌리고 오른손으로 사진처럼 밑부분을 잡습니다.

**12** 벌린 ⓑ와 ⓐ 사이에 오른손으로 잡은 밑부분을 앞에서 뒤로 집어넣습니다.

**13** 집어넣은 밑부분을 잡아당기면 윗부분과 아랫부분이 한 번 꼬아집니다.

**14** 아래 부분을 사진처럼 왼쪽에서 첫 번째 사이를 벌려줍니다.

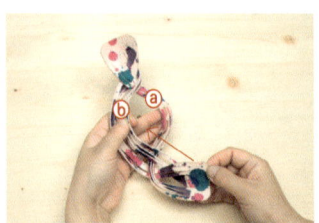

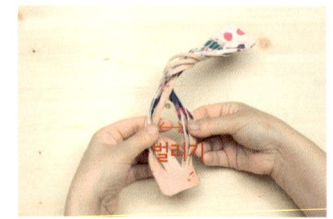

**15** 벌린 사이로 오른손으로 집어 넣어 밑부분을 뒤에서 앞으로 잡아당깁니다.

**16** 꼬인 부분을 사진처럼 잘 정리한 후 투명본드로 겹쳐진 부분을 붙여주세요.

다른 색상의 팔찌를 만들어서 커플로 하고 다니면 어떨까요? 커플로 만들 때는 세 가지 색상을 같게 뿌려주거나 서로 다른 어울리는 느낌으로 만들어도 좋겠죠!

**17** 10mm 와이어스냅이 들어갈 윗부분은 4mm 펀치로, 아랫부분은 2.5mm 펀치로 구멍을 뚫습니다.

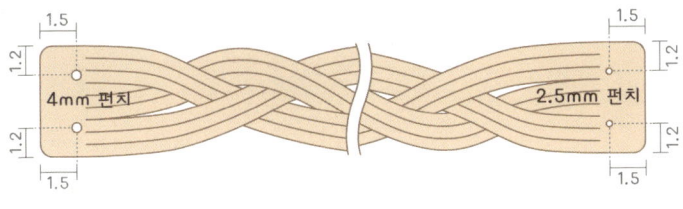

**18** 10mm 와이어스냅 겉부분이 달아준 모습입니다.

**19** 10mm 와이어스냅 속부분을 달아준 모습입니다. 9줄 꽈배기 팔찌가 완성되었습니다.

**48** 3줄 감기 팔찌

*Three Line Bracelet*

# 3줄 감기 팔찌

회전조각도와 무늬막대로 간단한 무늬를 넣고 스톤으로 포인트를 준 팔찌입니다.

□ 예상 재료비 4,000원　□ 완제품 예상가 10,000원　□ 예상 제작시간 1시간　□ 난이도 ★★☆☆☆　□ 완성 크기 61×1.2cm

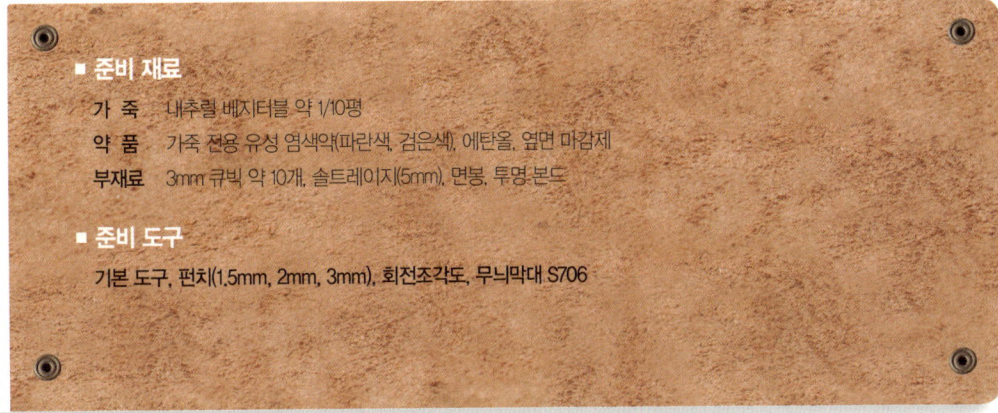

■ **준비 재료**

가 죽　내추럴 베지터블 약 1/10평
약 품　가죽 전용 유성 염색약(파란색, 검은색), 에탄올, 염면 마감제
부재료　3mm 큐빅 약 10개, 솔트레이지(5mm), 면봉, 투명 본드

■ **준비 도구**

기본 도구, 펀치(1.5mm, 2mm, 3mm), 회전조각도, 무늬막대 S706

---

**형지 제작 및 재단하기**

|← 61 →|

1.2

ⓐ 팔찌 : 61×1.2cm
※ 팔찌의 가로 길이는 자신의 손목 둘레의 3배+10cm입니다.

---

**무늬 넣고 염색하기**

**1** 도안대로 형지를 만들어 가죽 위에 올려놓고 송곳으로 덧그린 후 재단합니다.

**2** 무늬를 넣기 위해 분무기로 가죽이 약간 젖을 정도로 물을 뿌린 후 석판 위에 가죽을 올려놓고 무늬막대를 사용하여 사진처럼 군데군데 무늬를 넣습니다.

**3** 회전조각도를 사용하여 무늬와 무늬 사이에 선명하게 선을 긋습니다.

**4** 베이스로 파란색 유성 염색약과 에탄올을 1:10의 비율로 섞어 분무기에 넣고 가죽에 충분히 뿌린 후 드라이어의 찬바람을 쐬어 말립니다.

**5** 먼저 파란색 유성 염색약으로 옆면을 진하게 염색합니다. 그런 다음 종이에 문질러 파스텔 톤으로 만든 후 가죽 위에 원을 그리면서 염색합니다.

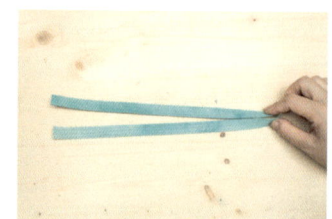

**6** 검은색 유성 염색약도 종이에 문질러 파스텔 톤으로 만든 후 원하는 색이 나올 때까지 반복하여 염색합니다.

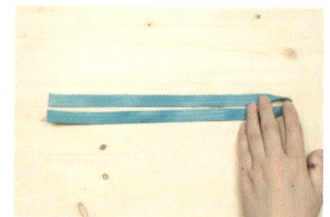

**7** 염색이 끝나면 목장갑으로 염색된 부분에 광이 나도록 문지르세요.

큐빅 붙이기

**8** 사진처럼 무늬의 양쪽에 2mm 펀치를 사용하여 구멍을 뚫어줍니다.

**9** 뚫어 놓은 구멍에 투명본드를 채워줍니다.

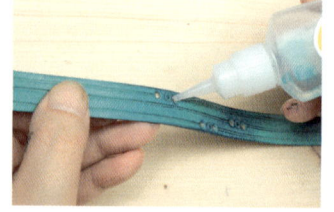

**10** 면봉의 앞면에 물을 약간 묻힌 후 3mm 큐빅을 면봉에 붙여서 투명본드 위에 꾹 눌러 붙여줍니다.

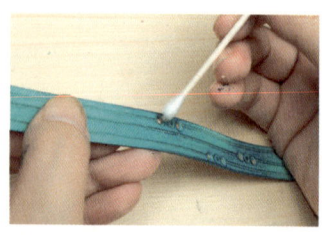

**11** 3mm 큐빅을 무늬 양쪽에 넣어주세요.

연결하여 완성하기

**12** 사진에 표시된 위쪽은 1.5mm 펀치, 아래쪽은 3mm 펀치로 구멍을 뚫습니다.

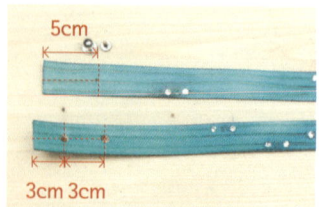

5cm

3cm 3cm

**13** 사진처럼 커터칼을 사용하여 3mm 펀치로 구멍을 뚫은 부분의 안쪽으로 0.3cm를 잘라줍니다.

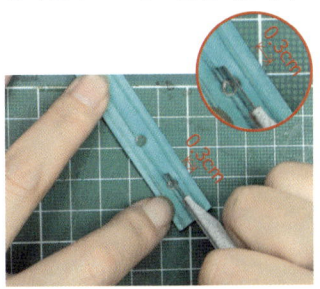

**14** 1.5mm 펀치로 뚫은 구멍에 솔트레지를 달아줍니다.

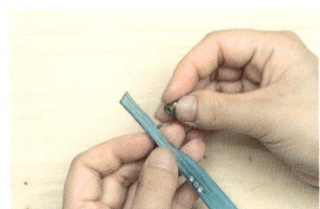

**15** 옆면을 다이아몬드 줄로 다듬고 옆면 마감제를 바른 후 어느 정도 흡수되면 슬리커로 문질러서 매끄럽게 마감합니다.

**16** 3줄 감기 팔찌가 완성되었습니다.

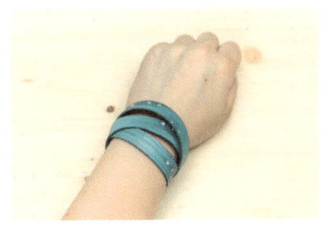

스톤 대신 별 모양이나 원 모양 등 다양한 부속 철물을 달아서 팔찌에 포인트를 주는 것은 어떨까요?

# 49 그린 팔찌

*Green Bracelet*

# 브라운 팔찌

Brown Bracelet

# 그린 팔찌

컬러링 베지터블 녹색 가죽에 부속 철물을 달아 만든 심플한 팔찌입니다.

□ 예상 재료비 3,000원　□ 완제품 예상가 10,000원　□ 예상 제작시간 1시간　□ 난이도 ★☆☆☆☆　□ 완성 크기 24×2.2cm

■ **준비 재료**
　가　죽　컬러링 베지터블(녹색) 약 1/15평
　약　품　옆면 마감제, 절단면 마감제(녹색)
　부재료　솔트레지, 금속장식

■ **준비 도구**
　기본 도구, 펀치(1.5mm, 3mm), 펑플라이어

## 형지 제작 및 재단하기

24

1.5

●1.5mm 펀치　　　　　　　　　　●3mm 펀치

2　　　　　　　　　　　　3　3

ⓐ 팔찌 : 24×2.2cm

※ 팔찌의 가로 길이는 자신의 손목 둘레+4cm입니다.

### 연결 고리 구멍 뚫기

**1** 재단한 가죽을 고무판 위에 올려 놓고 왼쪽 부분은 1.5mm 펀치로 구멍 1개를, 오른쪽 부분은 3mm 펀치로 구멍 2개를 뚫어줍니다.

**2** 3mm 펀치로 뚫은 구멍의 안쪽으로 0.3cm 잘라줍니다.

### 장식 철물 달기

**3** 장식 철물이 들어갈 곳에 칼집을 넣어줍니다.

**4** 접착이 잘 되도록 접착할 부분의 안쪽을 커터칼로 긁어줍니다.

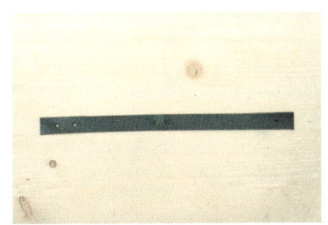

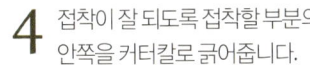

**5** 장식 철물과 가죽에 본드를 바른 후 장식 철물을 칼집 사이에 끼우세요.

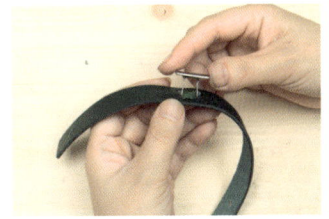

**6** 평플라이어로 장식철물의 연결 부분을 양 옆으로 벌려서 가죽과 평행하게 눌러줍니다.

**7** 1.5mm 펀치로 뚫은 구멍에 솔트 레지를 달아줍니다. 숫놈을 가죽 아래에 끼워 넣고 암놈을 끼워서 돌려줍니다.

**옆면 마감하기**

**8** 옆면을 다이아몬드 줄로 다듬고 옆면 마감제를 바른 후 어느 정도 흡수되면 슬리커로 문질러서 매끄럽게 마감합니다. 옆면 마감제가 마르면 녹색 절단면 마감제를 3~5회 바르세요.

**9** 솔트레지를 반대쪽의 3mm 구멍에 넣어주면 그린 팔찌가 완성됩니다.

# 브라운 팔찌

갈색 컬러링 베지터블 가죽에 구멍이 뚫린 부속 철물을 달아 만든 팔찌입니다.

▢ 예상 재료비 4,000원　▢ 완제품 예상가 10,000원　▢ 예상 제작시간 1시간　▢ 난이도 ★☆☆☆☆　▢ 완성 크기 24×2.2cm

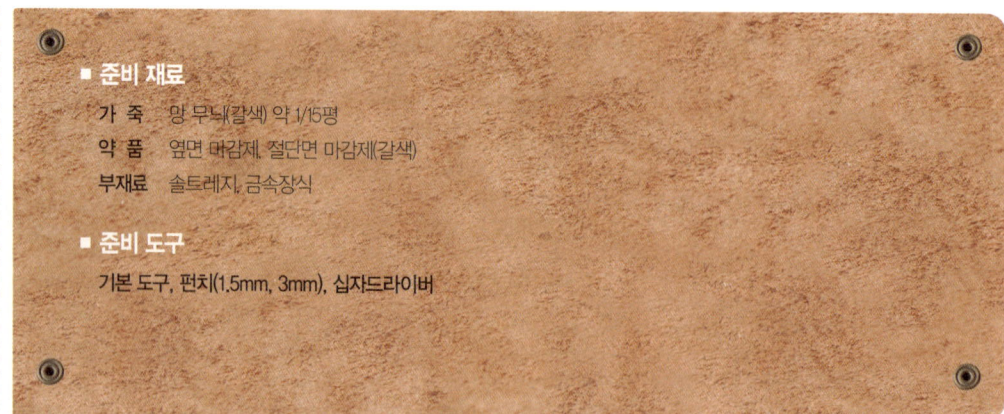

■ **준비 재료**

가 죽　망 무늬(갈색) 약 1/15평
약 품　옆면 마감제, 절단면 마감제(갈색)
부재료　솔트레지, 금속장식

■ **준비 도구**

기본 도구, 펀치(1.5mm, 3mm), 십자드라이버

**형지 제작 및 재단하기**

| | 24 | |
|---|---|---|
| 1.5 | ●1.5mm 펀치 ●3mm 펀치● | |
| 2 | 3 | 3 |

ⓐ 팔찌 : 24×2.2cm

※ 팔찌의 가로 길이는 자신의 손목 둘레+4cm입니다.

## 연결 고리 구멍 뚫기

**1** 재단한 가죽을 고무판 위에 올려 놓고 왼쪽은 3mm 펀치로 구멍 2개를, 오른쪽은 1.5mm 펀치로 구멍 1개를 뚫어줍니다

**2** 3mm 펀치로 뚫은 구멍의 안쪽으로 0.3cm를 잘라줍니다. 그래야 솔트레지가 잘 들어갑니다.

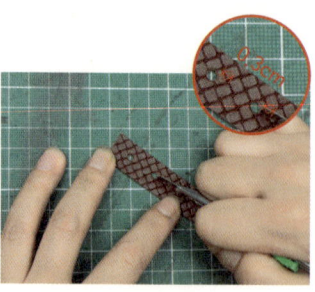

## 장식 철물 달기

**3** 장식 철물이 들어갈 위치를 은 펜으로 표시합니다.

**4** 은펜으로 표시된 부분을 커터 칼로 구멍을 뚫어줍니다.

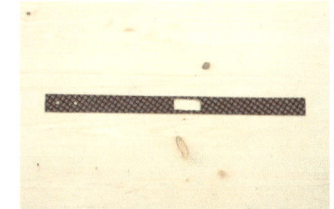

**5** 구멍 뚫린 가죽의 앞뒤에 장식 철물의 앞면과 뒷면을 끼워줍니다.

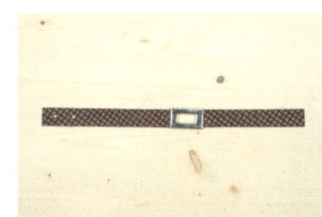

**6** 장식 철물의 앞면과 뒷면 사이의 나사를 십자드라이버로 고정시킵니다.

**7** 1.5mm 펀치로 뚫은 구멍에 솔트레지를 달아줍니다.

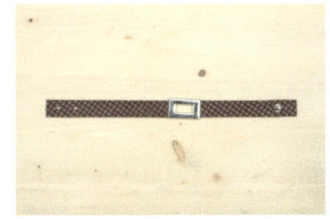

**옆면 마감하기**

**8** 옆면을 다이아몬드 줄로 다듬고 옆면 마감제를 바른 후 어느 정도 흡수되면 슬리커로 문질러서 매끄럽게 마감합니다. 옆면 마감제가 마르면 갈색 절단면 마감제를 3~5회 바르세요.

**9** 솔트레지를 반대쪽의 3mm 구멍에 넣어주면 이탈리안식 브라운 팔찌가 완성됩니다.

다양한 색상과 디자인의 짤찌를 만들어 활용해보세요.

Leather 8 craft

## PART 8

# 가죽공예로 꾸미는 인테리어 소품

# 51 벽걸이 시계

*Wall Clock*

# 벽걸이 시계

내추럴 베지터블 가죽에 꽃무늬를 조각하고 수지판을 사용하여 벽시계를 만들었습니다. 큐빅으로 포인트를 주었습니다.

▫예상 재료비 20,000원  ▫완제품 예상가 60,000원  ▫예상 제작시간 4시간  ▫난이도 ★★☆☆☆  ▫완성 크기 19.5×19.5×2cm

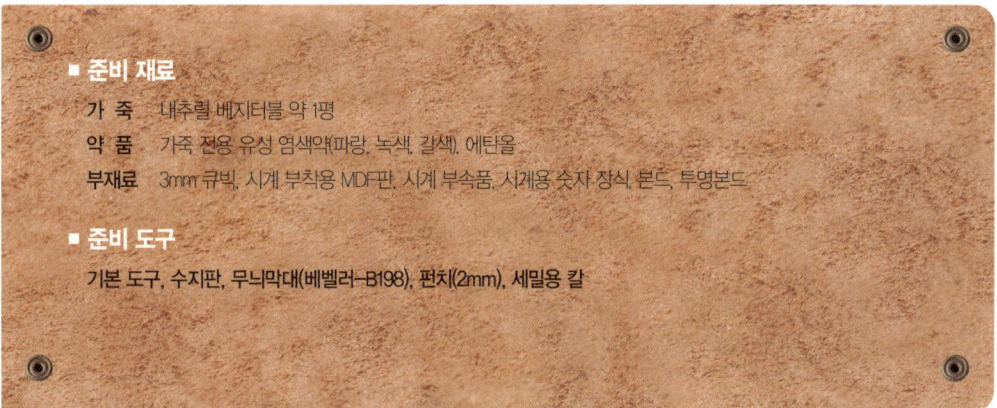

■ **준비 재료**
가 죽    내추럴 베지터블 약 1평
약 품    가죽 전용 유성 염색약(파랑, 녹색, 갈색), 에탄올
부재료    3mm 큐빅, 시계 부착용 MDF판, 시계 부속품, 시계용 숫자 장식, 본드, 투명본드

■ **준비 도구**
기본 도구, 수지판, 무늬막대(베벨러-B198), 펀치(2mm), 세밀용 칼

## 형지 제작 및 재단하기

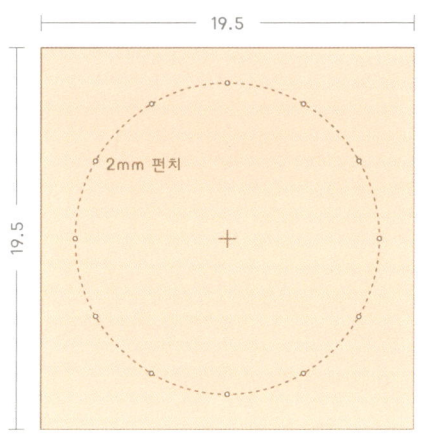

2mm 펀치

19.5

19.5

ⓐ 겉면 가죽 : 19.5×19.5cm

※ 가죽 위의 숫자를 붙일 위치는 부록의 실물본을 이용하여 형지를 만든 후 표시하세요.

※ 수지판이 없는 경우 가죽 위의 무늬는 부록의 실물본을 트레팔지에 옮겨 그려서 사용하세요.

무늬 넣고
염색하기

**1** 도안대로 형지를 만들어 가죽 위에 올려놓고 송곳으로 덧그린 후 재단합니다.

**2** 무늬를 넣기 위해 분무기로 가죽이 약간 젖을 정도로 물을 뿌려준 다음 석판 위에 가죽을 올려놓고 수지판을 쇠망치로 수직으로 내리쳐서 무늬를 넣습니다.

**3** 오른쪽 그림에 표시된 화살표 방향에 무늬막대(베벨러 B198)를 놓고 꽃의 테두리 부분을 따라서 조각합니다.

B198

**4** 베이스는 파란색 유성 염색약과 에탄올을 1:10의 비율로 섞어 분무기에 넣고 가죽에 충분히 뿌린 후 드라이어의 찬바람을 쐬어 말립니다.

**5** 염색이 뭉치지 않도록 녹색 유성 염색약을 종이에 문질러 파스텔 톤으로 만든 후 가죽 위에 원을 그리면서 염색합니다.

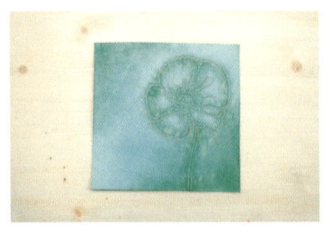

**6** 갈색 유성 염색약을 종이에 문질러 파스텔 톤으로 만든 후 가죽 위에 원을 그리면서 염색합니다. 염색이 끝나면 목장갑으로 염색된 부분에 광이 나도록 문지르세요.

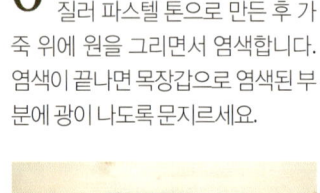

큐빅 붙이기

**7** 고무판 위에 가죽을 올려놓고 꽃술의 가운데 부분에 2mm 펀치로 구멍을 뚫어줍니다. 방사형으로 적당히 뚫어주세요.

**8** 뚫은 구멍에 투명 접착제를 넘치지 않을 정도로 넣어줍니다.

**9** 면봉에 물을 묻혀서 3mm 큐빅을 붙인 후 구멍에 넣어서 꾹 눌러 줍니다.

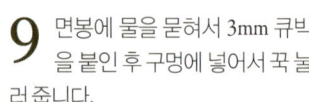
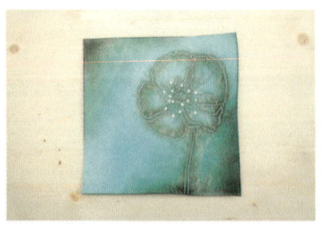

**10** 옆으로 넘치는 본드는 면봉으로 닦고, 같은 방법으로 다른 구멍에도 3mm 큐빅을 넣어줍니다.

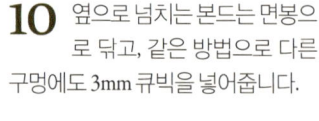

조립하기

**11** 가죽 뒷면 위에 MDF판을 올려 놓고 시계 부속품을 달아줄 곳을 볼펜으로 표시합니다.

**12** 가죽이 MDF판보다 큰 경우 MDF판의 외곽선을 볼펜으로 표시합니다.

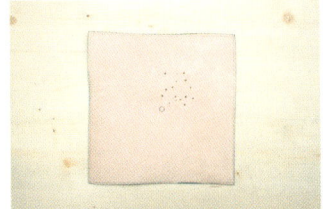

**13** 11번에서 표시한 시계 부속품 위치의 구멍을 세밀용 칼로 뚫습니다.

**14** 염색한 가죽의 뒷면과 MDF판의 앞면에 본드를 얇게 바르고 표시한 외곽선에 맞추어 붙여줍니다.

**TIP** 부착한 가죽이 12번처럼 조금 큰 경우에는 볼펜으로 MDF판의 외곽선에 맞게 표시한 부분을 커터칼로 잘라내세요.

**15** 가죽과 MDF판의 옆면을 녹색 유성 염색약으로 염색합니다.

**16** 계속해서 가죽과 MDF판의 옆면을 갈색 유성 염색약으로 염색합니다.

**17** 염색된 모습입니다.

**시계 부속품 붙여 완성하기**

**18** 가죽 위에 시침 위치가 표시된 도안을 올려놓고 시계용 숫자 장식을 달아줄 곳에 은펜으로 표시합니다.

**19** 은펜으로 표시한 곳에 투명본드를 바릅니다.

**20** 투명본드를 바른 곳에 숫자 장식을 붙여줍니다.

**21** 뒤판에 시계 부속품을 넣은 후 나사를 사용하여 고정시키고, 앞면에서 시계 바늘의 시침과 분침, 초침을 눌러서 달아줍니다.

**22** 시침과 분침 초침을 12시 정각에 맞춘 후 건전지를 넣고 시간을 맞추이 사용합니다

앞에서 배운 작품을 응용하여 다양한 모양의 수지판, 색상, 스탬프 등을 사용하여 멋진 시계에 도전해보세요.

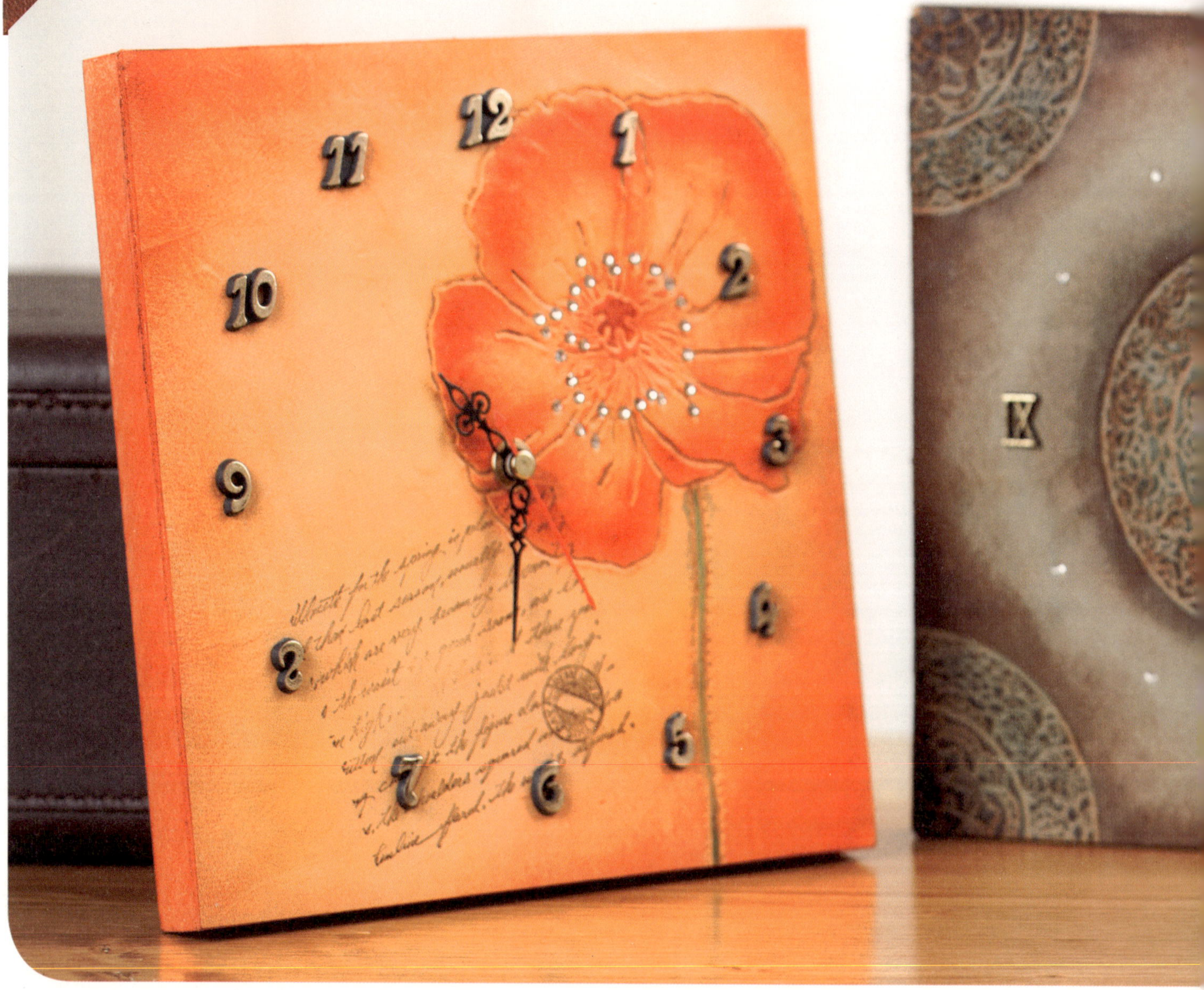

TIP

**시간을 정확히 맞추려면?**

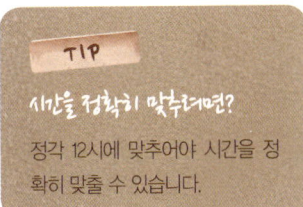

정각 12시에 맞추어야 시간을 정확히 맞출 수 있습니다.

**23** 멋진 시계가 완성되었습니다.

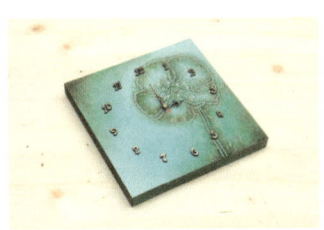

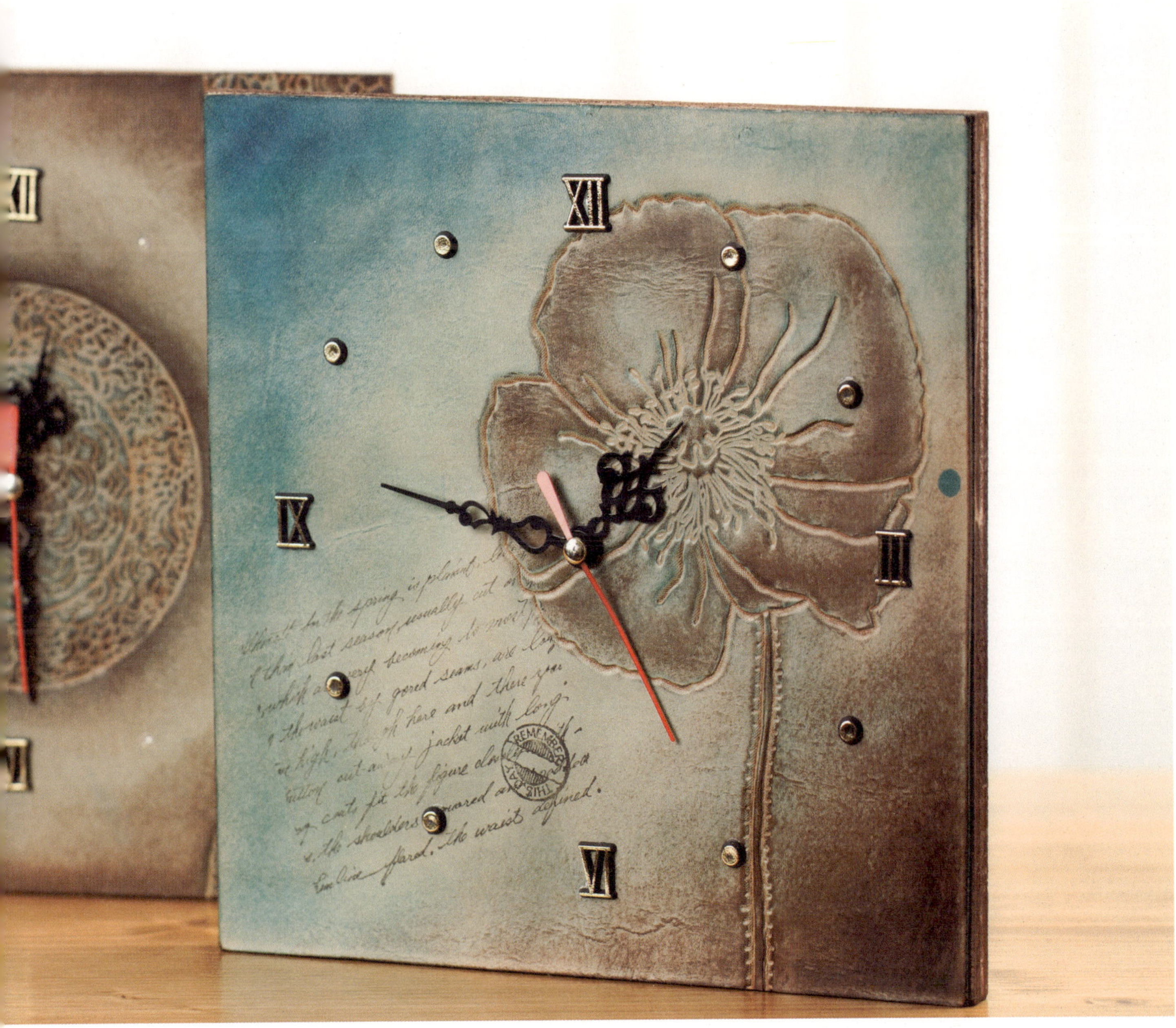

# 엔틱 옷걸이

*Antique Clothes Hanger*

# 언틱 옷걸이

MDF판에 전사 기법을 사용하여 염색한 가죽을 붙여 만든 옷걸이입니다.

□ 예상 재료비 15,000원　□ 완제품 예상가 45,000원　□ 예상 제작시간 3시간　□ 난이도 ★★☆☆☆　□ 완성 크기 12×24.5×1cm

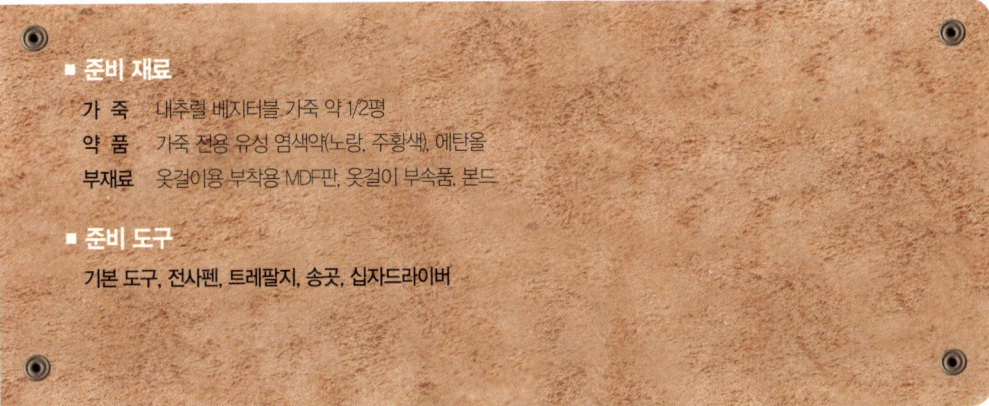

■ **준비 재료**

가　죽　내추럴 베지터블 가죽 약 1/2평
약　품　가죽 전용 유성 염색약(노랑, 주황색), 에탄올
부재료　옷걸이용 부착용 MDF판, 옷걸이 부속품, 본드

■ **준비 도구**

기본 도구, 전사펜, 트레팔지, 송곳, 십자드라이버

## 형지 제작 및 재단하기

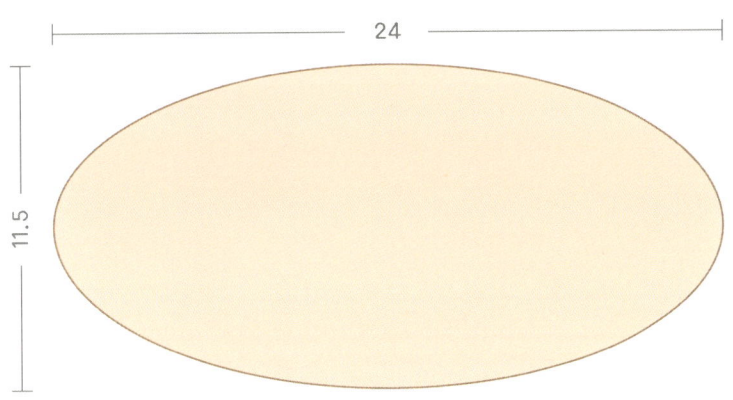

24

11.5

ⓐ 겉면 가죽 : 실물본(약 11.5×24.5cm)
※ 가죽은 부록의 실물본을 이용하여 형지를 만든 후 재단하세요.
※ 가죽 위의 무늬는 부록의 실물본을 트레팔지에 옮겨 그려서 사용하세요.

무늬 넣고
염색하기

**1** 도안대로 형지를 만들어 가죽 위에 올려놓고 송곳으로 덧그린 후 재단합니다.

**2** 무늬를 넣기 위해 분무기로 가죽이 약간 젖을 정도로 물을 뿌려줍니다. 그런 다음 도안을 옮긴 트레팔지를 가죽 위에 놓고 전사펜으로 꾹꾹 누르며 덧그립니다.

**3** 베이스로 노란색 유성 염색약과 에탄올을 1:20의 비율로 섞어 분무기에 넣고 가죽에 충분히 뿌린 후 드라이어의 찬바람을 쐬어 말립니다.

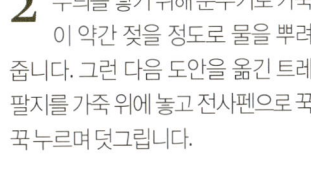

**4** 주황색 유성 염색약도 종이에 문질러 파스텔 톤으로 만든 후 원하는 색이 나올 때까지 반복하여 염색합니다.

**5** 염색이 끝나면 목장갑으로 염색된 부분에 광이 나도록 문지르세요.

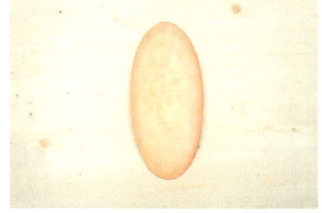

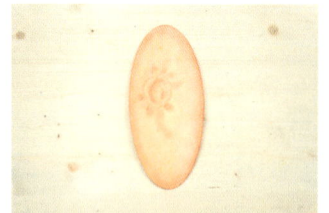

**조립하기**

**6** 염색한 가죽의 뒷면과 MDF판의 앞면에 본드를 얇게 바르고 서로 붙어줍니다. 부착한 가죽이 조금 큰 경우에는 커팅매트를 깔고 MDF판의 외곽선에 맞게 커터칼로 잘라내세요.

**7** 가죽과 MDF판의 옆면을 주황색 유성 염색약으로 염색합니다.

**8** 염색된 모습입니다.

**부속 철물 달아 완성하기**

**9** MDF판 뒷면에 연결 철물을 끼워 넣고 드라이버로 나사를 조입니다.

**10** 가죽 위에 옷걸이 나사의 위치를 볼펜으로 표시합니다.

**11** 표시한 나사가 들어갈 구멍의 위치를 원형 송곳으로 뚫어줍니다. 그래야 가죽이 뜨지 않고 나사가 잘 들어갑니다.

**12** 옷걸이 부속 철물을 끼워 넣고 드라이버로 나사를 조입니다.

**13** 옷걸이가 완성되었습니다.

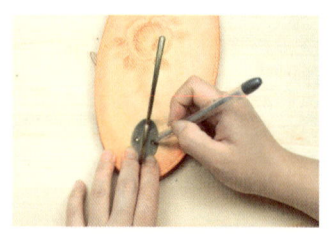

여러 가지 그림을 활용하여 다양한 무늬와 컬러의 옷걸이에 도전해보세요.

# 원두커피잔 홀더

휴대용으로 가방에 넣어 원두커피를 들고 다닐 때 원두커피잔 홀더를 사용해 보세요.

□ 예상 재료비 15,000원  □ 완제품 예상가 30,000원  □ 예상 제작시간 1시간  □ 난이도 ★★☆☆☆  □ 완성 크기 8×8×6cm

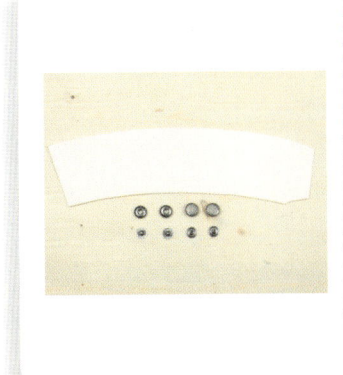

**■ 준비 재료**

가  죽  내추럴 베지터블 약 1/3평
약  품  가죽 전용 유성 염색약(노랑, 갈색, 검정), 에탄올, 염면 마감제, 절단면 마감제(갈색)
부재료  와이어스냅(13mm)

**■ 준비 도구**

기본 도구, 수지판, 펀치(3mm, 5mm), 13mm 와이어스냅 세터와 쇠판

## 형지 제작 및 재단하기

5mm 펀치                3mm 펀치

ⓐ 겉면 가죽 : 실물본(약 28×9cm)
※ 가죽은 부록의 실물본을 이용하여 형지를 만든 후 재단하세요.

## 무늬 넣고 염색하기

**1** 실물본을 이용하여 도안대로 형지를 만들어 가죽 위에 올려놓고 송곳으로 덧그린 후 재단합니다.

**2** 무늬를 넣기 위해 분무기로 가죽이 약간 젖을 정도로 물을 뿌려줍니다. 그런 다음 석판 위에 가죽을 올려놓고 수지판을 쇠망치로 수직으로 타격하여 무늬를 넣습니다.

**3** 베이스로 노란색 유성 염색약과 에탄올을 1:20의 비율로 섞어 분무기에 넣고 가죽에 충분히 뿌린 후 드라이어의 찬바람을 쐬어 말립니다.

**4** 염색이 뭉치지 않도록 갈색 유성 염색약을 종이에 문질러 파스텔 톤으로 만든 후 가죽 위에 원을 그리면서 염색합니다.

**5** 검정 유성 염색약도 종이에 문질러 파스텔 톤으로 만든 후 원하는 색이 나올 때까지 반복하여 염색합니다. 염색이 끝나면 목장갑으로 염색된 부분에 광이 나도록 문지르세요.

**6** 고무판 위에 가죽을 올려놓고 13mm 와이어스냅이 들어갈 윗부분은 5mm 펀치로, 아랫부분은 3mm 펀치로 구멍을 뚫어줍니다.

 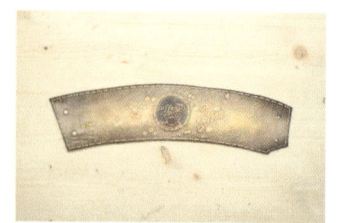

**7** 13mm 와이어스냅 세터와 쇠판을 사용하여 13mm 와이어스냅을 달아줍니다.

**8** 옆면을 다이아몬드 줄로 갈아주고 옆면 마감제를 바른 후 어느 정도 흡수되면 슬리커로 문질러서 매끄럽게 마감합니다. 옆면 마감제가 마르면 갈색 절단면 마감제를 3~5회 바르세요.

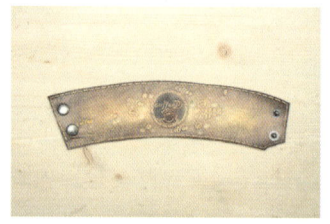 

같은 방법으로 여러 색상의 원두커피잔 홀더를 만들어서 주위의 친구들에게 선물해보세요.

**9** 원두커피잔 홀더가 완성되었습니다.

**54** 종이컵 홀더
Paper Cup Holder

# 종이컵 홀더

종이컵을 호강 좀 시켜볼까 해서 만들어 보았습니다. 수지판을 사용하였고 돈피도 붙여보았습니다.

□ 예상 재료비 4,000원  □ 완제품 예상가 10,000원  □ 예상 제작시간 1시간  □ 난이도 ★☆☆☆☆  □ 완성 크기 6.5×6.5×4cm

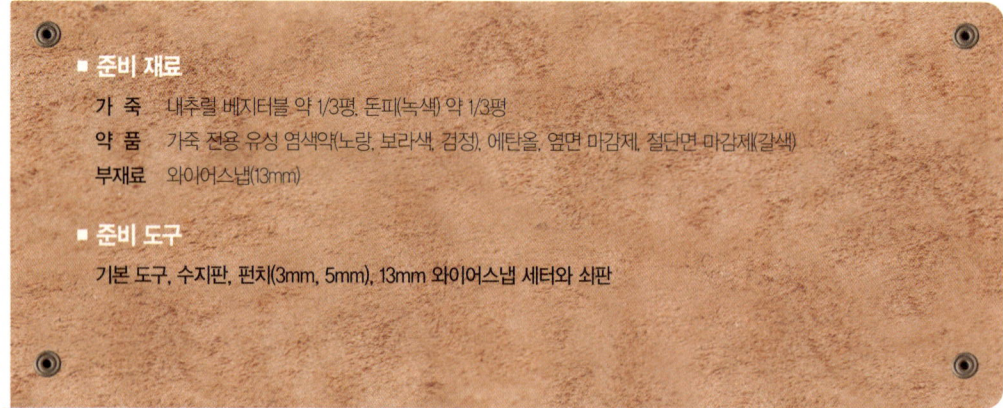

■ **준비 재료**
　가 죽　내추럴 베지터블 약 1/3평, 돈피(녹색) 약 1/3평
　약 품　가죽 전용 유성 염색약(노랑, 보라색, 검정), 에탄올, 옆면 마감제, 절단면 마감제(갈색)
　부재료　와이어스냅(13mm)

■ **준비 도구**
　기본 도구, 수지판, 펀치(3mm, 5mm), 13mm 와이어스냅 세터와 쇠판

## 형지 제작 및 재단하기

ⓐ 겉면 가죽 : 실물본(약 22×7cm)
ⓑ 안쪽 돈피 : 실물본(약 23×8cm)
※ 가죽은 부록의 실물본을 이용하여 형지를 만든 후 재단하세요.
※ 돈피는 가죽과 붙인 후 재단할 것을 생각하여 가로 세로 각각 1cm 크게 재단합니다.

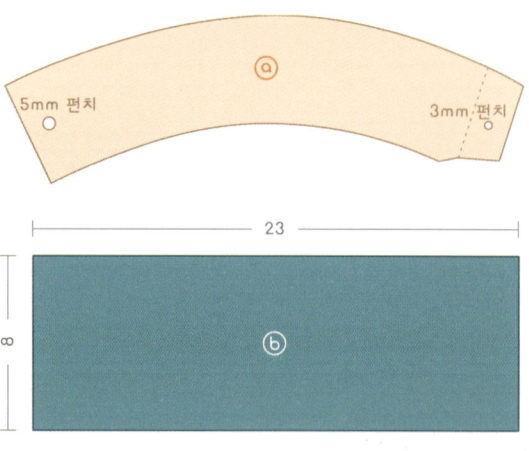

5mm 펀치　ⓐ　3mm 펀치

23

8

ⓑ

## 무늬 넣고 염색하기

**1** 도안대로 형지를 만들어 가죽 위에 올려놓고 송곳으로 덧그린 후 재단합니다. 돈피는 가죽보다 가로 세로 각각 1cm 크게 재단합니다.

**2** 분무기로 가죽이 약간 젖을 정도로 물을 뿌린 후 석판 위에 가죽을 올려놓고 수지판을 쇠망치로 내리쳐서 무늬를 넣습니다. 그런 다음 베이스로 노란색 유성 염색약과 에탄올을 1:20의 비율로 섞어 분무기에 넣고 가죽에 충분히 뿌린 후 드라이어의 찬바람을 쐬어 말립니다.

**3** 보라색과 검정 유성 염색약을 사용해서 염색합니다. 염색이 끝나면 목장갑으로 염색된 부분에 광이 나도록 문지르세요.

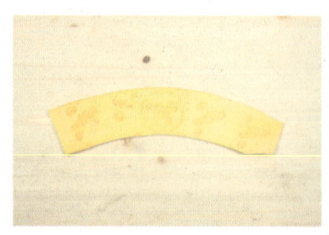
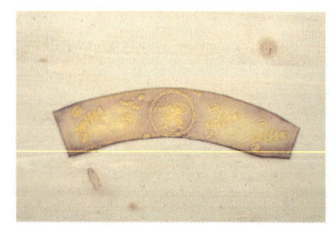

**4** 염색한 가죽과 돈피의 뒷면에 본드를 얇게 바르고 서로 붙여 준 후 가죽의 경계선을 따라 커터칼로 돈피를 잘라냅니다.

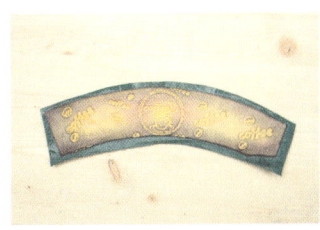

**와이어스냅 달아 완성하기**

**5** 고무판 위에 가죽을 올려놓고 13mm 와이어스냅이 들어갈 윗부분은 5mm 펀치로, 아랫부분은 3mm 펀치로 구멍을 뚫습니다(도안에 표시되어 있어요).

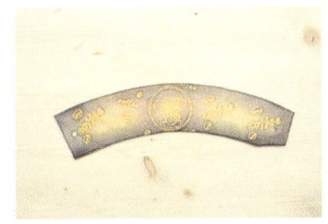

**6** 13mm 와이어스냅 세터와 쇠판을 사용하여 13mm 와이어스냅을 달아줍니다.

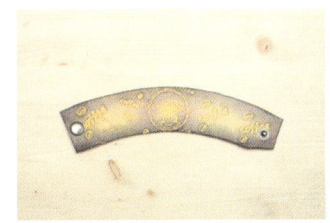

다양한 색상의 종이컵 홀더를 만들어 사무실에 비치해 두는 것은 어떨까요?

**7** 옆면을 다이아몬드 줄로 갈고 옆면 마감제를 바른 후 어느 정도 흡수되면 슬리커로 문질러서 매끄럽게 마감합니다. 옆면 마감제가 마르면 갈색 절단면 마감제를 3~5회 바르세요.

**8** 종이컵홀더가 완성되었습니다.

## 꽃무늬 컵받침

화사한 꽃무늬를 사용하여 컵받침을 만들어 보았습니다. 차 한 잔의 여유를 즐겨 볼까요?

□ 예상 재료비 5,000원  □ 완제품 예상가 20,000원  □ 예상 제작시간 2시간 30분  □ 난이도 ★★☆☆☆  □ 완성 크기 9×9cm

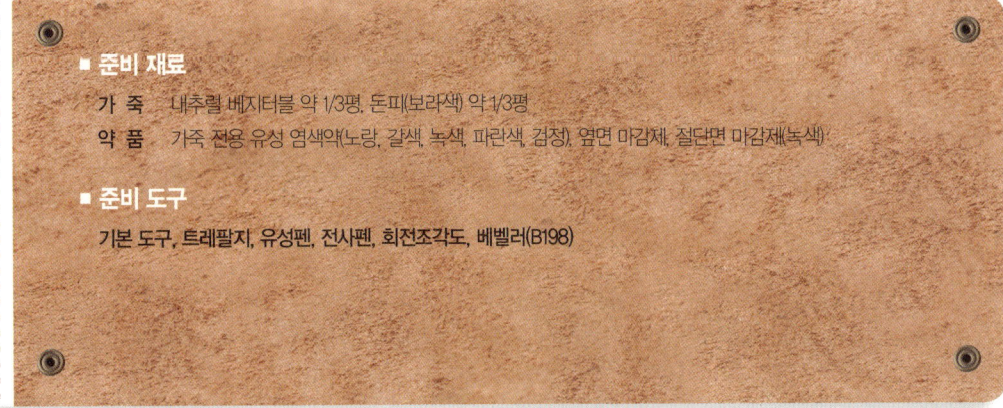

### ■ 준비 재료

가 죽   내추럴 베지터블 약 1/3평, 돈피(보라색) 약 1/3평
약 품   가죽 전용 유성 염색액(노랑, 갈색, 녹색, 파란색, 검정), 옆면 마감재, 절단면 마감재(녹색)

### ■ 준비 도구

기본 도구, 트레팔지, 유성펜, 전사펜, 회전조각도, 베벨러(B198)

**형지 제작 및 재단하기**

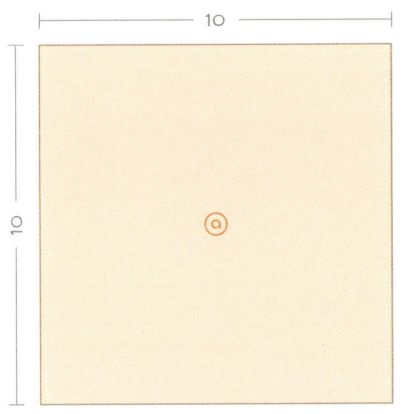
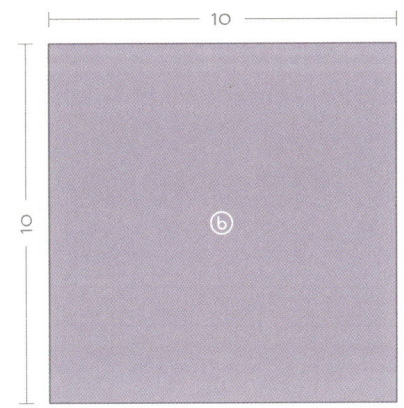

ⓐ 겉면 가죽 : 10×10cm   ⓑ 밑면 돈피 : 10×10cm

※ ⓐ 가죽 위의 무늬는 부록의 실물본을 트레팔지에 옮겨 그려서 사용하세요.

**무늬 넣고 염색하기**

**1** 도안대로 형지를 만들어 가죽 위에 올려놓고 송곳으로 덧그린 후 재단합니다.

**2** 무늬를 넣기 위해 분무기로 가죽이 약간 젖을 정도로 물을 뿌려준 다음 도안을 옮긴 트레팔지를 가죽 위에 놓고 전사펜으로 꾹꾹 누르며 덧그립니다.

**3** 전사펜을 사용하여 도안을 옮긴 모습입니다.

**4** 회전조각도를 사용하여 가죽 위에 옮긴 도안을 따라 회전하면서 선명하게 선을 긋습니다.

**5** 무늬막대(베벨러 B198)로 그림에 표시된 꽃의 테두리 부분을 조각합니다.

**6** 베벨러로 조각을 완성한 모습입니다.

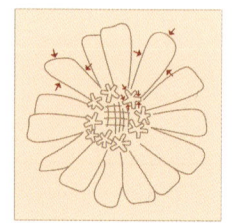

**7** 염색이 뭉치지 않도록 노란색 유성 염색약을 종이에 문질러 파스텔 톤으로 만든 후 가죽 위에 원을 그리면서 염색합니다.

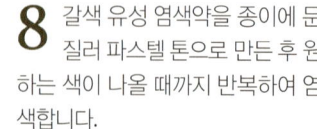

**8** 갈색 유성 염색약을 종이에 문질러 파스텔 톤으로 만든 후 원하는 색이 나올 때까지 반복하여 염색합니다.

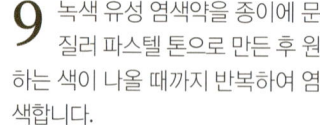

**9** 녹색 유성 염색약을 종이에 문질러 파스텔 톤으로 만든 후 원하는 색이 나올 때까지 반복하여 염색합니다.

**10** 파란색 유성 염색약을 종이에 문질러 파스텔 톤으로 만든 후 원하는 색이 나올 때까지 반복하여 염색합니다.

**11** 검정 유성 염색약을 종이에 문질러 파스텔 톤으로 만든 후 원하는 색이 나올 때까지 반복하여 염색합니다. 염색이 끝나면 목장갑의 손바닥 부분으로 광이 나도록 문지르세요.

**완성하기**

**12** 염색한 가죽과 돈피의 뒷면에 본드를 얇게 바르고 어느 정도 지난 후 서로 붙여줍니다.

**13** 꽃무늬 외각의 경계선에서 2mm 정도의 여유를 두고 커터칼로 가죽을 잘라냅니다.

**14** 경계선을 따라 가죽을 잘라낸 모습입니다.

**15** 가죽의 옆면에 다이아몬드 줄을 수직으로 대고 갈아서 절단면을 매끈하게 만듭니다.

**16** 옆면 마감제를 바른 후 손가락이나 북폴더를 사용하여 매끄럽게 마감합니다. 녹색 절단면 마감제를 3~5회 바르세요.

**17** 꽃무늬 컵받침이 완성되었습니다. 다양한 색상의 꽃무늬 컵받침을 만들어보세요.

예쁜 꽃 그림이나 사진을 활용하여 다른 모양의 컵받침 세트를 완성해보세요.

# 와당 명함꽂이

와당 무늬의 수지판을 사용하여 명함꽂이를 만들었습니다. 내추럴 베지터블 가죽이 잘 설 수 있도록 보강제를 사용했습니다.

□ 예상 재료비 5,000원　□ 완제품 예상가 15,000원　□ 예상 제작시간 1시간　□ 난이도 ★★★☆☆　□ 완성 크기 10×3×6cm

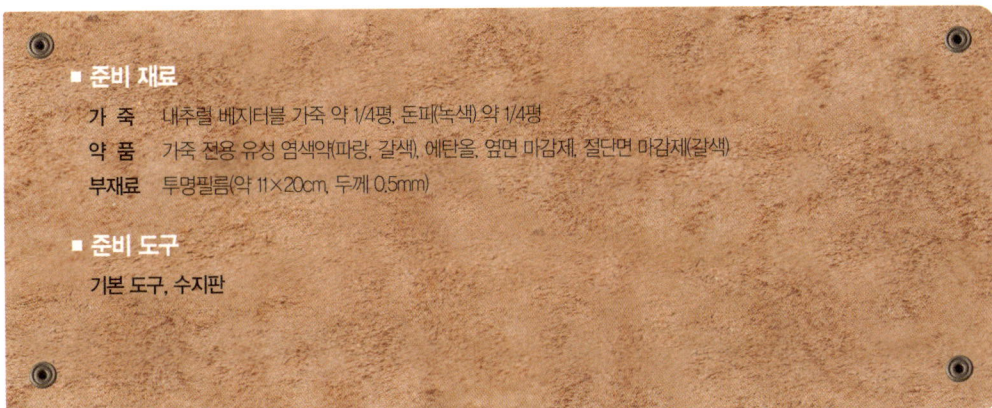

■ 준비 재료
　가　죽　내추럴 베지터블 가죽 약 1/4평, 돈피(녹색) 약 1/4평
　약　품　가죽 전용 유성 염색약(파랑, 갈색), 에탄올, 옆면 마감제, 절단면 마감제(갈색)
　부재료　투명필름(약 11×20cm, 두께 0.5mm)

■ 준비 도구
　기본 도구, 수지판

## 형지 제작 및 재단하기

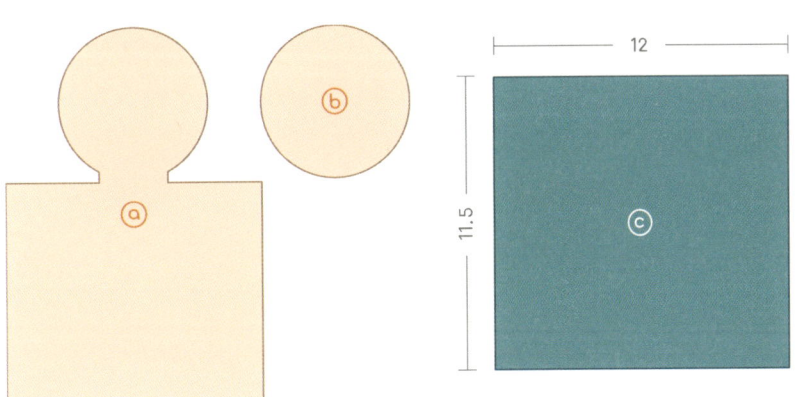

ⓐ 겉면 가죽 : 실물본(약 10.3×14.7cm)　ⓑ 원형 가죽 : 실물본(약 6×6cm)　ⓒ 안면 돈피 : 11.5×12cm
ⓓ 투명 필름 : 약 11×20cm　※ ⓐ 가죽 위의 무늬는 부록의 실물본을 트레팔지에 옮겨 그려서 사용하세요.
※ ⓒ 돈피는 가죽과 붙인 후 재단할 것을 생각하여 가로 세로 각각 1cm 크게 재단합니다.

### 무늬 넣고 염색하기

**1** 실물본을 이용하여 도안대로 형지를 만들어 가죽 위에 올려놓고 송곳으로 덧그린 후 재단합니다. 돈피는 가죽보다 가로 세로 각각 1cm 크게 재단하세요.

**2** 분무기로 가죽이 약간 젖을 정도로 물을 뿌려준 다음 석판 위에 가죽을 올려놓고 수지판을 쇠망치로 내리쳐서 무늬를 넣습니다.

**3** 베이스는 파란색 유성 염색약과 에탄올을 1:10의 비율로 섞어 분무기에 넣고 가죽에 충분히 뿌린 후 드라이어의 찬바람을 쐬어 말립니다.

**4** 염색이 뭉치지 않도록 파란색 유성 염색약을 종이에 문질러 파스텔 톤으로 만든 후 가죽 위에 원을 그리면서 염색합니다.

**5** 갈색 유성 염색약도 종이에 문질러 파스텔 톤으로 만든 후 원하는 색이 나올 때까지 반복하여 염색합니다. 염색이 끝나면 목장갑으로 염색된 부분에 광이 나도록 문지르세요.

**조립하기**

**6** 투명필름을 9.5×10cm로 자른 후 사진처럼 긴 쪽 부분 2.5cm에 칼집을 넣어준 후 접어줍니다.

2.5cm

**7** ⓐ 뒷면의 사각형 정중앙에 본드를 얇게 바르고 투명필름을 붙여줍니다.

**8** 성형을 하기 위해 분무기로 가죽의 꺾이는 부분이 약간 젖을 정도로 물을 뿌려줍니다.

**9** 꺾으려는 부분에 자를 대고 사각형 부분을 위쪽으로 꺾어줍니다.

**10** 원형 부분에도 자를 대고 위쪽으로 꺾어줍니다.

**11** 필름을 ⓑ보다 0.3cm 정도 작게 자른 후 ⓑ의 뒷면에 본드를 얇게 바르고 서로 붙여줍니다.

**마무리하여 완성하기**

**12** ⓐ의 사각형 뒷면과 돈피 뒷면에 본드를 얇게 바르고 어느 정도 지난 후 서로 붙여줍니다. 이때, 돈피는 사각형 뒤와 연결 부위를 포함하여 원형 모양의 사진에 표시된 부분까지 붙여줍니다.

1cm

**13** ⓐ의 원형 뒷면과 필름을 붙인 ⓑ 뒷면에 본드를 얇게 바르고 어느 정도 지난 후 서로 붙여줍니다.

**14** 옆면을 다이아몬드 줄로 갈고 옆면 마감제를 바른 후 슬리커로 문질러서 매끄럽게 마감합니다. 옆면 마감제가 마르면 갈색 절단면 마감제를 3~5회 바르세요.

**15** 와당 명함꽂이가 완성되었습니다.

# 57 물결 명함꽂이

Wave Business Card Holder

# 물결 명함꽂이

사무실 책상 위에 물결무늬의 명함꽂이를 만들어 명함을 넣어두면 어떨까요?

□ 예상 재료비 5,000원 □ 완제품 예상가 17,000원 □ 예상 제작시간 2시간 □ 난이도 ★★☆☆☆ □ 완성 크기 11×25×4.5cm

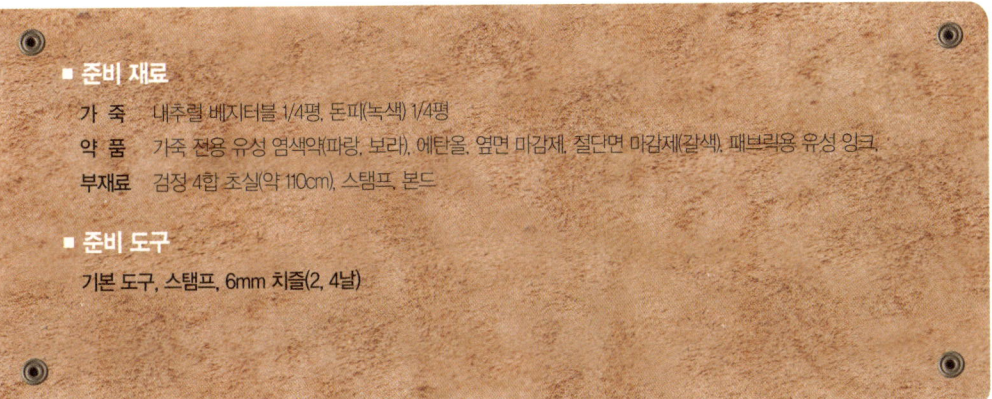

■ **준비 재료**

가 죽　내추럴 베지터블 1/4평, 돈피(녹색) 1/4평

약 품　가죽 전용 유성 염색약(파랑, 보라), 에탄올, 옆면 마감제, 절단면 마감제(갈색), 패브릭용 유성 잉크,

부재료　검정 4합 초실(약 110cm), 스탬프, 본드

■ **준비 도구**

기본 도구, 스탬프, 6mm 치즐(2, 4날)

## 형지 제작 및 재단하기

ⓐ 겉면 가죽 : 실물본(약 11×14cm)

ⓑ 짧은 옆면 가죽 : 실물본(약 3.6×3.7cm)

ⓒ 긴 옆면 가죽 : 실물본(약 3.2×6.1cm)

ⓓ 안면 돈피 : 15×16cm

※ ⓐ 가죽 위의 무늬는 부록의 실물본을 트레팔지에 옮겨 그려서 사용하세요.

※ ⓓ 안면 돈피는 피할할 것을 생각하여 여유 있게 15×16cm로 재단합니다.

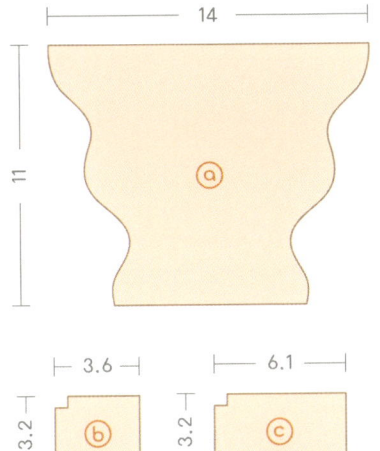

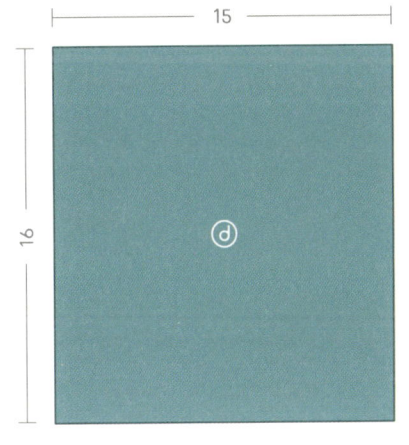

**염색하고 스탬프 찍기**

**1** 도안대로 형지를 만들어 가죽 위에 올려놓고 송곳으로 덧그린 후 재단합니다. 돈피는 피할을 생각하여 여유있게 15×16cm로 재단합니다.

**2** 베이스는 보라색과 파란색을 가죽에 충분히 뿌린 후 드라이어의 찬바람을 쐬어 말립니다. 이때 보라색과 파란색 유성 염색약은 에탄올과 각각 1:10의 비율로 섞은 후 분무기에 넣으세요.

**3** 보라색과 파란색 유성 염색약을 종이에 문질러 파스텔 톤으로 만든 후 원하는 색이 나올 때까지 반복하여 염색합니다. 염색이 끝나면 목장갑으로 염색된 부분에 광이 나도록 문지르세요.

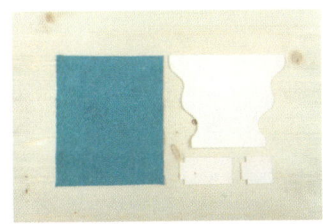

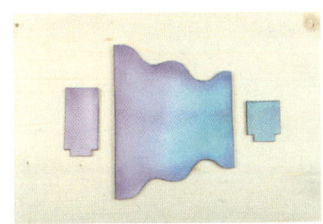

**4** 염색이 끝나면 스탬프에 패브릭용 유성 잉크를 충분히 묻힌 후 전체적으로 잘 찍히도록 꾹 눌러줍니다.

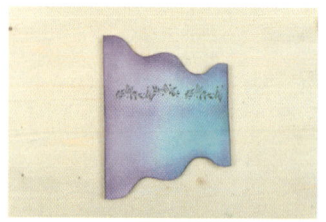

조립 및 돈피
붙이기

**5** 몸판과 옆면의 접착 부분을 0.5cm 너비로 피할합니다.

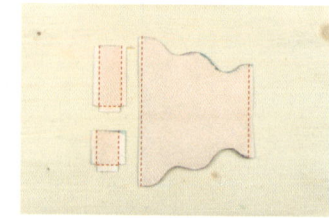

**6** 염색한 가죽의 뒷면과 돈피의 뒷면에 본드를 얇게 바르고 서로 붙입니다. 이때 피할한 부분은 돈피를 붙이지 마세요.

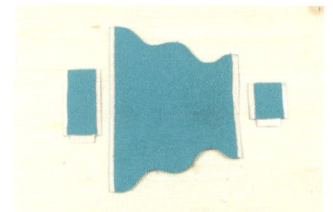

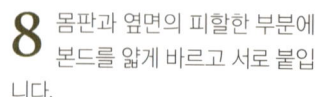

**7** 성형을 하기 위해 분무기로 가죽의 꺾이는 부분이 약간 젖을 정도로 물을 뿌려줍니다. 그런 다음 꺾이는 부분에 자를 대고 각을 잡아주세요.

**8** 몸판과 옆면의 피할한 부분에 본드를 얇게 바르고 서로 붙입니다.

바느질하여
완성하기

**9** 디바이더로 0.3cm 너비의 바느질 선을 표시한 후 6mm 치즐(2, 4날)로 구멍을 뚫습니다.

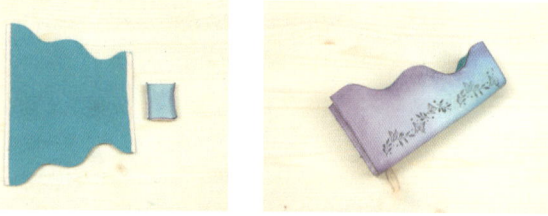

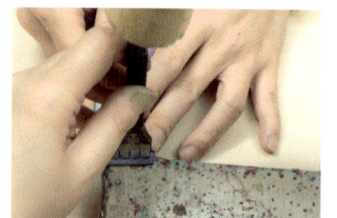

**10** 아래와 모서리 부분은 고무판의 옆면을 사용하여 6mm 4날 치즐로 구멍을 뚫어주세요.

**11** 사진의 오른쪽 부분은 약 65cm(둘레의 3배+20cm)로 사진의 왼쪽 부분은 약 45cm(둘레의 3배+20cm)의 검정 4합 초실을 바늘 두 개에 꿰고 새들 스티치한 후 남은 실은 투명본드로 마감합니다.

**12** 옆면을 다이아몬드 줄로 갈고 옆면 마감제를 바른 후 어느 정도 흡수되면 슬리커와 손가락으로 문질러서 매끄럽게 마감합니다. 옆면 마감제가 마르면 검은색 절단면 마감제를 3~5회 바르세요.

**13** 물결 명함꽂이가 완성되었습니다.

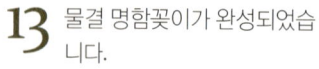

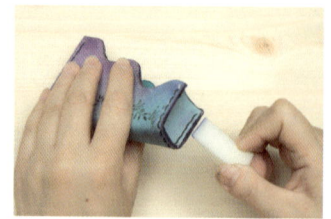

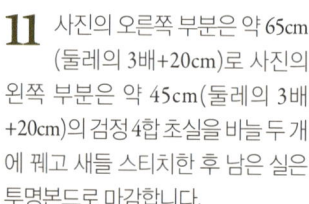

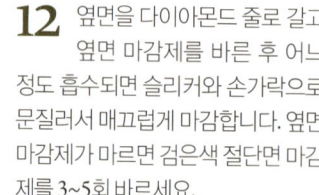

다른 무늬의 수지판을 사용하여 디자인을 약간 바꿔 보는 것은 어떨까요?

9

Leather craft

# 도전하고 싶은 나만의 가죽 가방

**58** 블랙 빅백
Black Big Bag

# 블랙 빅백

가죽 전용 수성 염색약과 라텍스를 사용하여 만든 빅백입니다. 수납공간이 아주 많아서 매우 실용적입니다.

□ 예상 재료비 150,000원 □ 완제품 예상가 400,000원 □ 예상 제작시간 20시간 □ 난이도 ★★★★★ □ 완성 크기 44×12×30cm

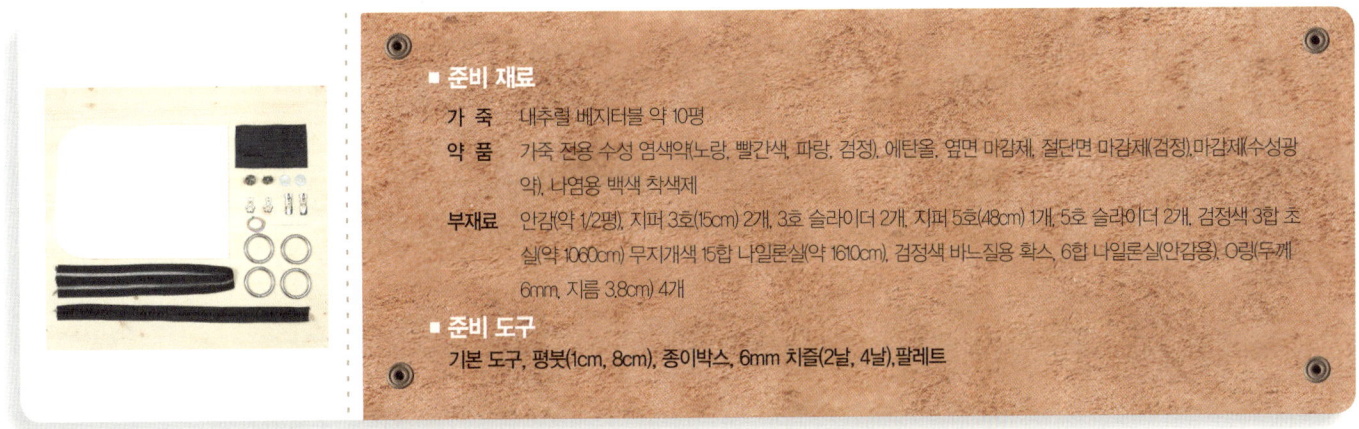

### ■ 준비 재료

가 죽 내추럴 베지터블 약 10평

약 품 가죽 전용 수성 염색약(노랑, 빨간색, 파랑, 검정), 에탄올, 옆면 마감제, 절단면 마감제(검정),마감제(수성광약, 나염용 백색 착색제

부재료 안감(약 1/2평), 지퍼 3호(15cm) 2개, 3호 슬라이더 2개, 지퍼 5호(48cm) 1개, 5호 슬라이더 2개, 검정색 3합 초실(약 1060cm) 무지개색 15합 나일론실(약 1610cm), 검정색 바느질용 왁스, 6합 나일론실(안감용), O링(두께 6mm, 지름 3.8cm) 4개

### ■ 준비 도구

기본 도구, 평붓(1cm, 8cm), 종이박스, 6mm 치즐(2날, 4날),팔레트

## 형지 제작 및 재단하기

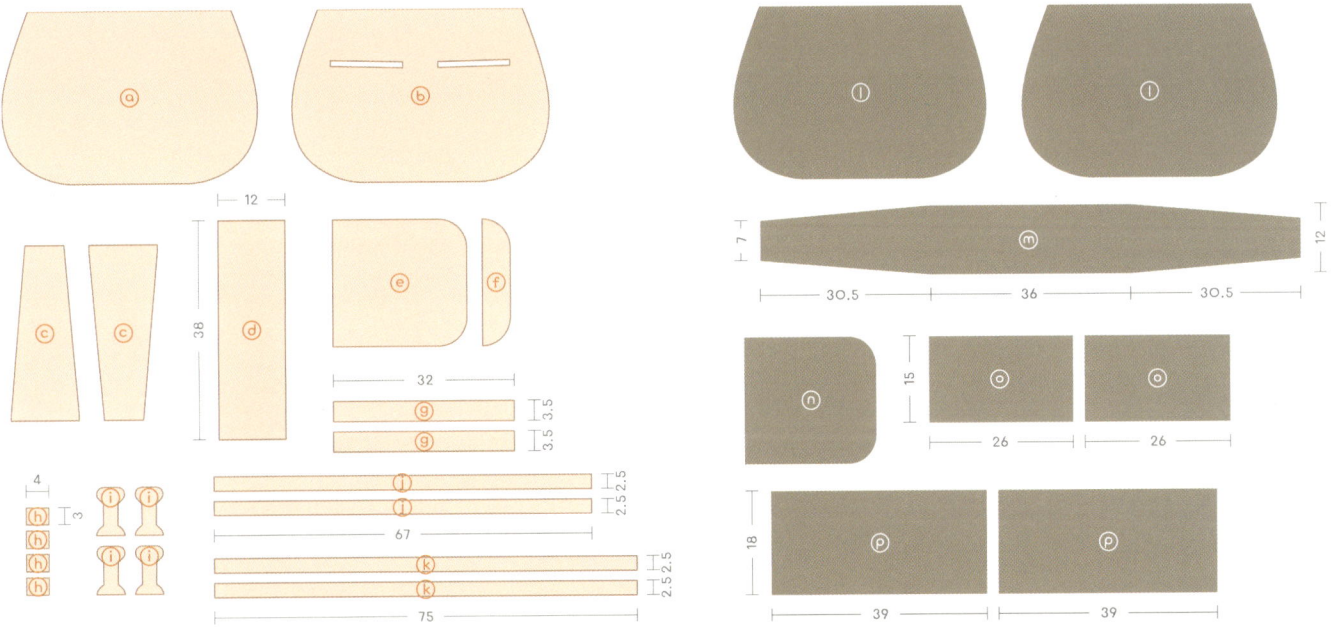

ⓐ 가방 앞부분 : 실물본(약 46×30cm)　　ⓑ 가방 뒤부분 : 실물본(약 46×30cm)　　ⓒ 가방 옆부분 : 실물본(약 30.5×12cm) 2장　　ⓓ 가방 옆 가운데 부분 : 38×12cm

ⓔ 가방 뚜껑 : 실물본(약 22×23.8cm)　　ⓕ 가방 뚜껑의 뒷부분 : 실물본(약·22×5cm)　　ⓖ 윗 지퍼 부분 : 32×3.5cm 2장　　ⓗ 윗 지퍼 마감 부분 : 4×3cm 4장

ⓘ 가방 고리 연결 부분 : 실물본(약 5×8 .5cm) 4장　　ⓙ 가방끈 소 : 67×2.5cm 2장　　ⓚ 가방끈 대 : 75×2.5cm 2장　　ⓛ 가방 앞, 뒷부분 안감 : 실물본 (약 46×30cm) 2장

ⓜ 가방 옆 부분 안감 : 실물본 (약 97×12cm)　　ⓝ 가방 뚜껑 안감 : (약 23×24.8cm)　　ⓞ 안감 가방 뒤 지퍼 주머니 안감 : 15×26cm 2장　　ⓟ 가방 속 주머니 안감 : 39×18cm 2장

## 재단 및 라텍스 염색하기

**1** 실물본을 이용하여 ⓐ~ⓚ까지 도안대로 형지를 만들어 가죽 위에 올려놓고 송곳으로 덧그린 후 재단합니다.

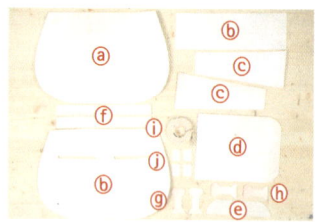

**2** ⓘ~ⓠ도안대로 형지를 만들어 은펜을 사용하여 재단하고, 5호 지퍼 48cm 1개, 3호 지퍼 15cm 2개로 재단합니다.

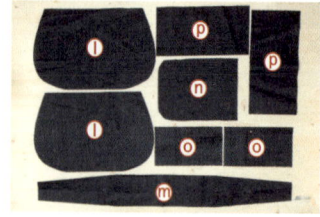

**3** 너비 1cm의 평붓을 사용하여 초록색과 연두색, 카키색 수성 염색약을 사진과 같이 자유롭게 그려줍니다. 3~5분 정도 시간이 지나면 건조됩니다.

**TIP**

**연두색 만드는 방법**

연두색은 녹색에 노랑을 섞어서 만들면 됩니다. 염색약도 물감처럼 잘 섞이며 원하는 색을 만들 수 있습니다.

**4** 라텍스 기법을 사용하기 위해 두께 0.5cm 종이박스와 팔레트를 준비합니다. 종이박스는 높이 3cm, 길이 5cm로 잘라주세요.

**5** 라텍스를 종이박스에 묻힌 후 그림 위에 라텍스를 꾹 눌러서 찍어줍니다. 사진을 참고하여 풀을 더 그려주고 라텍스도 더 찍어줍니다.

**6** 노란색 수성 염색약을 너비 1cm의 평붓을 사용하여 지름 3cm 정도의 원으로 사진을 참고하여 그려넣어줍니다.

**7** 노란색의 절반 정도의 개수에 빨간색 수성 염색약을 겹치게 하여 주황색 원을 그려줍니다.

**8** 빨간색 수성 염색약으로 가죽 위에 원을 몇 개 더 그려줍니다.

**9** 나염용 백색 착색제를 가죽 위에 4개 그려 넣어줍니다.

**10** 두께 0.5cm의 종이박스를 높이 3cm로 잘라서 지름 2.5cm의 원기둥 모양을 만들어줍니다.

**11** 원기둥 모양의 종이박스에 라텍스를 묻힌 후 원 모양 그림 위에 라텍스를 꾹 눌러서 찍어줍니다.

**12** 풀 색상 위에 종이박스를 사용하여 라텍스를 빈 곳이 없게 찍어줍니다. 라텍스는 자연 상태에서 3~5분 정도 시간이 지나면 투명하게 건조됩니다.

**13** 라텍스가 다 건조 되면 큰 평붓을 사용하여 검정색 수성 염색약을 전체에 칠합니다. 이때 옆면에도 검정색 수성 염색약을 칠해줍니다.

**14** 큰 평붓을 사용하여 나머지 가죽들도 모두 검정색 염색약을 전체에 칠합니다. 이때 모든 옆면에도 검정색 수성 염색약을 칠해줍니다.(사진에서는 가방의 앞, 뒤 모습만 보여드립니다.)

**15** 염색한 가죽 위에 종이를 덮은 후 꾹 눌러주어 라텍스 위에 남아있는 염색약을 완전히 닦아냅니다. 그리고 드라이어의 찬바람을 쐬어 말려주세요. 검정 수성 염색약이 완전히 건조되면 라텍스를 떼어냅니다.

**16** 염색이 되지않아 가죽 원래의 색이 보이는 부분은 평붓을 사용하여 검정색 수성 염색약으로 채워 그립니다.

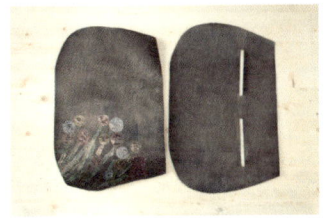

**마감재 바르기**

**17** 목장갑의 손바닥 부분을 사용하여 마감제(수성 광약)를 충분히 묻히고, 가죽에 충분히 흡수될 때까지 톡톡 두드려줍니다. 그런 다음 드라이어의 찬바람을 쐬어 완전히 건조시켜 주세요. 염색된 모든 가죽의 앞면에 해줍니다.

**옆면 조립하기**

**18** ⓒ 2장과 ⓓ를 염색하고 마감제를 바른 후의 모습입니다.

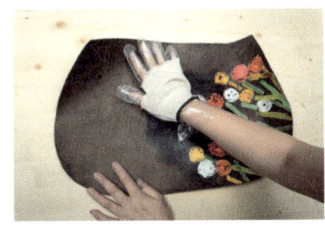

**19** ⓓ와 만나는 ⓒ의 12cm 부분에 커터칼을 사용하여 0.9cm의 너비로 피할합니다. ⓒ의 나머지 한쪽도 피할해주세요. 피할하기 힘들면 굵어주기만 해도 괜찮습니다.

**20** 양쪽 모두 피할한 후 ⓒ와 접착되는 ⓓ의 옆면에 옆면 마감제를 바르고 어느 정도 흡수되면 슬리커로 문질러줍니다.

**21** 피할해 놓은 ⓒ 위에 ⓓ를 1cm 겹쳐서 붙이고 디바이더로 0.5cm 너비의 바느질 선을 표시한 후 6mm 치즐로 구멍을 뚫습니다. 그런 다음 약 55cm의 무지개색 15합 나일론실에 왁스를 먹여 새들 스티치한 후 남은 실은 뒷면에서 라이터로 마감합니다. 나머지 한쪽도 같은 방법으로 바느질한 후 마감합니다.

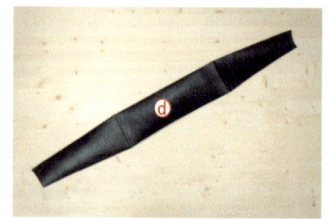

**가방 입구 지퍼 조립하기**

**22** 5호 지퍼(48cm)에 5호슬라이더를 2개 끼우고, ⓖ 2장과 ⓗ 4장을 준비하여 지퍼가 접착되는 부분은 다이아몬드 줄로 갈고 옆면을 마감합니다.

**23** 지퍼 중앙 위에 ⓖ를 1cm 겹쳐서 붙여주고, ⓗ의 4cm 부분의 정중앙 안에 지퍼가 2cm 정도 들어가게 한 후 각각 두 장을 앞뒤로 겹치게 하여 붙입니다.

**24** 디바이더로 0.5cm 너비의 바느질 선을 표시하고 6mm 치즐(2, 4날)로 구멍을 뚫고 지퍼 부분은 각각 약 115cm, 지퍼 마감 부분은 각각 약 60cm의 무지개색 15합 나일론실에 왁스칠을 하여 새들 스티치한 후 남은 실은 뒷면에서 라이터로 마감합니다.

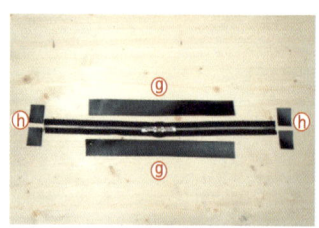

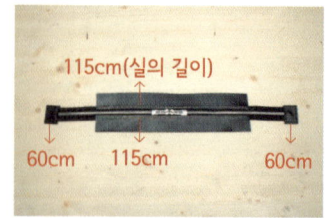

115cm(실의 길이)

60cm    115cm    60cm

**끈 조립하기**

**25** ⓙ와 ⓚ를 각각 2개를 준비합니다. ⓚ 위의 정중앙에 ⓙ를 올려 끝부분의 2cm를 남겨 접착한 후 다이아몬드 줄로 갈고 옆면을 마감합니다.

**26** ⓚ의 염색된 앞면과 ⓙ의 염색이 안 된 뒷면의 양쪽 끝 1cm를 커터칼을 사용하여 피할합니다. ⓚ와 ⓙ의 접착이 안 된 뒷면의 양쪽 끝을 검정 수성 염색약을 사용하여 염색합니다.

**27** ⓚ의 한쪽 끝에서 5cm 부분에 표시를 하고, 사진처럼 O링을 넣은 후 ⓙ 아래에 넣어 접착합니다.

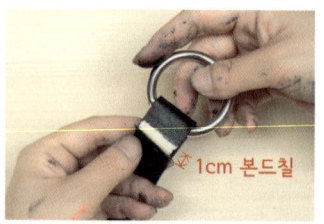

1cm 본드칠

**28** 나머지 세 곳도 같은 방법으로 O링을 넣어서 완성한 사진입니다.

**29** 두 개의 끈에 각각 디바이더를 0.5cm 너비로 조절하여 ㅁ자 모양으로 바느질 선을 표시하고 6mm 치즐(2, 4날)로 구멍을 뚫습니다. 그런 다음 약 430cm의 검정색 3합 초실로 새들 스티치한 후 남은 실은 투명 본드로 마감합니다.

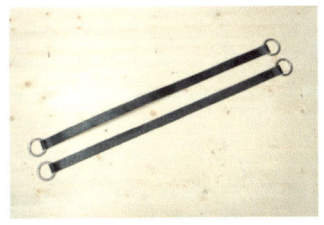
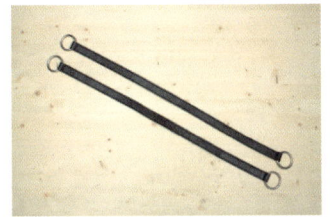

**30** 옆면을 마감한 ⓘ의 직선 부분의 뒷면 끝 1cm를 커터칼을 사용하여 피할하고, 뒷면의 직선 부분을 검정색 수성 염색약을 사용하여 사진처럼 염색한 후 O링에 넣어줍니다. 곡선 부분의 양쪽 밑면에 각각 본드를 칠하여 서로 접착합니다

**31** 손잡이 부분에 ⓘ를 모두 연결한 사진입니다.

뒤쪽 지퍼 주머니 달고 조립하기

**32** 만들어진 주머니 2개를 각각 붙이고, 자크가 붙여진 입구에 0.5cm 너비로 바느질선을 표시하여 6mm 치즐로 구멍을 뚫은 후 120cm의 15합 나일론 실에 왁스를 먹여 새들 스티치합니다.

**33** 무지개 실을 사용하여 주머니를 단 뒷면의 모습입니다.

**34** ⓐ와 연결된 옆면(ⓒ+ⓓ+ⓒ)의 중심ⓓ에 은펜을 사용하여 사진처럼 표시한 후 중심을 맞추어서 1cm 너비로 본드칠하여 접착합니다.

**35** 가방의 앞면 ⓐ와 옆면(ⓒ+ⓓ+ⓒ)을 붙인 모습입니다.

**36** 디바이더를 0.5cm 너비로 조절하여 접착된 부분에 바느질 선을 표시하고 6mm 치즐로 구멍을 뚫고 약 310cm의 무지개색 15합 나일론실에 왁스를 먹여 새들 스티치한 후 남은 실은 뒷면에서 라이터로 마감합니다.

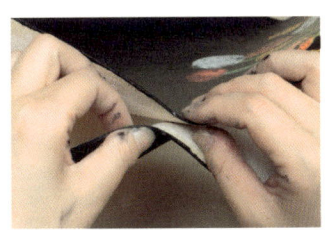

**끈 달기**

**37** 도안에 표시된 끈이 접착할 부분은 사진과 같이 ⓘ보다 0.3cm 정도 작게 안쪽 전부를 커터칼로 긁어줍니다.

**38** 긁어 놓은 가방의 뒷면 ⓑ에 ⓘ를 접착합니다.

**39** 가방의 앞면 ⓐ에도 뒷면과 같은 방법으로 ⓘ를 접착하세요.

**바느질 및 자석단추 달기**

**40** 디바이더를 0.5cm 너비로 조절하여 바느질 선을 표시하고 6mm 치즐 2날로 구멍을 뚫고 약 50cm의 무지개색 15합 나일론실에 왁스를 먹여 새들 스티치한 후 남은 실은 뒷면에서 라이터로 마감합니다.

**41** 실물로만 ⓐ에 표시된 자석이 들어 갈 자리를 은펜으로 표시합니다.

**42** 고무판 위에 가죽을 올려놓고 커터칼을 사용하여 은펜으로 표시된 위치에 구멍을 뚫고 자석단추를 넣어줍니다.

**43** ⓐ의 뒷면에서 고정 철물을 넣어 평플라이어를 사용하여 사진처럼 안쪽으로 접어서 고정시켜줍니다.

**44** ⓕ의 앞면에 은펜을 사용하여 도안에 표시된 자석단추가 들어갈 부분을 표시합니다.

**45** ⓕ의 은펜으로 표시한 부분을 커터칼을 사용하여 구멍을 뚫어주고 자석을 넣어 41번과 같은 방법으로 접어줍니다.

**46** ⓕ, ⓔ와 뚜껑과 안감 ⓝ을 준비합니다.

**47** 뚜껑 ⓔ의 뒷면과 안감 ⓝ의 접착 부분은 뒷면에 본드를 최대한 얇게 펴서 바르고 어느 정도 지나 꾸덕꾸덕하게 마르면 사진과 같이 서로 붙여줍니다.

**48** 뚜껑 ⓔ의 뒷면과 뚜껑 ⓕ의 뒷면에 본드를 최대한 얇게 펴서 바르고 어느 정도 지나 꾸덕꾸덕하게 마르면 사진과 같이 서로 붙여주고 옆면 마감합니다.

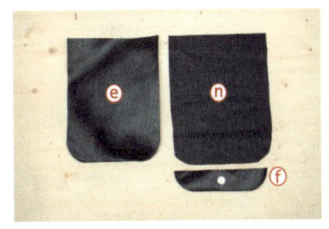

뚜껑달기

**49** 디바이더를 0.5cm 너비로 조절하여 뚜껑 ⓔ의 앞면 둘레에 바느질 선을 표시하고 6mm 치즐(2, 4날)로 구멍을 뚫습니다. 그런 다음 가방과 접착되는 직선 부분을 제외하고 약 210cm의 무지개색 15합 나일론실에 왁스를 먹여 새들 스티치한 후 남은 실은 투명 본드로 마감합니다.

**50** 가방의 뒷면 ⓑ 도안에 표시된 뚜껑이 달릴 자리를 커터칼을 사용하여 사진처럼 0.4cm 너비로 긁어줍니다.

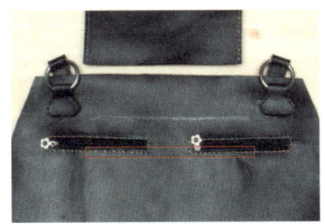

**51** ⓑ의 긁은 부분과 뚜껑 ⓔ를 접착하여 주고, ⓑ 부분에 구멍을 뚫기 위해 6mm 치즐(2, 4날)을 사용하여 구멍이 뚫어져 있는 ⓔ에 다시 한 번 구멍을 뚫어줍니다. 그런 다음 약 85cm의 무지개색 15합 나일론실에 왁스를 먹여 새들 스티치한 후 남은 실은 뒷면에서 라이터로 마감합니다.

**52** 33~34와 같은 방법으로 뒷면 ⓑ와 옆면을 연결하고 가방의 앞뒷면과 옆면의 높이를 같게 하여 커터칼을 사용하여 직선으로 잘라줍니다.

**53** 잘려서 가죽색이 들어나는 부분에 큰 평붓을 사용하여 검정 수성 염색약을 칠합니다. 나머지 옆면과 앞면도 36번과 같은 방법으로 바느질합니다.

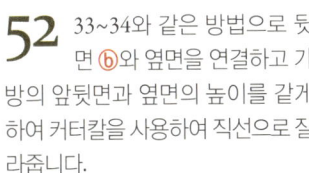

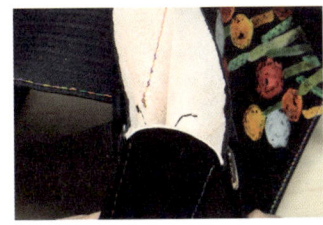

## 안감 만들기

**54** 주머니 ⓠ의 39cm 되는 부분을 1cm 아래로 두 번 접어주고 그림처럼 박음질합니다.

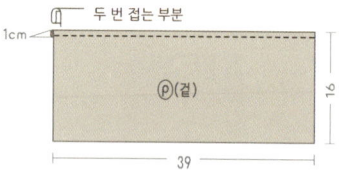

두 번 접는 부분
1cm
ⓟ(겉)
16
39

**55** 나머지 세부분을 그림처럼 1cm 접어줍니다.

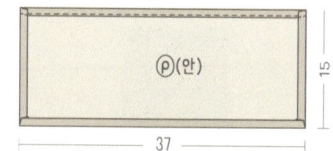

ⓟ(안)
15
37

**56** 주머니 그림처럼 접어서 ①의 직선 부분에서 5cm 정도 내려오게 하여 박음질합니다. 같은 방법으로 한 개 더 만듭니다.

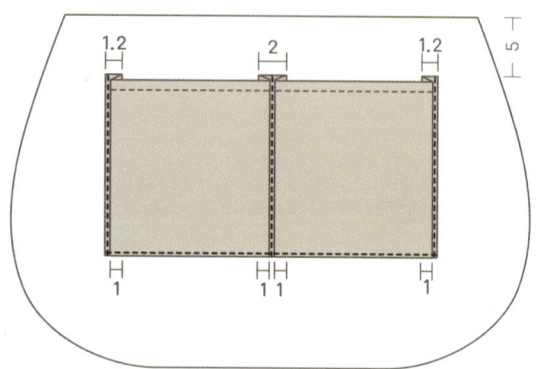

1.2    2    1.2    5
1    1 1    1

**57** ①과 ⓜ의 중심에 은펜을 사용하여 표시하고 ①과 ⓜ이 접착될 겉면에 너비 0.5cm로 본드를 발라 중심을 맞추어 접착합니다.

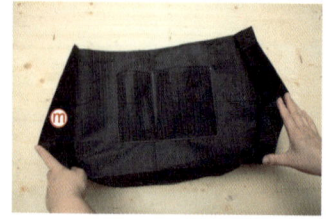

**58** 바느질은 안감의 뒷면에서 곡선 부분의 0.5cm 안으로 들어간 부분에 박음질합니다.

**59** 나머지 한쪽도 같은 방법으로 바느질합니다.

## 안감 본체에 붙이기

**60** 가방 본체 입구의 안쪽과 안감 입구의 뒷면에 너비 1cm 본드를 발라서 안감을 사진처럼 본체에 넣어 서로 붙여줍니다.

**61** 가방 본체와 지퍼 부분의 정 중앙에 은펜을 사용하여 표시 하고, 접착 부분에 0.5cm 너비로 본드 를 발라 중심을 맞추어 서로 접착하 여 줍니다.

**62** 디바이더를 0.5cm 너비로 조 절하여 지퍼가 달린 가방 윗 부분의 둘레에 바느질 선을 표시하고 6mm 치즐(2, 4날)로 구멍을 뚫은 후 약 290cm의 무지개색 15합 나일론실 에 왁스를 먹여 새들 스티치한 후 남 은 실은 투명본드로 마감합니다.

앞에서 배운 것과 같은 기법으로 지갑과 다이어리 커버를 만들어보세요.

**옆면 마감하기**

**63** 가죽의 옆면을 다이아몬드 줄로 갈고 검정색 수성 염색 약을 다시 한 번 칠한 후 옆면 마감을 합니다.

**64** 수성 염색약과 라텍스를 이 용하여 만든 블랙 빅백이 완 성되었습니다.

# 59 반달백

*Half Moon Bag*

# 반달백

한글 문양의 수지판과 두께 1mm의 얇은 내추럴 베지터블 가죽을 사용하여 가벼우면서도 전통 느낌이 나는 반달 모양의 가방입니다.

□ 예상 재료비 100,000원   □ 완제품 예상가 300,000원   □ 예상 제작시간 20시간   □ 난이도 ★★★★☆   □ 완성 크기 40×10×22cm

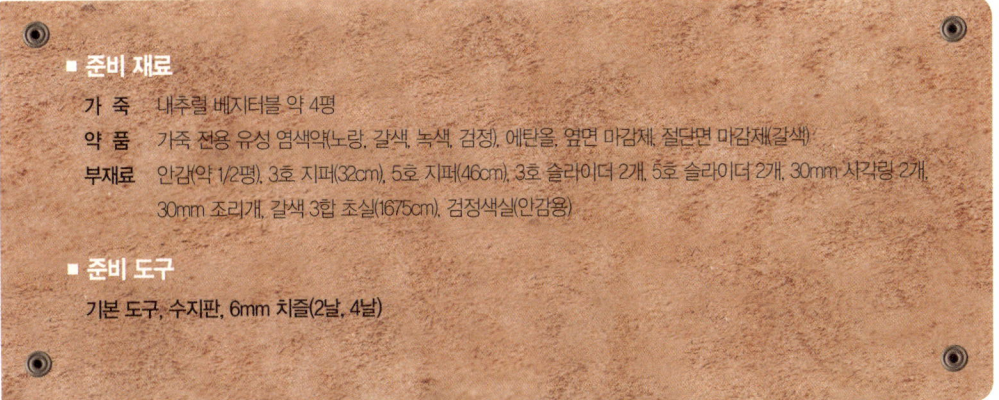

■ **준비 재료**

가 죽　내추럴 베지터블 약 4평

약 품　가죽 전용 유성 염색약(노랑, 갈색, 녹색, 검정), 에탄올, 옆면 마감재, 절단면 마감재(갈색)

부재료　안감(약 1/2평), 3호 지퍼(32cm), 5호 지퍼(46cm), 3호 슬라이더 2개, 5호 슬라이더 2개, 30mm 사각링 2개, 30mm 조리개, 갈색 3합 초실(1675cm), 검정색실(안감용)

■ **준비 도구**

기본 도구, 수지판, 6mm 치즐(2날, 4날)

## 형지 제작 및 재단하기

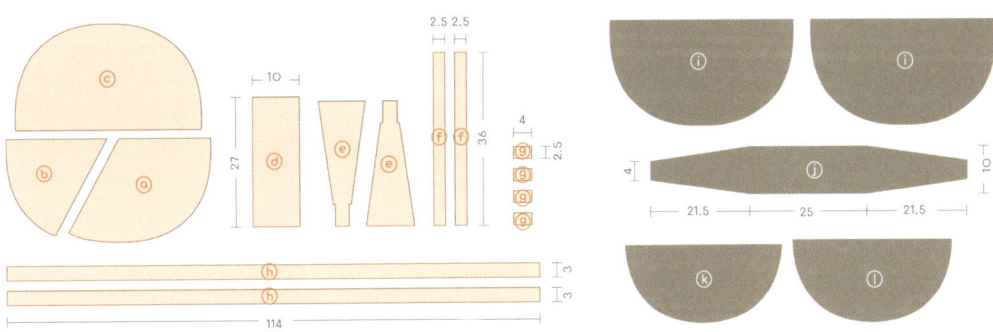

ⓐ 가방 앞부분 대 : 실물본 (약 31×22 cm)　　ⓑ 가방 앞부분 소 : 실물본 (약 20×20 cm)

ⓒ 가방 뒤부분 : 실물본 (약 40×22 cm)　　ⓓ 가방 옆 가운데 부분 : 27×10cm　　ⓔ 가방 옆부분 : 실물본 (약26×10cm) -2장

ⓕ 윗 자크 부분 :36×2.5cm -2장　　ⓖ 윗 자크 마감 부분 : 4×2.5cm -4장　　ⓗ 가방끈 : 114×3cm- 2장

ⓘ 가방 앞뒤 부분 안감 : 실물본 (약 40×22 cm)　　ⓙ 가방 옆 부분 안감 : 실물본 (약 67×10 cm)

ⓚ 안감 가방 뒤 자크 주머니 안감 대: 34×17cm　　ⓛ 안감 가방 뒤 자크 주머니 안감 소: 34×16cm

---

**무늬 넣고 염색하기**

**1** 가죽은 ⓐ~ⓗ까지 실물본을 이용하여 도안대로 형지를 만들어 가죽 위에 올려놓고 송곳으로 덧그린 후 재단합니다.

**2** 안감은 ⓘ~ⓛ까지 도안대로 형지를 만들어 안감 위에 놓고 은펜을 사용하여 덧그린 후 재단합니다.

**3** ⓐ 가죽에 무늬를 넣기 위해 분무기로 가죽이 약간 젖을 정도로 물을 뿌려준 다음 석판 위에 가죽을 올려놓고 수지판을 쇠망치로 수직으로 내리쳐서 무늬를 넣습니다.

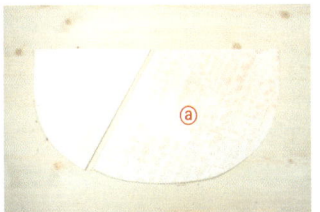

**4** 베이스는 노란색 유성 염색약과 에탄올을 1:20의 비율로 섞어 분무기에 넣고, 재단된 모든 가죽에 충분히 뿌려 ⓑ를 제외한 모든 가죽을 드라이어의 찬바람으로 말립니다.(사진은 면적상 ⓐ, ⓑ, ⓒ만 넣음)

**5** ⓑ에 무늬를 넣기 위해서 분무기를 사용해서 가죽이 약간 젖을 정도로 물을 뿌린 후 구겨줍니다.

**6** 구겨진 가죽을 핀 후 드라이어의 찬바람을 쐬어 완전히 건조시켜 줍니다.

**7** 갈색 유성 염색약을 종이에 문질러 파스텔 톤으로 만들고, 가죽 위에 원을 그리면서 염색한 후 목장갑으로 염색된 부분에 광이 나도록 문지릅니다.

**8** ⓐ의 뒷면 접착 부분과 ⓑ의 앞면 접착 부분 0.9cm를 피할 한 후 본드를 1cm 너비로 바르고 1cm 겹치게 서로 붙여줍니다.(피할을 하지 않을 때는 커터칼로 긁어주세요.)

**9** 접착 부분의 ⓐ 위에 디바이더로 0.5cm 너비의 바느질 선을 표시하여 6mm 치즐(2, 4날)로 구멍을 뚫습니다. 그런 다음 약 85m(길이의 3배 +20cm)의 갈색 3합 초실로 새들 스티치한 후 남은 실은 뒷면에서 라이터로 마감합니다.

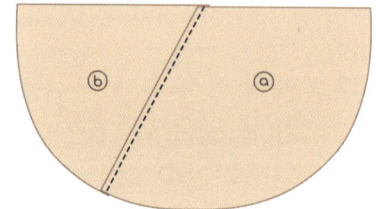

**10** ⓒ에 염색이 뭉치지 않도록 갈색 유성 염색약을 종이에 문질러 파스텔 톤으로 만든 후 가죽 위에 원을 그리면서 염색합니다.

**11** 녹색 유성 염색약을 종이에 문질러 파스텔 톤으로 만든 후 원하는 색이 나올 때까지 반복하여 염색합니다.

**12** 같은 방법으로 검정 유성 염색약으로도 염색합니다. 염색이 끝나면 목장갑으로 염색된 부분에 광이 나도록 문지르세요.

**13** 평평한 곳에 가죽을 놓고 갈색과 검정 유성 염색약을 사진처럼 뿌린 후 가죽을 세워서 염색약이 밑으로 흐르게 합니다.

**14** 반복하여 염색약을 뿌린 후 가죽을 세워서 염색약이 밑으로 흐르게 합니다.

**15** 염색이 끝나면 도안에 표시된 부분을 커터칼로 잘라냅니다.

**16** ⓒ 가죽의 지퍼가 들어갈 안쪽 옆면에 옆면 마감제를 사용하여 옆면 마감을 한 후, 갈색 절단면 마감제를 3~5회 바릅니다.

지퍼 달기

**17** 지퍼에 슬라이더를 채운 후 가죽 뒷면과 지퍼 앞면의 접착될 부분에 본드를 얇게 바르고 서로 붙여줍니다.

**18** ⓒ에 들어갈 지퍼 안감의 직선 부분을 사진처럼 위쪽에 있는 안감을 1cm 접고 아래에 있는 안감보다 2cm 내려서 본드를 사용하여 붙여줍니다.

**19** 사진과 같이 곡선 부분을 0.5cm 안으로 들어간 부분에 박음질합니다.

**20** 앞에서 1cm 접어놓은 부분을 본드를 사용하여 사진처럼 지퍼에 붙여주고 긴 안감은 사진처럼 접어놓습니다.

**21** 디바이더를 사용하여 ⓒ의 앞면에서 지퍼가 들어갈 부분의 둘레에 0.4cm 너비의 바느질 선을 표시하고 6mm 4날 치즐로 사진처럼 아래 부분만 구멍을 뚫고 약 210cm(둘레의 3배+20cm)의 밤색 3합 초실로 사진처럼 아래 부분만 새들 스티치합니다. 남은 실은 자르지 마세요.

**22** 접어놓았던 안감을 펼쳐서 사진과 같이 지퍼의 끝부분 0.5cm와 안감의 끝부분 0.5cm에 모두 본드를 얇게 펴서 발라 접착하고, 나머지 ㄷ자 부분에 6mm 치즐(2, 4날)로 사진처럼 아래 부분만 구멍을 뚫은 후 과정 21번에서 남은 실로 사진처럼 나머지 부분을 새들 스티치를 하고 남은 실은 뒷면에서 라이터 마감을 합니다.

**23** 염색된 ⓕ 2장과 ⓖ 4장을 모두 옆면 마감하고 슬라이더를 넣은 5호 지퍼를 ⓕ 두 장 사이에 넣어 1cm 겹치게 하여 중앙에 붙여줍니다.

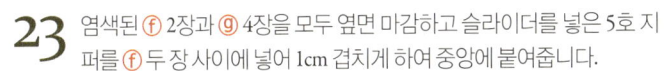

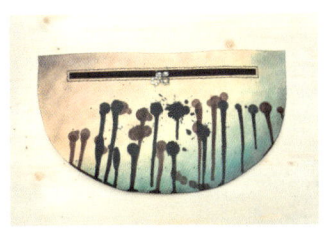

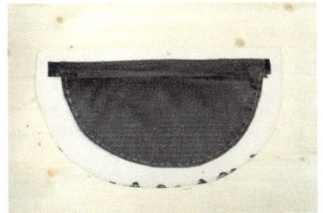

## 가방 입구 지퍼 조립하기

**24** 지퍼가 붙여진 ⓕ의 양쪽에 디바이더로 0.5cm 너비의 바느질 선을 표시하고 6mm 치즐로 구멍을 뚫고 지퍼 부분은 각각 약 100cm의 갈색 3합 초실로 새들 스티치하고 남은 실은 뒷면에서 라이터로 마감합니다.

**25** 2.5×4.0cm로 재단된 가죽 ⓖ 안에 지퍼가 1.5cm 정도 들어가게 한 후 각각 두 장을 앞뒤로 겹치게 하여 붙입니다. ⓖ에 디바이더로 0.5cm 너비의 바느질 선을 표시하고 6mm 치즐(2, 4날)로 구멍을 뚫습니다. 그런 다음 ⓖ를 각각 약 50cm(길이의 3배+20cm)의 갈색 3합 초실로 새들 스티치합니다.

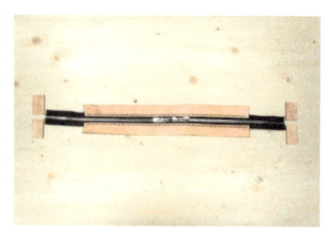

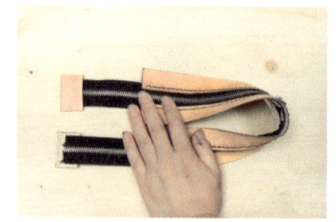

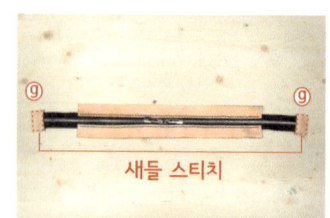

## 옆면 조립하기

**26** 앞에서 염색한 ⓓ와 ⓔ 2개의 모습입니다.

**27** ⓓ와 ⓔ가 만나는 ⓔ의 접착할 부분 앞면에 커터칼을 사용하여 0.9cm의 너비로 피할하고 ⓔ와 접착되는 ⓓ의 옆면을 다이아몬드 줄로 갈고 옆면 마감합니다.

**28** ⓔ위에 ⓓ를 위에 1cm 겹쳐서 붙입니다. 디바이더로 0.5cm 너비로 바느질 선을 표시하여 6mm 치즐로 구멍을 뚫습니다. 그런 다음 약 50cm의 갈색 3합 초실로 새들 스티치한 후 남은 실은 뒷면에서 라이터로 마감합니다. 나머지 한쪽도 같은 방법으로 바느질합니다.

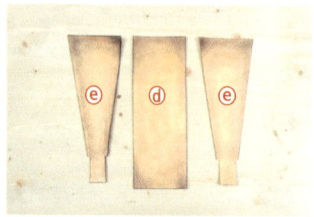

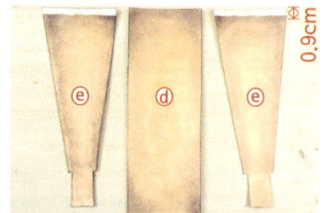

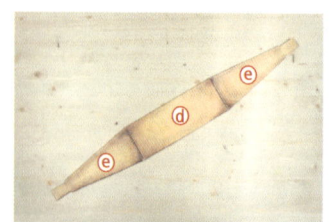

## 본체 조립하기

**29** ⓐ와 연결된 옆면의 중심에 은펜을 사용하여 사진처럼 표시하고, 본드를 0.5cm 너비로 접착할 부분에 바른 후 표시된 중심에 맞추어 접착합니다.

**30** 옆면과 앞면이 접착된 모습입니다.

**31** ⓑ, ⓒ와 연결된 옆면의 중심에 은펜을 사용하여 사진처럼 표시하고, 본드를 0.5cm 너비로 접착할 부분에 바른 후 표시된 중심에 맞추어 접착합니다.

**본체 옆면 바느질하기**

**32** 앞에서 접착된 옆면에 디바이더로 0.5cm 너비의 바느질선을 표시하여 6mm 치즐(2, 4날)로 구멍을 뚫고 약 220cm의 갈색 3합 초실로 새들 스티치한 후 남은 실은 투명 본드로 마감합니다. 옆면이 달린 ⓒ도 똑같은 방법으로 바느질합니다.

**끈 달릴 부분 정리하고 조립하기**

**33** ⓔ의 가방끈 연결 부위를 갈색 유성 염색약으로 염색하고 옆면 마감합니다.

**34** 붙인 부분이 일정하지 않고 차이가 나는 경우 사진처럼 커팅매트를 깔고 커터칼을 사용하여 ⓔ의 옆면을 일정하게 절단합니다.

**35** ⓗ의 사각링이 연결될 자리를 사진처럼 6~7cm 정도 갈색 유성 염색약을 가죽 위에 원을 그리면서 원하는 색상이 나올 때까지 반복합니다.

**36** 은펜을 사용하여 본드를 붙일 자리를 표시합니다.

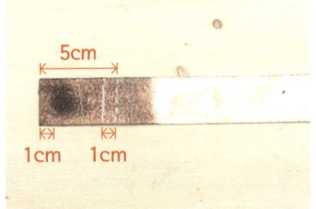

**37** ⓗ 두 장을 4cm 차이가 나게 어슷하게 놓고 끝 5cm를 남기고 본드를 칠하여 접착합니다.

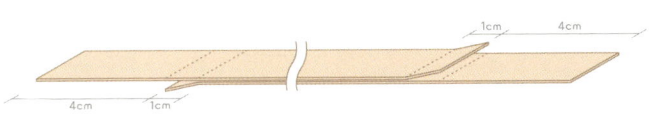

**38** ⓗ의 한쪽 끝에 30mm의 연결 철물(사각링)을 넣고 35번에서 표시한 부분에 본드를 칠하여 1cm 겹치게 사진처럼 붙여줍니다.

**39** ⓗ에 연결 철물을 넣어서 붙인 쪽과 붙이지 않은 반대쪽 사진입니다.

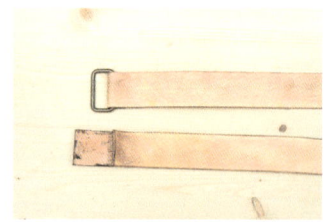

**40** 접착이 되지 않은 5cm를 남기고 디바이더로 0.5cm 너비의 바느질 선을 표시하고, 6mm 치즐(2, 4날)로 구멍을 뚫습니다.

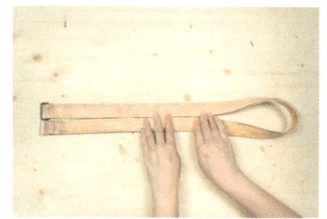

**41** 갈색 3합 초실을 약 200cm(둘레의 1.5배+20cm)로 자른 후 바늘 한 개로 긴 쪽은 홈질, 사각링을 넣은 쪽은 일자 바느질을 하고 실은 남겨둡니다.

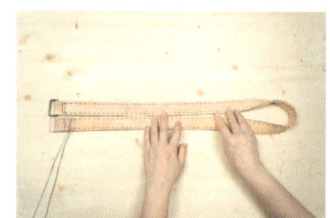

**42** 바느질하지 않고 남겨놓은 부분에 연결 소절 철물(30mm 조리개)을 넣은 모습입니다.

**43** 연결 조절 철물을 넣은 후 나머지 부분도 넣는 모습입니다.

**44** 나머지 한 개의 30mm 사각링에 사진처럼 바느질이 되지 않은 ⓗ를 넣어줍니다.

**45** 사각링을 넣은 ⓗ를 사진처럼 연결 조절 철물(30mm 조리개) 가운데에 있는 조절 철물 사이에 넣어줍니다.

**46** 접착 부위에 1cm 너비로 본드칠을 하여 붙여줍니다.

## 바느질하기

**47** 접착한 ⓗ의 한쪽 끝을 디바이더로 0.5cm 너비의 바느질선을 표시하고, 6mm 치즐(2, 4날)로 구멍을 뚫고 남아 있는 초실로 일자 바느질을 하고 남은 실은 투명본드로 마감합니다.

**48** 양쪽에 30mm 사각링과 중간에 연결 조절 철물을 달아 완성한 끈의 모습입니다.

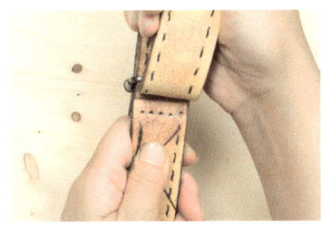

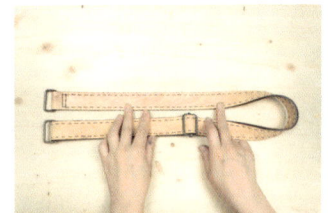

## 안감 만들기

**49** 안감 ⓘ 두 장과 ⓙ를 준비합니다.

**50** ⓘ와 ⓙ의 중심에 은펜을 사용하여 표시합니다.

**51** ⓘ와 ⓙ의 접착될 겉면에 사진처럼 너비 0.5cm 정도 본드 주걱을 사용하여 본드를 최대한 얇게 펴서 바릅니다.

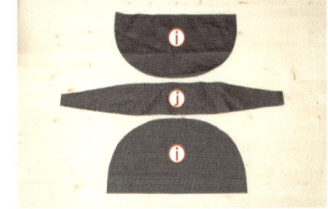

**52** ⓘ와 ⓙ의 중심이 표시된 부분부터 접착하여 줍니다.

**53** 사진과 같이 곡선 부분에서 0.5cm 안으로 들어가게 바느질합니다.

**54** 나머지 한 장의 ⓘ도 같은 방법으로 붙여서 박음질합니다.

안감달기

**55** 가방 본체 입구의 뒷면에 너비 1cm 정도 본드주걱을 사용하여 본드를 최대한 얇게 펴서 발라줍니다.

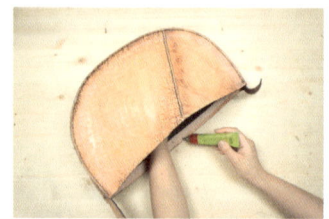

**56** 안감 입구의 뒷면에 너비 1cm 정도 본드주걱을 사용하여 본드를 최대한 얇게 펴서 발라줍니다.

**57** 어느 정도 지나 본드를 바른 부분이 꾸덕꾸덕하게 마르면 서로 붙여줍니다.

**58** 가방 본체와 지퍼 부분을 중심을 맞추어서 0.5cm 간격으로 본드를 발라 접착합니다. 접착된 부분에 디바이더로 0.5cm 너비의 바느질 선을 표시하고 6mm 치즐로 구멍을 뚫고, 약 140m의 갈색 3합 초실로 새들 스티치한 후 남은 실은 투명본드로 마감합니다. 나머지 한쪽도 바느질 합니다.

가방과 끈 연결하기

**59** 가방 옆부분에 사진처럼 끈에 연결되어있는 사각링을 가방의 본체 높이보다 1.2cm 정도 튀어나오도록 접착해 줍니다.

**60** 디바이더로 0.5cm 너비의 바느질 선을 표시하고 6mm 치즐 2날로 구멍을 뚫습니다.

**61** 30cm(둘레의 3.5배+20cm)의 갈색 3합 초실에 바늘 한 개를 꿰어 일자 바느질을 하고 남은 실은 투명본드로 마감합니다.

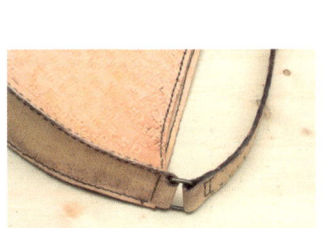

옆면 마감하기

**62** 옆면을 다이아몬드 줄로 갈고 옆면 마감제를 바른 후 어느 정도 흡수하면 슬리커로 문질러서 매끄럽게 마감합니다. 옆면 마감제가 마르면 갈색 절단면 마감제를 3~5회 바르세요.

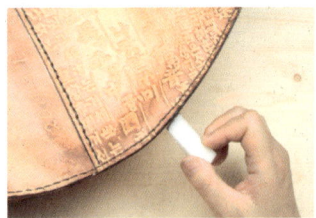

**63** 반달백이 완성되었습니다.

**60** 베이직 심플백

*Basic Simple Bag*

# 베이직 심플백

장바구니 형태의 기본 백입니다. 안주머니와 지퍼 주머니를 만들어 수납을 쉽게 하도록 디자인 했습니다.

□ 예상 재료비 100,000원   □ 완제품 예상가 300,000원   □ 예상 제작시간 12시간   □ 난이도 ★★★★☆   □ 완성 크기 37×11×65cm

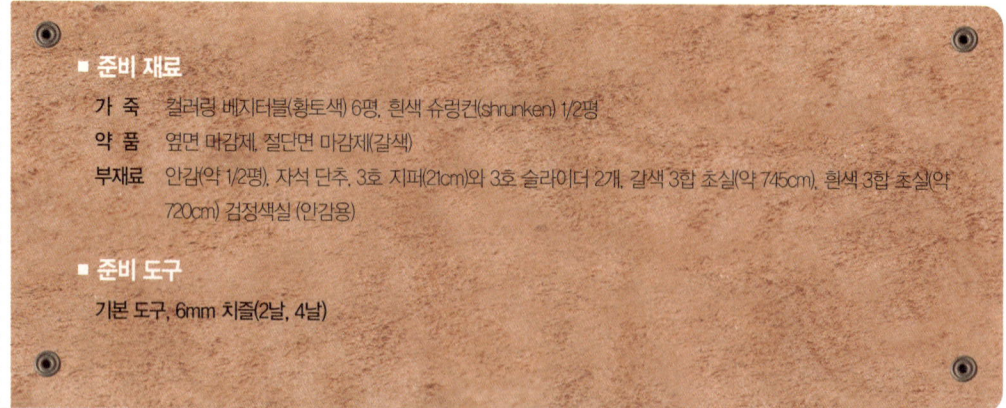

■ **준비 재료**

**가 죽**    컬러링 베지터블(황토색) 6평, 흰색 슈렁컨(shrunken) 1/2평

**약 품**    옆면 마감제, 절단면 마감제(갈색)

**부재료**    안감(약 1/2평), 자석 단추, 3호 지퍼(21cm)와 3호 슬라이더 2개, 갈색 3합 초실(약 745cm), 흰색 3합 초실(약 720cm) 검정색실 (안감용)

■ **준비 도구**

기본 도구, 6mm 치즐(2날, 4날)

## 형지 제작 및 재단하기

ⓐ 몸판 (황토색 가죽) : 실물본(약 38×72cm)    ⓑ 가방끈 (황토색 가죽 ): 64×2cm 4장

ⓒ 지퍼 입구(흰색 가죽 ) : 실물본(약 22.5×5cm)    ⓓ 바이어스(흰색 가죽) : 38.5×3cm 2장

ⓔ 몸판 안감 : 실물본(약 38×72cm)    ⓕ 지퍼 주머니 안감 : 21×34cm    ⓖ 안쪽 주머니 안감 : 30×16cm 2장

※ ⓐ와 ⓑ는 황토색 가죽, ⓒ와 ⓓ는 흰색 가죽으로 준비합니다.

※ ⓐ 가죽은 부록의 ¼ 실물본을 이용하여 형지를 만든 후 재단하세요.

※ ⓐ 가죽의 한쪽 면에만 실물본의 지퍼 구멍을 그린 후 잘라냅니다.

※ ⓔ 안감은 ⓐ 몸판 가죽과 같은 크기로 재단합니다.

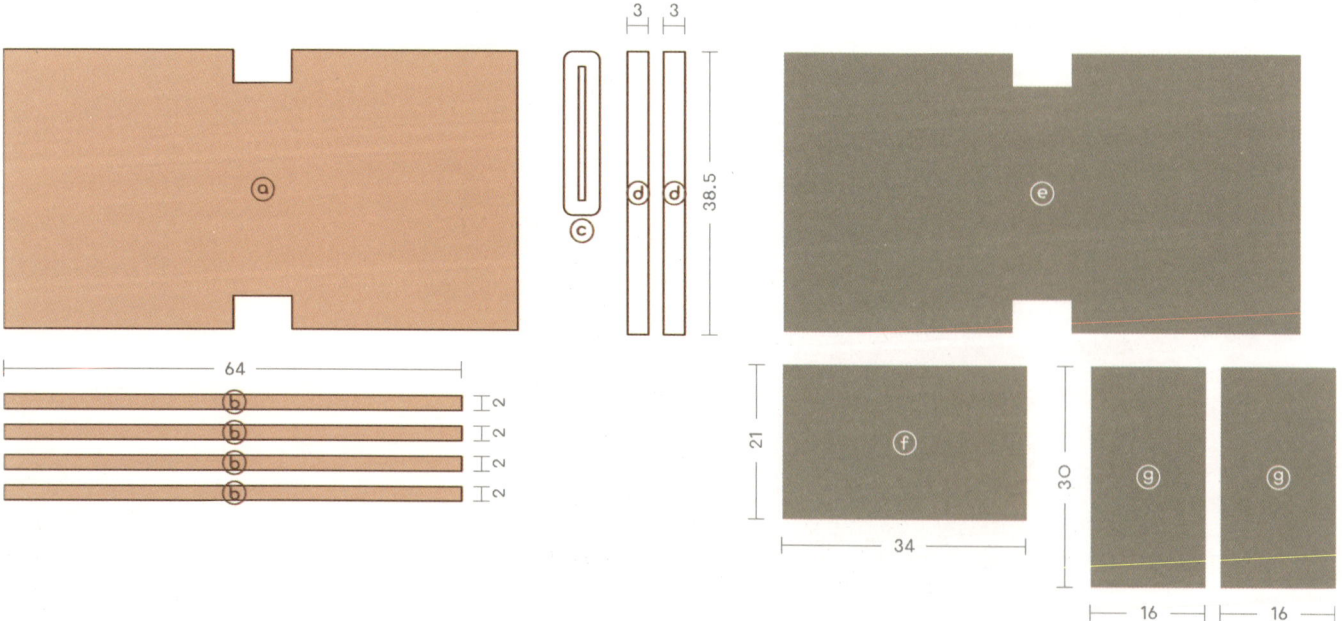

## 지퍼와
## 주머니 달기

**1** 도안대로 형지를 만들어 가죽 위에 올려놓고 송곳으로 덧그린 후 재단합니다.

**TIP**

**모서리를 재단할 때 주의할 점**

커터칼로 재단할 경우 모서리 부분은 조심해서 잘라야 합니다. 가죽칼로 모서리 부분을 자를 경우에는 직각으로 세워서 눌러주면 깨끗이 잘라낼 수 있는데, ⓐ 가죽과 같은 종류는 가죽이 연하므로 가죽칼을 사용할 때는 특히 조심하여 사용해야 합니다.

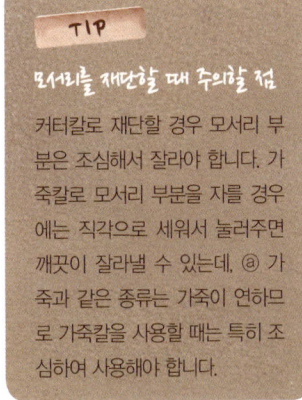

**2** 가방 안쪽과 주머니 등에 사용하는 안감도 도안대로 재단하여 준비하세요.

**3** 커팅매트 위에 ⓐ를 올려놓고 도안의 표시된 대로 지퍼 구멍을 커터칼로 잘라냅니다.

**4** ⓐ 위에 슬라이더 2개를 끼운 지퍼와 지퍼 입구 ⓒ, 지퍼 주머니 안감 ⓕ를 차례대로 올려놓은 모습입니다.

**5** 지퍼 입구인 ⓒ 가죽 옆면과 지퍼가 들어갈 안쪽 옆면에 옆면 마감제를 바릅니다.

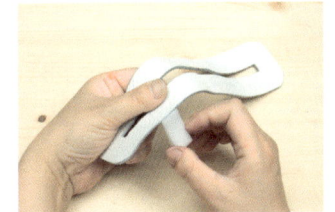

**6** ⓐ의 뒷면과 지퍼 시접에 본드를 얇게 바른 후 서로 붙여줍니다. 그런 다음 ⓐ의 구멍 주위에 ⓒ의 접착 면적보다. 안쪽으로 0.2cm 작게 칼로 긁어주세요.

**7** ⓐ의 칼로 긁어준 부분과 ⓒ 뒷면에 본드를 얇게 바르고 어느 정도 지난 후 서로 붙여줍니다.

**8** ⓒ의 바깥쪽 둘레에 디바이더로 0.4cm 너비의 바느질 선을 표시한 후 6mm 치즐(2, 4날)로 구멍을 뚫습니다.

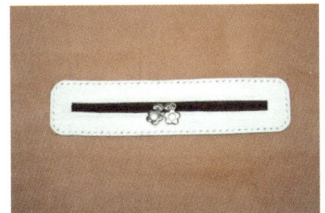

**9** 약 185cm(둘레의 3배+20cm)의 갈색 3합 초실로 새들 스티치한 후 남은 실은 뒷면에서 라이터로 마감합니다. 그런 다음 뒷면에 지퍼 주머니 안감 ⓕ를 붙여주세요(101쪽 미니백 지퍼와 안감 붙이기 방법 참조).

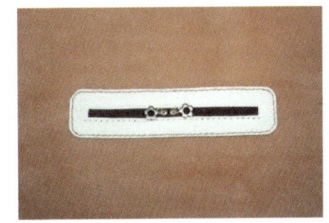

**10** ⓒ의 안쪽 둘레에 디바이터로 0.4cm 너비의 바느질 선을 표시한 후 6mm치즐(2, 4날)로 아래부분만 구멍을 뚫고 약 80cm의 갈색 3합 초실로 새들 스티치하고 남은 실은 뒷면에서 라이터로 마감합니다.

**11** 계속해서 뒷면에 접어놓은 주머니를 펴서 붙이고, 지퍼 위쪽과 옆쪽도 6mm 치즐(2, 4날)로 구멍을 뚫은 후에 약 90cm의 갈색 3합 초실로 새들 스티치한 후 남은 실은 뒷면에서 라이터로 마감합니다.

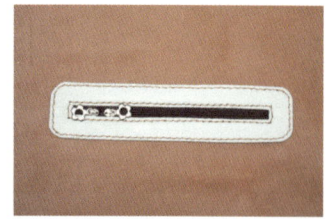

### 조립하기

**12** ⓐ의 옆면을 다이아몬드 줄로 갈고 옆면 마감을 한 후에 옆면을 접착하기 위해 커터칼(또는 패디)을 사용하여 지퍼가 있는 뒷면과 지퍼가 없는 앞면의 테두리를 0.9cm의 너비로 피할한 후 피할한 부분에 본드를 얇게 바르고 1cm 겹치도록 붙이세요.

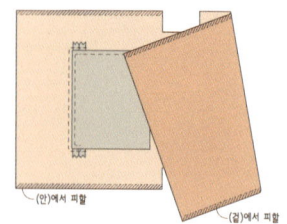

**13** 옆면에 디바이더로 0.5cm 너비의 바느질 선을 표시한 후 6mm 치즐(2, 4날)로 구멍을 뚫습니다 그런 다음 약 120cm의 흰색 3합 초실로 새들 스티치한 후 남은 실은 뒷면에서 라이터로 마감합니다.

**14** 반대편도 같은 방법으로 바느질하세요.

**15** ⓐ의 밑면을 접착하기 위해 커터칼을 사용하여 앞면의 테두리를 0.9cm의 너비로 긁어줍니다.

**16** ⓐ를 뒤집은 후 긁은 부분에 1cm 너비로 본드를 얇게 바르고 겹치도록 서로 붙여줍니다.

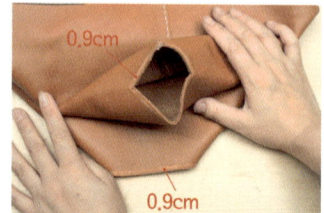

**17** 자를 사용하여 접착한 끝부분에서 1cm 위쪽에 바느질 선을 표시하고 6mm 치즐(2, 4날)로 구멍을 뚫습니다.

**18** 약 50cm(길이의 3배+20cm)의 갈색 3합 초실로 새들 스티치한 후 남은 실은 라이터로 마감합니다.

**19** 반대편도 같은 방법으로 바느질하고 사진과 같이 겉면이 나오도록 뒤집어줍니다.

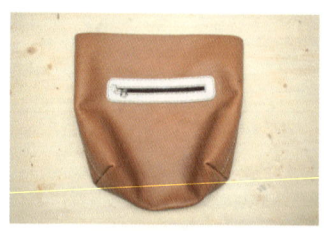

### 가방끈과 주머니 달기

**20** ⓑ 뒷면에 본드를 얇게 바르고 2장씩 붙여주고, 디바이더로 0.4cm 너비의 바느질 선을 표시한 후 6mm 치즐(2, 4날)로 구멍을 뚫습니다. 그런 다음 약 240cm의 흰색 3합 초실로 접착 부분만 제외하고 새들 스티치합니다. 직선으로 4곳을 바느질한 후 남은 실은 자르지 말고 남겨두세요.

**21** 실물 도안에 표시된 끈의 접착 부분을 송곳으로 표시하고, 접착면의 면적보다 안쪽으로 0.2cm 정도 작게 커터칼로 긁어준 후 본드를 얇게 바르고 끈을 붙여주세요.

**22** 사진에 표시된 위치를 보고 끈의 테두리에 바느질 구멍을 뚫고 남은 초실을 계속해서 사용하여 새들 스티치한 후 남은 실은 뒷면에서 라이터로 마감합니다.

**23** 358쪽의 54~55번 과정을 참고하여 안감 ⓔ의 겉면에 주머니 안감 ⑨를 달아줍니다.

**24** 안감 ⓔ의 겉면이 서로 마주보게 접은 후 본드를 사용하여 0.3cm 너비로 붙입니다. 그런 다음 양쪽 옆을 끝에서 0.5cm 들어와서 박음질합니다.

**25** ㄱ자로 들어간 부분을 사진처럼 겉면이 서로 마주보게 접은 후 본드를 사용하여 0.3cm 너비로 붙여줍니다. 그런 다음 끝에서 1cm 들어와서 박음질합니다.

**26** 반대편도 같은 방법으로 접은 후 박음질하세요.

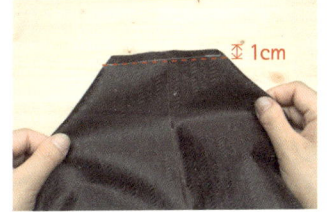

**27** 자석 단추를 달아줄 안감의 정중앙에서 3cm 내려간 부분에 은펜으로 표시합니다.

**28** 자석 단추의 반대편은 금속 재질로 된 원 모양의 부속철물을 대신에 가죽을 사용하여 고정시켜도 좋습니다.

**29** 반대편의 안감에도 같은 방법으로 자석 단추를 달아주세요.

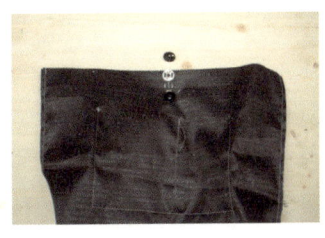

**자석
단추 달기**

**30** 가방 본체 입구의 뒷면과 안감 입구의 뒷면에 너비 1cm 정도로 본드를 얇게 바르고 어느 정도 지난 후 본드를 바른 부분이 꾸덕꾸덕하게 마르면 서로 붙여줍니다.

**바이어스
두르고
완성하기**

**31** ⓐ의 윗면과 바이어스 ⓓ를 접착하기 위해 디바이더를 0.9cm 너비로 조절한 후 가죽 윗면에 긁어야 할 부분을 표시합니다.

**32** 표시한 0.9cm의 너비에 커터 칼을 사용하여 긁어줍니다.

**33** 재단한 2장의 ⓓ 뒷면 아래쪽 1cm를 칼을 사용하여 피할합니다. 피할한 후 옆면에 옆면 마감제를 발라 옆면을 정리합니다.

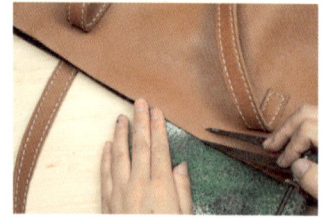

**34** 가죽 앞면의 긁어준 위쪽과 ⓓ 뒷면의 피할한 아래쪽에 본드를 얇게 발라 붙여준 후 나머지 가죽은 안감 쪽으로 붙여줍니다.

**35** 접착면의 테두리에 디바이더로 0.5cm 너비의 바느질 선을 표시한 후 6mm 치즐(2, 4날)로 구멍을 뚫습니다.

**36** 약 280cm(둘레의 3배+20cm)의 갈색 3합 초실을 바늘 두 개에 꿰고 새들 스티치한 후 남은 실은 투명본드로 마감합니다.

**37** 기본백이 완성되었습니다.

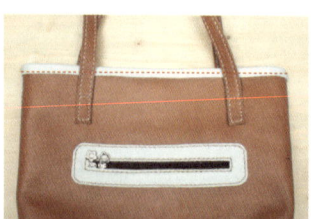

**61** 크로스백

*Cross Bag*

# 크로스백

심플하면서도 수납공간을 최대한 살리려고 했습니다. 보강제 대신 내피를 사용하였습니다.

□ 예상 재료비 150,000원  □ 완제품 예상가 350,000원  □ 예상 제작시간 20시간  □ 난이도 ★★★★★  □ 완성 크기 25×11×33cm

■ **준비 재료**

가 죽   오일 풀 업(Oil full up) 갈색 약 8평,  내피 1과 1/4평,
약 품   옆면 마감제, 뒷면 마감제
부재료   5mm 리벳 6개, 30mm 버클 장식 2개, 바늘, 흰색3합 초실약 2,100cm) 안감 약 1/2평

■ **준비 도구**

기본 도구, 북폴더, 타원형 펀치(2×19), 펀치(2mm, 4mm), 5호 리벳 세터와 쇠판, 6mm 치즐(2, 4날)

## 형지 제작 및 재단하기

ⓐ 앞판 아래쪽 : 실물본(약 25×20cm)

ⓑ 앞판 위쪽 : 25×15cm

ⓒ 뒤판 위겸 뚜껑 : 25×48.5cm

ⓓ 뒤판 아래쪽 : ⓐ와 동일(약 25×20cm)

ⓔ 옆면 밑 : 52×11cm

ⓕ 옆면 위쪽 : 21×11cm 2장

ⓖ 긴 끈 : 3×97cm 2장

ⓗ 짧은 끈 버클 연결 : 3×45cm

ⓘ 짧은 끈 : 3×41cm

ⓙ 앞판 버클 연결 위 : 3×15cm

ⓚ 앞판 버클 연결 아래 : 3×10cm

ⓛ 버클에 달린 끈 : 8×1cm 2장

ⓜ 내피 앞판 : 실물본 (약15×23)

ⓝ 내피 뒤판 : 실물본 ⓜ과 동일

ⓞ 내피 옆면 가운데 : 43×9cm

ⓟ 앞판 안감 : 실물본 (25×17cm) 2장

ⓠ 뒷판 안감 : ⓟ와 동일 2장

ⓡ 옆면 안감 : 45×11cm—2장

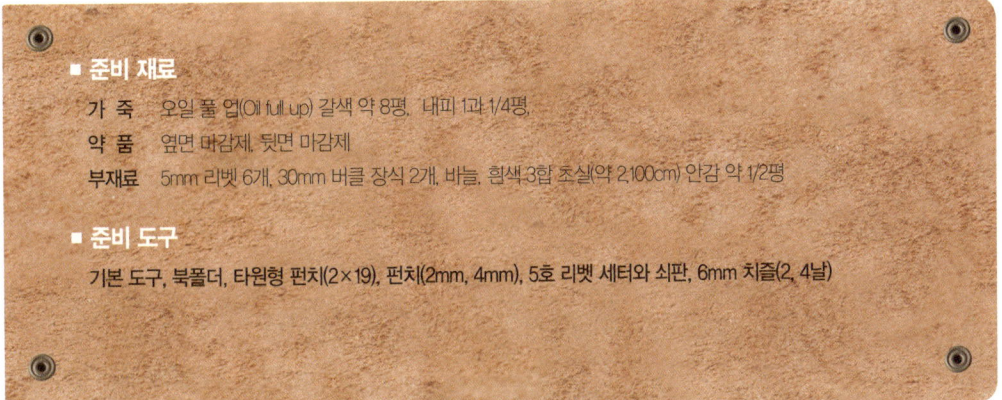

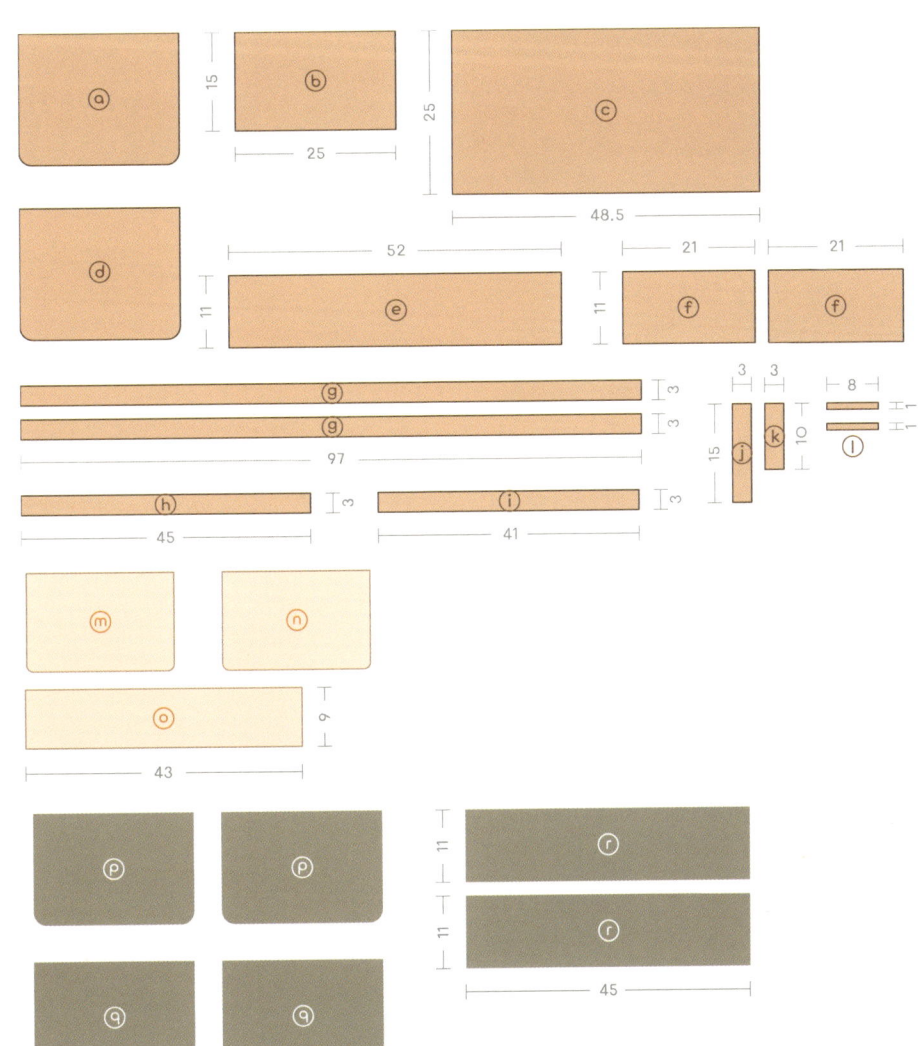

## 재단하기

**1** 도안대로 형지를 만들어 가죽 위에 올려놓고 송곳으로 덧그린 후 재단합니다.

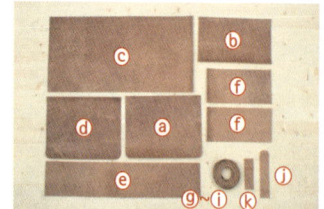

**2** 내피도 형지를 만들어 내피 위에 올려놓고 송곳으로 덧그린 후 재단합니다.

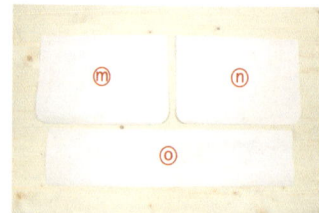

**3** 안감도 형지를 만들어 안감 위에 올려놓고 은펜으로 덧그린 후 재단합니다.

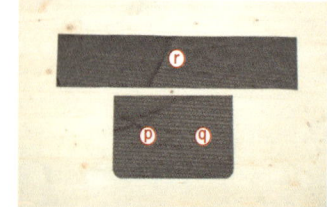

## 뒷면 마감하기

**4** 손가락에 비닐장갑을 끼우고 모든 가죽의 뒷면에 뒷면 마감제를 바릅니다.

**5** 마감제가 마르기 전에 북폴더로 결 방향을 따라 밀어주세요.

## 본체 조립하고 안감 붙이기

**6** 앞판과 뒷판(ⓐ,ⓓ)의 아래쪽과 옆면의 가운데(ⓔ)의 양쪽에 디바이더로 0.5cm의 바느질 선을 표시하고 6mm 치즐(2, 4날)로 구멍을 뚫습니다. 흰색 3합 초실을 사용하여 각각 사진에 표시된 실의 길이로 새들 스티치한 후 남은 실은 뒷면에서 라이터로 마감합니다.

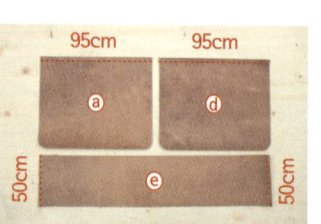

**7** 앞판 위쪽(ⓑ)과 뒤판 위 겸 뚜껑(ⓒ)의 뒷면에 1cm 너비만큼 본드를 얇게 바르고 안감을(ⓟ, ⓠ) 붙여줍니다. 이때 안감과 1cm 겹치게 붙입니다.

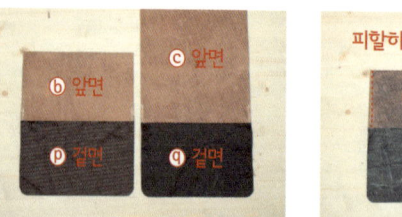

**8** 앞판 ⓑ의 높이 만큼 앞판 위쪽(ⓑ)과 뒤판 위 겸 뚜껑(ⓒ)의 뒷면 양쪽에 패디를 사용하여 0.9cm의 너비로 피할합니다.

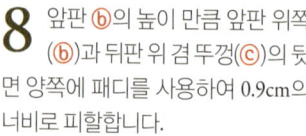
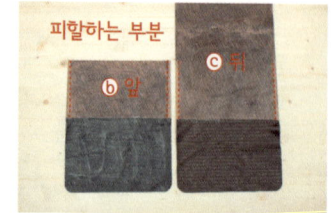

**9** ⓑ에 붙인 안감 ⓟ 위에 사방 1cm 시접을 두고 내피 ⓜ을 붙입니다. 그리고 ⓒ에 붙인 안감 ⓠ 위에 사방 1cm 시접을 두고 내피 ⓝ을 붙여줍니다.

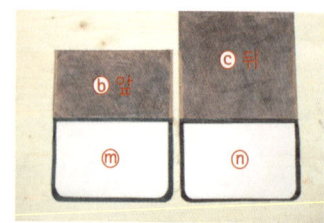

**10** 이때 앞에서 붙인 내피 ⓜ, ⓝ 위에 안감 ⓟ, ⓠ를 모두 한 번 더 붙여줍니다.

**11** 두 장의 옆면(ⓕ) 가운데에 옆면의 안감 ⓡ이 오도록 합니다. 옆면의 뒤쪽과 안감의 앞쪽에 두께 1cm 만큼 각각 본드를 얇게 칠한 후 1cm 겹쳐서 붙여줍니다.

**12** 붙인 안감 ⓡ의 뒤쪽과 옆면의 내피 ⓞ에 본드를 얇게 칠하여 사방 1cm 시접을 두고 정가운데에 붙여줍니다.

**13** 내피 ⓞ 위에 안감 ⓡ을 한 장 더 붙여줍니다.

 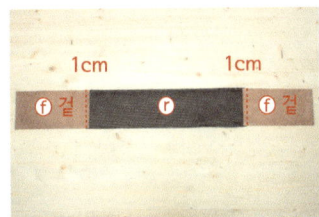  

**14** 연결된 안감 ⓡ 옆면의 가운데 (ⓓ)에 중심을 표시하고 각각의 중심이 만나도록 해서 1cm 너비만큼 본드를 얇게 바른 후 붙여줍니다.

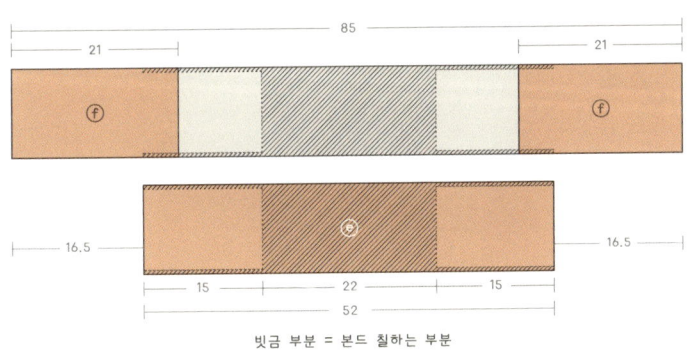

빗금 부분 = 본드 칠하는 부분

앞판 버클 장식 달기

**15** ⓚ의 표시된 위치에 3×19 타원 펀치로, ⓙ의 표시된 위치에 4mm 펀치로 구멍을 뚫습니다.

**16** ⓚ의 타원 펀치가 뚫어진 곳에 버클 장식을 넣고 바짝 당겨서 접착 부분에 본드를 얇게 펴서 바릅니다. 그런 다음 사진에 표시된 위치에 2mm 펀치를 사용하여 구멍을 뚫은 후 5mm 리벳을 5mm 리벳 세터와 쇠판을 사용하여 달아줍니다.

**17** 나머지 반대쪽을 사진과 같이 구멍이 뚫어진 아래에 놓고 은펜으로 구멍 뚫을 곳을 표시하여 2mm 펀치로 구멍을 뚫어줍니다.

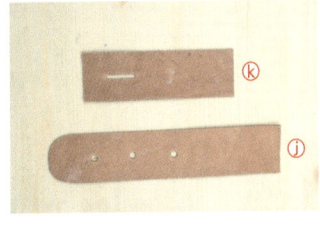 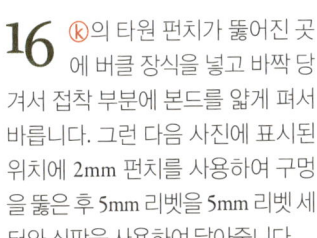

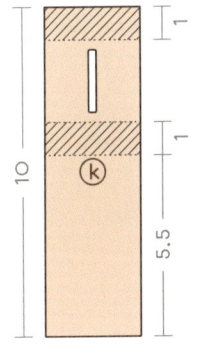

빗금 부분 = 본드 칠하는 부분

**18** 5mm 리벳을 5호 리벳 세터를 사용하여 달아줍니다.

**19** 사진과 같이 ⓐ의 정중앙에 ⓚ의 정중앙과 맞추어 1cm 너비로 본드를 얇게 바르고 붙입니다. ⓒ의 정중앙에서 10cm 올라간 부분과 ⓙ 정중앙과 맞추어 1cm 너비로 본드를 얇게 바르고 붙입니다. ⓙ의 표시된 위치에 2mm 펀치로 구멍을 뚫고, 5mm 리벳과 5호 리벳 세터를 사용하여 ⓓ에 달아줍니다.

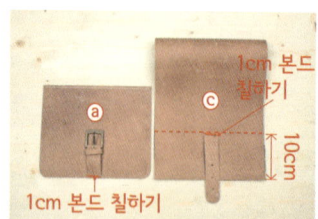

1cm 본드 칠하기
10cm
1cm 본드 칠하기

조립하기

**20** 버클 장식이 달린 ⓐ와 안감이 붙여진 ⓑ를 준비합니다. ⓐ의 가죽 부분과 접착되는 ⓑ의 표시된부분을 0.9cm 피합니다. 사진에 표시된 부분에 본드를 1cm 너비로 얇게 바릅니다.

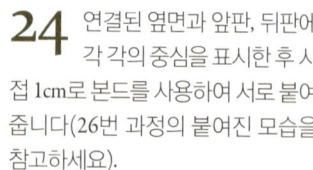

피할하는 부분

**21** 접착 부위에 본드를 0.5cm 너비로 칠하여 앞판들을 서로 붙인 모습입니다.

**22** 뒤판 ⓓ와 안감을 붙인 ⓒ를 준비합니다. ⓒ의 가죽 부분과 접착되는 ⓓ의 접착 부분을 0.9cm 피할 하고 사진에 표시된 부분에 본드를 1cm 너비로 얇게 바릅니다.

**23** 앞판과 같은 방법으로 붙여줍니다.

**24** 연결된 옆면과 앞판, 뒤판에 각 각의 중심을 표시한 후 시접 1cm로 본드를 사용하여 서로 붙여줍니다(26번 과정의 붙여진 모습을 참고하세요).

**25** 밑의 모서리 부분에 접착이 잘되도록 북폴더로 눌러줍니다.

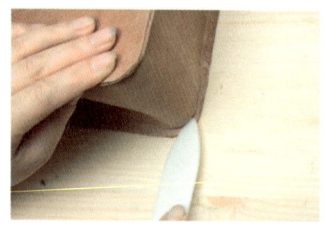

**26** 조립된 가방의 앞판과 뒤판에 디바이더로 0.5cm의 바느질 선을 표시하고 6mm 치즐(2, 4날)로 구멍을 뚫습니다. 그런 다음 앞판은 약 270cm로 뒤판과 뚜껑은 약 560cm로 흰색 3합 초실로 새들 스티치한 후 남은 실은 투명본드로 마감합니다.

끈 조립하기

**27** ⓖ 두 장을 서로 붙여줍니다.

**28** ⓗ의 한쪽 끝에 버클 장식을 달아주고, ⓘ를 그 위에 1cm 겹쳐서 붙여줍니다.

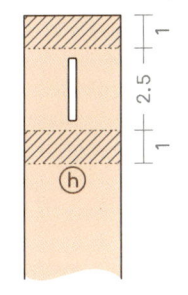

빗금 부분 = 본드 칠하는 부분

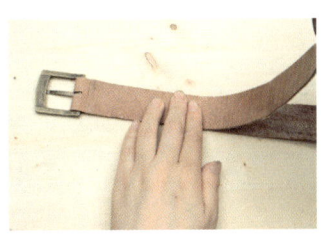

**29** 버클이 달린 ⓗ 위에 2mm 펀치로 구멍을 뚫어 ⓘ을 달아줍니다(15번~17번 참조). ⓖ의 정 중앙에 4mm 펀치를 사용하여 3cm 간격으로 사진처럼 구멍을 뚫어줍니다.

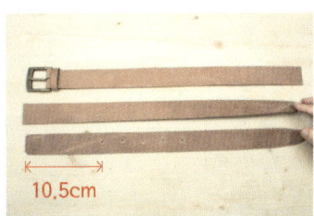

**30** 가방 본체에 달릴 부분까지 디바이더로 0.5cm 너비의 바느질 선을 그린 후 가방에 부착되는 부분을 제외하고 6mm 치즐(2, 4날)로 구멍을 뚫습니다.

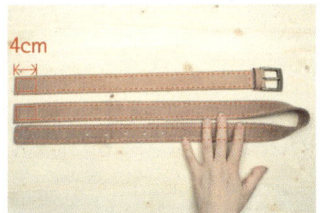

**31** 짧은 끈은 약 260cm(둘레의 3배+20cm), 긴 끈은 약 590cm(둘레의 3배+20cm)의 흰색 3합 초실로 새들 스티치한 후 남은 실은 투명본드로 마감합니다.

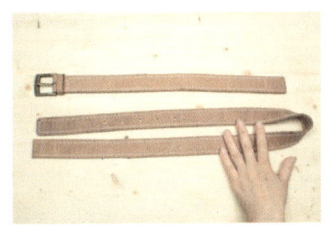

# 가방끈 달아 완성하기

**32** 옆면을 다이아몬드 줄로 갈고 옆면 마감제를 바른 후 어느 정도 흡수되면 슬리커로 문질러서 매끄럽게 마감합니다.

**33** 가방의 옆면에 끈이 접착될 부분을 송곳으로 표시하고, 접착면 보다 0.2cm 작게 안쪽을 커터 칼로 긁어줍니다. 그런 다음 본드를 얇게 바르고 끈을 붙여주세요.

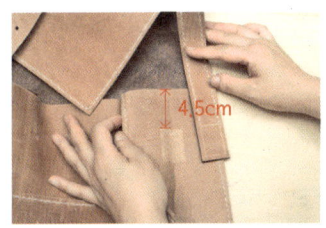

**34** 30번과 같은 방법으로 끈의 테두리에 바느질 구멍을 뚫습니다. 그런 다음 약 60cm(둘레의 3배+20cm)의 흰색 3합 초실을 바늘 두 개에 꿰고 새들 스티치한 후 뒷면의 실은 라이터로 마감합니다. 반대편도 바느질합니다.

**35** 옆면을 다이아몬드 줄로 갈고 옆면 마감제를 바른 후 슬리커로 문질러서 매끄럽게 마감합니다.

**36** 양쪽 끈의 버클을 연결합니다.

**37** 크로스백이 완성되었습니다.

# 레터링 노트북 가방

노트북과 파일 등을 동시에 수납할 수 있는 가방입니다. 가방의 강도를 높이기 위해서 사용하는 보강제 대신 피할하고 남은 가죽(상혁, 내피)을 사용했습니다.

□ 예상 재료비 80,000원　□ 완제품 예상가 300,000원　□ 예상 제작시간 20시간　□ 난이도 ★★★★☆　□ 완성 크기 40×30×6cm

- **준비 재료**

  **가 죽**　내추럴 베지터블 5평, 내피 3/4평.

  **약 품**　가죽 전용 유성염색약(노랑, 갈색), 옆면 마감제, 절단면 마감제(갈색), 에탄올

  **부재료**　갈색 3합 초실(약 2,420cm), 5호 지퍼(55cm) 1개와 5호 슬라이더 1개, 38mm 연결 고리 2개, 38mm O링 2개

- **준비 도구**

  기본 도구, 트레팔지, 유성펜, 전사펜, 펀치(1mm), 회전조각도, 무늬막대(베벨러-B198), 알파벳 각인, 북폴더

## 형지 제작 및 재단하기

ⓐ 앞면 가죽 : 40×30cm

ⓑ 뒷면 위쪽 가죽 : 40×16cm

ⓒ 뒷면 아래쪽 가죽 : 40×23cm

ⓓ 옆면 위쪽 가죽 : 7×6cm 2장

ⓔ 옆면 아래쪽 가죽 : 7×23cm 2장

ⓕ 밑면 가죽 : 7×38cm

ⓖ 윗면 가죽 : 40×3cm 2장

ⓗ 지퍼 손잡이 : 3×4cm 4장

ⓘ 가방끈 : 90×3.5cm

ⓚ 내피 : 40×23cm

ⓙ 가방끈 고리 : 실물본(약 5×10cm) 2장

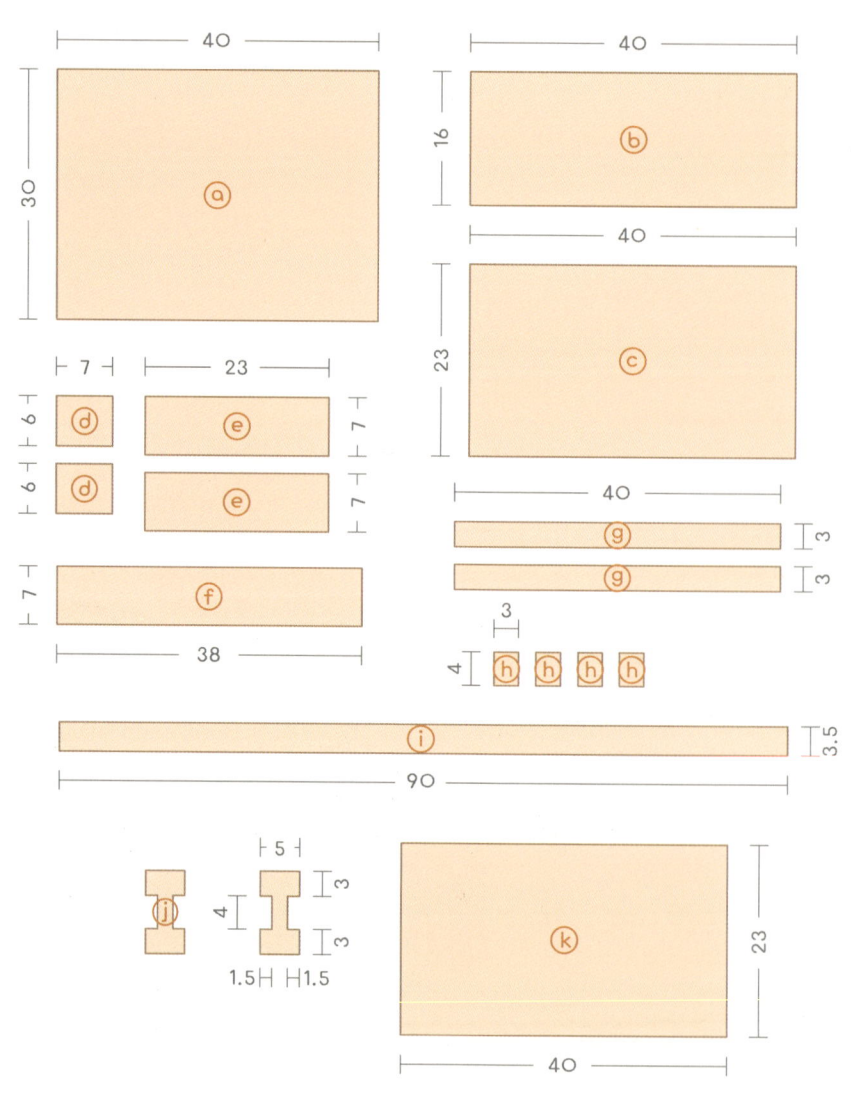

386

무늬 넣고
염색하기

**1** 도안대로 형지를 만들어 가죽 위에 올려놓고 송곳으로 덧그린 후 재단합니다.

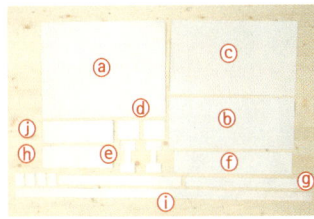

**2** ⓚ는 40×23cm로 직사각형의 내피로 재단합니다.

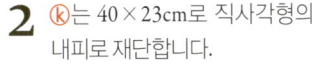

**3** ⓐ의 가죽에 무늬를 넣기 위해 분무기로 가죽이 약간 젖을 정도로 물을 뿌려주고 도안을 옮긴 트레팔지를 가죽 위에 놓고 전사펜으로 꾹꾹 누르며 덧그립니다.

**4** ⓐ의 가죽 위에 옮긴 도안을 따라 회전조각도를 사용하여 선명하게 선을 긋습니다.

**5** 무늬막대(베벨러-B198)로 글씨의 테두리 부분을 사진처럼 글씨의 외각선을 따라서 바깥쪽에서 조각합니다.

B198

**6** 베이스는 노란색 유성 염색약과 에탄올을 1:20의 비율로 섞어 분무기에 넣고 노트북 가방에 사용될 가죽 중 ⓙ, ⓚ를 제외하고 충분히 뿌린 후 드라이어의 찬바람을 쐬어 말립니다. 노트북 가방에 사용될 가죽 전체에 뿌려줍니다(사진은 ⓐ만 있음).

**7** 갈색 유성 염색약을 종이에 문질러 파스텔 톤으로 만든 후 가죽 위에 원을 그리면서 염색합니다. 염색이 끝나면 목장갑으로 염색된 부분에 광이 나도록 문지릅니다.

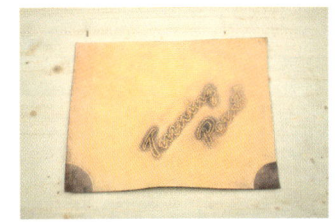

**TIP** 글자만 있는 것이 단조로워 가방의 아래 �
뿔 꼭짓점에 반지름 4cm의 원을 그려
서 베벨러로 원 둘레의 바깥쪽에서 조각을 해
서 포인트를 주었습니다. 이렇게 하면 가죽을 덧
대지 않고도 덧댄 것 같은 느낌을 줄 수 있습니다.
갈색 유성 염색약을 사용해서 염색했습니다.

**8** ⓑ와 ⓒ도 ⓐ처럼 염색을 합니다.

**9** ⓐ의 원형 부분에 디바이더로 0.5cm 너비의 바느질 선을 표시하고 1mm 펀치를 사용하여 0.5cm 간격으로 구멍을 뚫어줍니다.

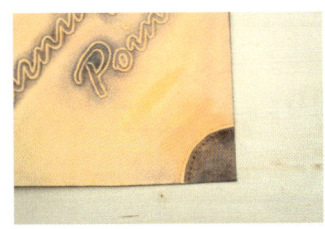

**10** ⓐ의 남은 한 쪽과 ⓒ(뒷면 아래쪽 가죽)에도 같은 방법으로 구멍을 뚫고 약 40cm(길이의 3배+20cm)의 갈색 3합 초실을 바늘에 한 개 꿰어 각각 일자 바느질을 하고 남은 실은 뒷면에서 라이터 마감을 합니다. 총 4개를 바느질해야 합니다.

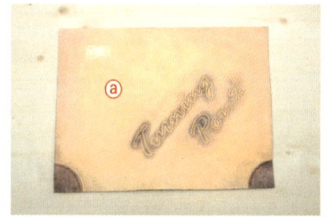

뒷판 조립하기

**11** ⓑ와 ⓒ의 조립 전 모습입니다.

**12** ⓑ의 뒷면과 내피 ⓚ의 앞면에 9cm에 본드주걱을 사용하여 본드를 최대한 얇게 펴서 바르고 9cm를 겹쳐서 접착합니다. 이때 전체의 높이가 30cm가 되어야 합니다.

**13** 디바이더로 0.5cm 너비의 바느질 선을 표시하고 1mm 펀치를 사용하여 1cm 간격으로 구멍을 뚫습니다. 그런 다음 약 140cm의 갈색 3합 초실로 일자 바느질하고 남은 실은 뒷면에서 라이터로 마감합니다.

**14** 내피가 붙여진 ⓑ와 ⓒ를 높이가 30cm가 되도록 겹치게 ㄷ자 모양으로 하여 접착 부분에 1cm 간격으로 본드를 칠한 후 접착합니다.

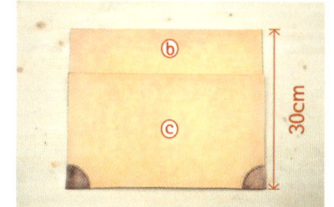

가방 끈고리 만들기

**15** 재단된 ⓚ에서 ⓙ의 한 쪽 부분에 무늬를 넣기 위해 분무기로 약간 젖을 정도로 물을 뿌려준 후 사진처럼 알파벳 각인을 사용하여 무늬를 넣고 6번 과정과 같이 베이스를 뿌려줍니다.

**16** 갈색 유성 염색약을 종이에 문질러 파스텔 톤으로 만든 후 가죽 위에 원을 그리면서 염색합니다. 염색이 끝나면 목장갑으로 염색된 부분에 광이 나도록 문지릅니다.

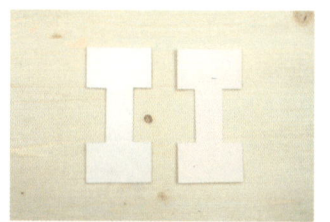

**17** ⓗ도 ⓚ처럼 무늬를 넣고 베이스 처리를 한 후 갈색 유성 염색약을 종이에 문질러 파스텔 톤으로 만든 후 가죽 위에 원을 그리면서 염색합니다. 염색이 끝나면 목장갑으로 염색된 부분에 광이 나도록 문지릅니다. 단 4개의 ⓗ중 2개만 무늬를 넣습니다.

지퍼 달기

**18** 염색된 ⓖ 2장과 ⓗ 4장을 준비합니다.

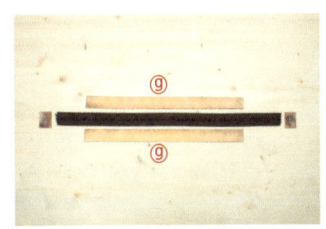

**19** ⓗ의 지퍼와 접착되는 부분을 옆면 마감하고 ⓗ의 4cm 부분의 정중앙 안에 지퍼가 2cm 정도 들어가게 한 후 각각 두 장을 앞뒤로 겹치게 하여 붙입니다.

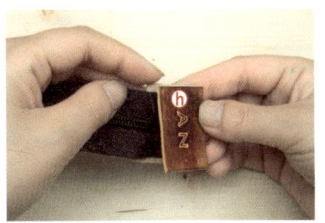

뒷면 및 옆면 마감하기

**20** 모든 가죽의 뒷면은 검지에 비닐장갑을 끼우고 뒷면 마감제를 바르고 마르기 전에 북폴더로 밀어줍니다. 그리고 난뒤 지퍼와 겹쳐지는 옆면 부분을 옆면 마감하고 갈색 절단면 마감제를 3~5회 발라줍니다.

**21** 지퍼 중앙 위에 ⓖ를 본드를 사용하여 1cm 겹쳐서 서로 붙여줍니다. 그리고 디바이더를 0.5cm 너비로 조절하여 바느질 선을 ⓗ의 둘레와 ⓖ의 지퍼가 달린 부분에 표시하고, 1mm 펀치로 1cm 간격으로 구멍을 뚫습니다.

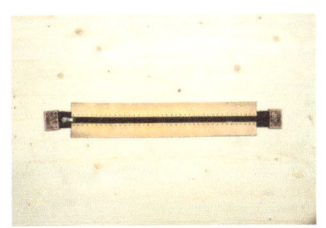

**22** ⓖ는 각각 140cm의 갈색 3합 초실에 바늘 한 개를 꿰고 지퍼 부분을 각각 일자 바느질을 하고 남은 실은 뒷면에서 라이터 마감합니다. 그리고 ⓗ는 각각 50cm의 갈색 3합 초실에 바늘 한 개를 꿰고 일자 바느질을 하고 남은 실은 투명본드로 마감합니다.

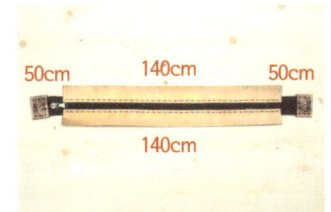

연결 고리 조립하기

**23** 가방의 앞판과 뒤판에 접착되는 가방끈 고리가 될 ⓚ에서 ⓙ 부분을 사진과 같이 커터칼로 긁어주고 38mm O링을 가방 끈고리 사이에 넣어 사각형 부분의 뒷면에 본드를 발라 접착합니다.

**24** 도안에 표시된 가방끈 고리 부분과 접착할 부분을 0.3cm 정도 작게 안쪽 전부를 커터칼로 긁어주고 38mm의 O링을 넣은 가방끈 고리를 사진처럼 접착합니다.

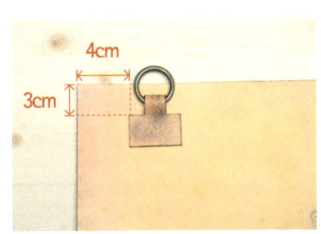

**25** 사각형의 둘레에 디바이더로 0.5cm 너비의 바느질 선을 표시하고 1mm 펀치로 1cm 간격으로 구멍을 뚫어줍니다.

**26** 약 60cm(둘레의 3배+20cm)의 갈색 3합 초실에 바늘 한 개를 꿰어 일자 바느질한 후 남은 실은 뒷면에서 라이터 마감합니다.

**27** 앞판과 같은 방법으로 뒤판에도 연결 고리를 달아줍니다.

옆판
조립하기

**28** 밑면 가죽인 f의 양쪽 끝을 옆면 d와 붙이기 위해서 도안처럼 가로 1cm를 제외하고 커터칼로 5cm 길이 만큼 너비 0.9cm를 피할합니다.

**29** 옆면의 아래 쪽 가죽인 e의 7cm 부분의 양쪽에 1cm를 도안처럼 칼집을 내고 1cm를 제외하고 밑면인 f 위에 1cm 겹치게 붙여줍니다.

**30** f와 붙인 e 위에 디바이더로 0.5cm 너비의 바느질 선을 표시하고 1mm 펀치로 1cm 간격으로 구멍을 뚫은 다음 35cm의 갈색 3합 초실을 한 개의 바늘에 꿰고 일자 바느질합니다. 남은 실은 뒷면에서 라이터로 마감합니다. 나머지 한쪽도 똑같은 방법으로 바느질 해주세요.

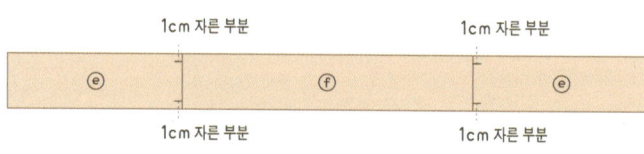

1cm 자른 부분　　　　1cm 자른 부분

e　　　　f　　　　e

1cm 자른 부분　　　　1cm 자른 부분

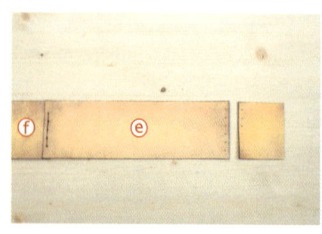

**31** 옆면의 아래쪽인 e와 옆면의 위쪽 가죽인 d를 양쪽 끝 1cm를 제외하고 방안자를 사용하여 1cm 간격으로 구멍을 뚫어줍니다.

**32** 구멍을 뚫은 d와 e의 옆면에 본드를 칠하여 옆면을 접착하고 약 45cm(길이의 4.5배+20cm)의 갈색 3합 초실에 한 개의 바늘을 꿰고 X자 바느질하고 남은 실은 뒷면에서 라이터로 마감합니다. 나머지 한쪽도 똑같은 방법으로 바느질해주세요.

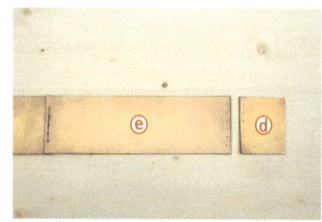

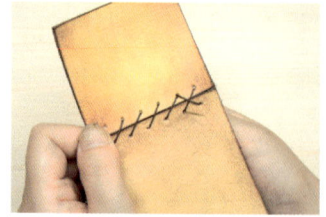

390

앞판과 옆판
조립하기

**33** 앞판의 뒷면과 옆면(ⓓ+ⓔ+ⓕ+ⓔ+ⓓ)의 뒷면의 접착할 부분에 1cm 너비로 본드를 발라 사진처럼 붙여줍니다. 뒷판도 같은 방법으로 옆면과 붙여줍니다.

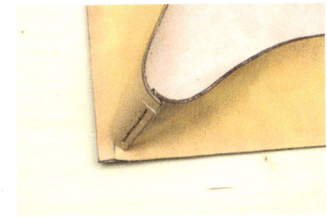
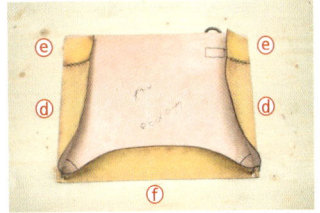

조립하고
바느질하기

**34** 가방 본체와 지퍼가 달린 윗면 가죽인 ⓖ의 각각 뒷면에 1cm 너비로 본드를 발라 붙여줍니다.

**35** 지퍼와 옆면이 달린 가방의 앞부분 둘레에 디비이더로 0.5cm 너비의 바느질 선을 표시하고 1mm 펀치로 1cm 간격의 구멍을 뚫습니다. 그런 다음 약 440cm의 갈색 3합 초실로 일자 바느질한 후 남은 실은 투명본드로 마감합니다. 뒤쪽도 같은 방법으로 바느질합니다.

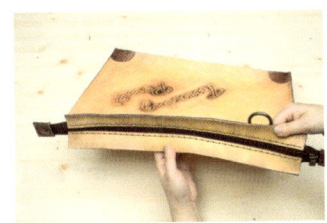

끈 염색 및
마감하고
바느질하기

**36** 염색된 ⓚ의 뒷면에 갈색 유성 염색약을 사용하여 가죽 위에 원을 그리면서 원하는 색이 나올 때까지 반복하여 염색합니다.

**37** 비닐장갑을 끼고 뒷면 마감제를 바르고 마르기 전에 북폴더로 밀어줍니다.

**38** 방안자를 사용하여 0.5cm의 바느질 선을 맞추어 은펜으로 0.5cm 간격의 점을 표시한 후 1mm 펀치로 구멍을 뚫고 약 280cm의 갈색 3합 초실로 ㅁ자 형태로 스티치한 후 남은 실은 투명본드로 마감합니다.

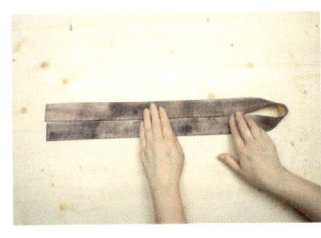

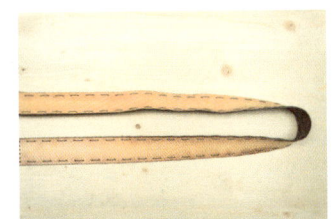

## 조립하기

**39** ⓘ의 양쪽 끝의 5cm 부분에 표시하고 연결 철물에 넣어서 사진처럼 붙여줍니다.

빗금 부분 = 본드 칠하는 부분

**40** 자를 사용하여 0.5cm 간격의 바느질 선을 표시하고 1mm 펀치로 0.5cm 간격으로 구멍을 뚫어줍니다.

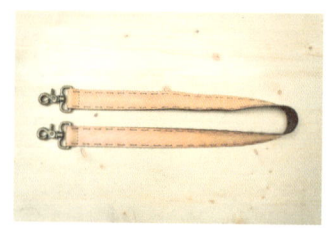

**41** 약 30cm(길이의 3배+20cm)의 갈색 3합 초실에 한 개의 바늘을 꿰어 일자 바느질한 후 남은 실은 투명본드로 마감합니다. 나머지 한 곳도 바느질 합니다.

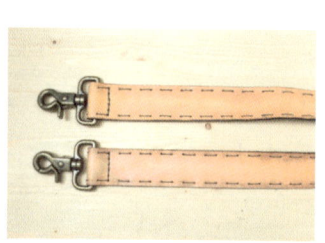

## 옆면 마감하기

**42** 옆면을 다이아몬드 줄로 갈고 옆면 마감제를 바른 후 어느 정도 흡수되면 슬리커로 문질러서 매끄럽게 마감합니다. 옆면 마감제가 마르면 검정 절단면 마감제를 3~5회 바르세요.

**43** 사진처럼 연결 고리를 넣어줍니다.

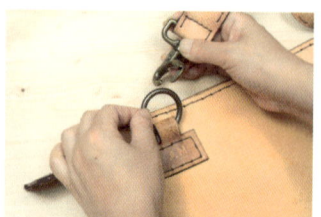

**44** 레터링 노트북 가방이 완성되었습니다.

# 다양한 카빙 작품들

국영주 작

최대한(초급 과정)

김태영(중급 과정)

최대한(중급 과정)

# 가죽공예 수강할인 및 무료체험 쿠폰

## 구름 핸드폰 고리 만들기
## 무료 체험 쿠폰(예약 필수)

가죽쟁이 본점 http://www.가죽쟁이.com

가죽쟁이 블로그 http://blog.naver.com/mrdudwn
문의 : 010-2414-7515

## 가죽쟁이 기본 도구 30% D.C 쿠폰

가죽쟁이 본점 http://www.가죽쟁이.com

가죽쟁이 블로그 http://blog.naver.com/mrdudwn
문의 : 010-2414-7515

(단, 가죽쟁이 초급 과정 현금 수강 신청 시)

## 가죽쟁이 카빙 기본 도구 30% D.C 쿠폰

가죽쟁이 본점 http://www.가죽쟁이.com

가죽쟁이 블로그 http://blog.naver.com/mrdudwn
문의 : 010-2414-7515

(단 카빙 전문가 과정 기초반 현금 수강 신청 시)

## 이탈리안식 카드지갑 1회 무료 수강권
## (단, 가죽쟁이 DIY 구매 시 가능, 예약 필수)

가죽쟁이 본점 http://www.가죽쟁이.com

가죽쟁이 블로그 http://blog.naver.com/mrdudwn
문의 : 010-2414-7515

## 머리띠 1회 무료 수강권
## (단, 가죽쟁이 DIY 구매 시 가능, 예약 필수)

가죽쟁이 본점 http://www.가죽쟁이.com

가죽쟁이 블로그 http://blog.naver.com/mrdudwn
문의 : 010-2414-7515

## 1일 수강 50% 할인권

가죽쟁이 본점 http://www.가죽쟁이.com

가죽쟁이 블로그 http://blog.naver.com/mrdudwn
문의 : 010-2414-7515

(60,000원 ⇨ 30,000원 재료비 별도, 도구 대여,
4시간 소요 작품 기준, 예약 필수)

## 2일 수강 50% 할인권

가죽쟁이 본점 http://www.가죽쟁이.com

가죽쟁이 블로그 http://blog.naver.com/mrdudwn
문의 : 010-2414-7515

(100,000원 ⇨ 50,000원 재료비 별도, 도구 대여,
8시간 소요 작품 기준, 예약 필수)

## 미니백 수강 50% 할인권

가죽쟁이 본점 http://www.가죽쟁이.com

가죽쟁이 블로그 http://blog.naver.com/mrdudwn
문의 : 010-2414-7515

(4시간씩 2회 기준-100,000원 ⇨ 50,000원
단, DIY 현금 구매 시, 예약 필수)